Inquietações sobre
DIREITOS FUNDAMENTAIS

Conselho Editorial
André Luís Callegari
Carlos Alberto Molinaro
Daniel Francisco Mitidiero
Darci Guimarães Ribeiro
Draiton Gonzaga de Souza
Elaine Harzheim Macedo
Eugênio Facchini Neto
Giovani Agostini Saavedra
Ingo Wolfgang Sarlet
Jose Luis Bolzan de Morais
José Maria Rosa Tesheiner
Leandro Paulsen
Lenio Luiz Streck
Paulo Antônio Caliendo Velloso da Silveira

Dados Internacionais de Catalogação na Publicação (CIP)

I58   Inquietações sobre direitos fundamentais / Mateus Marques, Lúcio Santoro
       de Constantino (coordenadores) ; Andrei Röehrs Portinho ... [et al.]. –
       Porto Alegre : Livraria do Advogado Editora, 2015.
       261 p. ; 25 cm.
       ISBN 978-85-7348-991-0

       1. Direitos fundamentais. 2. Direitos humanos. 3. Democracia. 4. Digni-
       dade da pessoa humana. I. Marques, Mateus. II. Constantino, Lúcio Santo-
       ro de. III. Portinho, Andrei Röehrs.

                                                    CDU 342.7
                                                    CDD 342.085

       Índice para catálogo sistemático:
       1. Direitos humanos   342.7

(Bibliotecária responsável: Sabrina Leal Araujo – CRB 10/1507)

Mateus Marques
Lúcio Santoro de Constantino
(coordenadores)

Inquietações sobre DIREITOS FUNDAMENTAIS

Andrei Röehrs Portinho
Andressa Batista Lopes
Anelise Coelho Nunes
Camila de Souza Rodrigues
Caroline Morais Kunzler
Cassiane Echevenguá dos Santos Amaral
Clara Moura Masiero
Daniel das Neves Gomes
Francisco Silveira Benfica
Gabriela Antunes Rabaioli
Handel Martins Dias

Karina Socal Cervo
Lúcio Santoro de Constantino
Marçal Luis Ribeiro Carvalho
Márcia Vaz
Margere Rosa de Oliveira
Maria Cláudia Felten
Marilise Kostelnaki Baú
Mateus Marques
Max Ouriques
Rochele Andrade Tomaszewski
Sabrina Zasso

Porto Alegre, 2015

©

Andrei Röehrs Portinho, Andressa Batista Lopes,
Anelise Coelho Nunes, Camila de Souza Rodrigues,
Caroline Morais Kunzler, Cassiane Echevenguá dos Santos Amaral,
Clara Moura Masiero, Daniel das Neves Gomes, Francisco Silveira Benfica,
Gabriela Antunes Rabaioli, Handel Martins Dias,
Karina Socal Cervo, Lúcio Santoro de Constantino,
Marçal Luis Ribeiro Carvalho, Márcia Vaz, Margere Rosa de Oliveira,
Maria Cláudia Felten, Marilise Kostelnaki Baú,
Mateus Marques, Max Ouriques,
Rochele Andrade Tomaszewski, Sabrina Zasso
2015

Capa, projeto gráfico e diagramação
Livraria do Advogado Editora

Revisão
Rosane Marques Borba

Direitos desta edição reservados por
Livraria do Advogado Editora Ltda.
Rua Riachuelo, 1300
90010-273 Porto Alegre RS
Fone: 0800-51-7522
editora@livrariadoadvogado.com.br
www.doadvogado.com.br

Impresso no Brasil / Printed in Brazil

Palavras da Direção

As obras são a quintessência de um espírito...
(Arthur Schpenhauer – 'Da Leitura e dos Livros')

Da inquietação característica dos aprendizes e da sábia maturidade dos mestres, forjou-se esta obra. Importante por muitas razões. Materializa e torna perene a vocação da Estácio do Rio Grande do Sul em fornecer o ambiente adequado (e instigante) à melhor educação jurídica.

Nosso orgulho e reconhecimento àqueles que dedicaram seu tempo e talento para a concretização deste livro, que ora se torna uma realidade. Nosso penhorado agradecimento aos professores Lucio de Constantino e Mateus Marques Conceição pela dedicação como organizadores desta obra e pelo destacado brilho imputado à mesma.

Porto Alegre, inverno de 2015.

Direção da Faculdade Estácio do Rio Grande do Sul

Prefácio

A obra *Inquietações sobre Direitos Fundamentais* é fruto do trabalho do talentoso corpo docente da Estácio do Rio Grande do Sul, que apresenta aspectos do caminho lento e gradual trilhado pelo Brasil, rumo à efetiva implementação dos Direitos Fundamentais assegurados pela Carta Magna que, em outubro de 1988, nos devolveu o tão sonhado Estado Democrático de Direito.

A democracia brasileira é jovem e incipiente. De tal modo, merece cuidados e alguma paciência. Vivemos, em 2015, o mais longo período democrático de nossa história. Nossas instituições republicanas carecem de aprendizado, mas vicejam, não obstante às crises de representatividade. Buscamos o caminho da consolidação do Estado Democrático de Direito e da superação das desigualdades.

Neste cenário, compete à academia produzir conhecimento, a partir da pesquisa e das reflexões dos docentes que se dedicam à construção e à transformação social, por meio da educação superior. O saber científico produz equilíbrio e enaltece a razão. De tal modo, as inquietações abordadas na presente obra coletiva conduzem ao raciocínio lógico e ponderado, afastado do senso comum raso que, tantas vezes, prepondera nas questões dos Direitos Fundamentais.

Os temas abordados são de largo espectro, mas possuem o elo essencial na Hermenêutica Constitucional do Direito. A dignidade da pessoa humana, estatuída como princípio basilar da República, no artigo 1º, inciso III, da CRFB, permeia todos os temas que vão do Direito Penal e Processual Penal ao Direito das Famílias, passando pela Gratuidade de Justiça, a Função Social da Propriedade, a Bioética e a Regulação Econômica. São várias as vertentes na busca da efetivação da ordem juridicamente justa.

A leitura da obra coletiva ora prefaciada é sim inquietante, mas, ao mesmo tempo, para os que viveram sob a égide da legislação pretérita, na total ausência das garantias constitucionais, provoca uma intensa esperança de dias cada vez melhores. A profundidade das abordagens, assim como o talento dos docentes e alunos aqui reunidos dão a dimensão do quanto é possível a construção de uma sociedade mais justa, fraterna e cidadã.

Profa. Solange Ferreira de Moura

Sumário

Apresentação...11

1. Direitos humanos e as ciências forenses no Brasil: o contributo dos trabalhos da Comissão Nacional da Verdade para a prova pericial criminal
Andrei Röehrs Portinho..13

2. A regulação social-econômica como mecanismo de efetivação da democracia sustentável: regulação e direitos fundamentais no Estado Social Democrático brasileiro
Anelise Coelho Nunes..19

3. A possibilidade de extensão da licença-paternidade em casos extraordinários, sob a ótica do regime celetista
Andressa Batista Lopes e Karina Socal Cervo..33

4. Alienação parental: as consequências da implantação de falsas memórias
Camila de Souza Rodrigues e Sabrina Zasso..51

5. Uma moradia digna para os idosos
Caroline Morais Kunzler...73

6. Por um cosmopolitismo intercultural: universalismo *x* pluralismo
Clara Moura Masiero...87

7. Os efeitos financeiros da esfera penal falimentar como meio auxiliar no concurso de credores da falência
Daniel das Neves Gomes e Rochele Andrade Tomaszewski...............................105

8. A violência doméstica praticada contra mulheres: uma revisão dos aspectos médico-legais
Francisco Silveira Benfica e Márcia Vaz...119

9. Sobre o abandono afetivo na relação paterno-filial e uma possível reparação civil
Gabriela Antunes Rabaioli e Cassiane Echevenguá dos Santos Amaral...........135

10. Gratuidade da justiça: primeiras considerações sobre a sistemática do novo Código de Processo Civil
Handel Martins Dias..149

11. O tempo útil como alternativa para a interpretação da temporalidade processual
Lúcio Santoro de Constantino..165

12. O panpenalismo e a realidade do cárcere: (im)possível pensar o abolicionismo?
Marçal Luis Ribeiro Carvalho...179

13. Direito fundamental à moradia e a função social da propriedade pública
Margere Rosa de Oliveira..193

14. O direito fundamental do presidiário ao trabalho como forma de ressocialização
Maria Cláudia Felten...211

15. A dignidade da pessoa humana como inserção da bioética no contexto das dimensões dos direitos fundamentais
Marilise Kostelnaki Baú...225

16. Aspectos relativos a uma (im)possível conexão entre a culpa e o livre-arbítrio em relação ao comportamento humano no âmbito das Neurociências e o Direito Penal
Mateus Marques...243

17. Poder familiar: as mudanças impostas pela sociedade para reformar o pátrio poder
Max Ouriques...253

Apresentação

Todo livro possui uma anterior história. E isto não foi diferente no presente escrito que nasceu de diversos e efervescentes diálogos que seguiram de forma uniforme a justa publicação, com a finalidade de expor interessantes pesquisas realizadas pelos Docentes da Estácio do Rio Grande do Sul, bem como pelos seus ex-alunos.

Reuniram-se diversos estudos e investigações com o intuito de contribuírem para a pesquisa acadêmica e para a refinada cognição jurídica, especialmente direcionada aos direitos fundamentais.

Por esta razão, a presente obra giza-se pela gênese de teorias e experiências, as quais vêm temperadas por inquietações (que não são poucas) e interações humanas, próprias do cotidiano de indagações profissionais e acadêmicas existentes em uma sociedade multicultural e de rapidez temporal.

A defesa dos direitos fundamentais como base de uma vida democrática capaz de apresentar respostas válidas a todas as demandas sociais, aí incluídas as por segurança cidadã, é urgente, pois, neste ambiente de descrença que está a desafiar todos os que se esforçam e acreditam ter valido a pena vencer a ditadura e conquistar a democracia. É neste contexto, sem dúvida, que o Direito há de dar conta das tarefas que a Constituição da República e os tratados internacionais de Direitos Humanos lhe atribuem.

E assim, a Estácio está presente também com sua doutrina!

Seja através de um simples olhar ao vizinho passado – afinal, está no Rio Grande do Sul há apenas 3 anos –, bem como pela aguda esperança junto ao futuro, a Estácio se confirma como instituição que prioriza o ensino de excelência, com atributos ilustres e notáveis.

E firma raízes no Estado Sulista com a liderança competente e destacada dos Diretores *Luciano Araujo Blumentritt* e *Rejeane Alexandre Coelho*, e é claro, por eles, os professores *Andrei Portinho, Anelise Coelho Nunes, Anelise Oliveira Gonçalves, Caroline Morais Kunzler, Cassiane Echevengua dos Santos Amaral, Cibele Melendez Bandeira, Clara Moura Masiero, Darni Pillar Bagolin, Francisco Silveira Benfica, Geraldo Fungêncio de Oliveira Neto, Handel Martins Dias, Juliana Rocha Schiaffino, Karina Socal Cervo, Luiz Fernando Nicodemo Chaves, Marçal Luis Ribeiro de Carvalho, Margere Oliveira, Maria Claudia Felten, Maria Cristina Martinez, Marilia Gabriela Nunes Volpato, Marilise Kolstelnaki Baú, Rochele Tomaszewski, Sabrina Zasso, Selma Rodrigues Petterle, Silvestre Novak*, e a todos aqueles que pelo Curso de Direito passaram, parabéns e muito obrigado.

Boa leitura!

Porto Alegre, inverno de 2015.

Mateus Marques e *Lúcio Santoro de Constantino* (coords.)

— 1 —

Direitos humanos e as ciências forenses no Brasil: o contributo dos trabalhos da Comissão Nacional da Verdade para a prova pericial criminal

ANDREI RÖEHRS PORTINHO[1]

SUMÁRIO: 1. Introdução; 2. A importância dos direitos humanos nas instituições públicas: breves apontamentos sobre os estudos de segurança pública; 3. Conclusões; 4. Referências.

1. Introdução

Podemos sintetizar a principiologia das Ciências Forenses, de uma maneira genérica, da seguinte forma: todo contato deixa marca, e tais marcas somente poderão ser transformadas em indícios probatórios após serem adequadamente coletados, analisados e interpretados, e sendo rigorosamente observado o método científico. Destacando-se que sempre haverá uma plena independência entre o método eleito e as possíveis conclusões, bem como uma também independência do tempo dispensado para o exame. Esta Ciência funda-se, basilarmente, nos princípios da Observação, da Análise pelo Método Científico, da Interpretação e da Documentação.[2]

A Criminalística, enquanto conjunto de ciências que têm por objetivo a análise dos indícios materiais extrínsecos do delito e do delinquente, se caracteriza pela sua autonomia científica, bem como pela integração dos diferentes ramos do conhecimento técnico-científico, auxiliar e informativa das autoridades persecutórias.[3]

Grande discussão reside no enquadramento da Antropologia Forense, já que dela se desmembram diversas outras áreas periciais. Alguns doutrinadores a colocam, ainda, no bojo científico da Medicina Legal. Mas, modernamente, é visível a transcendência desta ciência como ramo autônomo, que se

---

[1] Professor do Curso de Extensão em Perícia Criminal da Estácio do Rio Grande do Sul. Perito Criminal do Instituto-Geral de Perícias do RS. Mestre em Ciências Criminais pela PUCRS. Especialista em Arqueologia Forense pela Sociedad Mexicana Forense.

[2] RABELLO, Eraldo. *Contribuição ao estudo dos locais de crime.* Rev. de Criminalística do RS.

[3] TOCHETTO, Domingos (org.). "Tratado de Perícias Criminalísticas". Campinas: Millennium Editora, 2005.

INQUIETAÇÕES SOBRE DIREITOS FUNDAMENTAIS

vale de conhecimentos de Medicina, mas que com ela não se confunde, assim como a própria Criminalística Pura. Disto se depreende que a Antropologia Forense (seja Antropologia Física ou Social) trata de toda e qualquer forma de identificação humana para fins criminais, podendo ser Papiloscópica, Genética, Comportamental, Cultural, Odontológico Forense, ou ainda, própria da identificação pelo corpo humano.[4]

Nesse contexto, preocupada com a situação prático-operacional da Criminalística no Brasil, a Secretaria Nacional de Segurança Pública (SENASP), do Ministério da Justiça, publicou um estudo no ano de 2012 que objetivou retratar a realidade da Perícia Criminal no Brasil.

O que se constatou, dentre outros aspectos, foi a falta de regulamentação legal da chamada "Cadeia de Custódia". Tal conceito pode-se resumir na sequência de posse de vestígios, por parte das autoridades persecutórias, visando a análise e interpretação dos mesmos, e sua posterior perpetuação regular no processo penal. Ela engloba os procedimentos de coleta, traslado, recebimento e armazenamento das evidências, possibilitando o seu rastreamento e observadas as possíveis nulidades processuais.

Segundo o estudo da Secretaria Nacional de Segurança Pública:

> Um dos elementos fundamentais para se compreender os processos de trabalho da atividade pericial é a existência e o funcionamento da cadeia de custódia dos vestígios. Ela é essencial para a validação da prova técnica uma vez que possibilita a rastreabilidade do vestígio, ou seja, assegura o vínculo entre o material periciado e o fato investigado. A cadeia de custódia também possibilita documentar a cronologia da evidência e quem foram os responsáveis por seu manuseio.[5]

Estabelecida a conceituação da cadeia de custódia, o Estudo da SENASP, após apurados os dados relativos à eficiência e eficácia da Perícia Criminal Oficial no Brasil, sobretudo no que se refere ao cuidado dos vestígios encontrados nas cenas de crime, bem como sua análise e interpretação através dos Laudos Periciais, chega à seguinte conclusão:

> O Brasil não tem uma normativa geral sobre cadeia de custódia e o mesmo ocorre na grande maioria dos Estados, que ainda encontram fragilidades na gestão da atividade pericial. Apesar da ausência de normas formalizadas é possível, porém, identificar elementos que demonstram a existência mais ou menos consistente de cadeia de custódia nas atividades periciais.[6]

No ano de 2014, então, o Ministério da Justiça publicou a Portaria nº 82, de 16/07/2014, que regulamentou alguns aspectos sobre a Cadeia de Custódia. Não se trata, ao nosso entender, do melhor tratamento regulatório para a matéria, visto que se trata de evidente matéria de direito processual penal, devendo, portanto, ser regulamentada através de Lei Federal.

Os trabalhos da Comissão Nacional da Verdade (CNV), que investigaram possíveis delitos praticados conta os direitos humanos, no período da ditadura militar no Brasil, incluindo a exumação dos restos mortais do ex-presidente João Goulart, tiveram reflexos nos direitos humanos, justamente por possuí-

---

[4] CAVALCANTI, Ascendino. *Criminalística Básica*. Ed. Raiz.

[5] Diagnóstico da Perícia Criminal no Brasil. Secretaria Nacional de Segurança Pública – SENASP. 2012. Disponível em: http://portal.mj.gov.br/data/Pages/MJ1C5BF609PTBRNN.htm Acesso em: 03/02/2015. p. 70.

[6] Ibid.

rem características peculiares no ordenamento jurídico estatal, transcendendo o aspecto unicamente jurídico, provocando também as ciências humanas, e, especialmente, as ciências históricas.

Paralelamente a isso, temos que as técnicas criminalísticas (periciais) em antropologia forense, e, mais precisamente, em arqueologia forense, são muito próximas do ideal nos sistemas penais de países desenvolvidos, e que a perícia criminal no Brasil, como um todo, é um serviço de segurança pública "bastante deficitário", conforme estudo encomendado pelo Governo Federal em 2012.[7]

Devido a esta situação, suponhamos que os direitos humanos assumissem uma dimensão histórica tal, onde os efeitos decorrentes desse fato, permitissem o início de uma perquirição estatal por violações aos direitos humanos, cometidas no passado, com base probatória em um conhecimento, que o próprio Estado assume não poder executar de forma plena. Nessa hipótese, estaríamos diante da descoberta de um novo efeito dos direitos humanos, com base em um estudo de cunho histórico.[8]

Nesse sentido, foi possível verificar que a CNV cumpriu um papel importante na evolução das Ciências Forense, incluindo a Medicina Legal, Toxicologia Forense, a Criminalística Pura, a Antropologia Social Forense, a Arqueologia Forense, dentre tantas outras, uma vez que provocou a ação estatal a investir em novas tecnologias no caso Jango, tendo em vista a envergadura que a repercussão política do caso ganhou junto à mídia.

2. A importância dos direitos humanos nas instituições públicas: breves apontamentos sobre os estudos de segurança pública

As ciências históricas, em um sentido amplo, têm o condão de realizar uma análise dos fatos pretéritos de um determinado local e de sua sequência cronológica, confrontando-os com os acontecimentos do presente, em busca de uma melhor compreensão dos fenômenos humanos e um adequado enquadramento científico das demandas dele surgidas, na tarefa de apresentar respostas para a sociedade, sobretudo no que se refere à análise da realidade do mundo contemporâneo, a cada dia mais complexa.

Nesse diapasão, as ciências forenses, enquanto conjunto de conhecimentos técnico-científicos de que dispõe o Estado, e destinadas ao descobrimento da verdade sobre fatos criminosos, estão inseridas em um contexto de necessidade do aprimoramento da eficiência da segurança pública que é oferecida pelo ente estatal.

Especificamente no âmbito das ciências históricas, a antropologia forense, enquanto ramo científico da antropologia física ou biológica, e que encontra suporte em outras ciências, como o Direito e a Medicina, mostra-se uma área do conhecimento criminalístico muito valiosa, porém ainda pouco desenvolvida no âmbito das polícias científicas brasileiras. Sobretudo em se tratando de

---

[7] Diagnóstico da Perícia Criminal no Brasil. Secretaria Nacional de Segurança Pública – SENASP. 2012. Disponível em: http://portal.mj.gov.br/data/Pages/MJ1C5BF609PTBRNN.htm Acesso em: 03/02/2015. p. 79.

[8] SARLET, Ingo Wolfgang. *A Eficácia dos Direitos Fundamentais*. Porto Alegre: Livraria do Advogado, 2009.

INQUIETAÇÕES SOBRE DIREITOS FUNDAMENTAIS

técnicas de arqueologia forense, muito pouco do conhecimento já adquirido por outros sistemas penais do exterior, como o norte-americano, é aplicado pelos órgãos de segurança pública no país.[9]

A Antropologia Forense é a área científica que estuda as ossadas. Resulta da aplicação de conhecimentos de Antropologia às questões de direito no que diz respeito à identificação de restos cadavéricos (necroidentificação). Através dos ossos, podemos obter dados sobre o sexo, idade, estatura do falecido e pormenores da vida que a pessoa teve (hábitos alimentares, algumas doenças, lesões, etc.[10]

Os achados em escavações podem ter diversas origens: cadáveres abandonados numa fase avançada de decomposição, corpos desfigurados resultados de mutilações, ou, cadáveres que possam corresponder a indivíduos vítimas de desastres em massa (acidentes de aviação, naufrágios, catástrofes naturais, etc.).

As técnicas desenvolvidas no trabalho de um antropólogo começam no local do crime e estende-se até ao laboratório. Dividindo-se parcialmente em três etapas: 1°) etapa – Arqueologia forense. É feita uma escavação minuciosa do local onde se encontra o corpo; 2°) etapa – Antropologia social. Consiste na recolha de informações em redor da área do crime (entrevistas às pessoas da região, consulta em arquivos municipais, eclesiásticos e militares, etc.; 3°) etapa – Investigação laboratorial. Há uma aplicação de técnicas como a osteologia humana (área que se debruça sobre o estudo dos ossos que compõe o esqueleto), paleopatologia (ramo da ciência que se dedica ao estudo das doenças do passado) e tafonomia (estudo sistemático da evolução de fósseis). Pode ainda ser feita uma reconstrução facial do cadáver e superposição fotográfica.[11]

No passado, sabidamente vivíamos em um período ditatorial onde direitos fundamentais eram suprimidos dos indivíduos, sob o argumento da ordem e dos valores estatais vigentes. Nos dias atuais, a investigação sobre a ocorrência de abusos de autoridade extremos, atentatórios aos bens jurídicos mais bem protegidos pelo Estado Democrático de Direito, encontra vazão em uma característica fundamental dos direitos fundamentais: a imprescritibilidade.

A CNV, ao visar a investigação de violações de direitos humanos ocorridas entre os anos de 1946 e 1988 no Brasil por agentes do Estado, estava formada por sete membros nomeados pela Presidente da República e catorze auxiliares, que atuaram durante dois anos.

Considerando o caráter da imprescritibilidade e historicidade dos direitos humanos, a Comissão decidiu por deferir o procedimento forense de exumação dos restos mortais do ex-presidente João Goulart. Tal medida mostra a dimensão que toma, a partir do panorama constitucional apresentado, o aprimoramento e sedimentação de um protocolo de antropologia forense.

---

[9] SAFERSTEIN, R. *Forensic Science Handbook*. New Jersey: Prentice Hall, 1987.

[10] SCHMITT, A; CUNHA, E; PINHEIRO, J. (eds.) *Forensic anthropology and medicine: complementary sciences from recovery to cause of death*. Tottowa: Human Press, 2006.

[11] TULLER, H, DURIC, M. *Keeping the pieces together: comparison of mass grave excavation methodology*. Londres: Forensic Science International, 2006.

Como legado, temos que, se por um lado, não podemos deixar que o aspecto político direcione a evolução científica das provas criminais, por outra via, temos de reconhecer que a perquirição de um fato criminal, passados mais de 60 anos, por parte de uma autoridade estatal, ensejando investimentos pesados na área da perícia criminal, tanto físico-estruturais quanto legiferantes, trouxe um adiantamento no aprimoramento do sistema penal brasileiro, em última análise. E assim sendo, seguimos acreditando que a discussão e o enfrentamento maduro dos temas relacionados aos direitos humanos tornam as instituições públicas mais humanas e menos politizadas.

3. Conclusões

Em síntese, aferimos que os trabalhos da CNV, muito embora tivessem um cunho mais preocupado com o resultado político do que propriamente o institucional, inegavelmente tiveram reflexos nos órgãos de Polícia Técnico-Científica, ou os Institutos-Gerais de Perícia, ou, ainda, os Institutos de Criminalística e Médico-Legais, sobretudo no que se refere ao desenvolvimento (tanto técnico-operacional quanto jurídico-conceitual) da chamada Cadeia de Custódia, que finalmente encontrou alguma previsão normativa, ainda que através de Portaria da Secretaria Nacional de Segurança Pública.

Ainda, cremos que tal circunstância se deve muito ao desenvolvimento paralelo da teoria dos direitos humanos, que transcendem discussões puramente jurídicas, provocando todas as esferas empíricas a discutir as relações político-institucionais com a sociedade. Sendo assim, instituições científicas (como o são os órgãos periciais criminais) saem ganhando, haja vista que, embora independentes, ainda necessitam ter sua autonomia institucional aprimorada (vide estudo da SENASP).[12]

E nesse sentido, continuamos aguardando novidades sobre Projetos de Emendas Constitucionais que objetivem dar autonomia financeiro-orçamentária aos órgãos periciais, bem como de uma reforma legislativa do Código de Processo Penal, que valorize e regule a contento as provas periciais.

4. Referências

BENFICA, Francisco Silveira. *Medicina Legal*. Porto Alegre: Livraria do Advogado, 2008.

CAVALCANTI, Ascendino. *Criminalística Básica*. Campo Grande: Raiz, 1987.

CUNHA, Benedito Paula da. *Doutrina da Criminalística Brasileira*. São Paulo: Ateniense, 1987.

COMA, Reverte. *Antropologia Forense*. Madrid: Ministerio de Justicia, 1991.

DOREA, Luiz Eduardo. *Local de Crime, novos métodos para antigas práticas*. ACADEPOL/BA.

DUPRAS, TL; SCHULTZ, JJ; WHEELER, SM; WILLIAMS, LJ. *Forensic Recovery of Human Remains: Archaeological Approaches*. Boca Raton: CRC Press, 2006.

FERREIRA, MT; NEVES, M.J.; CUNHA, *Contributo da Arqueologia para as Ciências Forenses*. Póster apresentado no 5º Congresso Nacional de Medicina Legal. Ericeira, 10 e 11 de Novembro de 2006.

MITTERMAYER, C. J. A. *Tratado da Prova em Matéria Criminal*. São Paulo: Bookseller, 1917.

---

[12] Diagnóstico da Perícia Criminal no Brasil. Secretaria Nacional de Segurança Pública – SENASP. 2012. Disponível em: http://portal.mj.gov.br/data/Pages/MJ1C5BF609PTBRNN.htm Acesso em: 03/02/2015. p. 82.

MORAIS, Jose Luis Bolzan de. *As Crises do Estado e da Constituição e a Transformação Espacial dos Direitos Humanos*. Porto Alegre: Livraria do Advogado, 2002.

PELAYO, Manuel Garcia. *Las transformaciones del Estado contemporaneo*. Madrid: Alianza Editorial, 2001.

PORTO, Gilberto. *Manual de Criminalística*. São Paulo: Sugestões Literárias, 1960.

PORTINHO, Andrei Röehrs. Antropologia forense e direitos humanos no Brasil: considerações sobre a comissão nacional da verdade e a perícia criminal. In: *Âmbito Jurídico*, Rio Grande, XVI, n. 115, agosto de 2013. Disponível em: <http://www.ambito-juridico.com.br/site/?n_link=revista_artigos_leitura&artigo_id=13516>. Acesso em março de 2015.

RABELLO, Eraldo. *"Contribuição ao estudo dos locais de crime"*. Rev. de Criminalística do RS;

ROXIN, Claus. *La evolución de la política criminal, el derecho penal y el processo penal*. Valencia: Editora Tirant lo Blank, 2000.

SAFERSTEIN, R. *Forensic Science Handbook*. New Jersey: Prentice Hall, 1987.

SARLET, Ingo Wolfgang. *A Eficácia dos Direitos Fundamentais*. Porto Alegre: Livraria do Advogado, 2009.

SCHMITT, A; CUNHA, E; PINHEIRO, J. (eds.) *Forensic anthropology and medicine: complementary sciences from recovery to cause of death*. Tottowa: Human Press, 2006.

TOCHETTO, Domingos (org.). *Tratado de Perícias Criminalísticas*. Campinas: Millennium Editora, 2005.

TULLER, H, DURIC, M. *Keeping the pieces together*: comparison of mass grave excavation methodology. Londres: Forensic Science International, 2006.

— 2 —

A regulação social-econômica como mecanismo de efetivação da democracia sustentável: regulação e direitos fundamentais no Estado Social Democrático brasileiro

ANELISE COELHO NUNES[1]

SUMÁRIO: 1. A nova configuração do Estado brasileiro em vista da regulação; 2. Direitos fundamentais e deveres do Estado; 3. O uso da interpretação sistemática, do Estado de consenso, da ponderação e da proporcionalidade asseguram a dignidade da pessoa humana e a democracia; 4. A regulação social econômica na democracia sustentável em vista de conclusões; 5. Referências.

1. A nova configuração do Estado brasileiro em vista da regulação

A crise dos anos 80 e 90 sofrida pelo Estado proporcionou o desenvolvimento de novos papéis pela Administração Pública, sobretudo no cerne das discussões econômicas, políticas e jurídicas.

A Constituição Federal de 1988 trouxe, com sua promulgação, dispositivos que ensejaram o desenvolvimento do Direito Regulatório, diante exatamente desse contexto de transformações pelas quais passou o Estado brasileiro e a Administração Pública, sobretudo em relação à ordem econômica,[2]

O Direito Administrativo brasileiro muda de cenário, portanto, principalmente em função das transformações no Direito Constitucional.

Com isso, a Administração Pública brasileira contemporânea descentralizou-se, abandonando a ideia de um único centro de poder. A partir, então, da fixação de um cenário de desestatização e de desregulamentação foi que surgiram as agências reguladoras.

Regina Linden Ruaro,[3] referindo-se a esse processo de descentralização, sob uma perspectiva histórica, afirma que "a redefinição teórica do papel do

---

[1] Advogada. Professora de Direito Constitucional da Estácio do Rio Grande do Sul. Doutora, Mestre e Especialista em Direito pela PUCRS. Coordenadora do Núcleo de Prática Jurídica do Curso de Direito da Estácio/FARGS – NPJ.

[2] SALOMÃO FILHO, Calixto. *Regulação e desenvolvimento*, p. 59.

[3] RUARO, Regina Linden. *Reforma Administrativa e a consolidação da esfera pública brasileira: o caso do orçamento participativo no Rio Grande do Sul*, p. 83.

Estado está sempre mais confrontada com a realidade da redefinição fática do Estado".

Maria Paula Dallari Bucci[4] adverte que "mesmo que não se alterasse o rol das funções da Administração Pública, mantendo-se a clássica tripartição entre fomento, polícia e serviço público[5] (numa terminologia atualizada: fomento, ordenação e gestão[6]), e ainda que se admita a permanência da intervenção como quarta função, o fato é que se alterou o balanço entre elas e o equilíbrio resultante, tudo levando à necessidade de rever o papel do direito administrativo na nova ordem social que se esboça".

Em vista disso, o papel da Administração Pública redefiniu-se no Estado brasileiro, a partir da sua própria organização, já que as agências reguladoras integram a estrutura da Administração Pública indireta.

Maria Sylvia Zanella Di Pietro[7] esclarece que "no direito brasileiro, o vocábulo regulação surgiu com o movimento de Reforma do Estado, especialmente quando, em decorrência da privatização das empresas estatais e da introdução da ideia de competição entre concessionárias na prestação de serviços públicos, entendeu-se necessário 'regular' as atividades objeto de concessão a empresas privadas, para assegurar a regularidade na prestação dos serviços e o funcionamento equilibrado da concorrência".

Assim, ressalta-se que os dispositivos constitucionais que disciplinam acerca do Direito Regulatório relacionam-se, principalmente, às funções de fiscalização, de incentivo e de planejamento a serem exercidas pelo Estado, "como agente normativo e regulador da atividade econômica" (norma do *caput* do artigo 174 da Constituição Federal) e a incumbência, ao poder público, da prestação dos serviços públicos, diretamente ou sob regime de concessão ou permissão (norma do *caput* do art. 175 da Constituição Federal), bem como à abertura para a iniciativa privada de atividades econômicas representativas de direitos fundamentais, postas à disposição dos interessados, como em relação à saúde, à educação, entre outros direitos fundamentais sociais.

2. Direitos fundamentais e deveres do Estado

Ocorre que o oferecimento de serviços públicos aos administrados constitui contra-prestação de direitos fundamentais pelo Estado, da espécie direitos sociais, na democracia brasileira.

---

[4] BUCCI, Maria Paula Dallari, *Direito Administrativo e Políticas Públicas*, p. 2.

[5] A autora refere que a expressão "serviço público" é extraída da doutrina de García de Enterria (*Curso de Derecho Administrativo*, Madrid, Ed. Civitas, 1995, p. 49. Bem como em relação ao uso da palavra "gestão", de Carlos Ari Sundfeld (*Direito Administrativo Ordenador*, São Paulo: Malheiros, 1991, p. 16).

[6] Da mesma forma a autora procede em relação ao uso da palavra "gestão", de Carlos Ari Sundfeld (*Direito Administrativo Ordenador*, São Paulo: Malheiros, 1991, p. 16).

[7] DI PIETRO, Maria Sylvia Zanella, *Limites da função reguladora das agências diante do Princípio da Legalidade*, em DI PIETRO, Maria Sylvia Zanella (org. e coautora). *Direito Regulatório: temas polêmicos*, p. 20.

Os titulares desses direitos[8] são os administrados, enquanto a Administração Pública, através do Estado, é a destinatária (a quem incumbe prestar) desses direitos fundamentais sociais.

Nesse regime político democrático, os direitos fundamentais, em conjunto com a juridicidade e a constitucionalidade, consistem nos três pilares em que se assenta o princípio do Estado de Direito,[9] amplamente consagrados ao longo de todo texto da Constituição Federal de 1988, principalmente nos fundamentos do Estado Democrático de Direito, da cidadania e da dignidade da pessoa humana (norma do artigo 1º, incisos II e III).

Diogo de Figueiredo Moreira Neto,[10] ao abordar o conteúdo sociojurídico do Estado Democrático de Direito, discorre acerca dos órgãos de poder político, como componentes do Estado, e também como instrumentos de realização dos valores sociais e de tutela dos direitos fundamentais, ao que Giancarlo Sorrentino[11] denomina de "Estado de serviço".

Interessante, também, a lição de Umberto Allegretti[12] ao relacionar deveres do Estado, serviços públicos e direitos fundamentais dos administrados: "Dever do Estado é o serviço dos direitos e, portanto, dos direitos dos cidadãos derivam as tarefas do Estado e a missão da Administração".

Em relação à classificação dos serviços públicos, delegação é gênero, de que é espécie a concessão, que, segundo Maria Sylvia Zanella Di Pietro,[13] consiste no "contrato administrativo pelo qual a Administração delega a outrem a execução de um serviço público, para que o execute em seu próprio nome, por sua conta e risco, mediante tarifa paga pelo usuário ou outra forma de remuneração decorrente da exploração do serviço".[14]

Portanto, independentemente do modo de realização do serviço público, indubitável é seu caráter prestacional aos administrados, enquanto titulares[15] dos respectivos direitos fundamentais que a Administração Pública deve assegurar.

Acerca do caráter prestacional dos direitos fundamentais sociais, o magistério de Ingo Wolfgang Sarlet[16] adverte que existe um "problema específico", visto que "é precisamente em função do objeto precípuo destes direitos e da forma mediante a qual costumam ser positivados (normalmente como normas

---

[8] Vide NUNES, Anelise Coelho. *A titularidade dos direitos fundamentais na Constituição Federal de 1988*. Porto Alegre: Livraria do Advogado, 2007.

[9] CANOTILHO, José Joaquim Gomes. *Direito Constitucional e Teoria da Constituição*, p. 359 e seguintes.

[10] MOREIRA NETO, Digo de Figueiredo. *Quatro Paradigmas do Direito Administrativo Pós-Moderno: Legitimidade, Finalidade, Eficiência, Resultados*, p. 43.

[11] SORRENTINO, Giancarlo. *Diritti e participazione nell'amministrazione di risultato*, p. 38.

[12] ALLEGRETTI, Umberto. *Amministrazione pubblica e costituzione*, p. 12.

[13] DI PIETRO, Maria Sylvia Zanella. *Parcerias na Administração Pública: Concessão, Permissão, Franquia, Terceirização, Parceria Público-Privada e outras formas*, p. 73.

[14] A Constituição refere-se à concessão como "contrato especial" (norma do parágrafo único do artigo 175, inciso I) "a ser regulado por lei".

[15] Vide NUNES, Anelise Coelho. *A titularidade dos direitos fundamentais na Constituição Federal de 1988*. Porto Alegre: Livraria do Advogado, 2007.

[16] SARLET, Ingo Wolfgang. *A Eficácia dos Direitos Fundamentais: uma teoria geral dos direitos fundamentais na perspectiva constitucional*, p. 280.

definidoras de fins e tarefas do Estado ou imposições legiferantes de maior ou menor concretude) que se travam as mais acirradas controvérsias envolvendo o problema de sua aplicabilidade, eficácia e efetividade", e, também, trazem eminentes reflexões à tona, como ao que se refere à "reserva do possível", à "proibição de retrocesso" e ao "mínimo existencial".[17]

E, por seu turno, serviço público, em sentido lato, pode ser entendido como conjunto de "atividades privadas sob forte regulação estatal, atendendo aos princípios da continuidade, universalidade, modicidade, eficiência e cortesia", de acordo com Alexandre Santos de Aragão,[18] ou, segundo Juarez Freitas,[19] "serviço público é todo aquele essencial para a realização dos objetivos fundamentais do Estado Democrático, devendo, por isso mesmo, ser prestado sob o regime peculiar predominantemente juspublicista, no campo mais alto dos princípios".

Assim, o Estado, enquanto regulador, demonstra complexidade e multidisciplinariedade, a partir da integração de diversas áreas do sistema jurídico que são incorporadas e aproveitadas para a interpretação do Direito Regulatório e que, de acordo com Maria D'Assunção Costa Menezello,[20] "a integração dos subsistemas normativos concretiza-se, à medida em que a agência elabora uma nova norma reguladora ou emite uma decisão administrativa final."

Vital Moreira[21] também assim compreende: "o papel do direito regulador limita-se em princípio à coordenação dos vários subsistemas sociais e ao estabelecimento das regras procedimentais".

3. O uso da interpretação sistemática, do Estado de consenso, da ponderação e da proporcionalidade asseguram a dignidade da pessoa humana e a democracia

Em vista disso, Juarez Freitas[22] revela a renovação da interpretação sistemática do Direito Administrativo, vinculada aos direitos fundamentais, e, principalmente, ao "direito fundamental-síntese à boa Administração Pública".[23]

Portanto, a chegada ao atual "Estado do consenso", como resultado do processo de intensas transformações do Estado brasileiro, sobretudo econô-

---

[17] SARLET, Ingo W.; FIGUEIREDO, Mariana Filchtiner. *Reserva do possível, mínimo existencial e direito à saúde: algumas aproximações*, p. 11-53, em SARLET, Ingo W.; TIMM, Luciano Benetti (orgs. e coautores) *Direitos fundamentais, orçamento e "reserva do possível"* . Vide também MOLINARO, Carlos Alberto. *Direito ambiental: proibição de retrocesso*, p. 91-120.

[18] ARAGÃO, Alexandre Santos de. *Agências Reguladoras e a evolução do Direito Administrativo Econômico*, p. 172.

[19] FREITAS, Juarez. *Regime dos serviços públicos e a proteção dos consumidores*, p. 11, e, também, *O Controle dos Atos Administrativos e os Princípios Fundamentais*, p. 288

[20] MENEZELLO, Maria D'Assunção Costa. *Agências Reguladoras e o Direito Brasileiro*, p. 153.

[21] MOREIRA, Vital. *Auto-regulação profissional e Administração Pública*, p. 127.

[22] FREITAS, Juarez. *Discricionariedade administrativa e o direito fundamental à boa Administração Pública*, p. 20, e, também, *O princípio constitucional da moralidade e o novo controle das relações da Administração*, p. 13.

[23] FREITAS, Juarez. *Direito fundamental à boa administração pública e a constitucionalização das relações adeministrativas brasileiras*, p. 13-24.

micas,[24] possibilitam uma regulação administrativa como nova categoria de escolha do administrador, diante da discricionariedade, incidindo diretamente sobre a concessão do serviço público como forma de oferta do direito fundamental – prestacional – do administrado.

E, cabe ressaltar que, de acordo com Fernando Quadros da Silva,[25] "a partir dos valores existentes nas constituições ocidentais, parece que a regulação não pode ser feita apenas no interesse dos mercados, pois o Estado Democrático de Direito tem objetivos a alcançar, e sua intervenção deve sempre buscar a realização desses objetivos", já que "a atividade regulatória do Estado tem na própria Constituição as linhas gerais que deverão nortear sua atuação".[26]

Então, se o alicerce da regulação oriunda da lei, e, considerando nosso sistema jurídico como um sistema aberto, fundamentado na dignidade humana, há a necessidade de desenvolver-se uma análise e interpretação sistemática[27] das fontes do Direito então atuantes, a fim de buscar-se uma prática eficiente, focada no bem-estar social, que efetive o direito do administrado à boa Administração Pública, entendido, antes de tudo, como "somatório de direitos subjetivos públicos".[28]

A partir dessas observações, Juarez Freitas[29] conclui que se deve "assumir, com todas as forças, a defesa do direito administrativo mais de Estado regulador e prestacional redistributivo de oportunidades que 'de governo' e vocacionado ao efêmero particularismo. Força, nesse desiderato, aprofundar consideravelmente a sindicabilidade, com os olhos fitos nos princípios constitucionais, tomados como diretrizes efetivamente superiores", pois, tendo-se em vista o princípio da proporcionalidade, o Estado deve encontrar adequação em suas atuações para que se caracterize como "nem segurador universal, nem Estado omisso", já que tal princípio veda o excesso e a inoperância da atuação estatal.[30]

A análise dos princípios, ou, como denomina Diogo de Figueiredo Moreira Neto,[31] "os novos princípios" (políticos, técnicos e jurídicos) também importa consideravelmente na temática desse estudo.

Sérgio Guerra,[32] caracterizando a interpretação dos princípios e ressaltando a "escolha regulatória" pela discricionariedade, informa que "busca-se uma atuação eficiente e com foco no bem estar social mediante ponderação nos con-

---

[24] PELZMAN, S. *A Teoria Econômica da Regulação depois de uma década de Desregulação*, p. 81, em MATTOS, Paulo (coord.), *Regulação Econômica e Democracia*.

[25] SILVA, Fernando Quadros da. *Agências Reguladoras: a sua independência e o Princípio do Estado Democrático de Direito*, p. 82.

[26] Idem.

[27] FREITAS, Juarez. *A interpretação sistemática do Direito*, p.64.

[28] FREITAS, Juarez. *Discricionariedade administrativa e o direito fundamental à boa Administração Pública*.

[29] Idem, p. 19.

[30] FREITAS, Juarez. *Responsabilidade civil do Estado e o princípio da proporcionalidade: vedação de excesso e de inoperância*, p. 172.

[31] MOREIRA NETO, Diogo de Figueiredo Moreira. *Mutações do Direito Administrativo*, p. 18 e seguintes.

[32] GUERRA, Sérgio. *Discricionariedade e reflexividade: uma nova teoria sobre as escolhas administrativas*, p. 79 e seguintes.

flitos distributivos, à luz de princípios – não apenas regras – que trabalham com categorias econômicas" (...) "Nesse contexto, destaca-se a importância da nova categoria das escolhas administrativas: a escolha regulatória. Na regulação de atividades econômicas pelo Estado, a estrutura estatal necessária para equilibrar os subsistemas regulados, ajustando as falhas do mercado, ponderando-se diversos interesses ambivalentes, não se enquadra no modelo positivista clássico e moderno, haja vista sua patente singularidade".

No esclarecer de Floriano Azevedo Marques Neto,[33] a atividade regulatória é espécie do gênero atividade administrativa: "Mas trata-se de uma espécie bastante peculiar. Como já pude afirmar em outra oportunidade, é na moderna atividade regulatória estatal que melhor se manifesta o novo paradigma de direito administrativo, de caráter menos autoritário e mais consensual, aberto à interlocução com a sociedade e permeado pela participação do administrado".

Nesse sentido, Konrad Hesse[34] leciona, em relação à ponderação, que *"los bienes jurídicos constitucionalmente protegidos deben ser coordinados de tal modo en la solución del problema que todos ellos conserven su entidad. Alli donde se produzcan colisiones no se debe, a través de una precipitada 'ponderación de bienes' o incluso abstracta 'ponderación de valores', realizar el uno a costadel outro"*. E, para Luis Roberto Barroso,[35] "para buscar-se a harmonia ou concordância de direitos fundamentais, deve ser utilizada como mecanismo à solução de tensões a ponderação de bens ou valores jurídicos fundamentais".

Ademais, a interpretação sistemática exercerá papel decisivo na escolha do administrador, em busca de assegurar, no Estado democrático, a dignidade do administrado.

E, acerca da dignidade humana, a doutrina de Jorge Miranda[36] a relaciona como fundamento da unidade da Constituição: "A Constituição confere uma unidade de sentido, de valor e de concordância prática ao sistema de direitos fundamentais. E ela repousa na dignidade da pessoa humana, ou seja, na concepção que faz a pessoa fundamento e fim da sociedade e do Estado".

Willis Santiago Guerra Filho[37] esclarece que esse princípio foi formulado com base na ética de Kant, "precisamente na máxima que determina aos homens, em suas relações interpessoais, não agirem jamais de molde a que o outro seja tratado como objeto, e não como igualmente um sujeito", bem como o magistério de Ingo Wolfgang Sarlet,[38] o qual leciona que os direitos fundamentais constituem exigência e concretizações do princípio da dignidade humana.

---

[33] MARQUES NETO, Floriano Azevedo. *Pensando o controle da atividade de regulação estatal*, p. 202. GUERRA, Sérgio (coord.), *Temas de direito regulatório*.

[34] HESSE, Konrad. *Estudios de Derecho Constitucional*, p. 45.

[35] BARROSO, Luis Roberto. *O Direito Constitucional e a Efetividade de suas Normas*, p. 186.

[36] MIRANDA, Jorge. *Manual de Direito Constitucional*, v. II, p. 152.

[37] GUERRA FILHO, Willis Santiago. *Dos Direitos Humanos aos Direitos Fundamentais*, p. 166.

[38] SARLET, Ingo Wolfgang. *Dignidade da pessoa humana e direitos fundamentais*, 88 e seguintes.

Finalmente, a reflexividade das escolhas da Administração Pública, partindo de um Estado democrático e regulatório, incide, diretamente, na vida dos administrados, enquanto titulares dos respectivos direitos fundamentais, e constitui sua dignidade enquanto entes participativos da sociedade estatal.

Resta, portanto, clara a noção de que, no processo de constitucionalização das relações administrativas brasileiras, inclusive as oriundas das atividades de regulação, a força normativa da Constituição assegura e promove a eficácia dos direitos fundamentais, que, nesse contexto, revelam o direito fundamental à boa Administração Pública do administrado, enquanto titular de direitos fundamentais.

No entanto, a realização de valores constitucionais, mais especificamente consubstanciados nos direitos fundamentais, só demonstrará uma atuação da Administração Pública pautada no direito fundamental à boa administração se a gestão pública visar não apenas aos interesses econômicos, mas institucionais, por meio de processos e políticas públicas de financiamento dos direitos fundamentais.

4. A regulação social econômica na democracia sustentável em vista de conclusões

A regulação social econômica, como atividade estatal, em vista do desenvolvimento como objetivo de política econômica e da defesa do consumidor no contexto do ambiente ecologicamente equilibrado, constitui um dos mecanismos de efetivação da democracia sustentável.

A partir da atuação do Estado como agente normativo e regulador da atividade econômica – conforme preceitua a norma do artigo 174 da Constituição Federal de 1988 – as dimensões da regulação social sustentável permeiam as diversas articulações, interconexões e tensões que a prática regulatória estatal promove em razão da incidência em setores da atividade econômica – representativos de direitos fundamentais – que, colocados à disposição no mercado de consumo, visam ao desenvolvimento nacional, como objetivo da República brasileira – segundo a norma constitucional do artigo 3º, II.

Sobre os setores da economia representativos de direitos fundamentais, muitas vezes incidem ordens jurídicas distintas, as quais nem sempre demonstram harmonia entre si. Enquanto serviços submetidos à regulação estatal, se subordinam às disposições e ordens jurídicas inerentes às respectivas agências reguladoras – segmentadas – as quais, como autarquias especiais, integram a estrutura da Administração Pública indireta.

A título exemplificativo, observa-se a situação da assistência à saúde suplementar, a qual é livre à iniciativa privada, de acordo com a norma constitucional do artigo 199. Por contemplar serviços remunerados, prestados por fornecedores ao destinatário final, constituem relações de consumo, sendo objeto da aplicação do Código de Defesa do Consumidor. Entre essas duas ordens normativas há uma relação de tensão, ainda não resolvida satisfatoriamente. Questiona-se a existência de complementariedade ou conflito na relação, já que o Código de Defesa do Consumidor e a lei de criação da Agência Nacional de Saúde Suplementar são leis ordinárias, sendo posteriores à lei regulatória, a qual também consiste em lei especial à matéria. Pelos critérios, pois, da anterioridade e da especialidade, a lei regulatória deveria prevalecer. Todavia, o Código de Defesa do Consumidor tem hierarquia constitucional, não podendo ser ignorado em nada que diga respeito às relações de consumo.

O estudo dos elementos desse conflito é matéria de alto interesse, que justifica a escolha do tema como propósito de diagnosticar os pontos concretos de conflito e formulação de propostas capazes de definir a hermenêutica que se mostre conforme com os ditames constitucionais.

As agências reguladoras, no cenário brasileiro, constituem autarquias de regime especial, entidades da Administração Pública Indireta, e foram instituídas no ordenamento jurídico brasileiro a partir do ano de 1996, como resultado de um extenso processo de transformação do Estado, bem como de sua relação com a sociedade.

Essas mudanças dizem respeito, sobretudo, à ordem econômica. A norma do *caput* do artigo 174 da Constituição Federal de 1988 estabelece as funções de fiscalização, de incentivo e de planejamento a serem exercidas pelo Estado, "como agente normativo e regulador da atividade econômica".

Assim, as agências reguladoras foram dotadas, por suas leis instituidoras, de um elevado grau de autonomia em relação ao Poder Executivo, que lhes confere um papel e posição diferencial na estrutura da Administração Pública brasileira e, por outro lado, constituem alvo constante de críticas, em virtude, sobretudo, da indicação e mandato de seus dirigentes.

As agências reguladoras, no Brasil, controlam atividades da Administração Pública que constituem objeto de concessão, permissão, autorização de serviços públicos ou, ainda, objeto de concessão para exploração de bem público. Suas atuações englobam, também, as atividades econômicas de grande repercussão social que os particulares desempenham no exercício da livre iniciativa, como a saúde suplementar. Assim, ressalte-se que a atuação regulatória irá incidir em setores da atividade econômica representativos de direitos fundamentais e, nesse contexto, deve-se visar ao desenvolvimento nacional, como objetivo da República brasileira – segundo a norma constitucional do artigo 3º, II, bem como observar-se a necessidade da garantia do ambiente ecologicamente equilibrado. Em que pese o fato de a livre iniciativa ser postulado constitucional da ordem econômica, com previsão na norma do *caput* do artigo 170 da Constituição Federal, é princípio também constitucional, elencado no inciso V da norma do referido artigo, a defesa do consumidor. Assim, verifica-se a caracterização de um aparente antagonismo em um sistema econômico constitucional em que se ressalta o modelo concorrencial e da livre iniciativa, diante da defesa do consumidor. Ademais, muitos serviços que são colocados à disposição no mercado de consumo que proporcionam a eficácia dos direitos fundamentais são oferecidos sob esse sistema econômico.

O processo de surgimento de várias agências reguladoras, no Brasil, ocorreu no início da década de 90. As agências importaram o modelo norte-americano de regulação para mesclar-se com os postulados do direito administrativo francês, então utilizados no Brasil.

No entanto, o modelo norte-americano não tinha como funcionar efetivamente sem uma compatibilização com o sistema jurídico brasileiro. A neutralidade do ato de regular e o equilíbrio dos setores mostraram-se desvirtuados pelos interesses do mercado. O próprio mercado, conforme as atividades econômicas desenvolvidas, demonstra uma necessidade premente de compatibilização entre a sustentabilidade econômica dos agentes e os benefícios sociais que dessas atividades são esperados.

Em vista disso, propugna-se que o Estado, visando ao planejamento das atividades econômicas, através dos poderes Executivo e Legislativo, deve estabelecer a adoção de políticas públicas que tutelem os interesses da coletividade, a fim de promover a regulação com fins sociais, desenvolvendo verdadeira regulação social sustentável.

A regulação social sustentável objetiva uma integração das estratégias de articulação da rede de tutela dos interesses da coletividade com os interesses dos regulados, ponderando a proteção da sociedade com a necessidade de desenvolvimento econômico e tecnológico, viabilizando os princípios basilares da ordem econômica na Constituição Federal de 1988.

Sob essas considerações, as políticas públicas devem ser implementadas considerando a proporcionalidade, em função da defesa do bem comum, como critério fundamental para assegurar um ambiente ecologicamente equilibrado, uma vez que a conscientização e a mobilidade contemporâneas sociais urgem por novos mecanismos de proteção que se coadunem à atuação das agências reguladoras.

Em vista disso, a proposta por uma regulação econômica compatibilizada aos postulados da sociabilidade e da sustentabilidade verifica-se a partir da necessidade de novas estratégias de atuação de controle regulatório condizentes com o impacto econômico social do oferecimento dos serviços que ensejam a realização de direitos fundamentais no Estado Democrático de Direito, em vista da defesa do consumidor, considerando, também, o desenvolvimento como objetivo de política econômica, no contexto do ambiente ecologicamente equilibrado.

A presente pesquisa tem como objetivo interpretar, compatibilizando, de modo sistemático, a norma do *caput* do artigo 174 da Constituição Federal de 1988, a qual estabelece as funções de fiscalização, de incentivo e de planejamento a serem exercidas pelo Estado, "como agente normativo e regulador da atividade econômica", com a norma constitucional do artigo 3º, II, a qual determina o desenvolvimento nacional, como objetivo da República brasileira, no contexto do direito fundamental à garantia do meio ambiente ecologicamente equilibrado, conforme a norma constitucional do artigo 225.

Propõe-se um novo modelo teórico – da regulação social sustentável – para tal finalidade, a partir do desenvolvimento de uma caracterização diferenciada ao que até então as agências reguladoras têm efetuado: a regulação de serviços específicos, praticados através do oferecimento de atividades econômicas no mercado brasileiro, como mecanismo de efetivação da democracia sustentável, principalmente em relação à defesa do consumidor.

5. Referências

ADAMS, John Clarke. *El derecho administrativo norteamericano*: nociones institucionales de derecho administrativo comparado. Buenos Aires: EUDEBA, 1964.

ALBUQUERQUE, Ruy de; CORDEIRO, António Menezes. *Regulação e Concorrência*: perspectivas e limites da defesa da concorrência. Coimbra: Almedina, 2005.

ALEXY, Robert. *Teoría de los derechos fundamentales*. Madrid: Centro de Estudios Constitucionales, 1993.

ALLEGRETTI, Umberto. *Amministrazione pubblica e costituzione*. Padova: CEDAM, 1996.

ALSTON, Philip. *Conjuring Up New Human Rights: A Proposal For Quality Control*. American Journal of International Law, 1984. V. 78.

ANTUNES, Paulo de Bessa. *Direito ambiental*. Rio de Janeiro: Lumen Juris, 1999.

ANDRADE, José Carlos Vieira de. *Os Direitos Fundamentais na Constituição Portuguesa de 1976*. Coimbra: Almedina, 1987.

ANABITARTE, A. Gallego. *Derechos Fundamentales y Garantias Institucionales*. Madrid: Tecnos, 1994.

ARAGÃO, Alexandre Santos de. *Agências Reguladoras e a evolução do Direito Administrativo Econômico*. 2ª ed. Rio de Janeiro: Forense, 2009.

——; MARQUES NETO, Floriano de Azevedo (coord.). *Direito Administrativo e seus novos paradigmas*. Belo Horizonte: Fórum, 2008.

BALDWIN, Robert; CAVE, Martin. *Understanding regulation: theory, strategy and practice*. New York: Oxford University Press, 1999.

BARROSO, Luís Roberto. *Interpretação e Aplicação da Constituição: Fundamentos de uma Dogmática Constitucional Transformadora*. 2. ed. São Paulo: Saraiva, 1998.

BERMAN, Harold T. *Law and Revolution*. Cambridge: Harvard University Press, 1983.

BIDART, Adolfo Gelsi. *De Derechos, Deberes y Garantias del Hombre Comun*. Montevideo: Fundación de Cultura Universitaria, 1987.

BIDART CAMPOS, Germán J. *Doctrina del Estado Democratico*. Buenos Aires: Europa-America, 1961.

——. *Teoria General de los Derechos Humanos*. Buenos Aires: Astrea, 1992.

BILBAO UBILLO, Juan Maria. *La eficacia de los derechos fundamentales frente a particulares*. Madrid: Centro de Estúdios Cotitucionales, 1997.

BINENBOJM, Gustavo (coord. e coautor). *Agências Reguladoras e Democracia*. Rio de Janeiro: Lumen Juris, 2006.

——. *Uma Teoria do Direito administrativo: Direitos Fundamentais, Democracia e Constitucionalização*. 2. ed. Rio de Janeiro, Renovar, 2008.

BLACKBURN, R. *Constitucional Studies*. Londres: London editions, 1992.

BOBBIO, Norberto. *A Era dos Direitos*. Rio de Janeiro: Campus, 1992.

BONAVIDES, Paulo. *A Constituição Aberta*. 2. ed. São Paulo: Malheiros, 1996.

——. *Curso de Direito Constitucional*. 8. ed. São Paulo: Malheiros, 1997.

——. *Do Estado Liberal ao Estado Social*. Belo Horizonte: Del Rey, 1993.

CANARIS, Claus-Wilhelm. *Pensamento Sistemático e Conceito de Sistema na Ciência do Direito*. Trad. António Menezes Cordeiro. Lisboa: Fundação Calouste Gulbenkian, 1989.

CANOTILHO, Joaquim José Gomes. *Direito Constitucional e Teoria da Constituição*. Coimbra: Almedina, 1998.

——. *Tomemos a Sério os Direitos Económicos, Sociais e Culturais*. Coimbra: Coimbra Editora, 1988.

CASESSE, Sabino. *Lo spazio giuridico globale*. Roma-Bari: Laterza, 2003.

——. *As transformações do direito administrativo do século XIX e XX*. Revista Interesse Público, Porto Alegre, ano 5, n. 24, p. 13-38, mar./abr.2004.

CERRI, A. *Corso di Giustizia Costituzionale*. Milano, 1997.

CLAUDE, Richard P. *Comparative Human Rights*. Baltimore: The John Hopkins University Press, 1977.

CODERCH, P. Salvador; VON MUNCH, J.; FERRER I RIBA, J. *Associaciones, Derechos Fundamentales y Autonomia Privada*. Madrid: Tecnos, 1997.

COMPARATO, Fábio Konder. *A Afirmação Histórica dos Direitos Humanos*. São Paulo: Saraiva, 1999.

——. *Direitos Humanos e Estado*. São Paulo: Brasiliense, 1989.

COSSIO DIAZ, Jose Ramón. *Estado Social y Derechos de Prestación*. Madrid: Centro de Estudios Constitucionales, 1989.

COTTA, Sergio. L'attuale Ambiguità dei Diritti Fondamentali. *Revista de Diritto Civile*, Padova, tomi 1, p. 225-240, 1993.

DELVAUX, Paul. *L'utile et le Juste Dans lês Droits de L'homme Revoluctionnaires*. Archives de Philosophie du Droit, Paris, v.26, 1981.

DI PIETRO, Maria Sylvia Zanella. *Parcerias na Administração Pública*. Concessão, Permissão, Franquia, Terceirização, Parceria Público-Privada e outras formas. 7. ed. São Paulo: Atlas, 2009

——. (org. e coautora). *Direito Regulatório: Temas Polêmicos*. 2. ed. Belo Horizonte: Fórum, 2009

DIAZ, Elias. *Estado de Derecho y Sociedade Democrática*. Madrid: Editorial Cuadernos para el Dialogo, 1975.

DUTRA, Pedro. *Livre concorrência e regulação de mercados: estudos e pareceres*. Rio de Janeiro: Renovar, 2003.

DWORKIN, Ronald. *Laws Empire*. Cambridge: Harvard University Press, 1986.

——. *Taking Rights Seriously*. Cambridge: Harvard University Press, 1999.

EKMEKDJIAN, Miguel Angel. *Tratado de Derecho Constitucional*. Buenos Aires: Depalma, 1993. Tomo I.

FERNÁNDEZ, Eusebio. *Teoría de la Justicia y Derechos Humanos*. Madrid: Debates, 1984.

FERREIRA FILHO, Manoel Gonçalves. *Direitos Humanos Fundamentais*. São Paulo: Saraiva, 1995.

——. *Comentários à Constituição Brasileira de 1988*. São Paulo: Saraiva, 1997. V. 1.

——. *Curso de Direito Constitucional*. 22 ed. São Paulo: Saraiva, 1995.

FIORILLO, Celso Antonio Pacheco. *Curso de direito ambiental brasileiro*. 12a. ed. São Paulo: Saraiva, 2011.

——. DIAFÉRIA, Adriana. *Biodiversidade e patrimônio genético no direito ambiental brasileiro*. São Paulo: Max Limonad, 1999.

FREITAS, Juarez. *A interpretação Sistemática do Direito*. 4ª ed. São Paulo: Malheiros, 2004.

——. *Discricionariedade Administrativa e o Direito Fundamental à Boa Administração Pública*. São Paulo: Malheiros, 2007.

——. *O Controle dos Atos Administrativos e os Princípios Fundamentais*. 4. ed. São Paulo: Malheiros, 2009.

——. *Sustentabilidade: direito ao futuro*. Belo Horizonte: Fórum, 2011.

GONÇALVES, Cláudio Cairo. *Contrato Administrativo: Tendências e Exigências Atuais*. Belo Horizonte: Fórum, 2007.

GUERRA, Sérgio. *Controle Judicial dos Atos Regulatórios*. Rio de Janeiro: Lumen Juris, 2005.

——. *Discricionariedade e Reflexividade*: uma nova teoria sobre as escolhas administrativas. Belo Horizonte: Fórum, 2008.

——. *Introdução ao Direito das Agências Reguladoras*. Rio de Janeiro: Freitas Bastos, 2004.

HÄBERLE, Peter. *Efectividad de los Derechos Fundamentales en el Estado Constitucional, in la Garantia Constitucional de los Derechos Fundamentales*. Antonio López Pina (coord.). Madrid: Editorial Civitas, 1991.

——. *Hermenêutica Constitucional*. A Sociedade Aberta dos Intérpretes da Constituição: Contribuição para a Interpretação Pluralista e "Procedimental" da Constituição. Tradução de Gilmar Ferreira Mendes. Porto Alegre: Sergio Antonio Fabris Editor, 1997.

——. *Le Libertá Fondamentale nello Stato Constituzionale*. Trad. de Alessandro Fusillo e Romolo Rossi. Roma: La Nuova Italia Scientifica, 1993.

HESSE, Konrad. *Elementos de Direito Constitucional da República Federal da Alemanha*. Tradução de Luís Afonso Heck. Porto Alegre: Sergio Antonio Fabris Editor, 1998.

——. *A Força Normativa da Constituição*. Tradução de Gilmar Ferreira Mendes. Porto Alegre: Sergio Antonio Fabris Editor, 1991.

——. *Constitucionalidad, Derecho Común y Jurisdicción Ordinária, in Division de Poderes y Interpretación* – Hacia una Teoria de la Praxis Constitucional. Coord. Antonio López Pina. Madrid: Editorial Tecnos, 1987.

——. *Escritos de Derecho Constitucional*. Madrid: Centro de Estudios Constitucionales, 1992.

JUSTEN FILHO, Marçal Justen. *Curso de Direito Administrativo*. 4. ed. São Paulo: Saraiva, 2009.

——. *O Direito das Agências Reguladoras Independentes*. São Paulo: Dialética, 2002.

KALINOWSKI, Georges. *Concepto, Fundamento y Concreción del Derecho*. Buenos Aires: Editorial Abeledo-Perrot, 1982.

KELSEN, Hans. *Teoria Pura do Direito*. Tradução de João Batista Machado. 5. ed. São Paulo: Martins Fontes, 1997.

——. *Teoria Geral das Normas*. Porto Alegre: Sérgio Antônio Fabris Editor, 1986.

LAFER, Celso. *A Reconstrução dos Direitos Humanos*. São Paulo: Companhia das Letras, 1991.

LEDUR, José Felipe. *Direitos Fundamentais Sociais*: efetivação no âmbito da democracia participativa. Porto Alegre: Livraria do Advogado, 2009.

LEHFELD, Lucas de Souza. *Controles das Agências Reguladoras*. São Paulo: Atlas, 2008.

LLORENTE, Francisco Rubio (org.). *Derechos Fundamentales y Principios Constitucionales*. Barcelona: Ariel, 1995.

LIMA, Ruy Cirne. *Princípios de Direito Administrativo*. 6. ed. São Paulo: Revista dos Tribunais, 1987.

LUÑO, Antonio Enrique Pérez. *Derechos Humanos, Estado de Derecho e Constitución*. 5. ed. Madrid: Tecnos, 1995.

——. (coord.) *Derechos Humanos y Constitucionalismo Ante el Tercer Milenio*. Madrid: Marcial Pons, 1996.

——. *Los Derechos Fundamentales*. 6. ed. Madrid: Tecnos, 1995.

MARQUES, Claudia Lima. *Contratos no Código de Defesa do Consumidor: o novo regime das relações contratuais*. 5. ed. rev., atual. e ampl.. São Paulo: RT, 2005.

——. BENJAMIN, Antonio Herman V.; MIRAGEM, Bruno. *Comentários ao Código de Defesa do Consumidor*. 2. ed., rev., atual. e ampl. São Paulo: RT, 2006.

MARQUES NETO, Floriano de Azevedo. *Agências Reguladoras Independentes: fundamentos e seu regime jurídico*. Belo Horizonte: Fórum, 2005.

MATTOS, Paulo Todescan Lessa (coord.). PRADO, Mariana Mota; ROCHA, Jean Paul Cabral Veiga da; COUTINHO, Diogo R.; OLIVA, Rafael (org.). *Regulação Econômica e Democracia: o Debate Norte-Americano*. São Paulo: Editora 34 e Núcleo de Direito e Democracia/CEBRAP, 2004.

MAXIMILIANO, Carlos. *Hermenêutica e Aplicação do Direito*. 9. ed. Rio de Janeiro: Forense, 1979.

MEDEIROS, Fernanda Luiza Fontoura de. *Meio ambiente: direito e dever fundamental*. Porto Alegre: Livraria do Advogado Editora, 2004.

MENDES, Gilmar Ferreira. *Colisão de direitos fundamentais*: liberdade de expressão e de comunicação e direito à honra e à imagem. *Revista de Informação Legislativa*, Brasília, v. 122, p. 297-302, 1994.

——. *Direitos Fundamentais*: Eficácia das Garantias Constitucionais nas Relações Privadas. Análise da Jurisprudência da Corte Constitucional Alemã. *Cadernos de Direito Constitucional e Ciência Política*, São Paulo, v. 27, p. 33-44, 1999.

——. COELHO, Inocêncio Mártires; BRANCO, Paulo Gustavo Gonet. *Hermenêutica Constitucional e Direitos fundamentais*. Brasília: Brasília Jurídica, 2000.

MILLER, Jonathan M.; GELLI, María Angélica; CAYUSO, Susana. *Constitución y Derechos Humanos*. Buenos Aires: Editorial Astrea, 1991.

MIRANDA, Jorge. *Constituições de Diversos Países*. Lisboa: Imprensa Nacional – Casa da Moeda, 1987. V. I e II.

——. *Direitos Fundamentais: Relatório*. Lisboa: Universidade de Lisboa, 1984.

——. *Manual de Direito Constitucional*. 3. ed. Coimbra: Coimbra Editora, 2000. V. II e IV.

——. Os direitos fundamentais, sua dimensão individual e social. *Cadernos de Direito Constitucional e Ciência Política*, São Paulo, n. 1, p. 198-208, 1992.

MOLINARO, Carlos Alberto. *Direito Ambiental: proibição de retrocesso*. Porto Alegre: Livraria do Advogado, 2007.

MORAES, Alexandre de. *Constituição do Brasil Interpretada e Legislação Constitucional*. 7. ed. São Paulo: Atlas, 2007.

——. *Direito Constitucional Administrativo*. 4. ed. São Paulo: Atlas, 2007.

——. *Direitos Humanos Fundamentais*. São Paulo: Atlas, 1997.

MORAES, Antônio Carlos Flores de. *Legalidade, eficiência e controle da Administração Pública*. Belo Horizonte: Fórum, 2007.

MOREIRA, Egon Bockmann; CUÉLLAR, Leila. *Estudos de Direito Econômico*. Belo Horizonte: Fórum, 2004.

——. *et alli. Temas de Direito Regulatório*. Rio de Janeiro: Freitas Bastos, 2004.

MOREIRA, Vital. *Auto-regulação profissional e Administração Pública*. Coimbra: Almedina, 1997.

MOREIRA NETO, Diogo de Figueiredo. *Mutações do Direito Administrativo*. 3. ed. Rio de Janeiro: Renovar, 2007.

——. *Quatro Paradigmas do Direito Administrativo Pós-Moderno*: Legitimidade, Finalidade, Eficiência, Resultados. Belo Horizonte: Fórum, 2008.

NUNES, Anelise Coelho. *A titularidade dos direitos fundamentais na Constituição Federal de 1988*. Porto Alegre: Livraria do Advogado, 2007.

——. Os direitos fundamentais sociais no Estado democrático de direito brasileiro: algumas aproximações em torno de seu conteúdo econômico. ZAVASCKI, Liane T.; BÜHRING, Márcia A.; JOBIM, Marco Félix (org.). *Diálogos constitucionais de direito público e privado, n.2*. Porto Alegre: Livraria do Advogado, 2013, p. 33-45.

——. Regulação e democracia: a influência norte-americana das agências reguladoras no Brasil. ZAVASCKI, Liane T.; JOBIM, Marco Félix (org.). *Diálogos constitucionais de direito público e privado*. Porto Alegre: Livraria do Advogado, 2011, p. 33-45.

——. SCHMIDT, Cíntia. O princípio do desenvolvimento sustentável e suas implicações jurídico-sociais. *Revista Gestão, Sustentabilidade e Negócios – Revista Acadêmica da Faculdade São Francisco de Assis – UNIFIN, v.1, nº 1*, setembro de 2013, p. 42-54. Disponível em <http://www.unifin.com.br/revistaacademica/rgsn/arquivos/RGSN01/RGSN01_pg42-54.pdf>.

PASQUALOTTO, Adalberto. Fundamentalidade e efetividade da defesa do consumidor. *Direitos Fundamentais e Justiça ano 3, n. 9*, Porto Alegre: HS Editora, p. 66-100, 2009.

PECES-BARBA MARTINEZ, Gregorio. *Curso de Derechos Fundamentales. Teoria General.* Madrid: Tecnos, 1995.

PEREZ, Francisco Porrua. *Doctrina Politica de las Garantias Individuales.* México: Editorial Porrua, 1961.

PINTO, Eduardo Vera-Cruz. A regulação pública como instituto jurídico de criação prudencial na resolução de litígios entre operadores econômicos no início do século XXI. Regulação e Concorrência. Ruy de Albuquerque e António Menezes Cordeiro (coord.). Coimbra: Almedina, 2005.

PONTES DE MIRANDA, Francisco Cavalcanti. *Democracia, Liberdade, Igualdade: os Três Caminhos.* 2. ed. São Paulo: Saraiva, 1979.

PUGLIESE, Giovanni. Appunti per una Storia Della Protezione dei Diritti Umani. *Rivista Trimestrale di Diritto e Procedura Civile*, Milano, n. 3, v. 43, p. 619-659, 1989.

ROBLES, Gregorio. *Los Derechos Fundamentales y la Ética en la Sociedad Atual.* Madrid: Editorial Civitas, 1992.

RODRÍGUEZ-ARMAS, Magdalena Lorenzo. *Análisis del Contenido Esencial de los Derechos Fundamentales.* Espanha: Editorial Comares, 1996.

RUSSO, Eduardo Ángel. *Derechos Humanos y Garantías.* Buenos Aires: Editorial Plus Ultra, 1992.

SALOMÃO FILHO, CALIXTO (coord. e coautor). *Regulação e Desenvolvimento.* São Paulo: Malheiros, 2002.

SARLET, Ingo Wolfgang. *A Eficácia dos Direitos Fundamentais*: uma teoria geral dos direitos fundamentais na perspectiva constitucional. 10. ed. Porto Alegre: Livraria do Advogado, 2009.

——. *Dignidade da Pessoa Humana e Direitos Fundamentais na Constituição Federal de 1988.* Porto Alegre: Livraria do Advogado, 2009.

——. TIMM, Luciano Benetti (org. e coautor) *et alli. Direitos Fundamentais: Orçamento e "Reserva do Possível".* Porto Alegre: Livraria do Advogado, 2008.

——. O Estado Social de Direito, a proibição de retrocesso e a garantia fundamental da propriedade. *AJURIS: Revista da Associação dos Juízes do Rio Grande do Sul*, Porto Alegre, n. 73, p. 210-236, 1998.

SARMENTO, Daniel. *Direitos Fundamentais e Relações Privadas.* Rio de Janeiro: Lumen Juris, 2004.

SEGADO, Francisco Fernandez. La teoría jurídica de los derechos fundamentales en la Constitución Española de 1978 y en su interpretación por el Tribunal Constitucional. *Revista de Informação Legislativa*, Brasília, v. 121, p. 69-102, 1994.

SEVERINO, Antônio Joaquim. *Metodologia do Trabalho Científico.* 22 ed. São Paulo: Cortez, 2002.

SILVA, Vasco Pereira da. Ventos de mudança no direito do ambiente. A responsabilidade civil ambiental. *Revista Direitos Fundamentais e Justiça, ano 3, nº 7*, abril-junho 2009, p. 81-88. Porto Alegre: HS Editora, 2009.

——. *Verde: cor de direito. Lições de Direito do Ambiente.* Coimbra: Almedina, 2005.

SORRENTINO, Giancarlo. *Diritti e participazione nell'amministrazione di risultato.* Napoli: Editoriale Scientifica, 2003.

SOUTO, Marcos Juruena Villela. *Direito Administrativo Regulatório.* 2. ed. Rio de Janeiro: Lumen Juris, 2005.

STEINMETZ, Wilson Antônio. *Colisão de Direitos Fundamentais e Princípio da Proporcionalidade.* Porto Alegre: Livraria do Advogado, 2001.

TORRES, Ricardo Lobo. O Mínimo Existencial e os Direitos Fundamentais. *Revista de Direito da Procuradoria-Geral do Rio de Janeiro*, Rio de Janeiro, n. 42, p. 69-78, 1990.

——. *Teoria dos Direitos Fundamentais.* 2. ed. Rio de Janeiro: Renovar, 2001.

— 3 —

A possibilidade de extensão da licença-paternidade em casos extraordinários, sob a ótica do regime celetista

ANDRESSA BATISTA LOPES[1]

KARINA SOCAL CERVO[2]

SUMÁRIO: 1. Introdução; 2. Evolução histórica do conceito de paternidade; 3. A Constituição da República de 1988 e o advento da licença-paternidade no Brasil; 4. Possibilidade de extensão da licença-paternidade em casos extraordinários; 4.1. Licença-paternidade nos casos de adoção, falecimento ou ausência da mãe; 4.2. Projetos de lei pendentes de sanção; 5. Sobre a possibilidade de revisão do "salário-maternidade" quando da análoga concessão paterna do benefício; 5.1. Ônus da Previdência (INSS) ou do empregador?; 6. Conclusões; 7. Referências.

1. Introdução

A Constituição da República Federativa do Brasil de 1988 consagrava, em seu artigo 5°, o *princípio da igualdade*, estabelecendo no inciso primeiro a equivalência em direitos e obrigações entre homens e mulheres. Malgrado os esforços da Carta Constitucional em concretizar a tão idealizada equivalência entre gêneros, não temos vislumbrado no Brasil uma efetiva igualdade de direitos entre eles, principalmente no que se refere ao âmbito trabalhista.

O presente estudo centra-se na análise sobre os aspectos relevantes a viabilizar a ampliação do prazo estabelecido no §1° do artigo 10 do Ato das Disposições Constitucionais Transitórias, somado ao inciso XIX do artigo 7° da Constituição Federal, no que diz respeito ao período de ausência do trabalhador ao serviço quando da ocorrência de fato excepcional superveniente ao nascimento de seu filho.

Verificadas as questões contemporâneas quanto à postura paterna e ao surgimento de normas que amparem o instituto da paternidade, averiguaremos as situações em que se fazem necessárias medidas para que se concedam ao pai as mesmas circunstâncias conferidas à mãe, sendo aquelas causas prementes em que é indispensável a atenção do homem por período prolongado superior ao

---

[1] Advogada. Bacharel em Direito pela Estácio do Rio Grande do Sul.

[2] Advogada. Professora de Direito do Trabalho pela Estácio do Rio Grande do Sul. Mestre em Direito pela UCS. Especialista em preparação à Magistratura do Trabalho. (Professora orientadora).

atualmente cedido. Em seguida, serão demonstradas iniciativas legislativas na tentativa de concretizar o até então estudado, finalizando-se com uma breve apreciação do benefício a ser concedido em decorrência da desígnia prolongação do prazo e sobre a fonte pagadora responsável por arcar com tal encargo.

Desta forma, nos limites desse ensaio, tem-se o propósito de evidenciar a importância da presença paterna nos primeiros momentos da vida do novo ser, protegendo-se os interesses infantis através dos princípios do *melhor interesse do menor* e da *paternidade responsável*, mostrando-se, para isso, necessário o acréscimo legislativo na lacuna existente há mais de duas décadas e meia.

2. Evolução histórica do conceito de paternidade

Para entendermos a evolução no conceito paterno, antes se faz necessária uma breve análise da evolução no tocante ao conceito de família e de seus entes familiares.

Consoante Marina Brasil Nogueira, em seu estudo sobre a importância na concepção e evolução históricos da família,[3] não há registros quanto ao surgimento de uma sociedade organizada sem que sua base ou seus fundamentos fossem vislumbrados na família ou na organização familiar em toda a história dos povos antigos e na Antiguidade Oriental, bem como na Antiguidade Clássica. Ainda, conforme possível depreender do mesmo estudo, a origem do modelo de família brasileiro seguiu o exemplo da família romana, a qual, por sua vez, foi estruturada sob a influência do modelo grego.

Quanto à evolução concernente ao Brasil, analisaremos o período decorrente entre o século XVIII até os dias atuais. No primeiro momento, a família era considerada uma entidade estritamente patriarcal, monogâmica e extremamente voltada à proteção do casamento e do patrimônio. O único modo de constituição legítimo da família era o matrimônio, pautado no princípio da *indissolubilidade do vínculo matrimonial*. Os jovens não tinham relacionamento afetivo e se uniam em decorrência de laços de conveniência entre seus pais, isso em razão de *status* e interesses de cunho social. Não era prevista qualquer hipótese de dissolução do vínculo conjugal na esfera jurídica, salientando estar esta intimamente ligada à religião, devendo o casal permanecer casado até a morte.

Essa união não consentida muitas vezes originava relacionamentos extra-conjugais, o que poderia resultar em outro núcleo familiar, bem como em uma nova prole. Tendo em vista que a legislação reconhecia como legítima apenas a família advinda do casamento, a existência de filhos oriundos de relações adulterinas *a patre* jamais era reconhecida. Entretanto, se os filhos eram frutos de relação extraconjugal *a matre*, passavam a ser considerados como se de seu marido fossem e eram presumidamente legítimos, tudo com base no princípio do *pater vero is est, quem justiae nuptiae demonstrant*, que dita ser o pai aquele com quem a mãe era casada. Embora fosse proibido o exercício da sexualida-

---

[3] NOGUEIRA, *A família*: conceito e evolução histórica e sua importância. Artigo extraído do sítio: <http://www.egov.ufsc.br/portal/sites/default/files/anexos/18496-18497-1-PB.pdf>. Acesso em 28/09/2013.

de feminina fora do casamento, tal medida foi imposta em razão da suposta preservação do matrimônio, da entidade familiar e pela manutenção da paz doméstica.[4]

Os papéis eram claramente divididos na família nuclear, cabendo ao homem a função de prover materialmente sua família, dirigindo-a como seu líder. O chefe da família era o detentor do *poder marital*, ou seja, administrava todos os bens de seu núcleo, fixava e alterava o local de residência, além de providenciar a sua mantença. Por outro lado, a mulher era incumbida do cuidado com a casa e com os filhos, era submetida ao marido e, inicialmente, não era detentora de capacidade jurídica. Ainda, não lhe era viável o exercício de atividade externa sem a anuência marital.

Ao pai, portanto, restava a ocupação com os negócios, com o trabalho externo e com a política, assim como lhe era atribuído o papel de servir como bom exemplo aos filhos, mas sempre como uma figura distante e sem envolvimento com a criação das crianças ou quaisquer assuntos domésticos, atividade essa exercida pela mãe.

Mais adiante, com a valorização das relações afetivas, o casamento e o patrimônio passaram a ser considerados secundários. Diante desse novo modelo de relacionamento houve a modificação no conceito da família fática e, em consequência à transformação social que se instalava, a reformulação no âmbito legal.

Podemos afirmar que a Revolução Industrial e a ideia de capitalismo embasada na produção organizada em função do lucro fez com que o homem não mais conseguisse promover sozinho a subsistência de sua família, necessitando, para isso, da presença feminina no meio de trabalho. A carga horária laboral, no entanto, era consideravelmente extensa, fazendo com que a mulher exigisse uma maior participação do homem nas tarefas domésticas e nos cuidados com os filhos.[5]

Foi com a Lei n° 4.121/1962 que a mulher teve a sua legitimidade para a prática de atos e negócios jurídicos equiparada ao homem. Essa norma, denominada Estatuto da Mulher Casada, aboliu a condição feminina anteriormente prevista de relativamente incapaz, estabelecendo o dever de colaboração no sustento da casa e administração do lar conjugal por parte da mulher. Contudo, ainda não estavam ambos os sexos em patamar de igualdade, pois manteve a Lei o *princípio da unidade de direção da família sob a chefia do marido*.[6]

Devido a esse novo quadro social, em que a mulher passou a ter participação ativa no sustento da família, ela acabou sendo impelida a reivindicar não só pela remuneração devido ao trabalho que exercia, mas também pelo estudo universitário, participação política, etc.

---

[4] DE MEDEIROS, Letícia Zanega. *Paternidade Socioafetiva* – Direito e Justiça: Revista da faculdade de Direito da PUCRS. Vol. 27. Ano XXV – 2003/1. p. 107.

[5] PAULO, Beatrice Marinho. *Ser Pai nas Novas Configurações Familiares: a Paternidade Psicoafetiva*. Revista Brasileira de Direito das Famílias e Sucessões. Porto Alegre: Magister; Belo Horizonte: IBDFAM. v. 10 (jun/jul. 2009), p. 18.

[6] DE MEDEIROS, Letícia Zanega. Op. cit., p. 112.

Contudo, somente com a vigência da Lei nº 6.515/1977, denominada Lei do Divórcio, que foram reconhecidos os deveres de *mútua assistência* (art. 231, III), de *vida em comum, sustento, guarda e educação dos filhos* (artigo 231, IV), com isso, a mulher foi igualada ao homem e foi consagrado o princípio da *dissolubilidade do vínculo conjugal* e o reconhecimento do divórcio.[7]

O movimento feminista refletiu diretamente na alteração da conduta masculina. Os homens, mesmo que ainda de uma forma mais conservadora, resolveram se desfazer dos mitos da virilidade, os quais os compeliam a toda e qualquer negação da fragilidade, à hipervalorização de atitudes brutas e voltadas ao poder, à arrogância e à força física, para tornarem-se capazes de encarar a imagem de uma mulher forte e bem-sucedida, como nos dias de hoje.[8]

Segundo Beatrice Marinho, a Revolução Masculina possibilitou a evolução para o "ser pai", revelando homens capazes de exporem suas emoções, desenvolverem a sua sensibilidade, aproximarem-se de seus filhos, bem como cuidarem deles.

Ademais, é de se ressaltar que se passaram muitos anos até que o poder paterno fosse encarado da forma como vemos hoje, como sendo um "poder-dever" através do qual o pai auxilia a criança, em compensação à fragilidade e à falta de discernimento próprios da idade. Foi apenas com essa nova compreensão, de um poder concedido pelo Estado, que o exercício paterno ganhou limites, justificando-se apenas na medida em que fosse praticado em prol da criança, havendo, inclusive, diante de eventual mau uso da autoridade ou prejuízo ao próprio filho, a possibilidade de perda do poder, com prestação de contas perante a sociedade.

A Lei do Divórcio possibilitou o estabelecimento de novas uniões conjugais e, com o passar do tempo, os filhos ganharam cada vez mais amparo no que diz respeito à atenção às suas necessidades físicas e psicológicas.

A discussão quanto à distinção entre homens e mulheres foi de vez cessada com o advento da Constituição da República Federativa do Brasil, em 1988, a qual estabeleceu no § 5º do artigo 226 o *princípio da igualdade conjugal*, que dispõe sobre a reciprocidade no dever de sustento de ambos os cônjuges, bem como a consagração da união estável como entidade familiar.[9] Foi também com a Constituição da República que restaram afastadas quaisquer distinções ou indicações pejorativas aos filhos.

Os filhos, que até então exerciam um papel não muito significativo na entidade familiar, passaram a ser a principal fonte de preocupação nas relações familiares, ocupando um papel de relevância nessa nova concepção fundada no afeto.

Dessa forma, pudemos verificar que com o passar dos tempos a entidade familiar sofreu inúmeras modificações quanto ao exercício do papel de cada um dos seus entes familiares, até chegarmos a um período em que todos pu-

---

[7] DE MEDEIROS, Letícia Zanega. Op. cit., p. 112.

[8] PAULO, Beatrice Marinho. Op. cit., p. 18.

[9] OLIVEIRA e Muniz. Op. cit., p. 308. *Apud* DE MEDEIROS, Letícia Zanega. Op. cit., p. 113.

dessem se encontrar em um patamar de igualdade, inclusive no tocante aos filhos, que passaram a ser vistos com maior importância e merecendo atenção quanto às suas necessidades. Vimos que a mulher lutou para se encontrar em equiparação ao homem, bem como a evolução nos conceitos paternos antes rigidamente estabelecidos, os quais deram espaço a um novo pai, agora muito mais presente nos assuntos domésticos e na criação de seus filhos.

Tais evoluções influenciaram direta e indiretamente a normatização judiciária, servindo também como base para a criação de diversos regramentos que ultrapassam as esferas cível e familiar.

A seguir, analisaremos o que essas modificações provocaram em nosso ordenamento jurídico, com os reflexos atinentes às relações de trabalho.

3. A Constituição da República de 1988 e o advento da licença-paternidade no Brasil

Inicialmente, cumpre informar não haver registros sobre normatização brasileira que consagre a licença paterna antes do ditame constitucional de 1988, senão *mui* sucinta aparição no Estatuto do Trabalhador Rural, em 1963.[10]

A Consolidação das Leis do Trabalho de 1943, em seu artigo 473, inciso III, possibilitou a ausência do empregado ao serviço, sem prejuízo do salário, pelo período de um dia no decurso da semana sucessiva ao nascimento do filho, para o seu registro civil.

Outrossim, a previsão quanto à licença-paternidade se encontra no inciso XIX do artigo 7º da Constituição da República,[11] a qual delega à lei posterior a regulamentação do benefício. Entretanto, na ausência de lei que viesse a regimentar tal direito constitucional até os dias atuais, remetemo-nos ao disposto no §1º do artigo 10º do Ato das Disposições Constitucionais Transitórias, o qual estabelece: "Até que lei venha a disciplinar o disposto no artigo 7º, XIX, da Constituição, o prazo da licença-paternidade a que se refere o inciso é de cinco dias".

Há criticados rumores quanto à ideologia norteadora da inovação constitucional, no que refere ter a benesse sido implementada em razão de ser essencial à unidade familiar a presença do pai ao lado da companheira nos primeiros dias de vida do descendente. Octávio Bueno Magano, em contrapartida, observa que "o indigitado preceito reflete, sem dúvida, a tendência doutrinária moderna, no sentido de rever o papel do homem no seio da família, de modo a permitir que os cônjuges conjuguem harmoniosamente a atividade profissional e as responsabilidades familiares",[12] e não apenas o afastamento do pai para o registro do filho, ou em acompanhamento à mãe.

---

[10] Lei 4.214/63, art. 76: "O trabalhador rural poderá deixar de comparecer ao serviço, sem prejuízo do salário: (...) *b)* por um dia, no caso de nascimento de filho, e por mais dos primeiros quinze dias, para o fim de efetuar o respectivo redator civil".

[11] CR/88, art. 7º: "são direitos dos trabalhadores urbanos e rurais, além de outros que visem à melhoria de sua condição social:" (...) XIX: "licença-paternidade, nos termos fixados em lei".

[12] MAGANO, Otávio Bueno. *Política do Trabalho*. São Paulo: LTr, p. 309. *Apud* DE FIGUEIREDO, Guilherme José Purvin. Licença-Paternidade e o Princípio da Paternidade Responsável no Brasil e no Direito Comparado. *Revista Estudos Jurídicos* – Universidade do Vale do Rio dos Sinos. v. 27. nº 70, São Leopoldo: 1994, p. 9.

No mesmo sentido, Pedro Paulo Teixeira Manus destaca estar o dispositivo do inciso XIX do artigo 7º relacionado ao contato entre pai e filho, revelando a diretriz a "intenção evidente de cercar a criança que acaba de nascer da melhor proteção que possa vir a ter, possibilitando ao pai, que anteriormente só gozava de um dia para o registro do filho, um pequeno convívio mais prolongado após o parto",[13] convergindo ambos os entendimentos pela criação do preceito no sentido de aproximação afetiva entre o pai e o nascido.

Por outro lado, desde 1917 são vislumbradas medidas de proteção à mulher no mercado de trabalho, conforme se verifica da Lei Estadual nº 1.596,[14] a qual foi a primeira legislação brasileira a prever direitos à mulher no período de gravidez. Dispunha tal lei que a mulher não poderia trabalhar no último mês de gestação nem no primeiro mês após o parto. No mesmo sentido, podemos destacar os artigos 348,[15] 349[16] e 350[17] do Decreto nº 16.300, de 31 de dezembro de 1923; o Decreto nº 21.417-A,[18] de 1932, que foi muito favorável quanto aos direitos maternos; a Constituição brasileira de 1934, em seus artigos 121, §1º, "h"[19] e 138, "c",[20] a qual sofreu forte influência das Constituições do México, de 1917, e de Weimar, de 1919; a Constituição brasileira de 1934, que mesmo não tendo sido muito promissora ao trazer algumas desvantagens à mulher, manteve os direitos maternos; a Constituição de 1937;[21] a promulgação da Convenção nº 3 de 1919 da OIT pelo Decreto nº 51.627-A de 1962, que previa o pagamento das prestações para a manutenção da empregada e de seu filho por parte do Estado ou por sistema de seguro; a Consolidação das Leis do Trabalho – CLT –, de 1943, ainda vigente com algumas modificações, a qual protege a maternidade ao longo de diversos artigos, destacando-se os dispositivos 391

---

[13] MANUS, Pedro Paulo Teixeira. *Direito do Trabalho na Nova Constituição*, São Paulo: Atlas, 1989, p. 35. *Apud* DE FIGUEIREDO, Guilherme José Purvin. Op. cit., p. 9.

[14] Lei 1.596/17, art. 95: "As mulheres, durante o ultimo mez de gravidez e o primeiro do puerperio, não poderão trabalhar em quaesquer estabelecimentos industriaes".

[15] Dec. 16.300/23, art. 348: "Às empregadas ou operarias, que amamentem os filhos, facultarão os ditos estabelecimentos o ensejo necessário ao cumprimento desse dever".

[16] Dec. 16.300/23, art. 349: "Taes estabelecimentos deverão organizar «caixas a favor das mães pobres»; providenciarão de qualquer modo para que as operarias possam, sem prejuizo, dispensar cuidados aos filhos".

[17] Dec. 16.300/23, art. 350: "Para o fim de proteger as crianças haverá créches, ou salas de ammamentação, situadas proximo da séde dos trabalhos, nas quaes as mães, duas ou tres vezes, em intervallos regulares, ammamentarem seus filhos".

[18] Dec. 21417-A/32, art. 7º: "Em todos os estabelecimentos industriaes e commerciaes, publicos ou particulares, é prohibido o trabalho á mulher grávida, durante um período de quatro semanas, antes do parto, e quatro semanas depois".

[19] CB/34, art. 121: "A lei promoverá o amparo da produção e estabelecerá as condições do trabalho, na cidade e nos campos, tendo em vista a proteção social do trabalhador e os interesses econômicos do País. § 1º – A legislação do trabalho observará os seguintes preceitos, além de outros que colimem melhorar as condições do trabalhador: (...) h) assistência médica e sanitária ao trabalhador e à gestante, assegurando a esta descanso antes e depois do parto, sem prejuízo do salário e do emprego, e instituição de previdência, mediante contribuição igual da União, do empregador e do empregado, a favor da velhice, da invalidez, da maternidade e nos casos de acidentes de trabalho ou de morte".

[20] CB/34, art 138: "Incumbe à União, aos Estados e aos Municípios, nos termos das leis respectivas: (...) c) amparar a maternidade e a infância".

[21] Art. 137: "A legislação do trabalho observará, além de outros, os seguintes preceitos: (...) l) assistência médica e higiênica ao trabalhador e à gestante, assegurado a esta, sem prejuízo do salário, um período de repouso antes e depois do parto".

ao 401; e, finalmente, a Constituição da República Federativa do Brasil de 1988, a qual estabeleceu no inciso XVIII do artigo 7º um período de descanso de 120 dias à gestante, consagrando, ainda, ao longo de seu diploma legal, uma gama de princípios e normas regulamentadoras dos direitos à maternidade.

Vemos, dessa forma, que as garantias de proteção à maternidade vêm ganhando muito mais destaque ao longo dos tempos em nosso ordenamento jurídico do que a previsão paterna desde o surgimento da nossa legislação. Isso se deu, segundo Guilherme de Figueiredo, pelo fato de não ter o direito paterno sido introduzido a partir de lideranças dos trabalhadores em suas reivindicações sindicais,[22] como teria ocorrido com as mulheres, mas importante frisar que isto em nada desmerece o instituto, bem como a sua grandeza social e a humanística inspiradora daquele direito.

4. Possibilidade de extensão da licença-paternidade em casos extraordinários

Em razão da preceituação da família como base da sociedade, o artigo 226, *caput*, da nossa atual Constituição Federal atribuiu a ela especial proteção do Estado, ao disciplinar os cuidados com a família, com a criança, com o adolescente e com o idoso. Disposta no § 7º do mesmo artigo encontra-se a fundamentação nos princípios da *paternidade responsável* e da *dignidade da pessoa humana* para a responsabilidade do Estado em propiciar recursos educacionais e científicos para o exercício do direito no tocante ao planejamento familiar como livre decisão do casal, sendo vedada qualquer forma coercitiva por parte de instituições privadas ou oficiais.

Dessa forma, a não observância desses princípios que regem a realização de um bom planejamento familiar sob a proteção do Estado pode resultar em reflexos danosos aos entes familiares. Temos visto em nosso ordenamento jurídico algumas discrepâncias que afrontam a correta aplicação de tais princípios, bem como a de diversas outras normas legais, a exemplo da situação anteriormente referida, de a mãe empregada ou adotante receber um auxílio de 120 a 180[23] dias para o acompanhamento de seu primogênito, enquanto o pai dispõe de apenas 5 dias para a mesma razão.

De forma nenhuma se busca, com o presente, questionar a legitimidade do prazo concedido à mãe trabalhadora, pois o período se mostra justo diante de toda atenção que o novo ser necessita para o atendimento de suas urgências. O que se almeja é uma equiparação entre ambos os gêneros, com a finalidade de se fazer valerem os princípios consagrados em nosso ordenamento, bem como para que seja possível um maior contato do pai com a sua família nessa nova fase em que se encontram, não deixando de ressaltar ser a criança

---

[22] DE FIGUEIREDO, Guilherme José Purvin. Op. cit., p. 11.

[23] Lei 11.770/08, art. 1º: "É instituído o Programa Empresa Cidadã, destinado a prorrogar por 60 (sessenta) dias a duração da licença-maternidade prevista no inciso XVIII do caput do art. 7º da Constituição Federal. (...) *§2º* A prorrogação será garantida, na mesma proporção, também à empregada que adotar ou obtiver guarda judicial para fins de adoção de criança".

INQUIETAÇÕES SOBRE DIREITOS FUNDAMENTAIS

a principal fundamentação para que esse equilíbrio ocorra, pois é ela o centro merecedor das atenções no período em que vem à luz.

Para que seja possível a analogia da concessão ao pai do período consagrado no texto constitucional à mãe, insta mencionar o referido por Lucas Abreu Barroso e Marcos Catalan, no que tange à disparidade entre os prazos concedidos a título de licença paterna e materna, no que segue:

> Duas conclusões restam evidentes a contar da redação original da Constituição de 1988: (a) a *desbiologização* do conceito de maternidade, evoluindo da proteção à gestante à tutela da afetividade; (b) a socialização da licença-maternidade, recepcionando um maior número de hipóteses fáticas.

> No entanto, a *democratização* das relações de família redimensionou a atuação do ente masculino e rompeu a dicotomia dos gêneros humanos, prova cabal de que o legislador brasileiro não vislumbrou a abrangência que lograriam tais figuras jurídicas com o passar dos anos, ao convalidar uma política de desigualdade que coloca a licença-paternidade, em um patamar máximo, três dúzias de vezes menos que o prazo da licença-maternidade.[24]

Dessa forma, verifica-se não ter o legislador pátrio considerado o tão ilustrado direcionamento da Carta Magna ao *princípio da igualdade*, quando da disposição do artigo 7º da CR, no que se refere aos incisos XVIII e XIX. Tal princípio, elucidado no artigo quinto da Constituição,[25] restou esquecido inclusive no que toca ao disposto em seu inciso primeiro, quanto à igualdade em direitos e obrigações entre homens e mulheres.

Antes mesmo da previsão constitucional ao benefício paterno, dispôs Silvia Montefoschi, em 1965, conforme transcrito *in verbis*:

> É verdade, porém, que o sentido da função dos genitores está em dar aos filhos segurança, estima de si mesmos e confiança na vida através do amor, da compreensão e da avaliação, capacidades estas que ninguém quererá negar ao homem. Não há sentido, pois, em dizer que desenvolver a função educadora é inerente à personalidade da mulher, porque se trata de uma função inerente também à personalidade do homem que tem, como a mulher, possibilidade de estabelecer relações humanas no plano do amor. Pondo de lado a função fisiológica do parto e do cuidado imediato da prole, ser pai e ser mãe se equivalem, a menos que se queira reduzir a paternidade ao seu valor puramente biológico.[26]

Com efeito, se verificadas as razões para a concessão do período atualmente previsto à trabalhadora, revelaremos ser este, além de para a recuperação da mãe, principalmente em face às necessidades de atenção para com a criança. O princípio disposto no §6º do artigo 227 da Constituição da República de 1988 e no Estatuto da Criança e do Adolescente, nos artigos 4º e 6º, consagrou a proteção integral que visa pelo melhor interesse da criança, sendo este

---

[24] BARROSO, Lucas Abreu. CATALAN, Marcos. A Licença-Paternidade e a demanda por Equidade na Formação Socioafetiva de Vínculo Familiar por Adoção. *Revista Brasileira de Direito das Famílias e Sucessões*. v. 28 (jun/jul. 2012) Porto Alegre: Magister; Belo Horizonte: IBDFAM, 2007, p. 91-92.

[25] Art. 5º: "Todos são iguais perante a lei, sem distinção de qualquer natureza, garantindo-se aos brasileiros e aos estrangeiros residentes no País a inviolabilidade do direito à vida, à liberdade, à igualdade, à segurança e à propriedade, nos termos seguintes (...) I – homens e mulheres são iguais em direitos e obrigações, nos termos desta Constituição;".

[26] "Contributo allo studio dell'atenggiamento dela donna verso il lavoro extracasalingo", *in* "Atti del Convegno Nazionale di Studio sui l Lavoro dela Donna", Roma, 1965, vol. I, p. 261. Apud CARDONE, Marly A. Proteção à Maternidade. Licença-Paternidade. *Curso de Direito Constitucional do Trabalho*. vol. I. São Paulo: LTr, 1991, p. 275.

o principal motivo pelo qual merece ser alterado o período hodiernamente prenunciado ao pai.

De outra sorte, insta referir os motivos pelos quais fora implementada a noção de *paternidade responsável*, a qual, como temos visto, não se traduz através do auxílio meramente material, mas também por intermédio do amor, do carinho, da segurança e de todo o tipo de afeto, já que a relação familiar estabelecida entre a criança e seus pais condiz para um adequado desenvolvimento.

Cristiane Rollin pondera o fato de "a criança e o adolescente vislumbrarem em seus pais um modelo a ser seguido", tendendo a refletirem as suas condutas.[27] Mostra-se, pois, de extrema importância que a criança possa identificar as figuras do pai e da mãe e vir a conviver com eles desde o seu nascimento, mesmo que não sejam mais um casal, para não ocorrer quaisquer interferências danosas decorrentes da ausência, sensação de desprezo, ou indiferença por qualquer um deles, além, é claro, do atendimento às sabidas necessidades que são próprias da natalidade.

4.1. Licença-paternidade nos casos de adoção, falecimento ou ausência da mãe

Não mais tão raro, temos visto ultimamente situações em que o próprio Poder Judiciário admite como legítima a aplicação ao pai das condições concedidas à mãe, situações essas que se mostram merecedoras de uma análise minuciosa. A exemplo, podemos citar a decisão da douta magistrada Ivani Silva da Luz, Juíza Federal Titular da 6ª Vara de Família da Seção Judiciária do Distrito Federal, no processo de nº 6965-91.2012.4.01.3400, a qual entendeu merecer prosperar o pedido do autor pela concessão da licença-paternidade nos termos da licença-maternidade, por ter o pai se encontrado em posição de obrigação para com seus dois filhos menores, o recém-nascido e uma filha de 10 anos, em decorrência do falecimento da mãe por complicações no parto.

Na decisão, a juíza refere que "a ausência de previsão legal que permita a concessão de licença-paternidade nos moldes da licença-maternidade ao servidor que tenha se tornado viúvo – e que a partir disso assume papel essencial na manutenção da vida (sentido amplo) do filho recém-nascido – não é empecilho para o seu gozo" e menciona o dever da família à proteção da infância, estabelecido no artigo 227[28] da Carta Constitucional, sendo tal um direito social inserido no rol dos direitos fundamentais, cabendo ao Estado providenciar as condições mínimas necessárias ao desenvolvimento físico, intelectual e emocional das crianças.

---

[27] ROLLIN, Cristiane Flores Soares. Paternidade responsável em direção ao melhor interesse da criança. *Tendências Constitucionais no Direito de Família* – Estudos em homenagem ao Prof. José Carlos Teixeira Giorgis. Porto Alegre: Livraria do Advogado, 2003, p. 39.

[28] CR/88, Art. 227: "É dever da família, da sociedade e do Estado assegurar à criança, ao adolescente e ao jovem, com absoluta prioridade, o direito à vida, à saúde, à alimentação, à educação, ao lazer, à profissionalização, à cultura, à dignidade, ao respeito, à liberdade e à convivência familiar e comunitária, além de colocá-los a salvo de toda forma de negligência, discriminação, exploração, violência, crueldade e opressão".

Percebemos ter a magistrada, assim como podemos verificar de alguns poucos julgadores brasileiros, atentado para o caso em particular, analisando as peculiaridades da situação, e não aplicando apenas a letra fria da lei.

É de extrema importância verificar nesses casos, e como bem foi destacado na decisão, que o bom desenvolvimento infantil decorre da "convivência da criança no meio familiar e social e principalmente pelo carinho e atenção dos pais na fase da mais tenra idade, época em que a sobrevivência daquela depende totalmente destes".

É de se salientar, no mais, ser de ambos os genitores o dever constitucional em proteger a infância e a dignidade da pessoa humana, sendo estabelecida no § 5º do artigo 226 da Constituição de 88, como já referido diversas vezes, a isonomia entre os pais quanto à responsabilidade pelo casamento ou união estável, bem como pela criação dos filhos, independentemente de serem ou não um casal.

Dentre as causas de decidir, consta significar o princípio da *isonomia* tratar desigualmente os desiguais na medida de suas desigualdades e, desta forma, a justificada concessão de licença-maternidade em prazo superior ao da licença-paternidade em decorrência da diferença fisiológica entre homens e mulheres. Entretanto, a interpretação constitucional não pode ser literal, mas sistemática, conferindo a máxima eficácia aos direitos fundamentais nela previstos, mediante a ponderação dos interesses envolvidos.

No mesmo sentido, é o aresto proferido pelo juiz federal do Juizado Especial Federal de Campinas da 5ª Subseção Judiciária do Estado de São Paulo, diante do pedido do professor de enfermagem M. A. M. pela dilação do prazo auferido a título de licença-paternidade em decorrência do desinteresse da mãe em permanecer com a criança, inclusive em visitá-la e amamentá-la, encontrando o pai dificuldades na criação de seu filho por haver indeferido o requerimento junto ao Instituto Nacional do Seguro Social – INSS.

No *decisum*, o magistrado se utiliza da mesma fundamentação supra enunciada, ressaltando que "na ausência ou indesejável interesse da mãe em prestar os cuidados ao recém-nascido, estes devem ser prestados pelo pai e isto deve ser assegurado pelo Estado (...). Os princípios da dignidade da pessoa humana e da proteção à infância devem preponderar sobre o da legalidade estrita (...)". E finaliza, expressando a possibilidade de oferta do benefício previdenciário nos moldes do concedido à mãe, vez que garantidor de isonomia e, primordialmente, na proteção à criança, por restarem preenchidos os requisitos da verossimilhança e do perigo da demora.

De outra sorte, além dos casos retro esposados, em que a mãe falece ou abandona a criança, cumpre referir as situações em que o pai é adotante e pretende um contato maior com a criança, que abrigará novo lar.

Visualizamos ter a Lei 10.421/2002 conferido o direito à licença-maternidade à mãe adotiva, ou pessoa possuidora da guarda judicial de uma criança, não mais havendo qualquer diferença de período a ser concedido em razão da diversidade na idade do adotado ou tutelado, conforme dispôs a Lei 12.010 em 2009.

Quanto aos pais adotivos, estes possuem o mesmo direito previsto ao pai biológico de 5 dias em caráter de licença-paternidade. Tanto o Código Civil, quanto o Estatuto da Criança e do Adolescente possuem em seus dispositivos a previsão para o pai adotante, não considerando, porém, a necessidade de adaptação da criança à nova família. Ao filho adotado, o diploma constitucional garante os mesmos direitos atribuídos aos filhos biológicos, não havendo qualquer distinção entre eles.

Contudo, assim como analisamos anteriormente a concessão extensiva do benefício às causas peculiares, nos casos de adoção em que o pai não conta com o auxílio materno, também vislumbramos a possibilidade de ampliação da benesse.

Pioneiro na matéria, o sistema previdenciário do Rio Grande do Sul se deparou com o pedido de L. Q. S. e pelo companheiro dele, R. G., pela aplicação do auxílio materno ao caso de ambos, por se tratar de relação homoafetiva sem a presença feminina, requisito para o benefício. Procedimento realizado na forma administrativa foi analisado pelo Conselho de Recursos da Previdência Social, o qual demonstrou que "por mais insólito que possa parecer conceder a licença maternidade a uma pessoa do sexo masculino (...) essa hipótese é possível quando o pai cuidar do recém-nascido", dispondo também quanto à remuneração, no sentido de que "o salário maternidade deve ser visto como um bem favorável para a criança".

Afora as adoções realizadas pelas famílias compostas por casais heterossexuais, o tipo comumente mais visto de adoção é o na forma monoparental, realizada por pessoas solteiras, viúvas, separadas ou divorciadas. Para a mulher adotante não há problemas com relação à concessão da licença à maternidade e salário maternidade, como vimos, elas têm as mesmas garantias previstas à mãe biológica. Já no que diz respeito aos homens adotantes, o procedimento é por analogia o mesmo aplicado aos pais biológicos.

Embora formalmente ainda não exista previsão legal que conceda ao pai a licença-paternidade nos moldes da licença-maternidade, depreendemos dos julgados acima que não deve o genitor ser privado do auxílio, pois o fundamento desse direito é proporcionar à mãe período de tempo integral com a criança, para que sejam dispensados a ela todos os cuidados essenciais à sua sobrevivência e ao seu desenvolvimento.

Vê-se, de todo o exposto, que na ausência da genitora tais cuidados serão prestados pelo pai, devendo o direito a ele ser assegurado pelo Estado, principalmente nos casos analisados, em que, além de todas as necessidades que um recém-nascido demanda, ainda há a dor decorrente da perda ou ausência da mãe/companheira. Nessas circunstâncias, os princípios da dignidade da pessoa humana e da proteção à infância devem preponderar sobre o da legalidade estrita, que concede tão somente às mulheres o direito de gozo da licença-maternidade.

4.2. Projetos de lei pendentes de sanção

No tocante à ampliação do período de licença paternidade a ser gozado, possuímos no Brasil mais de 20 Projetos de Lei e três Propostas de Emenda à

Constituição da República em tramitação, os quais podemos acessar na íntegra e acompanhar seu procedimento através do site do Senado Federal.[29]

Pendentes de sanção, podemos citar o Projeto de Lei Complementar n° 333/2013 (Afonso Florense, PT-BA) que busca a concessão de 15 dias ao pai, a contar da data do nascimento ou da adoção; o Projeto de Lei do Senado n° 162/2013 (Randolfe Rodrigues PSOL-AP), que visa a alterar para o mesmo período os artigos 392 e 473, inciso III, da CLT; o PLS 69/2012 (Vanessa Grazziotin PCdoB-AM) que visa à prorrogação para o prazo de 60 dias da licença já concedida atualmente, aos empregados homens ou mulheres que aderirem ao programa *Empresa Cidadã*; o PLS 341/2012 (Cyro Miranda), o qual prevê a possibilidade de salário-maternidade ou paternidade conforme idade da criança adotada; ressalte-se, também, o PL 3212/2012 (Andreia Zito PSDB-RJ) pelo acréscimo do artigo 392-C da CLT para a concessão ao pai empregado de licença-paternidade nos mesmos moldes da licença-maternidade, nos casos de falecimento da mãe em decorrência de complicações no parto ou nos casos de invalidez permanente ou temporária, prevendo em seu § 2° o período de 180 dias; o PL 3831/2012 (Felipe Bornier PSD-RJ) que visa à concessão de 90 dias de licença a contar do nascimento ou adoção da criança.

O PL n° 3325/2012 (Edivaldo Holanda Jr., PTC-MA) também a fim de regulamentar a lacuna presente no inciso XIX do artigo 7° da CF/88, estipula o prazo de 15 dias, inclusive em decorrência de adoção, e prevê ao pai o mesmo período que seria concedido à mãe no caso de ela não sobreviver ao parto ou falecer no período de gozo; na mesma senda, o PL n° 3445/2012 (Wilson Filho, PMDB-PB) busca acrescer o artigo "473-A" à CLT, para a concessão ao pai trabalhador do mesmo período concedido à genitora, nos termos do artigo 392, nas situações de morte ou incapacidade física ou mental da mãe.

É de se destacar o PL n° 3281/2012 (Antonio Carlos Mendes Thame, PSDB-SP), que prevê justamente o gozo de licença-paternidade pelo período de 120 dias para cuidar da criança quando da causa excipiente decorrente da morte da parceira no parto; o PL n° 2098/2011 (Luis Tibé, PTdoB-MG), que ineficazmente visa à reforma do art. 473 da CLT, para o período de 5 dias ao invés de apenas um, como é hodiernamente previsto; o PL n° 879/2011 (Erika Kokay, PT-DF) busca o acréscimo do art. "473-A" à CLT para estipular em 30 dias a licença-paternidade; o PL n° 227/2011 (Andreia Zito PSDB-RJ) que prevê o período de 120 dias a ser concedido também ao gênero masculino quando do nascimento ou adoção de filho; o PL n° 6753/2010 (Antonio Carlos Valadares, PSB-SE) acrescenta os arts. "393-A, 393-B e 393-C" pelo período que caberia à mãe, nas situações de abandono, grave enfermidade ou morte por parte da mãe da criança, bem como nos demais casos de guarda exclusiva do filho pelo pai; o PL n° 4853/2009 (Urzeni Rocha PSDB-RR), o qual visa ao período de 30 dias a contar do nascimento ou da data da adoção; o Projeto de Lei n° 3935/2008 (Patrícia Saboya, PDT-CE) pretende a ampliação da licença para 15 dias, inclusive nos casos de adoção.

---

[29] Sítio do Senado Federal: <http://www.senado.gov.br/ – Ferramenta LEXML: http://www.lexml.gov.br/>.

Já o Projeto de Lei nº 4.028/2008 da deputada Rita Camata (PMDB-ES) busca a concessão opcional da extensão por parte do empregador, para o prazo de 30 dias, nos casos em que a mãe não tem direito à ampliação da licença-maternidade, com a previsão de incentivo fiscal para a empresa que oferecer a referida licença. Por igual período é o Projeto de Lei nº 2.430/2007, da deputada Maria do Rosário (PT-RS), também com a previsão para os casos de adoção. Na mesma senda pela extensão do período ao genitor, é o Projeto de Lei 2.141/2007, do deputado Vieira da Cunha (PDT-RS), para a ampliação do período atual de 5 para 10 dias; ao final, e mais antigo, é o PL nº 666/2007 (Patrícia Saboya, PDT-CE), pela concessão no período de 15 dias consecutivos a título de licença-paternidade, inclusive nos casos de adoção.

Ademais, as PECs 24/2013, pelo senador Randolfe Rodrigues (PSOL-AP) e 349/09, por Ricardo Berzoini (PT-SP), propõem a regulamentação do prazo de concessão à licença-paternidade pelo prazo de 15 dias, já a PEC 114/07 busca a concessão ao pai de estabilidade no emprego durante a gravidez de sua esposa, quando seu salário for a única fonte de renda familiar. Tal medida se mostra de grande importância, tendo em vista não ter sido ratificada pelo Brasil a Convenção 158 da OIT, não havendo, pois, a estabilidade geral no emprego.

5. Sobre a possibilidade de revisão do "salário-maternidade" quando da análoga concessão paterna do benefício

Conforme já repisado ao longo do presente estudo, a Constituição de 1988 buscou tratar os gêneros masculino e feminino em pé de igualdade, dessa forma, atentando para as necessidades de ampliação da licença-paternidade nos termos acima, faz-se necessária também a analogia quanto à concessão do salário-maternidade ao pai trabalhador.

Nas palavras de Augusto Massayuki Tsutiya, "O salário-maternidade é o benefício pago pela Previdência Social à segurada gestante durante o período previsto em lei".[30] O inciso II do artigo 201 da Constituição de 1988 estabelece que os planos de Previdência Social devem atender, mediante contribuição e nos termos da lei, a proteção à maternidade e especialmente à gestante.

Não obstante, ao criar o benefício da licença-paternidade, o legislador constituinte não mais fez do que o criar, pois em momento algum estabeleceu o dever de remuneração no decurso do período licenciado, dispondo sequer sobre o prazo a ser gozado. Em que pese tenha o tempo sido provisoriamente estabelecido no § 1º do art. 10 do ADTC, conforme já referido, ainda resta pendente de disposição a forma a ser remunerado o período do benefício, não o fazendo o constituinte e tampouco o legislador ordinário, até os dias atuais. Verificou-se, contudo, a instituição do direito à ausência justificada ao trabalho, mas, de modo algum, licença remunerada.[31]

---

[30] TSUTIYA, Augusto Massayuki. *Curso de Direito da Seguridade Social*. 2ª ed. São Paulo: Saraiva, 2008, p. 282.

[31] MAGANO, Octávio Bueno. Licença-Maternidade e Licença-Paternidade. *Repertório IOB de Jurisprudência*. nº 4/92. RJ: 2ª quinzena de fevereiro de 1992, p. 72.

INQUIETAÇÕES SOBRE DIREITOS FUNDAMENTAIS

A licença paterna é devida aos empregados urbano e rural, doméstico, servidor público e militar. Ao trabalhador avulso também é devida a licença paternidade face à igualdade de direitos entre o trabalhador vinculado permanentemente e o avulso. Em que pese o artigo 12 da lei 6.019 de 1974 não faça referência aos trabalhadores temporários para a percepção da benesse, esse é também considerado trabalhador urbano, sendo o seu direito assegurado pela Carta Magna em 1988.

Sérgio Pinto Martins refere a obrigação em remunerar o período de afastamento, em consonância com a Instrução Normativa n° 1 do Ministério do Trabalho, de 12 de outubro de 1988, a qual afirma ser a licença-paternidade uma ampliação do direito de se ausentar de um a cinco dias do emprego, sendo, pois, remunerada, isso porque o artigo 473 da CLT prevê um dia de falta remunerada, devendo a extensão a cinco dias sê-la também.[32]

Em corroboração com o exposto, insta reportar a decisão proferida em 14 de outubro de 2013 pelo juiz federal da 34ª Vara de Minas Gerais, Gláucio Ferreira Maciel Gonçalves, nos autos do processo de n° 0051820-85.2013.4.01.3800, em que pretendeu o autor fazer jus ao benefício materno concedido ao pai, por equiparação, em situações excepcionais:

> (...) é certo que o art. 71 da Lei 8.213/91, ao prever o salário-maternidade, estabelece como destinatária do benefício a mãe, segurada da previdência social. A lei não contempla o pai como destinatário do benefício, tendo em vista que os primeiros cuidados com o filho são providos pela mãe. Contudo, a finalidade da prestação previdenciária e a garantia constitucional da isonomia autorizam o pagamento do salário-maternidade ao pai viúvo, cuja mulher ou companheira morreu no parto.
>
> Isso porque o salário-maternidade, embora seja destinado e recebido pela mãe, tem como alvo principal a proteção à criança (...) O salário-maternidade, em cumprimento ao mandamento constitucional que determina especial atenção às crianças, visa a assegurar ao recém-nascido a garantia e a segurança para que receba em tempo integral, nos primeiros meses de vida, atenção, carinho e cuidados necessários para um saudável desenvolvimento físico e psicológico. Os efeitos benéficos são sentidos diretamente pela criança, não pela mãe.
>
> Não é demais ressaltar e invocar a norma constitucional que põe a salvo, com absoluta prioridade, o direito à vida, saúde e alimentação, erigindo a criança a condição de ser especial, em formação a quem se deve proteger, cuidar e zelar – art. 227. E tal dever de cuidado e proteção é imposto à família de forma irrestrita, não restringindo, contudo, o dever de atenção e zelo apenas à mãe. É um dever conjunto da mãe, do pai e da família. E é também um dever do Estado, que não pode se furtar a assegurar os direitos básicos e fundamentais a que faz jus toda criança.

Finaliza o magistrado asseverando que estender ao homem o direito ao salário-maternidade é "forma de proporcionar ao filho, recém-chegado a este mundo, os cuidados, o carinho, o amparo e a atenção que todos os neonatos exigem, principalmente aqueles que precocemente perderam a mãe. Ampliar a extensão da norma previdenciária é, antes de tudo, trazer o direito e o justo para onde a aplicação da letra fria da lei consubstanciaria rígida e injusta limitação a direito de estatura constitucional. E a mãe é, em regra, a credora deste benefício, porque, também, em regra, é dela o dever de cuidado ao filho neonato".

---

[32] MARTINS, Sergio Pinto. Licença-Paternidade do Pai Adotante. *Repertório de Jurisprudência IOB*. n° 04/2010. Vol. II – Trabalhista e Previdenciário. RJ: 2ª quinzena de fevereiro de 2010, p. 133.

Por conseguinte, é de ensinamento do doutrinador Arnaldo Süssekind que possui a licença-paternidade natureza salarial, e a sua não remuneração não incorreria em benefício ao pai, mas sim em castigo.[33]

5.1. Ônus da Previdência (INSS) ou do empregador?

Quanto à questão muito discutida sobre ser ou não a licença-paternidade um direito trabalhista ou previdenciário, sem o cunho de esgotamento da matéria, é de se verificar que compreende a doutrina majoritária por sê-la encargo do empregador.

A exemplo, Valentin Carrion assevera que: "O direito concedido pela Constituição ao genitor guarda forte analogia com o que já havia sido legislado, autorizando a omissão de trabalho por um dia para o registro do filho. A assimilação do novo dispositivo a este instituto afigura-se natural e não se deve considerá-lo como de direito previdenciário, ao contrário do que ocorre com o salário-maternidade, pela diferente evolução jurídica havida".[34]

A justificativa para a posição preponderante reside na alegação de que, nos moldes em que é estabelecida nos dias de hoje, a licença-paternidade configura hipótese de suspensão dos efeitos do contrato de trabalho, não sendo o empregador compelido a remunerá-la, nem a computá-la como tempo de serviço.[35] Nesse sentido, apenas a falta de um dia prevista no inciso III do artigo 473 da CLT se mostra como forma de interrupção do contrato de trabalho, com previsão de cômputo laboral e pagamento de salário por parte do empregador.

Em que pese prevaleça o entendimento supra, mostra-se mais coerente a posição de Octávio Bueno Magano no tocante à consideração de constituir tal benefício um direito previdenciário,[36] impondo-se a aplicação desta prestação através do cumprimento das fases previstas no artigo 59 do Ato das Disposições Constitucionais Transitórias.

Nesta mesma senda, abordou o tema o julgado outrora referido no sentido de que "não se pode perder de vista que a Previdência Social não opera em função do sexo dos beneficiários, mas tem a finalidade de proteger o segurado contra as necessidades causadas pelos riscos sociais. Assim, a mesma necessidade social consubstanciada na dificuldade e incapacidade para conjugar o trabalho com os cuidados com o recém-nascido identificada para justificar a concessão do benefício à mãe, é também vista quando cabe ao pai a função de amparar e cuidar do filho recém-nascido. Ao pai a tarefa é ainda mais difícil, pelas próprias contingências sociais. O homem não foi criado nem moldado para assumir a função de mãe. A sociedade edifica o homem para ser o provedor

---

[33] SÜSSEKIND, Arnaldo. *Comentários à Constituição de 1988*. Vol. 1, Rio de Janeiro: Freitas Bastos, 1990, p.429. *Apud* MARTINS, Sergio Pinto. Op. Cit., p.134.

[34] CARRION, Valentin – *"Comentários à Consolidação das Leis do Trabalho"*, São Paulo: Editora Revista dos Tribunais, 1989, p. 337. *Apud* DE FIGUEIREDO, Guilherme José Purvin. Op. cit., p. 13.

[35] MARTINS, Sergio Pinto. *Op. Cit*, p.132.

[36] MAGANO, Otávio Bueno. *"Política do Trabalho"*, Editora LTr, São Paulo, p. 310. *Apud* DE FIGUEIREDO, Guilherme José Purvin. Op. Cit., p. 13

financeiro do lar e não provedor de cuidado, zelo e outras tantas funções delegadas à mulher. E, portanto, quando o homem se vê frente a essas funções, sua tarefa é mais árdua, mais dura e difícil. E, portanto, também por essa razão é que quando o homem se despe da sua masculinidade hegemônica e afasta o estereótipo ancestral de que são só provedores e reprodutores, e assume as responsabilidades da criação dos filhos, faz jus àquilo que inicialmente era devido somente às mulheres".[37]

Ao fim, tendo em vista que estamos buscando a aplicação de um direito materno já disciplinado e de natureza previdenciária, não haveria sentido em modificar a natureza do benefício quando aplicado ao gênero masculino. Faríamos, assim, uma discriminação ainda maior que a própria falta de regulamentação ora expressada, vez que a mão de obra masculina restaria onerada com essa situação, principalmente tendo em vista o prazo mínimo de 120 dias para a fruição do benefício, ônus por demais pesado para qualquer empregador. Tal atitude justificaria uma eventual preferência por parte do empregador pela escolha de mulheres para ocupar os cargos que dispõe, pois no caso de maternidade essa será remunerada pela previdência, não tendo o empresário de arcar com os custos pela garantia. Necessário, pois, que na ampliação ao homem do benefício materno sejam concedidos a ele todos os consectários legais pertinentes ao já estabelecido ao gênero feminino, sob pena de violação dos princípios até então perspirados.

6. Conclusões

No que diz respeito à ampliação do prazo concedido a título de licença-paternidade, verificou-se que não dispomos de relevantes garantias nesse sentido, sendo a previsão trazida pela Constituição de 1988 omissa e ainda pendente de regulamentação.

No decorrer do primeiro item, pudemos conferir a gradativa evolução das conquistas protetivas dos trabalhadores na história, tendo sido a Revolução Industrial o grande marco dos avanços mais significativos tanto para os homens quanto para as mulheres.

Ainda na primeira parte da pesquisa, conferimos que a mudança legislativa foi acentuada cada vez mais em prol à maternidade, sendo que, posteriormente, com o advento da CF/88, houve, formalmente, a equiparação entre os gêneros e a predição de garantias pautadas na igualdade.

Observamos que a Constituição, em que pese de porte da intenção igualitária, instituiu sobre a forma na qual exerceria a mãe o direito à licença-maternidade, estipulando, inclusive, seus prazos e condições. Entretanto, omitiu disposição no tocante ao pai, lacuna esta que até os dias atuais carece de regulamentação definitiva.

---

[37] Ação Previdenciária – Concessão de Benefício nº 0051820-85.2013.4.01.3800, 34ª Vara Federal de Minas Gerais, JEF Minas Gerais, Juiz Federal: Gláucio Ferreira Maciel Gonçalves, Julgado em: 14/10/2013.

No que tange propriamente aos interesses da criança, foram feitas considerações acerca das garantias de cunho protetivo existentes em nossa legislação, sendo o *melhor interesse do menor* e a *paternidade responsável* os princípios relevantes a respaldarem a normatização da situação paterna, há mais de duas décadas e meia esquecida. Oportuno ressaltar, novamente, que tal situação não possui condicionamento legal na atualidade, dependendo do bom-senso no julgamento por parte de Eméritos Magistrados, conforme vimos das decisões referidas nesse sentido.

Após o estudo do tema, chegou-se à conclusão de que, mesmo nas privilegiadas condições normativas nas quais se insere a nossa legislação, não deixamos de vislumbrar as tão insatisfatórias lacunas até então não preenchidas. Uma justificativa possível para esta triste realidade pode estar no fato de que não estão sendo observados de forma eficaz os métodos existentes para reduzir ou eliminar as disparidades que ocorrem no âmbito laboral.

Neste passo, malgrado saibamos que essa falta gera prejuízos a todos os envolvidos, seja na relação contratual trabalhista, seja na esfera previdenciária, seja no âmbito familiar, surtindo consequências econômicas e sociais, serão o trabalhador e a criança, sem sombra de dúvidas, os maiores atingidos nesta causalidade, porquanto não viabilizado o acompanhamento da mãe por razões excepcionais, e privados do desenvolvimento em conjunto em um momento tão importante da vida de ambos.

Por tais razões, a presente pesquisa buscou analisar os aspectos protetivos no que cinge à regulamentação e possível dilação do período concedido a desígnio de licença-paternidade ao trabalhador brasileiro, direcionando o estudo aos mecanismos existentes para aplicar à situação do pai o cenário disposto à mãe nas hipóteses em que ela não se faz presente. Dessa forma, defendeu-se a possibilidade de extensão do benefício do salário-maternidade ao homem, nos referidos casos excepcionais, como forma de efetivar o direito à proteção do menor.

Verificou-se, por fim, que ainda muito há a ser feito, sendo necessária a união de esforços, assim como um estudo direcionado na conquista da efetivação dos direitos preconizados constitucionalmente, a fim de estabelecer prioridades que envolvam a matéria estudada, no sentido de se fazer valerem as normas e dispositivos que temos ao nosso alcance em favor do núcleo familiar, do trabalhador e, principalmente, de sua prole, ou, então, criando-se outros que tenham maior aplicabilidade e eficácia.

7. Referências

BARROSO, Lucas Abreu; CATALAN, Marcos. A Licença-Paternidade e a demanda por Equidade na Formação Socioafetiva de Vínculo Familiar por Adoção. *Revista Brasileira de Direito das Famílias e Sucessões.* v. 28 (jun/jul. 2012) Porto Alegre: Magister; Belo Horizonte: IBDFAM, 2007.

CARDONE, Marly A. Proteção à Maternidade. Licença-Paternidade. *Curso de Direito Constitucional do Trabalho.* vol. I. São Paulo: LTr, 1991.

FIGUEIREDO, Guilherme José Purvin de. Licença-Paternidade e o Princípio da Paternidade Responsável no Brasil e no Direito Comparado. *Revista Estudos Jurídicos* – Universidade do Vale do Rio dos Sinos. v. 27. Nº 70, São Leopoldo: 1994.

MAGANO, Octávio Bueno. Licença-Maternidade e Licença-Paternidade. *Repertório IOB de Jurisprudência.* N° 4/92. RJ: 2ª quinzena de fevereiro de 1992.

MARTINEZ, Wladimir Novaes. *Comentários à Lei Básica da Previdência Social.* 4ª ed. São Paulo: LTr, 2003.

MARTINS, Sergio Pinto. *Direito da Seguridade Social.* 22ª ed. São Paulo: Editora Atlas, 2005.

MARTINS, Sergio Pinto. Licença-Paternidade do Pai Adotante. *Repertório de Jurisprudência IOB.* n° 04/2010. Vol. II – Trabalhista e Previdenciário. RJ: 2ª quinzena de fevereiro de 2010.

MEDEIROS, Letícia Zanega de. Paternidade Socioafetiva – Direito e Justiça: *Revista da faculdade de Direito da PUCRS.* Vol. 27. Ano XXV – 2003/1.

NOGUEIRA, Mariana Brasil. *A família: conceito e evolução histórica e sua importância.* Artigo extraído do sítio: <http://www.egov.ufsc.br/portal/sites/default/files/anexos/18496-18497-1-PB.pdf>. Acesso em 28/09/2013.

PAULO, Beatrice Marinho. Ser Pai nas Novas Configurações Familiares: a Paternidade Psicoafetiva. *Revista Brasileira de Direito das Famílias e Sucessões.* Porto Alegre: Magister; Belo Horizonte: IBDFAM. v. 10 , jun/jul 2009.

ROLLIN, Cristiane Flores Soares. Paternidade responsável em direção ao melhor interesse da criança. *Tendências Constitucionais no Direito de Família* – Estudos em homenagem ao Prof. José Carlos Teixeira Giorgis. Porto Alegre: Livraria do Advogado Editora, 2003.

SENADO FEDERAl: <http://www.senado.gov.br/> – Ferramenta LEXML – pesquisa a Projetos de Lei: <http://www.lexml.gov.br/>. Acesso em 09/09/2013.

TSUTIYA, Augusto Massayuki. *Curso de Direito da Seguridade Social.* 2ª ed. São Paulo: Saraiva, 2008.

— 4 —

Alienação parental: as consequências da implantação de falsas memórias

CAMILA DE SOUZA RODRIGUES[1]

SABRINA ZASSO[2]

SUMÁRIO: 1. Introdução; 2. Breve análise da família brasileira; 2.1. Registro histórico; 2.2. Síndrome da Alienação Parental – (SAP); 3. Alienante x alienado; 3.1. Da guarda unilateral como facilitador da alienação parental; 3.2. Da guarda compartilhada como fator inibidor da alienação parental; 4. Da implantação de falsas memórias e falsas denúncias; 4.1. O laudo pericial e sua efetividade; 4.2. As consequências da suspensão de visitas em virtude da implantação de falsas memórias; 5. A Lei nº 12.318/2010: análise e reflexões; 6. Conclusões; 7. Referências.

1. Introdução

O presente trabalho tem o escopo de tecer algumas considerações sobre a alienação parental, pois com o grande número de casais que se separam no Brasil, torna maior o número de crianças que sofrem com este dano, gerado, via de regra, pelo cônjuge guardião contra o cônjuge visitante, sem que sejam considerados os problemas psicológicos e emocionais que poderá trazer para a criança.

Este fenômeno vem aparecendo cada vez mais nos processos de separação, tornando a criança mais distante de um de seus genitores. Durante a demanda judicial, o Alienador revela um desejo de posse exclusiva do filho e com isso passa a denegrir a imagem do ex-cônjuge, pois em virtude da decepção pela ruptura do elo matrimonial, transfere para a criança seus ressentimentos, por acreditar que seu o ex-cônjuge não foi um bom marido, crê também que não será um bom pai. Assim sendo, o objetivo do presente trabalho é a reflexão sobre os aspectos jurídicos do referido fenômeno considerando as disposições trazidas pela recente Lei nº 12.318/2010, que regulamentou o tema.

Frequentemente, nos processos judiciais, um dos genitores utiliza-se da implantação de falsas memórias nos filhos, para gerar uma série de efeitos

---

[1] Advogada. Bacharel em Direito pela Estácio do Rio Grande do Sul.

[2] Advogada. Professora de Processo Civil da Estácio do Rio Grande do Sul. Mestranda em Direitos Humanos pela Uniritter. Membro do Instituto Brasileiro de Direito de Família – IBDFAM. Bolsista Estácio.

INQUIETAÇÕES SOBRE DIREITOS FUNDAMENTAIS

negativos sobre o genitor, pois assim irá, supostamente, garantir seus direitos em relação à guarda da criança, com isso, dependendo da acusação feita, o juiz, no curso do processo, irá de imediato suspender a visitação, a fim de garantir o direito que está sendo violado. Assim sendo, o alienador alcançará seu objetivo final, ainda que temporariamente, que era o de afastar por definitivo o genitor do filho.

Justifica-se a importância do tema proposto, pois, para evitarmos estes atos cruéis, é necessário que entendamos o que de fato é Alienação Parental e como estas atitudes podem influenciar e prejudicar a vida de uma criança, bem como o decurso de um processo de separação, onde a implantação de falsas memórias acarretará efeitos devastadores nos laços afetivos entre a criança e o genitor, levando-se em consideração, os princípios norteadores do Direito de Família e do Direito da Criança e do Adolescente.

Assim, objetiva-se, trazer à tona recente discussão travada em torno da Alienação Parental e analisar de que modo a implantação de falsas memórias impactará sobre os processos de separação e na vida das vítimas, identificando os problemas que a Alienação Parental acarreta nas demandas judiciais.

Nesta esteira, o trabalho trará como questões norteadoras a explicitação do que é Alienação Parental, Síndrome da Alienação; como ela ocorre e como podemos identificar os reflexos na criança alienada e as influências do tipo de guarda para seu desenvolvimento; o que é implantação de falsas memórias, como o laudo pericial tem influência nos processos; o que o advento da Lei 12.318/2010 trouxe de novo e suas sanções; e, utilizando-se da pesquisa bibliográfica como metodologia de pesquisa.

2. Breve análise da família brasileira

Antigamente, o conceito de "família" era claro e definido, sendo uma instituição constituída por pai, mãe, filhos, sendo o principal objetivo do casamento a procriação.[3] O pai era o único encarregado de prover o sustento da família, a ele cabia somente o trabalho braçal. A mãe, naquela época, fazia o papel de mulher frágil e submissa, era a única responsável pelo desenvolvimento e educação dos filhos e das tarefas domésticas. Jamais era cogitada a hipótese de trabalhar; esta tarefa era exclusiva do pai.

Segundo leciona Ana Carolina Carpes Madaleno:

> [...] a família calcada no triângulo clássico de pai, mãe e filho, nem sempre foi assim, aliás sua constante evolução mostra que esta não é sua única estrutura. Ao longo dos séculos a família sofreu profundas modificações em todos os aspectos, seja na sua finalidade, na sua origem ou na sua composição.[4]

Ainda, e segundo a autora, com a evolução da sociedade, a família que antes era completamente ignorada pelo Estado, passou a receber maior atenção

---

[3] MADALENO, Ana Carolina Carpes. *Síndrome da Alienação Parental*: a importância de sua detecção com seus aspectos legais e processuais. 2. ed. Rio de Janeiro: [s.e], 2014.

[4] Idem, ibidem.

deste em virtude do reconhecimento de que a família era o berço da formação das pessoas, esteio da dignidade humana.[5]

A Carta Magna de 1988 foi o principal divisor de águas no âmbito do Direito das Famílias, pois sua promulgação alterou o Código Civil de 1916, onde era previsto que o único modelo de família possível era através do casamento.[6]

Assim, a família passou a ganhar novas definições, e o reconhecimento dos filhos adotivos como sendo legítimos e a igualdade entre homens e mulheres, passaram a ser importantes fatores nestas novas definições de família.

A mudança de comportamento da nossa sociedade, com o passar dos tempos, alterou o conceito de família, inclusive, os papéis desempenhados na vida familiar têm o mesmo peso, pois não se admitem mais funções diferenciadas no interior da família e foi afastada qualquer discriminação das pessoas em função do sexo.[7] Os pais, que antes não tinham nenhuma participação na vida dos filhos, hoje ajudam na criação, na educação e nas tarefas domésticas. As mães, que antes não podiam sequer trabalhar fora de casa, hoje, em muitos casos, arcam com todo o sustento da família, pois atualmente, é comum encontrarmos famílias onde somente a mulher trabalha, e o homem é responsável por zelar e cuidar do lar e dos filhos.

Tal evolução familiar faz com que a criança tenha um referencial muito melhor e mais seguro, ela consegue enxergar tanto no seu pai, quanto na sua mãe, um porto seguro e que ambos têm papéis essenciais no seu desenvolvimento, em virtude de dividirem tarefas igualmente importantes.

Há pouco tempo, em casos de separações, víamos uma tendência severa do Judiciário em manter a guarda unilateral e de preferência com a mãe, visto que, segundo velhas ideologias, a mãe era mais preparada para cuidar e educar os filhos.

Com o avanço da sociedade e do ordenamento jurídico, a guarda unilateral foi perdendo espaço para que no ano de 2008, com a alteração do Código Civil,[8] fosse implementado que a guarda ficaria com aquele que melhor tivesse condições de exercê-la e que fosse, preferencialmente, compartilhada.

Ocorre que ainda encontramos resistência nessa norma, pois seguimos vendo a maioria das guardas serem declaradas unilaterais. Hoje, temos em andamento o Projeto de Lei 117/2013,[9] que visa a garantir a guarda compartilhada, tendo em vista que, em muitos casos, a ruptura conjugal gera diversas consequências, pois o guardião da criança tem dificuldades em aceitar a se-

---

[5] MADALENO, Ana Carolina Carpes. *Síndrome da Alienação Parental*: a importância de sua detecção com seus aspectos legais e processuais. 2. ed. Rio de Janeiro: [s.e], 2014, p. 19.

[6] Idem, ibidem.

[7] RIZZARDO, Arnaldo. *Direito de Familia*: Lei n° 10.406 de 10/01/2002- Rio de janeiro: Forense, 2005

[8] BRASIL. Código Civil. *Lei n° 11.698, de 13 de junho de 2008*. Altera os arts. 1.583 e 1.584 da Lei n° 10.406, de 10 de janeiro de 2002 – Código Civil, para instituir e disciplinar a guarda compartilhada. Disponível em: <http://www.planalto.gov.br/ccivil_03/_Ato2007-2010/2008/Lei/L11698.htm>. Acesso em: 13/11/2014.

[9] BRASIL, Senado Federal. *Projeto de Lei da Câmara, n° 117 de 2013*. Altera os arts. 1.583, 1.584, 1.585 e 1.634 da Lei n° 10.406, de 10 de janeiro de 2002 – Código Civil, para estabelecer o significado da expressão "guarda compartilhada" e dispor sobre sua aplicação. Disponível em: http://www.senado.gov.br/atividade/materia/detalhes.asp?p_cod_mate=115668. Acesso em 13/11/2014

paração, nutrindo sentimento de vingança pelo ex-cônjuge, e com isso acaba utilizando o único elo restante entre o casal: os filhos.

É através deles que o cônjuge guardião encontra uma maneira de punir e castigar aquele que o deixou, pois acredita que dificultando as visitas e denegrindo a imagem do genitor irá sentir-se vingado (a) pela separação.

2.1. Registro histórico

A separação judicial, muitas vezes, leva um dos cônjuges a praticar atos de desabono em desfavor do outro, por motivos fúteis, trazendo sérias consequências para os filhos. Isso acontece já há muito tempo, mas somente com a maturação das relações humanas e do ordenamento jurídico é que se pode estudar essa situação, que atualmente é conhecida como Alienação Parental.

A Alienação Parental é um tema relativamente atual e polêmico, pois trata das relações familiares, nos quais muitas vezes, não é admitida intervenção de terceiros, porém com o aumento da agressividade nas rupturas conjugais, os filhos são utilizados como meios para externar os ressentimentos do alienante. Com este aumento, o Judiciário percebeu a intensa necessidade de intervir nestas relações, para poder coibir aqueles que praticavam estes atos.

Mesmo sendo um tema novo no meio jurídico, a alienação parental foi tratada em 1985 por Richard Gardner,[10] professor especialista do Departamento de Psiquiatria Infantil da Universidade de Columbia. Gardner passou a ser um estudioso deste assunto, quando percebeu que as crianças, filhas de pais divorciados, eram reflexos dos sentimentos dos pais e repetiam incessantemente aquilo que lhes era dito. Para o genitor alienante, o único objetivo era o de ver o ex-cônjuge longe dos filhos, garantindo assim, uma vingança pelo término do relacionamento, ou como forma de vingar-se de algum outro fato que era do seu descontentamento, como por exemplo um novo relacionamento afetivo.

Após esta identificação, muitos outros profissionais ao redor do mundo também fizeram trabalhos acerca deste tema, porém nomearam de forma diferente, dentre eles: Síndrome da Mãe Maliciosa, Síndrome de Alegações Sexuais no Divórcio – SAID –, Síndrome da Interferência Grave e Síndrome de Medeia.[11]

---

[10] "Richard Gardner, professor de psiquiatria infantil da Universidade de Columbia(EUA), falecido em 2003, tornou-se conhecido ao cunhar, em meados dos anos 80, uma síndrome que ocorreria especialmente em crianças expostas a disputas judiciais entre seus pais. Como informa Rand (1997), ao longo dos anos 70, Gardner trabalhou como psiquiatria forense, conduzindo avaliações de crianças e famílias em situações de divórcio. No início dos anos 80, Gardner teria observado um aumento do número de crianças que exibiam rejeição e hostilidade exacerbada por um dos pais, antes querido. Originalmente, para Gardner (1991), isso seria uma manifestação de brainwashing (lavagem cerebral), termo que, segundo ele, serviria para designar que um genitor, de forma sistemática e consciente, influenciaria a criança para denegrir o outro responsável (s/p., tradução nossa). Contudo, logo depois, ele teria concluído que não se trataria de uma lavagem cerebral, fazendo uso então do termo síndrome da alienação parental (SAP) para designar o fenômeno que observava" (BRITO, Leila Maria Torraca de; SOUZA, Analicia Martins de. Algumas questões para o debate sobre Síndrome da alienação parental. *Revista Brasileira de Direito das Famílias e das Sucessões*. Porto Alegre: Magister; Belo Horizonte: IBDFAM, 2010, ano XII, nº 16, jun./jul., p. 43-44)

[11] FREITAS, Douglas Phillips. *Alienação Parental*: comentários à Lei 12.318/2010. 3. ed. Rio de Janeiro: Forense, 2014, p. 22.

Apesar dos diversos nomes, a expressão de Gardner foi a que teve maior aceitação, visto que a síndrome por ele prevista englobava todos os outros sintomas antes previstos. No Brasil, a Lei que caracteriza a Alienação Parental foi sancionada em 26 de agosto de 2010, sendo ela a Lei nº 12.318.[12]

A referida lei conceitua a Alienação Parental e define os atos que caracterizam a figura do alienador, além de dispor as medidas judiciais que devem ser aplicadas nestes casos.

No entanto, apesar de a referida lei ser de 2010, o poder judiciário brasileiro registra decisões do ano de 2003 reconhecendo este fenômeno, pois apesar de a lei ser teoricamente nova, o fato em si é um velho dilema nas relações familiares.[13]

Segundo Douglas Freitas,[14] a APASE – Associação dos Pais e Mães Separados e o Instituto Brasileiro de Direito de Família – IBDFAM – tiveram significativa participação para este reconhecimento, visto que foi através de suas pesquisas que as equipes multidisciplinares tiveram maior atuação dentro dos processos de separação brasileiros.

2.2. Síndrome da Alienação Parental – (SAP)

A Alienação Parental consiste de um modo geral, na manipulação do filho por um dos genitores, contra o outro genitor, de modo a modificar a consciência da criança, fazendo-o acreditar que seu pai/mãe não o ama mais, ou ainda implantando situações que nunca ocorreram, deixando a criança isolada de um de seus genitores.

Nesse sentido, Douglas Freitas define Alienação Parental como:

> [...] um transtorno psicológico caracterizado por um conjunto sintomático pelo qual um genitor, denominado cônjuge alienador, modifica a consciência de seu filho, por meio de estratégias de atuação e malícia (mesmo que inconscientemente), com o objetivo de impedir, obstaculizar ou destruir seus vínculos com o outro genitor, denominado cônjuge alienado.[15]

Deste modo, o fenômeno se inicia através de uma campanha difamatória contra o outro genitor, manipulando o filho para reproduzir os sentimentos negativos que um dos cônjuges nutre pelo outro. A criança tem os pilares emocionais concretizados na segurança que seus pais refletem, e com o rompimento conjugal, um dos dois acaba por sair de casa e nesse momento a criança vê sua edificação familiar desabar, gerando enorme carência e com isso tende a acreditar mais facilmente nas mentiras contadas pelo alienador.

Com isto, o alienador vê o ambiente facilitado para efetivar a alienação, e vê na criança um ponto de vulnerabilidade, onde poderá exercer seu papel maléfico sem restrições.

---

[12] BRASIL. *Lei nº 12.318 de 26 de Agosto de 2010.* Dispõe sobre a alienação parental e altera o art. 236 da Lei nº 8.069, de 13 de julho de 1990. Disponível em: <http://www.planalto.gov.br/ccivil_03/_Ato2007-2010/2010/Lei/L12318.htm>. Acesso em: 13/11/2014.

[13] FREITAS, op. cit., p. 23.

[14] Idem, Ibidem.

[15] Idem, Ibidem.

INQUIETAÇÕES SOBRE DIREITOS FUNDAMENTAIS

Infelizmente, na maioria das vezes a manipulação é feita pelas mães,[16] tendo em vista que na grande maioria dos casos são as mulheres que detêm a guarda da criança, pois se sentem inconformadas com a ruptura conjugal, e utilizam-se de todo o seu ressentimento, para se vingar do ex-cônjuge através dos filhos, acreditando que assim irá punir o antigo parceiro por tê-la abandonado. Desta forma, o alienante coloca em primeiro plano somente seus sentimentos, tendo como único objetivo denegrir a imagem do ex-cônjuge, ignorando seu compromisso com o filho, podando o crescimento saudável, tanto físico quanto psicológico da criança.

A Constituição Federal prevê em seu artigo 227 que:

É dever da família, da sociedade e do Estado assegurar à criança, ao adolescente e ao jovem, com absoluta prioridade, o direito à vida, à saúde, à alimentação, a educação, ao lazer, à profissionalização, à cultura, à dignidade, ao respeito, à liberdade e à convivência familiar e comunitária, além de colocá-los a salvo de toda forma de negligência, discriminação, exploração, violência, crueldade e opressão.[17]

Já o artigo 3º do Estatuto da Criança e do Adolescente diz que:

A criança e o adolescente gozam de todos os direitos fundamentais inerentes à pessoa humana, sem prejuízo da proteção integral de que trata esta Lei, assegurando-se-lhes, por lei ou por outros meios, todas as oportunidades e facilidades, a fim de lhes facultar o desenvolvimento físico, mental, moral, espiritual e social, em condições de liberdade e de dignidade.[18]

Sendo assim, ao privar a convivência sadia entre a criança e o genitor, o alienador, através da violência emocional que causa na criança, fere drasticamente a dignidade humana da criança, tornando o ambiente de desenvolvimento do seu filho conturbado, cheio de mágoas e rancor, além de carregar o estigma de que seu genitor é uma má pessoa. Essas influências acabam interferindo em toda a sua vida, trazendo graves consequências no futuro.

A Alienação Parental (AP) é profundamente relacionada com a Síndrome da Alienação Parental (SAP), sendo uma decorrente da outra, no entanto, muitas vezes são confundidas e a AP é generalizada e tratada como SAP.

Conforme foi definido anteriormente, Alienação Parental é a manipulação do filho por um dos genitores, contra o outro, de modo a modificar a consciência da criança, fazendo-o acreditar que seu pai/mãe não o ama mais, ou ainda implantando situações que nunca ocorreram, deixando a criança isolada de um de seus genitores.

Essa modificação se dá através de um procedimento doentio e maldoso em que um dos genitores agride ferozmente as lembranças de uma criança.

Ana Carolina Carpes Madaleno leciona que:

---

[16] PINTO, Juliana MezzarobaTomazoni de Almeida. *Síndrome da Alienação Parental*: a implantação de falsas memórias em desrespeito à condição peculiar de pessoa em desenvolvimento. Disponível em: <http://jus.com.br/artigos/20813/sindrome-da-alienacao-parental-a-implantacao-de-falsas-memorias-em-desrespeito-a-condicao-peculiar-de-pessoa-em-desenvolvimento#ixzz3IuiaRzCE>. Acesso em 13/11/2014

[17] BRASIL, Constituição (1988). Constituição da República Federativa do Brasil. Brasília, DF, Senado, 1988.

[18] BRASIL. *Lei nº 8.069, de 13 de julho de 1990*. Disponível em: <http://www.planalto.gov.br/ccivil_03/leis/l8069.htm>. Acesso em: 14/11/2014

Alienação Parental é, portanto, um termo geral, que define apenas o afastamento justificado de um genitor pela criança, não se tratando de uma síndrome por não haver o conjunto de sintomas que aparecem simultaneamente para uma doença especifica.[19]

Já quando falamos em Síndrome da Alienação Parental, estamos abordando o fato que vem após a instalação da Alienação Parental, não haverá síndrome sem alienação, visto que a SAP decorre de uma alienação severa. A Síndrome da Alienação Parental somente se instala quando a Alienação Parental se configura na sua totalidade, pois a síndrome é um conjunto de sintomas apresentados pela criança.

Segundo Gardner: "SAP é caracterizada por um conjunto de sintomas que aparecem na criança geralmente juntos, especialmente nos tipos moderado e severo".[20]

É necessário distinguir perfeitamente os dois temas, apesar de serem intimamente relacionados, visto que a generalização da Alienação Parental prejudica profundamente a identificação sintomática daqueles que sofrem com a síndrome.

Neste sentido, Richard Gardner leciona que:

Usar o termo AP é basicamente um prejuízo terrível à família que sofre de SAP, porque assim a causa da alienação das crianças não é identificada corretamente. Há igualmente um compromisso nas obrigações para com a corte, que é fornecer informações exatas e úteis de modo que a corte fique na melhor posição para fazer um julgamento apropriado. Usar o termo AP é uma ab-rogação dessa responsabilidade; usar o termo SAP está a serviço do cumprimento dessa obrigação.[21]

Sendo assim, SAP se define sendo o conjunto de sintomas emocionais e efeito comportamental desenvolvidos na criança vítima da Alienação Parental.

3. Alienante *x* alienado

A Alienação Parental, como vimos anteriormente, afeta em primeiro plano os filhos, interferindo nas relações afetivas familiares. Os pais alienadores geralmente têm um perfil manipulador, agressivo e arrogante e recusam-se a qualquer tipo de intervenção para tentativa de entendimento.

Na sede em busca de vingança do ex cônjuge, o alienador enxerga no filho um meio de atacar o outro genitor, proibindo visitas, impedindo o acesso à vida do filho, como informações escolares, idas ao médico, mudanças de endereço, etc.

Outro ponto importante neste sentido é a mudança de endereço sem prévio aviso do genitor não guardião, pois se caracteriza por uma intencional obstrução da convivência familiar.

---

[19] MADALENO, Ana Carolina Carpes. *Síndrome da Alienação Parental*: a importância de sua detecção com seus aspectos legais e processuais. 2. ed. Rio de Janeiro, 2014.

[20] GARDNER, Richard A. M.D. *O DSM-IV tem equivalente para diagnostico de Síndrome de Alienação Parental (SAP)?*. Traduzido por Rita Rafaeli. Disponível em: <HTTP://www.alienacaoparental.com.br/textos-sobre-sap-1o-dms-tem-equivalente> Acesso em 13/10/2014.

[21] Idem, ibidem.

Sobre o assunto, disserta Yussef Said Cahali no seguinte sentido:

Porém, não evidenciado propósito de dificultar ou impossibilitar o exercício do direito de visita pelo outro cônjuge, não há como impedir-se ao genitor que tem o filho sob sua guarda de mudar de domicilio, ainda que para o exterior [...] Não pode o pai interferir na liberdade da deliberação da mãe, nem na sua repercussão automática sobre o domicilio forçoso da prole, sob o argumento de ter preeminência no uso do pátrio poder, ou de a mudança embaraçar-lhe o exercício do direito de visitas.[22]

Para José Manoel Aguilar Cuenca:

O perfil do genitor alienador é de grande impulsividade e baixa autoestima, possui medo de abandono repetitivo, esperando sempre que os filhos estejam dispostos a satisfazer as suas necessidades, variando as expressões em exaltação e cruel ataque.[23]

Outras características também são observadas no genitor alienador, embora seja difícil se estabelecer, com segurança, o perfil típico. Entretanto, existem alguns traços característicos da personalidade que permitem verificar a existência da Alienação como leciona Jorge Trindade.[24]

Esse conjunto de atitudes do alienador dissemina na criança que está sob sua guarda um sentimento de repulsa e ódio pelo genitor não guardião. O alienado por sua vez acaba exteriorizando sentimentos que não são seus, pois até aquele momento ele amava o seu não guardião, ocorre que como está em período de formação psicológica e física, fica vulnerável diante dessas atitudes.

Nas palavras de Maria das Graças Teles Martins, o filho alienado demonstra sintomas muito característicos, dentre eles:

1) sentimento constante de raiva e ódio contra o genitor alienado e sua família.

2) Recusa-se a dar atenção, visitar, ou se comunicar com o outro genitor.

3) Guarda sentimentos e crenças negativas sobre o outro genitor, que são inconsequentes, exageradas ou inverossímeis com a realidade.[25]

Além disso, a criança pode apresentar crises de choro, depressão, baixo rendimento escolar, incapacidade de adaptação, sentimento de culpa e isolamento.

A alienação parental, assim como a síndrome, só causa efeitos devastadores nas relações familiares, de nenhum modo ela traz benefícios, e o cônjuge alienante engana-se ao acreditar que assim irá vingar-se daquele que o "abandonou". O principal afetado será o fruto deste relacionamento, que é o próprio

---

[22] CAHALI, Yussef Said. *Divórcio e separação*. 11. ed. ver. ampl. e atual. de acordo com o Código Civil de 2002. São Paulo: RT, 2005.

[23] CUENCA, José Manoel Aguilar. *Síndrome de alienação parental*. Portugal, Almuzara 2008, p. 93 In: Douglas Phillips. Alienação Parental: comentários à Lei 12.318/20103. ed. Rio de Janeiro: Forense, 2014.

[24] Segundo o autor, são exemplos de traços que permitem analisar a alienação parental: a) dependência; b) baixa autoestima; c) condutas de não respeitar as regras; d) hábito contumaz de atacar as decisões judiciais; e) litigância como forma de manter aceso o conflito familiar e negar a perda; f) sedução e manipulação; g) dominância e imposição; h) queixumes; i) histórias de desamparo ou, ao contrário, de vitórias afetivas; j) resistência em ser avaliado; e k) resistência recusa, ou falso interesse pelo tratamento. In: TRINDADE, Jorge. *Manual de psicologia jurídica para operadores do direito*. 5. ed. Porto Alegre: Livraria do Advogado, 2011. p.105-106.

[25] MARTINS, Maria das Graças Teles. *A Síndromede alienação parental [SAP]*: Consequências Psicológicas. Disponível em: <http://psygracamartins2012.blogspot.com.br/2012/09/a-sindrome-de-alienacao-parental-sap.html>. Acesso em: 13/10/2014.

filho. Por isso, os pais devem ser atentos ao que é Alienação bem como a Síndrome, pois muitas vezes essas atitudes são cometidas de modo inconsciente, sendo que, em alguns casos, o próprio regime de guarda facilita estes atos, pois é evidente que quando o filho fica somente sob o poder e cuidados de um genitor, tendo as visitas controladas e muitas vezes monitoradas, facilita o desencadeamento deste processo.

3.1. Da guarda unilateral como facilitador da alienação parental

Com as rupturas das sociedades conjugais, vem à tona um fator determinante dentro do conceito família que é a guarda dos filhos. Muitas vezes, ao se romperem os elos matrimoniais, ambos os lados sentem ressentimentos e tendem a exteriorizar estes sentimentos nas decisões a serem tomadas tanto na partilha dos bens, como na guarda dos filhos.

No entanto, a declaração da guarda unilateral torna-se um fator extremamente influente para iniciar-se o processo de Alienação Parental, pois neste tipo de regime de guarda, somente um dos genitores tem maior contato com a criança, propiciando o ambiente para as intervenções negativas.

Maria Berenice Dias faz uma crítica a esta modalidade da guarda, pois a guarda unilateral afasta, sem dúvida, o laço de paternidade da criança com o pai não guardião, pois a este é estipulado o dia de visitas, sendo que nem sempre esse dia é um bom dia, isso porque é previamente marcado, e o guardião impõe regras.

Assim, o que é estabelecido pelo Código Civil com relação ao direito de visitas não é o ideal, visto que, visitas entre pai e filhos não podem ter limites nem de tempo tampouco de local e dias, além disso, a denominação adequada seria de direito de convivência, e não de visitas como é popularmente conhecida.[26]

Neste sentido leciona Maria Berenice Dias:

A visitação não é somente um direito assegurado ao pai ou à mãe, é *direito do próprio filho* de com eles conviver, o que reforça os vínculos paterno e materno-filial. Talvez o melhor fosse o uso da expressão direito de convivência, pois é isso que deve ser preservado mesmo quando pai e filho não vivem sob o mesmo teto. Não se podem olvidar suas *necessidades psíquicas*. Consagrado o princípio da proteção integral, em vez de regulamentar as visitas, é necessário estabelecer formas de convivência, pois não há proteção possível com a exclusão do outro genitor. (Grifos da autora)[27]

Em que pese a guarda unilateral ser a mais determinada nos processos de separação, torna-se evidente que a criança, quando submetida a essa medida, acaba por afastar-se do não guardião, visto que um regime de visitas determinado enfraquece os laços afetivos familiares.

---

[26] DIAS, Maria Berenice. *Manual das Famílias*. 9.ed.rev.atual e ampl. De acordo com: Lei 12.344/2010 (regime obrigatório de bens): Lei 12.398/2011 (direito de visita dos avós). São Paulo: Revista dos Tribunais, 2013, p. 404.

[27] Idem, p. 405-406.

3.2. Da guarda compartilhada como fator inibidor da alienação parental

A guarda compartilhada é exercida em conjunto pelo casal e tem sua previsão legal no artigo 1.583, § 1º do Código Civil[28] e pela Lei 11.698/2008,[29] em que conceitua em seu § 1º que se entende por guarda compartilhada: "responsabilização conjunta e o exercício de direitos e deveres do pai e da mãe que não vivam sob o mesmo teto, concernentes ao poder familiar dos filhos comuns".

Este tipo de guarda vem para dirimir conflitos encontrados nas relações familiares que têm seu elo conjugal rompido, pois assim, permite que o filho tenha amplo contato com os genitores, não deixando as responsabilidades do cotidiano apenas para um dos lados. A Guarda Compartilhada deverá ser aplicada pelo magistrado sempre que possível, devendo informar ao pai e à mãe a sua importância e significado, bem como seus direitos e deveres com a criança.

Maria Manoela Quintas define Guarda Compartilhada como:

> Compartilhada é a modalidade de guarda em que os pais participam ativamente da vida dos filhos, já que detêm a guarda legal dos mesmos. Todas as decisões importantes são tomadas em conjunto, o controle é exercido conjuntamente. É uma forma de manter intacto o exercício do poder familiar após a ruptura do casal, dando continuidade à relação de afeto edificada entre pais e filhos e evitando disputas que poderiam afetar o pleno desenvolvimento da criança.[30]

Em que pese o Judiciário brasileiro ainda ser muito conservador e declarar em 90% dos casos de separação a guarda unilateral com visitas limitadas, a guarda compartilhada é um fator determinante para coibir atos de Alienação Parental, visto que, quando temos a guarda unilateral, a criança pode sofrer um injustificado fortalecimento da tirania de seu guardião, bem como a exploração material e emocional do genitor não guardião, causando danos e colocando em risco a sua formação.[31]

Estes atos, quando praticados, tendem a facilitar a execução da alienação parental, com isto torna-se evidente a eficácia da guarda compartilhada, pois ela atua como um potente inibidor da alienação parental, uma vez que este tipo de guarda não está relacionado ao grau de litígio do casal, pois relação de afiliação independe do status de relação dos genitores.[32] Desta forma, a Guarda Compartilhada proporciona de forma igualitária um convívio dos pais com os filhos no qual a função da convivência familiar é a busca da efetivação do con-

---

[28] BRASIL. Código Civil. Disponível em: <http://www.planalto.gov.br/ccivil_03/leis/2002/l10406.htm>. Acesso em: 14/11/2014, às 14:21.

[29] BRASIL. *Lei nº 11.698, de 13 de junho de 2008.*Altera os arts. 1.583 e 1.584 da Lei nº 10.406, de 10 de janeiro de 2002 – Código Civil, para instituir e disciplinar a guarda compartilhada. Disponível em: <http://www.planalto.gov.br/ccivil_03/_Ato2007-2010/2008/Lei/L11698.htm>. Acesso em: 14/11/2014, às 14:24.

[30] QUINTAS, Maria Manoela Rocha de Albuquerque. *Guarda Compartilhada*. São Paulo: Forense, 2009.

[31] FONTELES,Celina Tamara Alves. *A guarda compartilhada*: um instrumento para inibir a síndrome da alienação parental. Disponível em: <http://jus.com.br/artigos/27631/a-guarda-compartilhada-um-instrumento-para-inibir-a-sindrome-da-alienacao-parental#ixzz3IxdulTed>. Acesso em: 13/11/2014.

[32] ABBAD, Roosevelt. *Quem ganha leva tudo ou guarda compartilhada?* Disponível em: <http://rooseveltcarlos.jusbrasil.com.br/artigos/142004184/quem-ganha-leva-tudo-ou-guarda-compartilhada?ref=topic_feed>. Acesso em: 13/11/2014.

teúdo constitucional do poder familiar por ser ela viabilizadora de um maior estreitamento dos laços afetivos entre pais e filhos.[33]

Portanto, pode-se concluir que a guarda compartilhada é a forma mais eficaz de garantir o princípio do melhor interesse da criança e do adolescente, pois com ela o filho tem a oportunidade de ter contato direto com ambos os pais, bem como desfrutar de carinho e amor de ambos, colocando-o a salvo da exploração, crueldade e opressão que a Alienação Parental poderia lhe causar.

4. Da implantação de falsas memórias e falsas denúncias

As falsas memórias podem ser formadas de maneira natural, através da falha na interpretação de uma informação, ou ainda por uma falsa sugestão externa, acidental ou deliberada apresentada ao indivíduo. Podem ocorrer de duas formas: procedimento de sugestão de falsa informação, que consiste na apresentação de uma informação falsa compatível com a experiência, que passa a ser incorporada na memória sobre esta vivência. Já as falsas memórias que serão geradas espontaneamente resultam do processo normal de compreensão, ou seja, fruto de processos de distorções mnemônicas endógenas.[34]

Já a alienação, conforme amplamente conceituada, é o ato de denegrir a imagem, a síndrome é quando esta alienação esta configurada e instala-se na mente e nas atitudes dos filhos. Ocorre que muitas vezes somente a inclusão de adjetivos pejorativos acerca do não guardião não são suficientes para atingir o objetivo do alienador, que normalmente é o de afastar a criança totalmente do ex-cônjuge.

Com isto, quando sua campanha denegritória não surte seus efeitos desejados, o alienador passa a incutir na mente da criança uma situação criada por ele.

A criança, que está em processo de desenvolvimento, vê seu guardião dizer repetidamente frases ou situações que não ocorreram e é levada a repetir o que lhe é afirmado; a criança, em virtude de sua situação de vulnerabilidade diante do genitor, acaba não tendo condições de discernir que está sendo manipulada, tomando por verdades tudo aquilo que lhe é dito. Com isso, a criança acaba perdendo a capacidade de diferenciar situações verdadeiras daquelas que foram inseridas na sua mente.

Ana Maria Velly diferencia, com excelência, memórias verdadeiras de falsas memórias quando diz:

> A memória ajuda a definir quem somos. É absolutamente essencial para a identidade de uma pessoa; é o conjunto de experiências armazenadas em sua mente.
> [...]

---

[33] MEIRA, Fernanda de Melo. *A guarda e a convivência familiar como instrumentos veiculadores de direitos fundamentais*. In: Manual de Direito das Famílias e das Sucessões. Coordenadores Ana Carolina Brochado Teixeira e Gustavo Pereira Leite Ribeiro. 2° ed. Belo Horizonte: Del Rey, 2010, p. 247.

[34] ÁVILA, Gustavo Noronha de. GAUER, Gabriel José Chittó. *"Falsas" Memórias e Processo Penal: (Re)discutindo o papel das testemunhas*. Disponível em: < http://www.uniritter.edu.br/eventos/sepesq/vi_sepesq/arquivosPDF/27981/2405/com_identificacao/sepesq-com-identificacao.pdf>. Acesso em 15.03.2015.

Falsas memórias são aquelas que têm, relação ao fato de ser uma crença de que um fato aconteceu sem realmente ter ocorrido. Essas recordações são muito subjetivas e possuem informações idiossincráticas da pessoa, isto é, cada indivíduo tem a sua própria maneira de ver, sentir e reagir a cada acontecimento.[35]

Assim o filho acaba perdendo a capacidade de diferenciar as situações verdadeiras, daquelas que foram inseridas em sua mente, até o próprio alienador, diante de tamanha repetição, não consegue distinguir a diferença entre a verdade e a mentira. O filho passa a conviver com falsos personagens de uma falsa existência, caracterizando, assim, as falsas memórias.[36]

O alienador não hesitará em utilizar os artifícios mais promíscuos para atingir seus objetivos, inclusive a acusação de abuso sexual praticado pelo genitor alienado contra a criança. Este tipo de acusação, sendo falsa, é a forma mais grave de alienação possível, por sua eficácia de objetivo, pois diante desta acusação o juiz de imediato poderá suspender a visitação, o que facilita o rompimento do vínculo afetivo entre o filho com o genitor acusado.[37]

Segundo Marinho Beatrice Paulo:

[...] sejam as acusações falsas ou verdadeiras, a criança já é vítima de abuso! Sendo verdadeiras, é vítima de abuso sexual intrafamiliar, perpetrado pelo genitor que não detém a guarda, e sofrerá as consequências devastadoras que esse tipo de abuso acarreta. Sendo falsa, ela é vítima de abuso emocional, perpetrado pelo genitor alienado como instrumento do abuso, e terá a mesma probabilidade de desenvolver problemas e sintomas gerados pelo abuso sexual incestogênico real.[38]

Para Maria Berenice Dias, independentemente de a acusação de abuso sexual ser verdadeira ou falsa, a criança torna-se vítima de abuso, e certamente sofrerá consequências profundas na fase adulta, pois ao se dar conta de que foi cúmplice de uma grande injustiça sofrerá uma crise de lealdade e grande sentimento de culpa.[39]

4.1. O laudo pericial e sua efetividade

A criança, quando inserida nesse mundo fantasioso e cheio de mentiras, começa a demonstrar sinais que caracterizam o processo de Alienação Parental. Esses sintomas quando manifestados se tornam cruciais para a identificação da alienação dentro de um processo de separação, pois é através da denúncia destes sintomas que o Juiz tomará conhecimento do que de fato está acontecendo. Para a identificação destes sinais, são necessárias habilidades profissionais

---

[35] VELLY, Ana Maria Frota. *A Síndrome de alienação parental*: uma visão jurídica e psicológica. Síntese Direito de Família, São Paulo, ano 12, n. 62, p. 23-29, out./nov. 2010, p. 26.

[36] DIAS, op. cit., p. 474.

[37] ROCHA, Mônica Jardim Rocha. *Alienação Parental: a mais grave forma de abuso emocional*. In: Psicologia na prática jurídica/coordenadora Beatrice Marinho Paulo. 2.ed. São Paulo: Saraiva, 2012, p. 63.

[38] PAULO, Beatrice Marinho. Como o leão da montanha. *Revista do Ministério Público*. Rio de Janeiro: MPRJ, n. 37, jul./set. 2010, p. 29-39.

[39] DIAS, op.cit. p. 475.

para realização de um estudo aprofundado a fim de constatar os eventuais abusos que a criança pode estar sofrendo.[40]

Conforme prevê o artigo 5° da Lei 12.318/2010: "Havendo indicio da prática de ato de alienação parental, em ação autônoma ou incidental, o juiz se necessário determinará perícia psicológica ou biopsicossocial".

A lei menciona a perícia psicológica, cuja finalidade é a avaliação da integridade psíquica da criança e averiguação dos danos causados na mesma e a pericia biopsicossocial, que se concretiza na perquirição do relacionamento da criança com os genitores, as famílias destes, o meio em que vive, para se verificar o comprometimento na convivência social do menor causado pelo processo alienador.[41]

Para Ana Carolina Brochado e Renata de Lima Rodrigues, o principal objetivo da perícia psicológica é:

[...] a elaboração de laudo capaz de relatar o que fato vem acontecendo com a criança, e se de fato a alienação denunciada vem ocorrendo, pois em virtude da necessidade de capacitação profissional na área da psicologia e de serviços sociais, o magistrado não tem condições técnicas de identificar esses aspectos.[42]

Assim, a participação da equipe multidisciplinar é fundamental para elaborar um laudo conciso acerca da Alienação Parental, bem como para constatar qual a extensão da deterioração da psique infantil.[43] A perícia psicológica irá vislumbrar questões que fogem à objetividade e à estrutura social da família e adentra o subjetivismo humano, essa equipe irá responder diversas questões atinentes ao processo, e todos aqueles que disputam a guarda passaram por essa análise, e não somente a criança.

Para Saidy Karolin Maciel, a perícia psicológica consiste:

Fornecer provas técnicas, que possam subsidiar os juízes na tomada de decisão sobre processos que estão em litígio, onde a tarefa do perito é o informante sobre assuntos específicos
O psicólogo está compromissado com o diagnóstico da saúde mental dos periciados com o reconhecimento das dinâmicas e vínculos por eles estabelecidos.[44]

A equipe multidisciplinar será capaz de distinguir as informações reais contidas na memória da criança, daquelas que foram inseridas em suas mentes ou repetidas diversas vezes até que se tornassem verdades. Nesse contexto é utilizado o chamado Depoimento Sem Dano, que consiste na oitiva de crianças e adolescentes, tomadas por um dos membros da equipe, sendo ele um psicólogo ou assistente social, em uma sala especial, conectada por equipamento de

---

[40] TEIXEIRA, Ana Carolina Brochado e RODRIGUES, Renata de Lima. Alienação parental: aspectos práticos e processuais. Disponível em: <http://civilistica.com/wp-content/uploads/2013/01/Ana-Carolina-Brochadociv.a2.n1.2013-1.pdf>. Acesso em 13/11/2014, às 13:41.

[41] Idem, ibidem.

[42] Idem, ibidem.

[43] Idem, ibidem.

[44] MACIEL, Saidy Karolin. Perícia psicologica e resolução de conflitos familiares. 2002. Dissertação (Mestrado em Psicologia)-UFSC, Florianopólis. Disponível em <HTTP://www.tede.ufsc.br/teses/ppsi0080.pdf>. In: FREITAS, Douglas Phillips. Alienação Parental: comentários à Lei 12.318/2010. 3. ed. Rio de Janeiro: Forense, 2014

vídeo e áudio à sala de audiência, em tempo real, o depoimento fica gravado, constando como prova no processo.[45]

Esse tipo de depoimento é de extrema importância, visto que é feito de forma subjetiva, e a criança nunca é interrogada diretamente com perguntas diretivas. É criado um ambiente de conforto e naturalidade para que quando a criança se sentir bem e confortável diante do profissional ela consiga se manifestar.

Além disso, é essencial que a equipe averigue as palavras ditas pelas crianças, pois principalmente em casos de falso abuso sexual, as crianças possuem um discurso adulto e repetitivo, incompatível com sua idade e quando questionadas mais profundamente sobre os fatos, não conseguem contextualizar o que de fato foi vivenciado e dizer detalhes do suposto abuso. São falas programadas e repetitivas inseridas em sua mente pelo alienador, e devido ao seu estado de formação, não possui capacidade de discernir e passa a acreditar que de fato vivenciou aquela situação.

Com o objetivo de melhor ilustrar a implantação de falsas memórias de abuso sexual, transcreve-se uma experiência profissional vivida por Denise Duarte, que faz parte da equipe do Serviço Social Judiciário do Foro Central da Comarca de Porto Alegre. Os nomes no presente relato são fictícios, muito embora a veracidade do caso:

> Lucila tinha pouco mais de quatro anos quando sua mãe ingressou com uma ação de suspensão de visitar do pai à filha.O processo continha atestados em que médicos afirmavam que, no dia seguinte ao retorno da casa paterna, a menina estava com os genitais irritados, indicando a possibilidade de abuso sexual. A mãe, autora da ação, não acusava o pai de abuso, mas a companheira deste, que teria raspado a pomada de assadura com uma colher, ato este praticado de forma e com intenções libidinosas.A mãe falava com muito rancor da atual companheira do pai, e afirmava que nunca havia confiado nela, tanto que já havia pedido ao pai para que evitasse que a companheira atendesse a menina.O pai estava muito mobilizado, mas se mostrou bastante disponível na avaliação, referindo confiança total na companheira, e relatando que realmente delegava os cuidados de higiene da filha para esta, pois achava que, como a filha estava crescendo, tinha que ser cuidada por uma mulher.Nem o pai, nem a mãe, referiam descontentamento da menina com as visitas à casa paterna, e a creche não observara nenhuma mudança de comportamento na criança após o suposto abuso.A companheira do pai foi entrevistada e relatou que no final de semana do suposto abuso Lucila já havia chegado assada, e ela apenas seguira o tratamento indicado pela mãe.Lucila foi entrevistada a sós por nós, numa sala com brinquedos. Ela aceitou entrar sozinha, aparentava tranqüilidade e espontaneidade, e se comunicava muito bem oralmente.A entrevista centrou-se em suas atividades cotidianas, em casa e na creche, sendo aos poucos introduzido o tema de suas visitas à casa paterna (que estavam suspensas).Lucila fez uma série de referências agradáveis sobre o pai, a companheira deste, e as atividades que faziam juntos, até que, depois de algum tempo, disse que precisava nos contar porque não podia mais ir à casa do pai.A criança fez o mesmo relato da mãe sobre a colher, com palavras bem parecidas.Ao final lhe perguntamos se havia sentido dor, e ela responde negativamente.Perguntamos se a colher era grande ou pequena, e ela não sabia responder, dizendo não ter visto a colher.Perguntamos como sabia que era uma colher, e a resposta foi imediata: "Quando eu cheguei em casa, a minha mãe me contou

---

[45] APASE. Disponível em: <http://sindromealienacaoparental.blogspot.com.br/2012/07/18072012-1844-atualizado-em-18072012_21.html>.Acesso em 13/11/2014.

o que me aconteceu".Ao final da entrevista perguntamos se queria nos dizer algo, disse que não, que já havia dito tudo o que a mãe combinou com ela que deveria ser dito.[46]

Com este caso concreto conseguimos visualizar o posicionamento da criança diante de uma falsa alegação, pois em virtude da sua fragilidade, ela não tem capacidade de sustentar a mentira criada pelo genitor, pois como de fato não vivenciou aquelas experiências negativas, não consegue externar o que aconteceu. Ainda assim, é importante salientar que o caso posto em tela é de um falso abuso sexual, no entanto, como vimos no decorrer deste artigo, a alienação parental é qualquer violência psicológica vivida pela criança em virtude da manipulação de sua memória pelo genitor guardião.

E assim, a perícia psicológica é capaz de constatar outros meios de agressão, através destes mesmos métodos, não sendo exclusivos dos casos de abuso sexual.

Por tanto, o laudo pericial é documento essencial para o perfeito deslinde do processo, visto que cerca de 90% das decisões judiciais acolhem parcial ou totalmente o laudo apresentado pela equipe multidisciplinar, em virtude de que seu entendimento e a realidade trazidos pela perícia são determinantes para o desfecho da lide.[47]

4.2. As consequências da suspensão de visitas em virtude da implantação de falsas memórias

A Alienação Parental, quando denunciada, gera efeitos das relações familiares, pois o Magistrado se vê diante de uma situação extremamente delicada dentro de um processo de separação.

Esse tipo de denúncia, quando levada ao Judiciário, acarreta umas das situações mais delicadas dentro de um processo de separação. O magistrado se vê diante de fatos que são decisivos na vida de uma criança, e qualquer atitude pode prejudicar significativamente o seu desenvolvimento, pois de um lado há o dever do magistrado em fazer cessar essa violação e proteger a criança e de outro lado o receio de que a acusação seja falsa e ele esteja tolhendo o direito a convivência daquele pai que mantinha com seu filho um excelente relacionamento. Em virtude de assegurar a proteção integral da criança, é frequente a decisão de reverter a guarda ou de imediato suspender as visitas, para que assim consiga-se apurar os fatos, afim de elucidar a veracidade da denúncia. Para averiguar isto, o magistrado determina a realização de estudos sociais e psicológicos.[48]

Leciona Maria Berenice Dias, sobre o tema:

O mais doloroso é que o resultado da série de avaliações, testes e entrevistas que se sucedem, as vezes durante anos, acaba não sendo conclusivo. Mais uma vez depara-se o juiz com um dilema:

---

[46] BRUNO, Denise Duarte. *Incesto e alienação parental*: realidades que a justiça insiste em não ver. São Paulo: Revista dos Tribunais, 2007, p.112.

[47] FREITAS, op. cit., p. 76.

[48] DIAS, op. cit., p. 474.

manter ou não as visitas, autorizar somente visitas acompanhadas ou extinguir o poder familiar. Enfim, deve preservar o vínculo de filiação ou condenar o filho à condição de órfão de pai vivo?[49]

Ainda neste sentido, aduz a autora que a identificação dos episódios denunciados requer muita sensibilidade em virtude da dificuldade na constatação, pois é extremamente laborioso reconhecer que se está defronte a esta síndrome e de que esta denúncia possa ter sido feita sob o único objetivo de vingança, como meio de exterminar o relacionamento de um não guardião com o filho. Por isso, é imperioso salientar, a real necessidade da justiça ser capacitada para poder distinguir um excesso de ódio pela ruptura conjugal, a ponto de programar um filho para reproduzir uma denúncia tão gravosa.[50]

Quando a suspensão de visitas é determinada, o alienador cria um sentimento de vitória, acreditando que por ter tido êxito na sua luta para afastar o outro genitor, pois em sua concepção com essa interrupção ele irá punir o ex-cônjuge pelo abandono. Assim o alienador priva o convívio do genitor alienado com o filho prejudicando a relação de ambos e causando sequelas no desenvolvimento psíquico da criança.[51]

Tanto para as alegações de abuso sexual, quanto para qualquer outra acusação que de margem a uma suspensão definitiva de visitas é necessário que o juiz responsável pelo caso observe a real necessidade da suspensão e sempre que possível determine as visitas monitoradas, a fim de evitar um afastamento afetivo entre o genitor alienado e a criança, além de que uma suspensão imediata de vistas sob uma falsa acusação de abuso sexual deixa marcas eternas em uma família.[52]

5. A Lei nº 12.318/2010: análise e reflexões

O advento da Lei 12.318/2010 fez florescer no ordenamento jurídico brasileiro a normatização da proteção psicológica da criança e do adolescente, apresentando recursos mais efetivos para combater a Alienação Parental e a Síndrome dela decorrente, regulamentando situações fáticas recorrentes em nosso ordenamento jurídico e que já eram resolvidas pelo Poder Judiciário.

Desde outubro de 2008 tramitava no Congresso Nacional o Projeto de Lei nº 4.053, que, em 26 de agosto de 2010, se tornou, após, sancionada, na Lei nº 12.318/2010, providência essa que visa garantir o direito fundamental à convivência familiar, regulamentando a alienação parental, teve em sua redação importante influência da psicologia e seus elementos técnicos a fim de contextualizar um instrumento com disciplina própria, para viabilizar a atuação do Estado em casos de abusos psicológicos.[53]

---

[49] DIAS, op. cit., p. 474.

[50] DIAS, op. cit., p. 475.

[51] ROCHA, Mônica Jardim Rocha. Alienação Parental: a mais grave forma de abuso emocional. In: *Psicologia na prática jurídica/coordenadora* Beatrice Marinho Paulo. 2.ed. São Paulo: Saraiva, 2012, p. 63.

[52] ROCHA, op.cit. p. 64.

[53] PAIVA, Sandra Lúcia de Souza. *Síndrome da Alienação parental:* Implicações jurídicas frente ao cônjuge alienante. Disponível em <http://www.facol.com/intellectus/textos-onograficos/sandra/Artigo- Completo-Sandra-Lucia.pdf>. Acesso em 21 out 2014.

Para Ana Caroline Carpes Madaleno:

A Lei 12.318/2010 está intimamente relacionada com o melhor interesse da criança e do adolescente, cujas necessidades fundamentais, dentre elas o sagrado direito à saudável convivência com ambos os genitores, precisam ser prioritariamente asseguradas com a tomada preventiva de alguma das diferentes medidas judiciais descritas no texto legal, em prol dos transcendentes interesses da criança e do adolescente, sempre tão vulneráveis à prática criminosa da alienação parental.[54]

A Lei da Alienação Parental representa um marco histórico na legislação Brasileira, buscando combater com eficácia à síndrome da Alienação Parental, o que nos convida a sua análise detalhada.

A lei, em seu artigo 2º,[55] é exemplificativa, tanto para o conceito, quanto para as hipóteses e sujeito que pode incorrer na prática, pois não se limitou somente aos genitores, ampliando o conceito para todos aqueles que estejam com a guarda da criança ou próximos e que abusem de sua condição de autoridade parental. A Lei também protege avós, tios e demais parentes que sofram com a alienação praticada pelos genitores, em virtude do direito pleno de convivência. Ainda assim, no parágrafo único do artigo 2º arrola diversas condutas que revelam a existência da alienação, esse rol é exemplificativo, pois existem outras formas de obstrução da convivência do menor com o genitor que poderão ser identificadas através de perícia técnica.[56]

As principais vítimas da Alienação Parental são as crianças e os adolescentes, por tal motivo a lei se preocupou, em seu artigo 3º,[57] com a afetação psicológica dos menores, especialmente, por configurar ato ilícito e configurar abuso moral ferindo o direito fundamental à convivência familiar saudável, configurando ato ilícito.[58]

Já o artigo 4º[59] confere ao Magistrado, no curso do processo, em ação autônoma ou incidental, o poder-dever de a qualquer momento processual,

---

[54] MADALENO, op. cit.

[55] Art. 2º Considera-se ato de alienação parental a interferência na formação psicológica da criança ou do adolescente promovida ou induzida por um dos genitores, pelos avós ou pelos que tenham a criança ou adolescente sob a sua autoridade, guarda ou vigilância para que repudie genitor ou que cause prejuízo ao estabelecimento ou à manutenção de vínculos com este. Parágrafo único. São formas exemplificativas de alienação parental, além dos atos assim declarados pelo juiz ou constatados por perícia, praticados diretamente ou com auxílio de terceiros: I – realizar campanha de desqualificação da conduta do genitor no exercício da paternidade ou maternidade; II – dificultar o exercício da autoridade parental; III – dificultar contato de criança ou adolescente com genitor; IV – dificultar o exercício do direito regulamentado de convivência familiar; V – omitir deliberadamente a genitor informações pessoais relevantes sobre a criança ou adolescente, inclusive escolares, médicas e alterações de endereço; VI – apresentar falsa denúncia contra genitor, contra familiares deste ou contra avós, para obstar ou dificultar a convivência deles com a criança ou adolescente; VII – mudar o domicílio para local distante, sem justificativa, visando a dificultar a convivência da criança ou adolescente com o outro genitor, com familiares deste ou com avós.

[56] FREITAS, op. cit. p. 36.

[57] Art. 3º A prática de ato de alienação parental fere direito fundamental da criança ou do adolescente de convivência familiar saudável, prejudica a realização de afeto nas relações com genitor e com o grupo familiar, constitui abuso moral contra a criança ou o adolescente e descumprimento dos deveres inerentes à autoridade parental ou decorrentes de tutela ou guarda.

[58] FREITAS, op. cit. p. 63.

[59] Art. 4º Declarado indício de ato de alienação parental, a requerimento ou de ofício, em qualquer momento processual, em ação autônoma ou incidentalmente, o processo terá tramitação prioritária, e o juiz determinará, com urgência, ouvido o Ministério Público, as medidas provisórias necessárias para preservação da integridade psicológica da criança ou do adolescente, inclusive para assegurar sua convivência com genitor

por requerimento ou de oficio, ouvido o representante do Ministério Público, quando identificar indícios de alienação parental tomar medidas acautelatórias que assegurem os direitos do menor e em defesa do genitor alienado, além da tramitação preferencial do processo.[60]

No parágrafo único do artigo 4° é apresentada uma situação importantíssima, que foi amplamente tratada neste artigo, visto que a redação sugere que se mantenha a convivência assistida entre o genitor acusado e a suposta vítima até que se conclua a investigação da veracidade da denúncia, ressalvadas as hipóteses de risco iminente. Nesses casos sugere-se, examinando-se a situação concreta, um período de convivência assistida, pois nessa hipótese, sendo a denúncia falsa, teria o alienador alcançado seu objetivo, pois para ele o ponto crucial não é o bem estar da criança e sim seu desejo incansável de vingança e afastamento.

No § 1° do artigo 5°[61] são estabelecidos os parâmetros legais para a elaboração e garantia da consistência do laudo médico de perícia psicológica ou biopsicossocial, a ser realizado por psicólogo especializado ou equipe multidisciplinar devidamente habilitados.

Verificada a ocorrência da alienação parental, o juiz poderá se valer das medidas previstas nos incisos do artigo 6°,[62] que vão da imposição de multa ao alienador até a suspensão da autoridade parental.

A lei dispõe de forma expressa em seu artigo 7°[63] quanto à indicação preferencial da guarda dos filhos, dando-se preferência ao genitor que não obsta-

---

ou viabilizar a efetiva reaproximação entre ambos, se for o caso. Parágrafo único. Assegurar-se-á à criança ou adolescente e ao genitor garantia mínima de visitação assistida, ressalvados os casos em que há iminente risco de prejuízo à integridade física ou psicológica da criança ou do adolescente, atestado por profissional eventualmente designado pelo juiz para acompanhamento das visitas.

[60] FREITAS, op. cit., p. 38.

[61] Art. 5° Havendo indício da prática de ato de alienação parental, em ação autônoma ou incidental, o juiz, se necessário, determinará perícia psicológica ou biopsicossocial. § 1° O laudo pericial terá base em ampla avaliação psicológica ou biopsicossocial, conforme o caso, compreendendo, inclusive, entrevista pessoal com as partes, exame de documentos dos autos, histórico do relacionamento do casal e da separação, cronologia de incidentes, avaliação da personalidade dos envolvidos e exame da forma como a criança ou adolescente se manifesta acerca de eventual acusação contra genitor. § 2° A perícia será realizada por profissional ou equipe multidisciplinar habilitados, exigido, em qualquer caso, aptidão comprovada por histórico profissional ou acadêmico para diagnosticar atos de alienação parental. § 3° O perito ou equipe multidisciplinar designada para verificar a ocorrência de alienação parental terá prazo de 90 (noventa) dias para apresentação do laudo, prorrogável exclusivamente por autorização judicial baseada em justificativa circunstanciada.

[62] Art. 6° Caracterizados atos típicos de alienação parental ou qualquer conduta que dificulte a convivência de criança ou adolescente com genitor, em ação autônoma ou incidental, o juiz poderá, cumulativamente ou não, sem prejuízo da decorrente responsabilidade civil ou criminal e da ampla utilização de instrumentos processuais aptos a inibir ou atenuar seus efeitos, segundo a gravidade do caso: I – declarar a ocorrência de alienação parental e advertir o alienador; II – ampliar o regime de convivência familiar em favor do genitor alienado; III – estipular multa ao alienador; IV – determinar acompanhamento psicológico e/ou biopsicossocial; V – determinar a alteração da guarda para guarda compartilhada ou sua inversão; VI – determinar a fixação cautelar do domicílio da criança ou adolescente; VII – declarar a suspensão da autoridade parental. Parágrafo único. Caracterizado mudança abusiva de endereço, inviabilização ou obstrução à convivência familiar, o juiz também poderá inverter a obrigação de levar para ou retirar a criança ou adolescente da residência do genitor, por ocasião das alternâncias dos períodos de convivência familiar.

[63] Art. 7° A atribuição ou alteração da guarda dar-se-á por preferência ao genitor que viabiliza a efetiva convivência da criança ou adolescente com o outro genitor nas hipóteses em que seja inviável a guarda compartilhada.

culiza a efetiva convivência do filho com o outro genitor nas hipóteses em que tome inviável a guarda compartilhada.

O artigo 8º[64] trata do foro competente para as ações fundadas em direito de convivência familiar. E por fim, os artigos 9º e 10º da lei foram vetados conforme esclarecido pelos fatos e fundamentos expostos, onde os dispositivos que dispunham sobre Mediação, e o Falso Relato, feriam tanto o disposto no art. 227 da Constituição Federal, quanto aos trazidos no ECA.[65]

Outro veto importante, mas que foi efetuado pela própria Câmara, refere quanto à rejeição da proposta de criminalização da Alienação Parental. A proposta da criminalização surgiu da Comissão de Seguridade Social e Família, e não do Projeto de Lei, assim sua previsão era que impedimento ou obstrução ilegal do contato do menor com o genitor alienado constituiria crime, ou seja, criminalizando a prática da Alienação Parental.[66]

Importante frisar que qualquer um dos atos elencados fere o direito fundamental da criança e do adolescente a um convívio familiar saudável, constituindo um abuso moral contra esses, representando o descumprimento dos deveres inerentes ao poder familiar, atingindo também o genitor alienado.[67]

6. Conclusões

Os filhos têm direito à convivência parental, e têm a necessidade inata de afeto do seu pai e da sua mãe, uma vez que cada um dos genitores tem uma função particular no desenvolvimento da estrutura psíquica dos seus filhos.[68]

A (nova) família constitui (ou deveria constituir) uma expansão dessas pessoas, pois o reconhecer-se como pessoa humana impõe uma conectividade com o reconhecimento da família.

É o amor que molda a estrutura psíquica da prole e que é construída no cotidiano e na intimidade dos relacionamentos, sendo favorecido pela unidade afetiva dos genitores, pois é cediço que a separação, mesmo as resolvidas na forma amigável, gera para os filhos dolorosas mudanças.

A alienação parental inicia-se, especialmente, quando as relações parentais são rompidas, ao cônjuge a quem é atribuída à guarda unilateral dos filhos (cônjuge guardião), muitas vezes praticante da autoridade parental, sem prejuízo de mecanismos de controle sobre a educação dos filhos por parte do outro (cônjuge visitante), destituído do respectivo exercício.

---

[64] Art. 8º A alteração de domicílio da criança ou adolescente é irrelevante para a determinação da competência relacionada às ações fundadas em direito de convivência familiar, salvo se decorrente de consenso entre os genitores ou de decisão judicial.

[65] SOUZA, Davi Creardo Almeida, CAMPOS, Sara Fernandes de Oliveira. *Alienação Parental*. Disponível em <http://www.revistas.unifacs.br/index.php/redu/article/view/1470/1152> Acesso em 13/11/2014.

[66] Idem, ibidem.

[67] LIMA, Angela de Souza Guerreiro. *Alienação Parental*. Disponível em <http://www.emerj.tjrj.jus.br/paginas/trabalhos_conclusao/2semestre2010/trabalhos_22010/angelalima.pdf> Acesso em 13/11/2014.

[68] LAURIA, Flávio Guimarães. *Regulamentação de visitas e o princípio do melhor interesse da criança*. 2. ed. Rio de Janeiro: Lumen Juris, 2003.

É nesse contexto que surge a alienação parental, esse terrível jogo de manipulações, quando um dos cônjuges não consegue elaborar satisfatoriamente a ruptura da relação conjugal e utiliza-se dos filhos como instrumento de agressividade.

A Alienação Parental é um tema, infelizmente, recorrente nas relações familiares e seus danos são devastadores, porém só recebeu atenção acadêmica, tanto na área da psicologia como jurídica há poucos anos.

O pai (ou mãe) alienador, valendo-se dos sentimentos mais obscuros, utiliza-se do filho como uma ponte para alcançar seu objetivo de vingança, indicando total ausência de estrutura psicológica de base. A criança ou adolescente vítima deste abuso se vê diante de uma situação que escapa a sua capacidade de discernimento e acaba convencido pelo genitor alienante que todos aqueles fatos mentirosos e terríveis realmente foram praticados pelo não guardião, ferindo assim, as suas melhores lembranças em relação aquele pai ou mãe, cujo convívio não mais é permitido.

A Constituição Federal e o Estatuto da Criança e do Adolescente são taxativos em relação aos direitos e garantias das crianças e dos adolescentes, colocando-os em posição prioritária, uma vez que são pessoas em desenvolvimento e necessitam crescer em um ambiente familiar sadio, pois esse é a base da construção da idoneidade e do caráter do ser humano.

Afirma-se que a "alienação parental" representa a prática de atos de alienação propriamente ditos e, via de regra, surge de uma disputa de guarda mal conduzida pelos genitores nos processos de rupturas conjugais, a "Síndrome da Alienação Parental – SAP" é a decorrência imediata dos sintomas sistêmicos em todas as vítimas envolvidas.

Assim sendo, é imperioso salientar a extrema necessidade de observar o regime de guarda aplicado nos casos de ruptura conjugal, pois é fato incontroverso que a guarda unilateral tende a facilitar o processo de alienação parental, assim como a guarda compartilhada, é a que melhor coíbe tais práticas, até mesmo banindo-as completamente das relações familiares.

Nesse compasso a implantação de falsas memórias relacionadas a diversos fatos relacionados à alienação parental, em especial, a acusação de abuso sexual macula a honra do acusado da pior forma possível, pois a sociedade vincula sua imagem à de um abusador, o que acarreta repudio geral. Além disso, o acusado fica privado de conviver com o próprio filho e desarmado diante da justiça. Por outro viés, o filho vê a imagem de seu genitor denegrida por acusações que ele mesmo fez, ainda que inconscientemente, manipulado pelo outro genitor.

Assim sendo, a alienação parental é um fato que suplica por estudo pelos operadores do Direito, bem como de profundo exame pelas equipes multidisciplinares ao analisarem os casos e elaborarem os laudos a fim de tornarem eficazes a Lei 12.318/2010, garantindo os direitos das crianças como pessoas em desenvolvimento e o bem sucedido deslinde do litígio familiar.

7. Referências

ÁVILA, Gustavo Noronha de. GAUER, Gabriel José Chittó. *"Falsas" Memórias e Processo Penal: (Re)discutindo o papel da testemunhas.* Disponível em: <http://www.uniritter.edu.br/eventos/sepesq/vi_sepesq/arquivosPDF/27981/2405/com_identificacao/sepesq-com-identificacao.pdf>. Acesso em 15.03.2015.

ABBAD, Roosevelt. *Quem ganha leva tudo ou guarda compartilhada?* Disponível em: <http://rooseveltcarlos.jusbrasil.com.br/artigos/142004184/quem-ganha-leva-tudo-ou-guarda-compartilhada?ref=topic_feed>. Acesso em 13/11/2014

BRASIL. Constituição (1988). *Constituição da República Federativa do Brasil.* Brasília, DF, Senado, 1988.

——. *Código Civil.* Disponível em: <http://www.planalto.gov.br/ccivil_03/leis/2002/l10406.htm>. Acesso em: 14/11/2014.

——. *Lei n. 12.318 de 26 de Agosto de 2010.* Dispõe sobre a alienação parental e altera o art. 236 da Lei no 8.069, de 13 de julho de 1990. Disponível em: <http://www.planalto.gov.br/ccivil_03/_Ato2007-2010/2010/Lei/L12318.htm>. Acesso em: 13/11/2014.

——. *Lei nº 11.698, de 13 de Junho de 2008.* Altera os arts. 1.583 e 1.584 da Lei no 10.406, de 10 de janeiro de 2002 – Código Civil, para instituir e disciplinar a guarda compartilhada. Disponível em: <http://www.planalto.gov.br/ccivil_03/_Ato2007-2010/2008/Lei/L11698.htm>. Acesso em: 14/11/2014.

BRASÍLIA. Senado Federal. *Projeto de Lei da Câmara, nº 117 de 2013.* Altera os arts. 1.583, 1.584, 1.585 e 1.634 da Lei nº 10.406, de 10 de janeiro de 2002 – Código Civil, para estabelecer o significado da expressão "guarda compartilhada" e dispor sobre sua aplicação. Disponível em: <http://www.senado.gov.br/atividade/materia/detalhes.asp?p_cod_mate=115668>. Acesso em 13/11/2014.

——. *Lei nº 8.069, de 13 de Julho de 1990.* Disponível em: <http://www.planalto.gov.br/ccivil_03/leis/l8069.htm>. Acesso em: 14/11/2014.

BOECHAT CABRAL, Hildeliza Lacerda Tinoco; MAGRO DIAS, Maria Pricila. *Alienação parental: quando a implantação de falsas memórias decorre do exercício abusivo da guarda.* Disponível em: < http://ambito-juridico.com.br/site/?n_link=revista_artigos_leitura&artigo_id=13352&revista_caderno=14>. Acesso em 16/03/2015.

BRITO, Leila Maria Torraca de; SOUZA, Analicia Martins de. *Algumas questões para o debate sobre Síndrome da alienação parental.* Revista Brasileira de Direito das Famílias e das Sucessões. Porto Alegre: Magister; Belo Horizonte: IBDFAM, 2010, ano XII, nº 16, jun./jul.

BRUNO, Denise Duarte. Incesto e alienação parental: realidades que a justiça insiste em não ver. São Paulo: Revista dos Tribunais, 2007,

CAHALI, Yussef Said. *Divórcio e separação.* 11. ed. ver. ampl. e atual. de acordo com o Código Civil de 2002. São Paulo: RT, 2005

DIAS, Maria Berenice. *Manual das Famílias.* 9. ed.rev. atual e ampl. De acordo com: Lei 12.344/2010 (regime obrigatório de bens): Lei 12.398/2011 (direito de visit. dos avós). São Paulo: Revista dos Tribunais, 2013.

FONTELES,Celina Tamara Alves. *A guarda compartilhada: um instrumento para inibir a síndrome da alienação parental.* Disponível em: <http://jus.com.br/artigos/27631/a-guarda-compartilhada-um-instrumento-para-inibir-a-sindrome-da-alienacao-parental#ixzz3IxdulTed>. Acesso em: 13/11/2014.

FREITAS, Douglas Phillips. *Alienação Parental: comentários à Lei 12.318/2010.* 3. Ed. rev. Atual. E ampl. – Rio de Janeiro: Forense, 2014, p. 22.

——. *Reflexos da Lei de Alienação Parental (Lei n. 12.318/2010).* Síntese Direito de Família, São Paulo, ano 12, n. 62-Out./Nov. 2010.

GARDNER, Richard A. M.D. *O DSM-IV tem equivalente para diagnostico de Síndrome de Alienação Parental (SAP)?.* Traduzido por Rita Rafaeli. Disponível em <HTTP://www.alienacaoparental.com.br/textos-sobre-sap-1o-dms-tem-equivalente>. Acesso em 13/11/2014.

LAURIA, Flávio Guimarães. *Regulamentação de visitas e o princípio do melhor interesse da criança.* 2. ed. Rio de Janeiro: Editora Lumen Juris, 2003.

LIMA, Angela de Souza Guerreiro. *Alienação Parental.* Disponível em <http://www.emerj.tjrj.jus.br/paginas/trabalhos_conclusao/2semestre2010/trabalhos_22010/angelalima.pdf> Acesso em 13/11/2014.

MADALENO, Ana Carolina Carpes. Síndrome da Alienação Parental: a importância de sua detecção com seus aspectos legais e processuais. 2. ed. Rio de Janeiro: [s.e], 2014.

MARTINS, Maria das Graças Teles. *A síndrome de alienação parental [SAP]: Consequências Psicológicas.* Disponível em: <http://psygracamartins2012.blogspot.com.br/2012/09/a-sindrome-de-alienacao-parental-sap.html>. Acesso em: 13/10/2014.

MEIRA, Fernanda de Melo. A guarda e a convivência familiar como instrumentos veiculadores de direitos fundamentais. In: *Manual de Direito das Familias e das Sucessões.* Coordenadores Ana Carolina Brochado Teixeira e Gustavo Pereira Leite Ribeiro. 2. ed. Belo Horizonte: Del Rey, 2010.

PAIVA, Sandra Lúcia de Souza. *Síndrome da Alienação parental: Implicações jurídicas frente ao cônjuge alienante.* Disponível em <http://www.facol.com/intellectus/textos-monograficos/sandra/Artigo-Completo-Sandra-Lucia.pdf> Acesso em 21/10/ 2014.

PAULO, Beatrice Marinho. *Como o leão da montanha.* Revista do Ministério Público. Rio de Janeiro: MPRJ, n. 37, jul./set. 2010.

PINTO, Juliana Mezzaroba Tomazoni de Almeida. Síndrome da Alienação Parental: a implantação de falsas memórias em desrespeito à condição peculiar de pessoa em desenvolvimento. Disponivel em: <http://jus.com.br/artigos/20813/sindrome-da-alienacao-parental-a-implantacao-de-falsas-memorias-em-des-respeito-a-condicao-peculiar-de-pessoa-em-desenvolvimento#ixzz3IuiaRzCE>. Acesso em 13/11/2014.

QUINTAS, Maria Manoela Rocha de Albuquerque. *Guarda Compartilhada.* São Paulo: Forense, 2009.

RIZZARDO, Arnaldo. *Direito de Familia: Lei n° 10.406 de 10/01/2002.* Rio de janeiro: Forense, 2005.

ROCHA, Mônica Jardim. *Alienação Parental: a mais grave forma de abuso emocional. In: Psicologia na prática jurídica.* Coord. Beatrice Marinho Paulo. 2.ed. São Paulo: Saraiva, 2012.

SILVA, Daniel Alt Silva da. A Vigência da Lei n° 12.318/2010: Uma Providência a garantir o direito fundamental à convivência familiar. In: *O papel de cada um nos conflitos familiares e sucessórios.* Org. Conrado Paulino da Rosa, Liane Maria Busnello Thomé. Porto Alegre: IBDFAM/RS, 2014, p. 376-385.

SOUZA, Davi Creardo Almeida; CAMPOS, Sara Fernandes de Oliveira. *Alienação Parental.* Disponível em <http://www.revistas.unifacs.br/index.php/redu/article/view/1470/1152> Acesso em 13/11/2014.

TEIXEIRA, Ana Carolina Brochado e RODRIGUES, Renata de Lima. *Alienação parental: aspectos práticos e processuais.* Disponível em: <http://civilistica.com/wp-content/uploads/2013/01/Ana-Carolina-Bro-chadociv.a2.n1.2013-1.pdf>. Acesso em

TRINDADE, Jorge. *Manual de psicologia jurídica para operadores do direito.* 5. ed. Porto Alegre: Livraria do Advogado, 2011.

VELLY, Ana Maria Frota. *A Síndrome de alienação parental: uma visão jurídica e psicológica.* Síntese Direito de Família, São Paulo, ano 12, n. 62, p. 23-29, Out./Nov. 2010.

— 5 —

Uma moradia digna para os idosos

CAROLINE MORAIS KUNZLER[1]

SUMÁRIO: 1. A moradia e a dignidade; 2. O idoso que mora sozinho; 3. O idoso que mora com a família; 4. O idoso que mora numa instituição de longa permanência para idosos; 5. O idoso que mora na república; 6. O papel do Estado e da sociedade para eficácia do direito de moradia; 7. Referências.

1. A moradia e a dignidade

O aumento do número de idosos é um fenômeno mundial reconhecido pela Organização das Nações Unidas (ONU) que considerou o período, de 1975 a 2025, como a "Era do Envelhecimento".[2] Uma a cada dez pessoas no mundo tem 60 anos de idade ou mais, conforme o Instituto Brasileiro de Geografia e Estatística.[3] "O Brasil é um país jovem, de cabelos brancos".[4] Estima-se que o Brasil, em 2020, será o sexto país no *ranking* mundial em quantidade de idosos, com cerca de 30 milhões deles.[5]

Consequentemente, a demanda por temáticas de interesse dos idosos é uma realidade atual e que tende a aumentar. Dentre estas temáticas, encontra-se a da moradia de milhões de idosos. Mas, ainda que o número de idosos não fosse expressivo, a preocupação com a moradia continuaria em voga, pois, mais cedo ou mais tarde, todos terão que enfrentá-la, importando, mesmo que de forma indireta, também para jovens e adultos.

A temática da moradia dos idosos é importante não apenas pelo número de interessados ou pela quantidade de moradias ocupadas por idosos, no Brasil e no mundo, mas também pelo viés qualitativo. Neste sentido, buscamos

---

[1] Advogada. Professora da disciplina de Fundamentos das Ciências Sociais da Estácio do Rio Grande do Sul. Mestre em Ciências Sociais pela PUCRS. Membro da Comissão Especial de Direito Urbano e Planejamento Urbano da OAB/RS.

[2] MINAYO, M. C.S. Visão Antropológica do envelhecimento humano. In: *Velhices: reflexões contemporâneas.* São Paulo: SESC: PUC, 2006.

[3] BRASIL. Ministério do Planejamento, Orçamento e Gestão. Instituto Brasileiro de Geografia e Estatística. *Censo demográfico 2010.* Disponível em: http://www.ibge.gov.br/home/estatística/população/censo2010/default.shtm. Acesso em: 19 nov. 2013.

[4] VERAS, R. *País jovem com cabelos brancos: saúde do idoso no Brasil.* Rio de Janeiro, Relume Dumará, 1995.

[5] CARVALHO, J.A.M. e GARCIA, R.A. *O envelhecimento da população brasileira: um enfoque demográfico.* Cad. Saúde Pública. 2003.

INQUIETAÇÕES SOBRE DIREITOS FUNDAMENTAIS

investigar cada tipo de moradia, quais características que apresenta, em que medida pode trazer bem-estar ao idoso e, em última análise, de que forma pode concretizar a dignidade humana.

Cabe ressaltar que uma moradia digna não se resume a ter um teto para morar, pois se assim fosse, apenas os números seriam suficientes para contentar os anseios da sociedade. É preciso identificar o que significa, para o idoso, uma moradia digna e de que maneiras ela existe na prática, servindo os resultados como uma espécie de guia para a importante decisão de onde morar na velhice, ou ainda, para constituir uma referência para manutenção ou melhoramento das condições de moradia pela sociedade, bem como num estímulo para novas políticas públicas habitacionais voltadas para satisfação do idoso, a exemplo da república de idosos.

Moradia, de acordo com o dicionário Aurélio, significa lugar onde se mora ou habita, habitação, morada, casa. Numa visão mais poética, Bachelard[6] diz que "a casa é o nosso canto no mundo". A acepção ampla da palavra moradia permite afirmar que "ela é muito mais que o lugar do abrigo, é lugar de constituição de vida, revelando-se em múltiplas dimensões".[7] Para Garcia,[8] a habitação "atende a uma necessidade instintiva do ser humano, diante da natureza ou da 'selva da cidade' e caracteriza-se como refúgio que influencia a saúde psíquica do homem". Há, inclusive, quem a considere como parte da identidade do sujeito:

> A casa é referência de origem, relações familiares e comunitárias. Lugar de trocas, segurança, estabilidade e auto-reconhecimento, que coloca o sujeito em um tempo e espaço.[9]

A moradia também pode ser vista como um direito, essencial à dignidade da pessoa humana[10] O direito à moradia faz parte da Declaração Universal dos Direitos Humanos e recebe o *status* de direito fundamental na nossa Constituição Federal, além de estar previsto em outras normas internacionais e nacionais, constituindo-se num dos meios de efetivação da dignidade humana, fim último que se quer alcançar ou proteger.

Todavia, nem toda moradia é capaz de proporcionar dignidade ao homem. De acordo com Sarlet[11] "é na realidade concreta de quem mora e onde mora que se pode aferir a compatibilidade da moradia com uma existência digna". Na sociedade brasileira, existem muitas moradias indignas. É o caso das pessoas que moram em barracos nas favelas, sobre palafitas, em encostas de morros ameaçados de desmoronamento. Algumas legislações adicionam

---

[6] BACHELARD, G. *A Poética do Espaço*. São Paulo: Martins Editora, 2008.

[7] PENZIM, A.M.B. *Habitação social e modos de vida: narrativas sobre a casa e o morar*. Dissertação de mestrado. Belo Horizonte: PUCMG, 2001.

[8] GARCIA, M. A cidade e o direito à habitação – Normas programáticas na Constituição Federal. In: *Revista de Direito Constitucional e Internacional*, n° 61, out-dez. São Paulo: Revista dos Tribunais, 2007.

[9] SILVA, A.C. L. *et al.* Sensações do morar e a concretização para idosos egressos de um albergue. In: *Caderno Temático Kairós Gerontologia*. São Paulo, n° 8, 2010.

[10] DUTRA, C.M.B. Direito real de habitação. In: *Revista autônoma de direito privado*. n° 3. Curitiba: Juruá, 2008.

[11] SARLET, I.W. O Direito Fundamental à Moradia na Constituição: Algumas Anotações a Respeito de seu Contexto, Conteúdo e Possível Eficácia In: *Direito e democracia – Revista de Ciências Jurídicas* – ULBRA Vol. 4 – Número 2, 2003.

adjetivos ao direito de moradia, como por exemplo, o Pacto Internacional dos Direitos Sociais, Econômicos e Culturais, de 1966, que prevê o direito à moradia "adequada", e a constituição da Bélgica, que prevê o direito à moradia "decente". "Não obstante a ausência de qualificação do termo no texto constitucional brasileiro, é certo que disso não decorre a possibilidade de uma exegese que considere a consagração de um direito a uma *moradia* 'não adequada'".[12] Seria absurdo supor que a falta de um adjetivo à palavra moradia, permitisse considerar qualquer moradia como efetivação do direito. De resto, quanto ao significado de moradia adequada Facchini[13] adverte:

> Em todo o caso o direito humano e fundamental à moradia adequada não pode ser reduzido a um simples espaço onde viver. Moradia adequada significa um lugar onde alguém pode se instalar, com segurança, iluminação, ventilação, infraestrutura e serviços básicos essenciais. Moradia adequada é um todo contínuo entre a comunidade, a natureza e a cultura, derivado da necessidade de habitar um lugar com segurança e dignidade.

No tocante à moradia do idoso, o direito à moradia vem acompanhado do adjetivo "digna", conforme dispõe o *art. 37 do* Estatuto do Idoso:[14]

> Art. 37. O idoso tem direito à moradia digna, no seio da família natural ou substituta, ou desacompanhado de seus familiares, quando assim o desejar, ou ainda em instituição pública ou privada.

Deste dispositivo legal inferem-se três tipos de moradia, podendo o idoso morar sozinho, com a família ou numa instituição de longa permanência para idosos. A moradia numa república de idosos deve ser acrescentada a este rol, em que pese a omissão da norma. Seja qual for o lugar, ao idoso deve ser garantida a dignidade. A sociologia do direito viabiliza constatar os contornos reais desta dignidade, para além da letra fria da lei.

2. O idoso que mora sozinho

Segundo dados do IBGE,[15] é nas Regiões Sul e Sudeste do Brasil onde se encontra a maior porcentagem de idosos morando sozinhos, 52% e 50%, respectivamente.

Entretanto, algumas famílias são refratárias à ideia do idoso morar sozinho, pois têm medo de que acidentes domésticos aconteçam ou de que o idoso não vai saber se cuidar, esquecendo-se de tomar seus remédios ou de trancar a porta de casa, por exemplo. Beauvoir,[16] na obra clássica "A velhice", escreve sobre uma "conspiração silenciosa" na sociedade que permite ao idoso morar apenas com a família ou numa instituição.

---

[12] FACCHINI, N. M. *Direitos fundamentais e direito à moradia: harmonização de conflitos à luz do princípio da proporcionalidade.* 2009. 242f. Mestrado (Mestrado em Direito) – Faculdade de Direito, Pontifícia Universidade Católica do Rio Grande do Sul, Porto Alegre, 2009.

[13] FACCHINI, N. M., op. cit., p. 15.

[14] BRASIL. *Lei n. 10.741, de 1º de outubro de 2003.* Dispõe sobre o Estatuto do Idoso e dá outras providências. 51. ed. São Paulo: Saraiva, 2013 (Coleção saraiva de legislação).

[15] BRASIL. Ministério do Planejamento, Orçamento e Gestão. Instituto Brasileiro de Geografia e Estatística. *Censo demográfico 2010.* Disponível em: <http://www.ibge.gov.br/home/estatística/população/censo2010/default.shtm>. Acesso em: 19 nov. 2013.

[16] BEAUVOIR, S. *A velhice.* Rio de janeiro: Nova Fronteira, 1990.

Então, a autonomia torna-se um requisito crucial para que o idoso consiga morar sozinho, se assim desejar. "Daí decorre o conceito de capacidade funcional, sou seja, a capacidade de manter as habilidades físicas e mentais necessárias para uma vida independente e autônoma".[17] Acerca da capacidade funcional, Kalache[18] observa, com propriedade, que o idoso pode manter a sua autonomia, a despeito da sua condição de dependência física, dando o seguinte exemplo:

> (...) se um homem idoso que tenha sofrido um acidente vascular cerebral (deixando sequelas moderas) se torna viúvo, sua vida passa naturalmente por uma verdadeira revolução. Suponhamos que tal homem viva só e não saiba cozinhar; sua situação o torna imediatamente dependente, a ponto de ter que se considerar sua transferência para uma instituição (lar de idosos) caso não seja possível mobilizar recursos comunitários que possam mantê-lo em sua própria moradia. Por exemplo, se ele passa a contar com a ajuda de alguém que venha à sua casa diariamente preparar sua comida, seu estado de dependência permanece inalterado, embora ele tenha recuperado sua autonomia.

Há que se levar em conta os diferentes parâmetros de capacidade funcional, de acordo com o contexto social no qual o idoso está inserido:

> (...) a autonomia de um idoso que viva em uma grande cidade de um país desenvolvido pode ser medida através de sua capacidade de cuidar de si próprio (higiene pessoal, preparo de refeições, capacidade de fazer suas próprias compras, manutenção básica a casa, e outras). Já para um idoso que vive em uma zona rural de um país subdesenvolvido, a autonomia pode significar algo muito mais complexo – por exemplo, capacidade de realizar trabalho físico pesado na lavoura.[19]

Também existe variação de autonomia em relação aos tipos de moradia na velhice, desde uma maior autonomia do idoso que mora sozinho, até uma menor, daquele que vive numa ILPI.

Um baque considerável sobre a autonomia é a falta de independência econômica. Morar sozinho pressupõe condições financeiras como ser proprietário do imóvel ou ter dinheiro para pagar o aluguel, sem falar nas demais despesas. O velho que não provê seu próprio sustento é visto como um fardo para família e a sociedade, assim como um parente desempregado. Hannah Arendt[20] comenta que os "trabalhadores sem trabalho" são considerados "inúteis para o mundo".

Diante de tantas barreiras, cabe ao idoso superar o estigma da incapacidade de morar sozinho, uma vez que consiga burlar aquela "conspiração silenciosa", além de ter que enfrentar os desafios do dia a dia, mostrando "provas" para os filhos de que é capaz de se virar sozinho. Jonhannes Doll[21] constata que "existe hoje, entre as pessoas idosas, uma clara tendência de não querer morar com seus filhos, pois elas não querem ser um peso para a geração mais nova".

---

[17] CREUTZBERG, M. *et al.* Nível de dependência de idosos e cuidados no âmbito domiciliar In: *Revista Brasileira de Enfermagem*, jul-ago; 2005.

[18] KALACHE, A. *et. al. O envelhecimento da população mundial Um desafio novo.* Saúde Pública. São Paulo, p. 208, 1987.

[19] KALACHE, A. *et. al.* 1987, p. 208. Ibidem p. 209.

[20] ARENDT, H. *apud* CASTEL, R.. *As metamorfoses da questão social: uma crônica do salário.* Petrópolis: Vozes, 1998.

[21] DOLL, J. Satisfação de vida de homens e mulheres idosos no Brasil e na Alemanha *Cadernos Pagu*, São Paulo, vol. 13, 1999, p. 133.

O fato de o idoso morar sozinho não significa que ele foi abandonado pela família. "A separação espacial, muitas vezes com distâncias pequenas, é em geral acompanhada por contatos regulares e frequentes".[22] Essa situação remete para os conceitos de "aproximidade interna com distância externa" ou "intimidade à distância".

A intimidade pode ser preservada, ou mesmo aumentada entre o idoso e seus familiares no caso de passarem a ser vizinhos próximos, graças aos meios de comunicação e tecnológicos como o telefone e a internet, ou ainda, pelo acesso facilitado aos meios de transporte. Em razão disso, Rosa[23] afirma que "a tendência atual de os idosos morarem sós não tem sido interpretada, necessariamente, como uma mudança qualitativa nas relações entre as gerações na família".

Um interessante estudo realizado pela Organização das Nações Unidas[24] (ONU) comparou os arranjos domiciliares dos idosos em 130 países. As principais conclusões desse estudo foram:

- aproximadamente uma em cada sete pessoas idosas (90 milhões) vive sozinha e cerca de dois terços delas são mulheres;
- existe uma tendência a favor de modalidades de vida independente (sozinho ou somente com o cônjuge), mais consolidada em países desenvolvidos;
- embora nos países desenvolvidos o arranjo mais comum seja morar separado dos filhos, naqueles em desenvolvimento a maioria dos idosos vive com seus filhos.

Finalmente, há de se levar em conta que o fato do idoso morar sozinho pode ser resultado, não apenas de uma decisão de não morar com os filhos, mas também em razão de outras circunstâncias como a do idoso sem prole e daqueles cujos filhos já faleceram.

3. O idoso que mora com a família

Muitos idosos moram com a sua família, especialmente nas regiões brasileiras onde as famílias têm menor poder aquisitivo. Na Região Norte, a coabitação é de 70,5%; em segundo lugar destaca-se a Região Nordeste, com 68,3%.[25]

Isto pode significar que o idoso se mudou para casa dos filhos ou, ao contrário, os filhos mudaram-se para a casa dele, ou jamais saíram da casa dos pais. A partir disso, cabe pesquisar as alterações daí decorrentes, sentidas pelo idoso, tais como o papel social desempenhado pelo ele dentro da família, que espaços ocupa dentro de casa, se sente-se útil ou um estorvo para seus familiares, dentre outros.

---

[22] DOLL, J., 1999, p. 133. Ibidem p. 130.

[23] ROSA, T. *et al.* As redes sociais e de apoio: o conviver e a sua influência sobre a saúde In: *Boletim do Instituto de Saúde*, São Paulo, n. 47, abr. 2009, p. 94.

[24] UNITED NATIONS. *Living arrangements of older persons around the world.* New York, 2005.

[25] BRASIL. Ministério do Planejamento, Orçamento e Gestão. Instituto Brasileiro de Geografia e Estatística. *Censo demográfico 2010.* Disponível em: <http://www.ibge.gov.br/home/estatística/população/censo2010/default.shtm>. Acesso em: 19 nov. 2013.

Nem sempre morar com a família corresponde a uma moradia digna, pois "o fato de os idosos viverem com os filhos não é garantia da presença, do respeito e prestígio, nem ausência de maus tratos".[26] Na hipótese de o idoso deixar sua casa e ir morar com os filhos, a dignidade deve ser preservada, a despeito da troca de papéis sociais que se impõe, conforme esclarece Silva:[27]

> Quando um idoso muda para a casa dos filhos, ele abandona sua vida anterior e mudam-se então os papéis, suas funções e seus espaços. Até então ele exercia o papel principal de sua família; indo para outra casa onde as pessoas já têm papéis definidos, onde já existe um chefe de família, e o idoso deverá se adequar à rotina de uma nova vida familiar e ter um novo papel. No entanto, o idoso nem sempre consegue acompanhar a velocidade das transformações ter que conquistar um novo espaço, viver a perda de seus papéis consequentemente se sentindo frágil, dependente emocionalmente, e podendo ser visto como "estorvo" um "peso".

O simples fato de morar com a família não implica automaticamente uma proteção maior ao idoso. Antigamente as mulheres da família assumiam o papel de cuidadores do idoso, ocorre que com a entrada da mulher no mercado de trabalho, a sua ausência no lar é sentida pelo idoso que fica restrito aos cuidados de um profissional contratado, o qual não tem condições de suprir todas as suas necessidades, como a de afeto. O estresse entre os familiares também é apontado como um fator negativo para o idoso, num mundo de imediatismo e velocidade, a tolerância com o idoso baixa. A imagem da família como rede de apoio está desgastada em virtude da situação de vulnerabilidade e de exclusão social. Para Silva:[28]

> As famílias têm cada vez mais dificuldades de satisfazer suas necessidades básicas, o que se torna mais complexo devido à redução dos serviços das políticas de saúde, da habitação, saneamento básico, etc. Essa situação altera de forma negativa as possibilidades de as famílias construírem relações sócio familiares protetivas entre seus membros.

Diante disso, é preciso desmistificar o papel da família como cuidadora, pois nem sempre morar com a família pode ser a opção de moradia mais digna para o idoso, bem como o papel do idoso como alguém que precisa ser cuidado, pois nem sempre é isso que acontece. Existe uma configuração de moradia, na qual são os filhos que, mesmo após a fase adulta, não saem de casa ou daqueles que voltam a morar com seus pais, após um divórcio ou perda de emprego. Neste caso não é o pai que mora com os filhos, mas os filhos que moram com o pai, sendo que a idade avançada do progenitor não lhe isenta da responsabilidade de continuar cuidando ou, ao menos, mantendo financeiramente a prole, mesmo que essa manutenção seja restrita à concessão de moradia.

Existe, portanto, a hipótese desta relação cuidador e assistido ser invertida, quando a pessoa continua sendo o chefe de família, apesar do avanço da idade. Isso certamente representa uma sobrecarga ao idoso, que pensava se ver livre da responsabilidade de criação e sustento dos filhos quando estes

---

[26] DEBERT, G. G. Antropologia e o estudo dos grupos e das categorias de idade. In: Barros, M.M.L. *Velhice ou Terceira Idade*. Rio de Janeiro: Fund. Getúlio Vargas Editora, 1998.

[27] SILVA, L. H. *et al.* Idosos e maus tratos: será que acontece? *Revista de Enfermagem UNISA*, São Paulo, nº 2, p. 92-6, 2001.

[28] SILVA, A. A. *A gestão da seguridade social brasileira: entre a política pública e o mercado*. São Paulo: Cortez, 2007, p. 3.

atingissem a idade adulta. Uma pesquisa, realizada pelo Instituto de Pesquisa Econômica Aplicada – IPEA –, concluiu que "o aumento da taxa de chefia da população idoso tem sido uma tendência crescente no tempo e permite inferir uma redução na 'dependência' dos idosos".[29]

4. O idoso que mora numa instituição de longa permanência para idosos

É evidente que em casos de doenças incapacitantes como, por exemplo, o Mal de Alzheimer, o idoso torna-se uma pessoa dependente de cuidados por terceiros, ficando totalmente fora de questão a sua escolha a respeito de moradia.

Excluídos, porém, os casos de doenças incapacitantes, temos idosos que eventualmente podem divergir de seus familiares no tocante a um assunto que lhe é de extrema importância: a própria moradia. A despeito da possível divergência de opiniões, não é a vontade do idoso que muitas vezes prevalece. A idade avançada faz com que não apenas o seu corpo perca força, mas também a sua vontade. A família passa a "saber" o que é melhor para o idoso.

Segundo levantamento realizado pelo Instituto de Pesquisa Econômica Aplicada – IPEA –,[30] no período de 2007 a 2009, foram identificadas 3.548 Instituições de Longa Permanência para Idosos (ILPI) no Brasil. Deste total, a maioria (2.255) encontra-se na Região Sudeste e a minoria (49) na Região Norte. Apenas 1% da população idosa reside em ILPI, indicando que a ocupação deste tipo de moradia é ínfima, por conta do "baixo número de instituições e do preconceito com relação a essa modalidade de cuidados, o que afeta sua expansão".[31] Muitas vezes a expressão ILPI é substituída por abrigo, asilo, lar, casa de repouso, flat, hotel residencial ou clínica geriátrica.

A Instituição de longa permanência se destina àquele idoso que perdeu sua capacidade funcional, que não tem família ou foi rejeitado por ela, que é pobre e não tem onde morar; enfim, a ILPI se destina ao idoso frágil. "Na ILPI ele se depara com o 'fim da linha', raramente ocorre a melhora ou o idoso volta para sua casa. Essa chance é bem remota; ele sente que foi para lá para esperar o fim, não como se sua vida fosse continuar".[32]

Na verdade, a vida continua na ILPI, é preciso que se façam pesquisas que busquem saber como é esse "fim de linha", ou seja, como o idoso se sente, como é o seu cotidiano, quais foram suas perdas e seus ganhos, como ocorre a interação entre os idosos, deles com os profissionais que lá trabalham, e com a

---

[29] CAMARANO, A. A. *Famílias com idosos: ninhos vazios?* Rio de Janeiro, Ipea, 2003, p.17.

[30] CAMARANO, A. A. *et al.* As Instituições de Longa Permanência para Idosos no Brasil. In: CAMARANO, A. A. (Organizadora) *Cuidados de longa duração para a população idosa : um novo risco social a ser assumido?* Rio de Janeiro: Ipea, 2010.

[31] CAMARANO, A. A. *et al.* As Instituições de Longa Permanência para Idosos no Brasil. In: CAMARANO, A. A. (Org.). *Cuidados de longa duração para a população idosa: um novo risco social a ser assumido? –* Rio de Janeiro: Ipea, 2010.

[32] SOARES, R.F.N.S. Reflexões sobre espaço de moradia para idosos e Políticas Públicas. In: *Caderno Temático Kairós Gerontologia.* São Paulo, nº 8, 2010.

família. Em suma, se este tipo de moradia se mostra de fato digna. Enfermeiros que trabalharam em ILPIs revelaram o seguinte:

> Na maioria das vezes, as ILPIs não apresentam pessoal nem recursos materiais e físicos suficientes para o atendimento aos idosos. Em algumas, o trabalho é realizado por cuidadores não qualificados para trabalhar com essa população. Para melhorar a qualidade de vida dos idosos, torna-se necessária a presença do enfermeiro e sua equipe, médico, nutricionista, assistente social, psicólogo, terapeuta ocupacional, entre outros, visando, assim, atender às necessidades de saúde, alimentação, lazer, higiene e repouso, proporcionando a manutenção da funcionalidade e, consequentemente, uma boa qualidade de vida.[33]

A internação, segundo Foucault,[34] na obra "História da Loucura na Idade Clássica", é referida como uma solução para um problema social; a sociedade interna o doente mental para livra-se do problema. Já a internação do idoso na ILPI parece ser um jeito que a família dá de não ver a velhice de perto. A escassez das visitas reflete esta postura.

Uma vez isolado da sociedade, o idoso é submetido às normas internas da ILPI que, nestes termos, se equipara a hospitais psiquiátricos, conventos e prisões, sendo considerada, guardada as proporções, uma instituição total. Uma pesquisa feita por Soares concluiu que "a falta de flexibilidade nas rotinas (horários para alimentação, banhos, acomodações coletivas), não permitia a adaptação de idosos com hábitos diferenciados, adquiridos durante sua vida antes da ILPI".[35] Entretanto, para Goffman,[36] dentro da instituição total a pessoa se adapta assumindo o papel de paciente "sem brilho, inofensivo e discreto". Considerando a hipótese de que uma ILPI seja uma instituição total, fica a pergunta: será que o idoso assume o papel de "bom velhinho"? A partir da internação, que papéis sociais são descartados e que novos papéis são desempenhados?

A partir de uma pesquisa[37] feita em quatorze ILPIs, no Rio Grande do Sul, foi traçado um perfil dos moradores que apresentavam as seguintes características: a maioria dos moradores são mulheres (64,9%), com escolaridade e renda baixas, idade superior a 70 anos, solteiras ou viúvas, a maioria tem família (42,6% possuem filhos), é aposentada (44,3% recebem de um a menos de dois salários mínimos), e muitos apresentam cuidados especiais de saúde.

Para que a ILPI seja considerada uma moradia digna é necessário que, além das instalações físicas e do atendimento por profissionais da saúde qualificados, haja um ambiente que o idoso possa chamar de lar. Uma ILPI "deve procurar ser uma residência, mostrando, tanto nos seus aspectos físicos quanto em toda a sua programação, detalhes que lembrem uma casa, uma moradia, a

---

[33] SILVA, B. T. *et al.* Cuidados aos idosos institucionalizados – opiniões do sujeito coletivo enfermeiro para 2026 *Acta Paulista de Enfermagem,* São Paulo, vol.23 n. 6, 2010, p.780.

[34] FOUCAULT, M. *História da Loucura na Idade Clássica.* São Paulo: Perspectiva, 1978.

[35] SOARES, R.F.N.S. op. cit.

[36] GOFFMAN, E. *Asylums: Essays on the Social Situation of Mental Patients and Other Inmates.* Estados Unidos: Anchor Books, 1961.

[37] HERÉDIA, V.B.M. *et al.* A realidade do idoso institucionalizado. *Textos sobre Envelhecimento.* UnATI/UERJ, p. 9-31, jul./dez, 2004.

vida numa família".[38] Cada vez mais, as ILPIs terão que se ajustar à legislação, superando seu caráter assistencialista para se tornar uma moradia de qualidade, oferecendo condições dignas e respeitando os direitos da pessoa idosa.

5. O idoso que mora na república

A república de idosos é um novo tipo de moradia na velhice. Consiste no compartilhamento de uma casa pelos idosos, que detêm autonomia para criar regras de convivência e administrar o espaço. O Estado faz a sua parte cedendo a casa e pagando algumas despesas, e os demais gastos são por conta dos co-abitantes, podendo este modelo sofrer variações. No município de Santos, em São Paulo, "a limpeza da república é de responsabilidade de todos, em esquema de revezamento. Cada morador cuida da sua alimentação – fornecimento e preparo. Há, também, pagamento do aluguel simbólico pelos moradores à prefeitura, com divisão de contas de luz, água e gás".[39]

A república de idosos resulta de uma política pública de vanguarda, que tem um olhar diferenciado sobre o idoso, entendendo o mesmo como um cidadão ativo, ao invés de encará-lo como uma vítima que precisa ser assistida em tempo integral. Lima[40] propõe "que se implementem políticas públicas para idosos, visando a incrementar a autonomia, o autocuidado, a integração social" ao mesmo tempo que sugere a redução das internações e institucionalização desnecessárias. Para Guerriero:[41]

> A república representa um avanço em relação a outras formas de atendimento favorecendo a autonomia dos envelhecidos, bem como seu bem estar, já que assegura novas possibilidades para os idosos com vínculos familiares rompidos ou inexistentes e com poucos recursos econômicos para enfrentar a problemática da moradia.

Ressalta-se que, se a república representa um avanço, a substituição das ILPIs por ela seria um retrocesso, eis que as duas possuem clientelas diferentes. Enquanto a república beneficia idosos com uma capacidade funcional boa, mas sem condições de arcar com as despesas de uma moradia sozinho; a ILPI tem vocação para atender idosos com capacidade funcional ruim e sem nenhuma condição financeira. O erro do Estado seria generalizar, criando um protótipo de velho destinado a um único tipo de moradia.

Um dado curioso relatado por Oliveira[42] é o elevado número de solteiros e solteiras que moram nas repúblicas de Santos, bem como a ausência de filhos de aproximadamente 50% dos moradores. Este tipo de moradia vem a calhar especialmente para a Região Sul do Brasil, onde a quantidade de idosos solteiros ou sem filhos é expressiva.

---

[38] BORN, T. *et al.* A qualidade dos cuidados ao idoso institucionalizado. In: FREITAS, E.V. *et al. Tratado de Geriatria e Gerontologia.* Rio de Janeiro: Guanabara Koogan, p. 768-77, 2002.

[39] SILVA, A.C. L. *et al.* Sensações do morar e a concretização para idosos egressos de um albergue. In: *Caderno Temático Kairós Gerontologia.* São Paulo, n° 8, 2010.

[40] LIMA, M.M. Saúde no Envelhecimento. In: *Revés do Avesso. Revista do CEPE* ano 14, 2005.

[41] GUERRIERO, M. A. *Vivendo, convivendo, sonhando. O cotidiano dos idosos moradores nas repúblicas da cidade de santos.* Dissertação de mestrado. PUCSP, 2001.

[42] OLIVEIRA, G.da S.D. *Produção da diferença nas Repúblicas de Idosos de Santos (SP).* Florianópolis, 2008.

Com base numa pesquisa paulista intitulada "Sensações de Morar", que teve por finalidade questionar o que faz o idoso se sentir em casa, concluiu que "viver em uma moradia representa muito mais que o uso de determinado espaço físico, pois é local em que vida, vínculos e laços afetivos são construídos".[43] Daí a casa compartilhada ser muito mais que a mera divisão de um espaço, transformando-se num ambiente de integração social.

De acordo com Veras,[44] o prolongamento da vida "só pode ser considerado uma real conquista na medida em que se agregue qualidade aos anos adicionais de vida". A qualidade de vida invocada por Veras remete à dignidade da moradia do idoso, prevista em lei. Resta saber se as repúblicas de idosos estão funcionando a contento dos seus moradores.

6. O papel do Estado e da sociedade para eficácia do direito de moradia

A conotação da velhice sofreu alteração nas últimas décadas. As pessoas que pertencem à terceira idade não ficam mais em casa fazendo tricô e cuidando dos netinhos. O idoso, que goza de uma dose razoável de autonomia, não está disposto a renunciar aos prazeres da vida. A "terceira idade" passa a ser a "melhor idade".

No entanto, esta nova imagem da velhice não deve ofuscar direitos, como o direito à moradia digna. "O risco que se corre é que as reais limitações que podem estar presentes na velhice sejam dissolvidas nas representações inovadoras da terceira idade, o que pode produzir um processo que denomina de 'reprivatização da velhice' gerando a 'recusa da solidariedade pública entre gerações'".[45]

A "reprivatização da velhice" é um processo que retira a responsabilidade do Estado e a coloca sobre os ombros do próprio idoso. Para evitar isso é imprescindível ter claro que o fato do idoso gostar de sair de casa, voltar a estudar e ir a bailes não significa que tenha renunciado às políticas públicas de moradia a seu favor, como no caso da República. A lógica da "reprivatização da velhice" é absurda, pois o Estado exime-se de sua responsabilidade, quanto aos idosos que perderam a sua capacidade funcional, utilizando como pretexto outros, que não a perderam. Diferenças de classe social, de capacidade funcional, de faixas etárias dentro da própria terceira idade, entre outros, são fatores que devem ser considerados pela sociedade e pelo poder público na busca do melhor tipo de moradia para o idoso.

O direito às condições mínimas de existência humana digna, em outras palavras, o mínimo existencial, certamente abrange o direito à moradia. Este mínimo existencial é essencial e inalienável, sendo um direito que não pode ser subtraído de ninguém. O direito de moradia, previsto no art. 6º da Consti-

---

[43] SILVA, A.C. L. *et al*. Op. cit.

[44] VERAS, R. *País jovem com cabelos brancos: saúde do idoso no Brasil*. Rio de Janeiro: Relume Dumará, 1995.

[45] DEBERT, G.G. Antropologia e o estudo dos grupos e das categorias de idade. In: Barros, M.M.L. *Velhice ou Terceira Idade*. Rio de Janeiro: Fund. Getúlio Vargas Editora, 1998.

tuição Federal de 1988, é um direito fundamental social. José Afonso da Silva[46] traz importante contribuição a respeito da conceituação dos direitos fundamentais:

> Direitos Fundamentais do Homem constitui a expressão mais adequada a este estudo, porque, além de referir-se a princípios que resumem a concepção do mundo e informam a ideologia política de cada ordenamento jurídico, é reservada para designar, no nível do direito positivo, aquelas prerrogativas e instituições que ele concretiza em garantias de uma convivência digna, livre e igual de todas as pessoas. No qualitativo fundamental acha-se a indicação de que se trata de situações jurídicas sem as quais a pessoa humana não se realiza, não convive e, às vezes, nem mesmo sobrevive; fundamentais do homem no sentido de que a todos, por igual, devem ser, não apenas formalmente reconhecidos, mas concreta e materialmente efetivados. Do homem, não como o macho da espécie, mas no sentido de pessoa humana. Direitos Fundamentais do Homem significa direitos fundamentais da pessoa humana ou direitos fundamentais.

A eficácia dos direitos fundamentais, no que tange ao direito fundamental social da moradia, abarca o problema do déficit habitacional, que infelizmente é uma realidade brasileira há muitos anos. A primeira iniciativa do governo no setor habitacional ocorreu em 1937, através as chamadas Carteiras Prediais dos Institutos de Pensão e Previdência, primeiro financiamento público da casa própria aos trabalhadores de baixa renda. Em 1997, foi criado o Sistema de Financiamento Imobiliário, possibilitando o uso dos recursos do Fundo de Garantia por Tempo de Serviço – FGTS – na aquisição do imóvel. Em 2003, com a criação do Ministério das Cidades, foi acrescentado o Orçamento Geral da União, como mais uma fonte de recurso para o Sistema de Financiamento Imobiliário. Em 2005, foi criada a Lei 11.124, que implementou o Sistema Nacional de Habitação de Interesse Social, com foco nas famílias carentes, acrescentando recursos provenientes do Fundo de Amparo ao Trabalhador de empréstimos externos e internos, dentre outros. Em 2009, foi lançado o Programa Minha Casa, Minha Vida, por meio da Medida Provisória nº 459/2009, com escopo de incentivar a construção ou aquisição de novas unidades habitacionais pelas famílias com renda de até dez salários mínimos.

Paralelamente a estes programas de financiamento governamental da casa própria, há ainda a intervenção do Estado através do reassentamento de favelados em moradias populares construídas pelo próprio governo. A legislação prevê, nestes casos, a reserva de um percentual de moradias com acesso facilitado, atendendo a padrões de construção adequados a portadores de deficiência e a pessoas idosas. O direito de moradia não significa apenas ter um lugar para morar. O direito à moradia implica uma moradia digna, ou seja, capaz de atender as necessidades básicas, como infraestrutura de água, esgoto e coleta de lixo, que também competem ao Estado proporcionar.

Enquanto esse enfrentamento do problema de déficit habitacional pelo Estado pode ser identificado como eficácia vertical do direito fundamental de moradia, cabe verificar se há na sociedade a eficácia deste direito, sob o ponto de vista horizontal. Marinoni[47] afirma que a eficácia horizontal, também

---

[46] SILVA, J. A. *Curso de direito constitucional positivo*. 17. ed. São Paulo: Saraiva, 2009, p. 182.

[47] MARINONI, L. G. O direito à tutela jurisdicional efetiva na perspectiva da teoria dos direitos fundamentais . *Jus Navigandi*, Teresina, ano 8, n. 378, 20 jul. 2004. Disponível em: http://jus2.uol.com.br/doutrina/tex-

chamada de "eficácia privada" ou de "eficácia em relação a terceiros", é aquela que existe nas relações entre particulares.

O Estado até pode dar a casa, ou facilitar as condições de sua aquisição. Espera-se que no mínimo haja saneamento básico, iluminação pública e calçamento. Porém, é importante que a concepção de dignidade da moradia seja ampliada, para além das condições mínimas de habitação. Moradia digna é aquela que é resultado da livre escolha do morador. Assim, por e exemplo, um idoso pode considerar que o asilo não é um lugar digno para ele, ou pode preferir morar sozinho, ao invés de junto da família. É neste ponto que se insere a eficácia horizontal deste direto fundamental.

A liberdade de escolha da moradia do idoso faz parte do exercício do seu direito de moradia e dá plenitude ao conceito de dignidade. Portanto, a eficácia plena do direito de moradia digna implica, por um lado, em reconhecer ao idoso (enquanto não interditado ou acometido de doença incapacitante) o direito de escolher a sua moradia e, por outro lado, à sociedade, em especial sua família e amigos, o dever de ouvir a voz do idoso e respeitá-la.

7. Referências

BACHELARD, G. *A Poética do Espaço*. São Paulo: Martins Editora, 2008.

BEAUVOIR, S. *A velhice*. Rio de janeiro: Nova Fronteira, 1990.

BORN, T. et al. A qualidade dos cuidados ao idoso institucionalizado. In: FREITAS, E.V. *et al. Tratado de Geriatria e Gerontologia*. Rio de Janeiro: Guanabara Koogan, p.768-77, 2002.

BRASIL. Constituição (1988). *Constituição da República Federativa do Brasil*, promulgada em 5 de outubro de 1988. 51. ed. São Paulo: Saraiva, 2013.

——. *Lei n. 10.741, de 1º de outubro de 2003*. Dispõe sobre o Estatuto do Idoso e dá outras providências. 51. ed. São Paulo: Saraiva, 2013 (Coleção saraiva de legislação).

——. Ministério do Planejamento, Orçamento e Gestão. Instituto Brasileiro de Geografia e Estatística. *Censo demográfico 2010*. Disponível em: <http://www.ibge.gov.br/home/estatística/população/censo2010/default.shtm>. Acesso em: 19 nov. 2013.

CAMARANO, A. A. *et al.* As Instituições de Longa Permanência para Idosos no Brasil. In: ——. (Organizadora). *Cuidados de longa duração para a população idosa*: um novo risco social a ser assumido? – Rio de Janeiro: Ipea, 2010.

——. Como as famílias brasileiras estão lidando com idosos que demandam cuidados e quais as perspectivas futuras? A visão mostrada pelas Pnads. In: ——. (Organizadora). *Cuidados de longa duração para a população idosa*: um novo risco social a ser assumido? – Rio de Janeiro: Ipea, 2010.

——. *Famílias com idosos: ninhos vazios?* Rio de Janeiro, Ipea, p. 1-20, 2003.

CARVALHO, J.A.M.; GARCIA, R.A. *O envelhecimento da população brasileira*: um enfoque demográfico. Cad. Saúde Pública. 2003.

CASTEL, R. *As metamorfoses da questão social*: uma crônica do salário. Petrópolis: Vozes, 1998.

CREUTZBERG, M. *et al.* Nível de dependência de idosos e cuidados no âmbito domiciliar In: *Revista Brasileira de Enfermagem*, jul-ago; 2005.

DEBERT, G.G. Antropologia e o estudo dos grupos e das categorias de idade. In: Barros, M.M.L. *Velhice ou Terceira Idade*. Rio de Janeiro: Fund. Getúlio Vargas Editora, 1998.

——. As representações (estereótipos) do papel do idoso na sociedade atual. In: *Anais do 1º Seminário Internacional Envelhecimento Populacional: uma agenda para o final do século*. Brasília: Ministério de Previdência e Assistência Social, 1996.

DOLL, J. Satisfação de vida de homens e mulheres idosos no Brasil e na Alemanha *Cadernos Pagu*, São Paulo, vol. 13, PP. 109- 159 , 1999

DUTRA, C.M.B. Direito real de habitação. In: *Revista autônoma de direito privado*. nº 3 Curitiba: Juruá, 2008.

---

to.asp?id=5281 Acesso em: 01 mar 2015.

FACCHINI, N. M. *Direitos fundamentais e direito à moradia*: harmonização de conflitos à luz do princípio da proporcionalidade. 2009. 242f. Mestrado (Mestrado em Direito) – Faculdade de Direito, Pontifícia Universidade Católica do Rio Grande do Sul, Porto Alegre, 2009.

FOUCAULT, M. *História da Loucura na Idade Clássica*. São Paulo: Perspectiva, 1978.

GARCIA, M. A cidade e o direito à habitação – Normas programáticas na Constituição Federal. In: *Revista de Direito Constitucional e Internacional*, nº 61, out-dez. São Paulo: Editora Revista dos Tribunais, 2007.

GOFFMAN, E. *Asylums*: Essays on the Social Situation of Mental Patients and Other Inmates. Estados Unidos: Anchor Books, 1961.

GUERRIERO, M. A. *Vivendo, convivendo, sonhando*. O cotidiano dos idosos moradores nas repúblicas da cidade de santos. Dissertação de mestrado. PUCSP, 2001.

HERÉDIA, V. B. M. *et al*. A realidade do idoso institucionalizado. *Textos sobre Envelhecimento*. UnATI/UERJ, p. 9-31, jul./dez, 2004.

HOLANDA, A. B. Verbete "moradia" in: *Dicionário Aurélio*, Rio de Janeiro: Nova Fronteira, 2000.

KALACHE, A. *et. al*. O envelhecimento da população mundial Um desafio novo. Ver. Saúde Pública. São Paulo, p. 200-210, 1987.

LIMA, M. M. Saúde no Envelhecimento. In: *Revés do Avesso. Revista do CEPE* ano 14, 2005.

MARINONI, L. G. O direito à tutela jurisdicional efetiva na perspectiva da teoria dos direitos fundamentais . *Jus Navigandi*, Teresina, ano 8, n. 378, 20 jul. 2004. Disponível em: <http://jus2.uol.com.br/doutrina/texto.asp?id=5281>. Acesso em: 01 mar 2015.

MINAYO, M. C.S. Visão Antropológica do envelhecimento humano. In: *Velhices: reflexões contemporâneas.* São Paulo: SESC: PUC, 2006.

OLIVEIRA, G.da S. D. *Produção da diferença nas Repúblicas de Idosos de Santos* (SP). Florianópolis, 2008.

PENZIM, A.M.B. *Habitação social e modos de vida: narrativas sobre a casa e o morar*. Dissertação de mestrado. Belo Horizonte: PUCMG, 2001.

PIOVESAN, A. *et al*. Pesquisa exploratória: procedimento metodológico para o estudo de fatores humanos no campo da saúde pública In: *Rev. Saúde Pública* vol. 29 n. 4. São Paulo, 1995.

ROSA, T. *et al*. As redes sociais e de apoio: o conviver e a sua influência sobre a saúde In: *Boletim do Instituto de Saúde*, São Paulo, n. 47, p. 80-83, abr. 2009.

SARLET, I. W. O Direito Fundamental à Moradia na Constituição: Algumas Anotações a Respeito de seu Contexto, Conteúdo e Possível Eficácia. In: *Direito e democracia – Revista de Ciências Jurídicas* – ULBRA Vol. 4 – Número 2, 2003.

SILVA, A. A. *A gestão da seguridade social brasileira*: entre a política pública e o mercado. São Paulo: Cortez, 2007.

SILVA, A.C. L. *et al*. Sensações do morar e a concretização para idosos egressos de um albergue. In: *Caderno Temático Kairós Gerontologia*. São Paulo, nº 8, 2010.

SILVA, B. T. *et al*. Cuidados aos idosos institucionalizados – opiniões do sujeito coletivo enfermeiro para 2026 *Acta Paulista de Enfermagem*. São Paulo, vol.23 no.6, 2010.

SILVA, J. A. *Curso de direito constitucional positivo*. 17. ed. São Paulo: Saraiva, 2009.

SILVA, L.H. *et al*. Idosos e maus tratos: será que acontece? *Revista de Enfermagem UNISA*, São Paulo, nº 2, p. 92-6, 2001.SOARES, R.F.N.S. Reflexões sobre espaço de moradia para idosos e Políticas Públicas. In: *Caderno Temático Kairós Gerontologia*. São Paulo, nº 8, 2010.

UNITED NATIONS. *Living arrangements of older persons around the world*. New York, 2005.

VERAS, R. *País jovem com cabelos brancos: saúde do idoso no Brasil*. Rio de Janeiro: Relume Dumará, 1995.

— 6 —

Por um cosmopolitismo intercultural: universalismo *x* pluralismo

CLARA MOURA MASIERO[1]

SUMÁRIO: 1. Introdução; 2. Conjuntura: disjunção entre democracia e globalização; 3. Cosmopolitismo: concepções e princípios; 4. A questão da soberania e o direito cosmopolita; 5. Realidade prática do cosmopolitismo; 6. Cosmopolitismo intercultural; 7. Conclusão; 8. Referências.

1. Introdução

Aparentemente, a democracia (aqui entendida como autogoverno dentro de um território delimitado) e a globalização (e sua criação de novas formas de interação sem fronteiras) atuam em direções opostas. É que, enquanto uma volta-se para seu território, a outra impõe que não se descuide de todo o entorno.

Essa combinação de realidades traz à tona a seguinte questão: como reinventar os mecanismos políticos para adaptá-los a uma era global?

Este artigo procura trazer uma alternativa para esta questão, partindo da ideia de cosmopolitismo de David Held; de fortalecimento da democracia, com base em Jürgen Habermas e Nancy Fraser, e também Held; e, finalmente, desenvolvendo o cosmopolitismo intercultural, em que utiliza, ainda, Giacomo Marramao.

Enquanto a democracia diz respeito com a autodeterminação dos cidadãos, e a globalização trata com os processos transfronteiriços, o cosmopolitismo, por sua vez, preocupa-se com os princípios universais que devem orientar toda atividade humana. Segundo Held, *"los tres juntos nos ayudan a entender que (...) los principios de la democracia y del cosmopolitismo necesitan ser protegidos y desarrollados a todos los niveles"*.[2] O que configura um desafio de caráter tanto empírico, quanto político.

É que até já se procurou estabelecer uma série de medidas cosmopolitas, como a partir da configuração dos direitos humanos, segundo as quais o

---

[1] Professora de Direito Penal da Estácio do Rio Grande do Sul. Doutoranda em Direito pela Universidade do Rio dos Sinos/UNISINOS, bolsitsta PROSUP/CAPES. Mestre em Ciências Criminais pela PUCRS. Pós-Graduada em Direito Penal Econômico e Europeu pela Faculdade de Direito de Coimbra (IDPEE/IBCCRIM).

[2] HELD, *Cosmopolitismo*: ideales y realidades, 2012, p. 13.

INQUIETAÇÕES SOBRE DIREITOS FUNDAMENTAIS

bem-estar das pessoas não se define pela localização geográfica ou cultural, e que as fronteiras nacionais, étnicas ou de gênero não devem determinar os limites dos direitos para a satisfação das necessidades humanas e, ainda, que todos os seres humanos merecem o mesmo respeito e preocupação moral.

Ocorre que, como se sabe, as consequências práticas não foram relevantes. Isto é, a simples criação de regras jurídicas sobre os direitos humanos, por si só, não é suficiente para a sua proteção. Basta recordar que o século XX foi marcado como o período histórico em que mais proliferaram tratados internacionais e legislações nacionais sobre o assunto e, paradoxalmente, foi também a época em que os direitos humanos mais sofreram violações.

A realidade mostra, então, que a efetivação dos direitos humanos não é uma tarefa simples. Ela reclama uma nova construção teórica que possa estabelecer os contornos necessários para sua observância no contexto social complexo e paradoxal da sociedades atuais.

Nesse contexto, desponta o cosmopolitismo intercultural como enfoque ético da vida política, que defende a autodeterminação e a liberdade frente à dominação e o poder arbitrário. Seus princípios proporcionam um marco para que floresçam tanto a diversidade cultural, quanto as diferenças individuais em uma vida pública marcada pela deliberação e pela discussão.

Veja-se que por mais que a pretensão seja universal, não exclui as especificidades culturais e políticas. Há necessidade hermenêutica de interpretar os significados dos princípios morais universais dentro dos entornos locais onde operam. É na intersecção entre universalismo e pluralismo que os princípios reguladores do cosmopolitismo se conjugam com a democracia.

É este o passo para se superar se desejarmos abandonar tanto a versão etnocêntrica do universalismo quanto a nihilista do relativismo histórico que assume como um *a priori* as formas de autocompreensão de cada cultura, tornando a incomensurabilidade em sinônimo de incomparabilidade e "incomponibilidade".

É, portanto, necessário subtrair a alternativa paradigmática segundo a qual a globalização, ou é homologação total, ou se torna confronto de culturas. Nesse sentido é que se apresenta, neste artigo, o cosmopolitismo intercultural.

2. Conjuntura: disjunção entre democracia e globalização

A democracia é a ideia política mais poderosa e existe desde as primeiras cidades democráticas da antiguidade até os Estados-Nação atuais. É dizer, prevaleceu sobre as formas de governo autoritárias/arbitrárias que perpassaram por algumas sociedades em determinados momentos históricos, como o Antigo Regime e os totalitarismos do século XX.

A ideia essencial da democracia está associada com a aspiração das pessoas à autogovernar-se dentro de seu território (Estado). Entretanto, conforme adverte David Held, desde as democracias antigas até hoje, pode-se afirmar que esta forma política *"solo ha logrado de forma incompleta su objetivo principal"*.[3] Isto é, a democracia está em permanente consolidação e, inclusive, implementação.

Nesse sentido está a teoria de Jürgen Habermas, apresentada em *"Faktizität und Geltung: beiträge zur Diskurstheorie des Rechts und das demokratischen Rechtsstaats"* (1994) (edição brasileira: "Direito e Democracia: entre facticidade e validade", vols. I (2012) e II (2011). Com efeito, nesta obra Habermas desenvolve o paradigma procedimentalista do direito, o qual tem como objetivo central "proteger, antes de tudo, as condições do procedimento democrático".[4] Aí que Cláudio Ladeira de Oliveira,[5] em sua tese sobre a compreensão procedimentalista habermasiana, afirma que a exigência que mais distingue este paradigma dos demais (o liberal e o social) é a da participação de todos os concernidos na formulação pública de seus interesses e soluções de problemas, isto é, uma demanda por "democratização progressiva".

A consolidação e implementação da democracia dá-se, sempre, dentro de um território delimitado; o qual, desde a Ilustração, é compreendido como Estado-Nação. Ocorre que a história não acabou, e as sociedades estão envolvidas pelo fenômeno da globalização, o qual compreende um conjunto de processos que estão mudando a organização das atividades humanas, estendendo redes políticas, econômicas, sociais e de comunicação.

O fenômeno da globalização abarca, ao menos, quatro tipos distintos de mudanças: (*i*) ampliação da expansão das atividades para além das fronteiras; (*ii*) intensificação de redes e fluxos comerciais e intercâmbios culturais; (*iii*) aceleração de interações e processos a nível global; e, (*iv*) aumento do impacto da interconectibilidade do mundo (as consequências dos eventos não respeitam fronteiras).

Com efeito, *"el poder ya no está localizado en determinados sitios os lugares geográficos concretos, sino que se ha extendido y difundido por todo el mundo, de tal manera que lo que ocurre en un lugar puede tener repercusiones en muchos otros"*.[6] Como exemplo dessa afirmação tem-se a questão ambiental, os fluxos migratórios, os riscos atômicos, etc.

Aparentemente, então, democracia e globalização atuam em direções opostas. Nesse sentido, David Held elenca cinco disjuntivas presentes, de fato, na relação entre a globalização e o moderno Estado-Nação: (*i*) a ideia de uma coletividade nacional autodeterminante já não pode ser localizada dentro das fronteiras de um só Estado-Nação; (*ii*) já não se pode pressupor que o *locus* do poder político efetivo seja sinônimo de governo nacional e de Estado-Nação, isto é, os Estados estão agora integrados em complexas redes de poder político a nível regional e global; (*iii*) o próprio poder e a soberania dos Estados estão mudando sua forma, não mais podendo concebê-los como uma forma indivi-

---

[3] HELD, David. *Cosmopolitismo*: ideales y realidades, 2012, p. 11.

[4] HABERMAS, *Direito e Democracia*: entre facticidade e validade, 2012, p. 183.

[5] OLIVEIRA, *Moralidade e jurisdição*: a compreensão procedimentalista do direito em Jürgen Habermas, 2006, p. 311.

[6] HELD, *Cosmopolitismo*: ideales y realidades, 2012, p. 11.

INQUIETAÇÕES SOBRE DIREITOS FUNDAMENTAIS

sível e territorialmente exclusiva do poder político; (*iv*) o fomento e a melhoria do bem público requerem cada vez mais ações multilaterais coordenadas; e, (*v*) as distinções entre assuntos nacionais e estrangeiros ou entre problemas políticos internos e externos são cada vez menos claras.[7]

Isto é, tem-se, como traz Giacomo Marramao, um paradoxo na situação do Estado no mundo global: "os Estados singulares soberanos tornaram-se muito pequenos para fazer frente à competição do mercado global e muito grande para controlar a proliferação das temáticas, das reivindicações e dos conflitos causados nos diversos localismos".[8]

Essa combinação de realidades impõe a necessidade de se pensar em como reinventar os mecanismos políticos democráticos de modo a adaptá-los a esta era global. Uma forma de pensar esta questão e, assim, tornar a democracia e a globalização plenamente compatíveis, está na ideia do cosmopolitismo, tal como defende David Held.

Nesse sentido, o próximo tópico aborda as concepções históricas e atuais da ideia do cosmopolitismo e seus princípios básicos.

3. Cosmopolitismo: concepções e princípios

Não há uma compreensão unificada ou monolítica do que seria "cosmopolitismo". Segundo David Held, pode-se falar em três momentos ou utilizações distintas do conceito "cosmopolitismo".[9]

O primeiro uso (cosmopolitismo clássico) que se fez desse termo remonta aos estoicos, que foram os primeiros a referir-se explicitamente a si mesmos como cosmopolitas. Eles pretendiam substituir a supremacia da relação do indivíduo com a *polis* pela ideia de um *cosmos* que abarcasse toda a humanidade, em um ideal de pertencimento universal, em que se viveria em harmonia. Esta postura não exigia que os indivíduos deixassem de se preocupar com questões locais, mas que deveriam compreender que suas obrigações mais importantes são com a humanidade. Isto é, as pessoas são "cidadãs do mundo" e seu dever é, antes de tudo, "com a comunidade global de seres humanos".[10]

O segundo uso remonta ao século XVIII, quando a expressão "cidadão do mundo" se converteu em um dos termos-chave do Iluminismo, graças à colaboração de Kant,[11] que vinculou a ideia de cosmopolitismo à concepção de "uso público da razão", que aparece como uma via de escape aos dogmas

---

[7] HELD, *Cosmopolitismo*: ideales y realidades, 2012.

[8] MARRAMAO, "O mundo e o ocidente hoje: o problema de uma esfera pública global", 2007b.

[9] HELD, *Cosmopolitismo*: ideales y realidades, 2012.

[10] Ibidem.

[11] "Os povos da terra participam em vários graus de uma comunidade universal, que se desenvolveu ao ponto de que a violação do direito, cometida em um lugar do mundo, repercute em todos os demais. A ideia de um direito cosmopolita não é, portanto, fantástica ou exagerada; é um complemento necessário ao código não escrito do Direito político e internacional, transformando-o num direito universal da humanidade. Somente nessas condições podemos congratular-nos de estar continuamente avançando em direção a uma paz perpétua" (KANT, *A paz perpétua e outros opúsculos*, 1988, p. 107-8)

e à autoridade injusta. Segundo essa concepção, as pessoas são membros de uma "sociedade cosmopolita" (em lugar de uma sociedade civil) e, como tais, "desfrutam do direito ao uso público e sem restrições de sua razão". Direito, ainda, a entrar em um mundo de diálogo aberto, não coacionado. Trata-se do direito cosmopolita (hospitalidade universal), baseado na *capacidad de presentarse y ser escuchado dentro y fuera de las comunidades políticas, es el derecho a entrar a dialogar sin restricciones ni limitaciones artificiales*".[12] É dizer, preconizavam o "*intercambio de ideas (y mercancías) con los habitantes de otros países [tolerância e convívio pacífico], pero que no incluía el derecho de residencia permanente o ciudadanía en sus territorios*".[13]

A terceira e mais recente concepção do termo implica três elementos fundamentais: (*i*) o individualismo igualitário, isto é, estabelece que os indivíduos ou seres humanos são as *unidades finales del ámbito moral*",[14] assim toda pessoa é julgada igualmente digna de respeito e consideração; (*ii*) o reconhecimento recíproco, segundo o qual todos devem reconhecer a igualdade de valor moral das pessoas, para tanto deve haver igualdade de condições para tomada de decisões; e, (*iii*) a racionalização imparcial, que exige que as demandas de todas as pessoas devem ter direito a um exame imparcial na deliberação e no debate público.

Tem-se, assim, que o modelo de cosmopolitismo defendido por David Held é aquele que "*reconece a cada persona como un agente moral autónomo con igual derecho a dignidad y consideración*".[15] E mais:

> Utilizo el cosmopolitismo, en ultima instancia, para connotar el espacio ético y politico que establece los términos de referencia para el reconocimiento de la igualdad de valor moral de las personas, su agencia activa y lo que se requiere para su autonomía y desarrollo.[16]

Para além dos três elementos elencados acima, essenciais ao cosmopolitismo atual, são necessários, ainda, segundo David Held, outros três mecanismos para a criação e o desenvolvimento de instituições e formas de governo cosmopolitas, é dizer, para legitimar os processos políticos e permitir o "constante debate público" cosmopolita, são eles: (*i*) o consentimento, (*ii*) a deliberação e (*iii*) a tomada coletiva de decisões. Trata-se, em última análise, da institucionalização do "uso público da razão" nas formas nacionais e transnacionais de diálogo e de debate público não coacionado.[17]

Podem-se sistematizar, a partir de David Held, os princípios fundamentais do cosmopolitismo em três grandes grupos, conforme tabela na página seguinte.

---

[12] HELD, *Cosmopolitismo*: ideales y realidades, 2012, p. 50.

[13] Ibidem, p. 50.

[14] Ibidem, p. 27.

[15] Ibidem, p. 27.

[16] Ibidem, p. 56. Baseado nos princípios da igualdade de dignidade, respeito e prioridade das necessidades vitais (saúde, saneamento básico…), cujo significado – importante frisar – não pode ser estabelecido de uma vez por todas, na medida em que estão inseridos na complexidade hermenêutica, com estruturas temporais e culturais.

[17] HELD, *Cosmopolitismo*: ideales y realidades, 2012.

Tabela 1 – Princípios do Cosmopolitismo

Grupo 1 – Recursos fundamentais de organização do universo moral cosmopolita

1. Igualdade de valor e de dignidade	Seres humanos como unidades últimas de preocupação moral. Direitos humanos são tidos como limites.
2. Agência ativa	Capacidade dos seres humanos de raciocinar de forma autoconsciente, de serem autorreflexivos e autodeterminantes. Capacidade de atuar de maneira autônoma.
3. Responsabilidade pessoal e prestação de contas	Os atores devem ser conscientes e responsáveis pelas consequências de suas ações que podem restringir radicalmente ou limitar as opções dos demais. Demandas devem ser tomadas em conta por igual.

Grupo 2 – Requisitos para a legitimação do poder público

4. Consenso	Processo político não coercitivo, em que as pessoas possam negociar e levar a cabo suas interconexões públicas e oportunidades vitais.
5. Tomada de decisões coletivas em assuntos públicos	Por meio de votação.
6. Inclusividade e subsidiariedade	Os que resultam significativamente afetados pelas decisões devem ter igualdade de oportunidades através de representantes eleitos, para influir e dar forma a essas decisões.

Grupo 3 – Marco para priorizar necessidades urgentes e a conservação dos recursos

7. Prevenção de danos maiores (princípio reitor da justiça social)	Atender as necessidades mais urgentes.
8. Sustentabilidade	Todos os desenvolvimentos econômicos e sociais devem ser coerentes com a administração dos recursos básicos mundiais (sejam renováveis ou não).

Fonte: A autora. Nota: A partir de HELD, 2012.

A justificativa dos princípios do cosmopolitismo depende de dois meta-princípios ou noções organizativas do discurso ético fundamentais: o meta-princípio de autonomia (MPA) e o metaprincípio de racionalização imparcial (MPRI). O MPA opera de modo a considerar os *ciudadanos de las democracias indivíduos libres e iguales con derecho a la autonomía moral y autodeterminación política*.[18] O MPRI opera como uma *interpretación filosófica básica de la reciprocidad cuando se trata de elaborar principios politicos y morales que pueden ser refrendados y aprobados por todos*.[19]

---

[18] HELD, *Cosmopolitismo*: ideales y realidades, 2012.
[19] Ibidem.

Para comprovar que as demandas e os interesses são realmente generalizáveis, há que se raciocinar desde o ponto de vista dos demais.[20] Trata-se de um diálogo que está sempre aberto e que, em um sentido interpretativo, nunca pode ser completado, por isso que não deixa de levar em conta os pluralismos culturais, os quais, entretanto, tampouco poderão ser violadores dos princípios da autonomia moral.

Juntos, o MPA e o MPRI proporcionam as bases do pensamento cosmopolita. O MPA estabelece o espaço conceitual em que tem lugar o MPRI.

Nesse sentido, por intermédio de um direito cosmopolita, isto é, de um direito que reforce os princípios da ordem cosmopolita, pode-se ter o *"modo adecuado de representar la igualdad moral de todos los seres humanos, su derecho a la igualdad de libertad y de formas de gobierno fundadas en la deliberación y el consentimiento"*.[21]

4. A questão da soberania e o direito cosmopolita

A construção de um Direito público democrático é a condição prévia de uma ordem cosmopolita. No coração do Direito público democrático se encontra a proteção de certos interesses fundamentais das pessoas quanto à sua autodeterminação e autonomia. O direito público democrático deve eliminar todos os obstáculos que limitem a capacidade dos cidadãos de participar plenamente no processo democrático.

Por outro lado, a construção de um direito público democrático dentro de uma ordem cosmopolita implica a redefinição da ideia tradicional de soberania na relações internacionais. No modelo clássico de soberania, o Estado exerce o poder efetivo sem restrição sobre um determinado território. Após a segunda Guerra e a emergência dos direitos humanos, o modelo clássico foi ameaçado pelo modelo liberal de soberania, o qual liga a legitimidade do Estado à proteção dos direitos humanos. Esse modelo necessita ser substituído pelo modelo cosmopolita de soberania, o qual redefine o conjunto de atribuições do poder político legítimo.

Afinal, se tomarmos como base os primeiros anos do século XXI, não teríamos motivo para otimismo quanto ao futuro da humanidade. É que a globa-

---

[20] Tem-se, aqui, mais uma congruência com a teoria de Habermas, que também é baseada na teoria do discurso. Essa teoria analisa a aceitabilidade racional dos juízos sob o ponto de vista da qualidade dos argumentos e da estrutura do processo de argumentação. "Argumentos são razões que resgatam, sob condições do discurso, uma pretensão de validade levantada através de atos de fala constatativos ou regulativos, movendo racionalmente os participantes da argumentação a aceitar como válidas as proposições normativas ou descritivas" (HABERMAS, *Direito e Democracia*: entre facticidade e validade, 2012, p. 281). "O conceito de argumento é de natureza pragmática: para saber o que é um 'bom argumento', é preciso descobrir o papel que ele desempenha no interior de um jogo de argumentação, isto é, saber até que ponto ele" pode contribuir para a solução do problema da aceitabilidade de uma pretensão de validade controversa (Ibidem, p. 283). "Para saber se normas e valores podem encontrar o assentimento racionalmente motivado de todos os atingidos, é preciso assumir a perspectiva, intersubjetivamente ampliada da primeira pessoa plural, a qual assume em si, de modo não-coagido e não-reduzido, as perspectivas da compreensão do mundo e da autocompreensão de todos os participantes. Para uma tal assunção ideal de papéis, praticada em comum e generalizada, recomenda-se a prática da argumentação [forma reflexiva do agir comunicativo]" (Ibidem, p. 284).

[21] HELD, *Cosmopolitismo*: ideales y realidades, 2012, p. 96.

lização parece estar exarcebando a importância das diferenças entre os povos e impulsionando alguns nacionalismos, de que são exemplos as violências políticas (vide 11 de setembro de 2011, Guerra contra o Oriente Médio em 2006, Conflito Israel x Gaza, e, ainda, mais recentemente, os movimentos separatistas da Escócia e da Catalunha) e, ainda, a xenofobia e os problemas referentes às migrações contemporâneas.

> La conclusion es que no podemos seguir ignorando por más tiempo nuestros problemas comunes y nuestro destino común. Necesitamos un marco de interacción política y moral con el fin de co-existir e cooperar en la resolución de los problemas comunes. De catástrofes ecológicas a crisis financieras, no hay más remedio que encontrar soluciones comunes.[22]

O século XX foi marcado por grandes avanços cosmopolitas, sobretudo pela luta em prol dos direitos humanos. Foi o período histórico em que proliferaram tratados internacionais e legislações nacionais que buscaram positivar e ressaltar a necessidade do respeito aos seres humanos como condição para a própria sobrevivência da humanidade. No entanto, como lembra Vicente de Paulo Barretto, também foi o "século durante o qual, paradoxalmente, a humanidade vivenciou as mais violentas violações desses mesmos direitos".[23] Haja vista as duas grandes guerras mundiais, seguidas por Estados totalitários que perpretaram violações de direitos, segundo defendiam, dentro da ordem legal vigente nesses Estados (III Reich).

Esses fatos ensejaram uma reação internacional, que culminou com a criação da Organização das Nações Unidas (ONU), em 1945, e com a Declaração Universal dos Direitos Humanos, em 1948, "que marcou o início da codificação do reconhecimento, da defesa e da promoção dos direitos humanos na esfera internacional".[24] A essa primeira codificação seguiram-se outros dois instrumentos internacionais sobre direitos humanos, adotados em 1966, a Convenção Internacional de Direitos Civis e Políticos e a Convenção Internacional de Direitos Econômicos, Sociais e Culturais. Daí por diante, como se sabe, proliferaram diversos tratados internacionais que buscaram disciplinar e salvaguardar essa categoria de direitos, "com a esperança de que a inserção desses valores em textos jurídicos fosse a solução definitiva para a sua proteção e respeito".[25]

Ocorre que se testemunha, ainda hoje, mesmo diante de todo este aparato jurídico internacional, o constante desrespeito aos direitos humanos, inclusive perpetrados pelos próprios Estados, que deveriam ser, por outro lado, os seus maiores protetores.[26] É dentro desse paradoxo que surge a necessidade de falarmos de um direito cosmopolita.

---

[22] HELD, *Cosmopolitismo*: ideales y realidades, 2012, p. 31.

[23] BARRETTO, "Universalismo, Multiculturalismo e Direitos Humanos", 1998, p. 259.

[24] Ibidem, p. 260.

[25] Ibidem, p. 260.

[26] "Certamente seria absurdo querer negar ou diminuir o esforço cumprido pelas Nações Unidas com a finalidade de transformar tais princípios em *ius cogens*, vale dizer em normas jurídicas vinculantes: seja através da promoção de pactos (pactos sobre os direitos civis e políticos, por um lado, e sobre os direitos econômico-sociais e culturais, por outro lado: onde – a propósito – a diferenciação entre os dois pactos coloca um problema muito sério de divisão entre os dois âmbitos de direitos), seja por meio de declarações e convenções internacionais. E, todavia, não obstante o valor desse esforço, permanece ainda aberto o problema da sua

A ideia de um direito cosmopolita surge, então, da necessidade de se criar um âmbito legal distinto do âmbito de atuação das leis estatais ou de acordos entre Estados para satisfazer seus interesses geopolíticos. No marco do direito cosmopolita, a ideia de autoridade legítima tem que ser repensada. A soberania é desligada da ideia de fronteiras e territórios fixos, mas subordinada a um marco jurídico geral. A soberania cosmopolita está concebida como um marco de relações políticas e atividades reguladoras formadas por uma estrutura jurídica cosmopolita global.

Da mesma forma, torna-se necessário adaptar o conceito de cidadania, o qual deixa de ser entendido como mero pertencimento a uma comunidade que outorga aos qualificados direitos e obrigações particulares e passa a ser um princípio alternativo de ordem mundial, em que todas as pessoas têm direitos e obrigações equivalentes na esfera entrecruzada de tomadas de decisões que podem afetar suas necessidades e seus interesses vitais.[27]

5. Realidade prática do cosmopolitismo

O cosmopolitismo já se encontra – ainda que mais formalmente do que na prática, como se verá agora – nas organizações e instituições governamentais, desencadeando transformações, sobretudo no coração da privilegiada posição moral e jurídica que os Estados ostentavam. São três as transformações elencadas por David Held para exemplificar esta realidade (cada uma relacionada a uma das concepções de cosmopolitismo descritas no tópico "3").

A primeira mudança aproxima-se da primeira concepção de cosmopolitismo e diz respeito às novas regulamentações regionais e universais, as quais tomam como ponto de partida o que todos os seres humanos têm em comum (regime de direitos humanos) e seus ecossistemas (regime de meio ambiente).

A segunda mudança diz respeito aos artigos da Carta Internacional de Direitos Humanos que vão ao encontro do que postulava Kant no século XVIII, como se pode ver nos seus artigos (vide os números 21, 18, 19, 27, 13, 14, entre outros). Apesar da previsão legal, são princípios de difícil efetivação prática na maioria dos países.

David Held vai além e diz que mesmo que as condições kantianas se cumprissem plenamente, seguiriam sem conformar adequadamente as condições de uma "sociedade cosmopolita" por três razões: (*i*) porque não leva em conta as complexidades do poder e a desigualdade (material), e, de fato, as normas e procedimentos internacionais não têm em conta a brecha existente entre os direitos outorgados e o poder efetivo das oportunidades; (*ii*) as formas existentes de direito internacional não levam em conta a separação que existe entre o direito das pessoas de participar nos diversos foros de discussão e seu *modus operandi* (e os direitos que irão defender...); e, (*iii*) a concepção kantiana de direito cosmopolita é demasiado débil para apoiar a livre circulação de pessoas e

---

efetiva atuação" (MARRAMAO, "Passado e futuro dos direitos humanos: da 'ordem pós-hobbesiana' ao cosmopolitismo da diferença", 2007a).

[27] HELD, *Cosmopolitismo*: ideales y realidades, 2012.

ideias, não resolvendo, por exemplo, as questões relativas aos refugiados e aos solicitantes de asilo.[28]

Por fim, a terceira mudança está em que se pode visualizar de forma expressa os princípios do individualismo igualitário, do reconhecimento recíproco e da racionalização imparcial (elementos do cosmopolitismo contemporâneo) nas iniciativas institucionais e em algumas regulamentações de governança regional e global surgidas pós-Segunda Guerra Mundial, de que é exemplo a Declaração das Nações Unidas de Direitos Humanos (1948), a qual eleva o princípio de individualismo igualitário a um ponto de referência universal (por meio da exigência de que cada pessoa seja tratada com o mesmo cuidado e respeito, independentemente do país de seu nascimento ou criação). Com efeito, Giacomo Marramao afirma que "apesar do caráter, por um lado, datado, e, por outro, culturalmente prejudicado de algumas formulações, o texto da Declaração representa um decisivo *turning point*, que proponho sintetizar na fórmula da 'desterritorialização do direito'".[29] Para tanto, o autor ancora-se no seu art. 6º, que dispõe: "todo indivíduo tem direito em todo lugar".

Ainda que o direito internacional vigente contenha elementos cosmopolitas, ele ainda não conseguiu dar conta de gerar novas e sólidas estruturas para a prestação de contas e regulação verdadeiramente cosmopolita. Vejamos:

Em primeiro lugar, destaca David Held, as políticas globais pós-1948 não só não reduziram a soberania (liberal), como a respaldou claramente e de diversas formas. Em segundo lugar, os conteúdos cosmopolitas das leis raras vezes são acompanhados de um compromisso de estabelecer instituições com recursos e influências necessários para fazer com que as intenções e os objetivos cosmopolitas sejam levados a cabo. Em terceiro lugar, o foco das iniciativas cosmopolitas tem estado tão somente no âmbito do político, isto é, há a vigilância dos abusos do poder político, mas não do econômico.[30]

6. Cosmopolitismo intercultural

Há algumas objeções ao enfoque cosmopolita. Entre elas, está a preocupação cultural de que as normas e os valores que se projetam na ordem mundial são tão somente de origem ocidental e, portanto, não deveriam ter pretensão universal. Vicente de Paulo Barretto elenca três tipos de "relativismos", referentes a essa contestação da ideia dos direitos humanos como universais: o relativismo antropológico, o relativismo epistemológico e o relativismo cultural.[31]

---

[28] HELD, *Cosmopolitismo*: ideales y realidades, 2012.

[29] MARRAMAO, "Passado e futuro dos direitos humanos: da 'ordem pós-hobbesiana' ao cosmopolitismo da diferença", 2007a.

[30] HELD, *Cosmopolitismo*: ideales y realidades, 2012.

[31] "Um dos resultados mais preciosos da etnologia, do século XX, foi a aquisição do relativismo cultural e o, conseqüente, desencanto das suas conseqüências hegemônicas e da supremacia do universalismo ocidental. Levar a sério a 'revolução copérnicana' operada, a partir da antropologia do século XIX e XX, significa, em poucas palavras, assumir, como ponto de partida de todas as análises e todos os projetos políticos, o caráter rigorosamente contextual (ou seja, relativo) das culturas, destituindo-se de cada apriorística pretensão de validade universal dos nossos valores e estilos de vida... Hoje cada cultura é um mundo, uma constelação de símbolos e de valores que devem ser analisados, antes de tudo, *iuxta propria principia*: sem projetar sobre

Este último sustenta o argumento aceitável de que as particularidades culturais exercem um papel determinante na forma sob a qual os valores assegurados pelos direitos humanos irão formalizar-se. O segundo tipo afirma a impossibilidade de se produzir um discurso ético, que seja transcultural. O primeiro baseia-se na constatação de que existe uma enorme variedade de formas de experiência nos grupos humanos, identificando, entretanto, essa diversidade cultural com o pluralismo.[32]

No entanto, adverte o autor que a própria observação antropológica demonstra que algumas necessidades humanas são universais, e não meramente locais, em seu caráter, podendo ser classificadas de necessidades comuns a todos os grupos sociais ou "humanas": "O sentimento de afeição, a necessidade de cooperação encontrada em todas as culturas, a identificação do lugar na comunidade e a ajuda para quem se encontra em necessidade são exemplos de como existem características do ser humano que ultrapassam os limites das fronteiras culturais".[33]

Enfim, alguns bens são universais, e não estritamente locais. A observação das culturas locais demonstra, inclusive, que dentro delas se encontra uma enorme gama de interpretações da própria tradição e das práticas culturais, podendo-se afirmar neste sentido que todas as culturas são pluralistas.[34]

Da mesma forma, David Held entende que é um erro renunciar à linguagem da igualdade de valor e da livre determinação somente por sua contingente associação "imperialista". Afinal, a origem dos valores supracitados não tem relação com sua validade. E esses princípios possuem, sim, validade universal. Afinal, a preocupação é com a igualdade de liberdade e possibilidade de desenvolvimento de todos os seres humanos, inclusive das mulheres africanas que são submetidas a uma prática supostamente cultural chamada "mutilação genital". Ora, não podemos "racionalmente supor que essa prática tenha sido, durante séculos, considerada, por todas as mulheres, como necessariamente boa para as mulheres".[35] É razoável, por outro lado supor que tenha havido algum grau de insatisfação diante da obrigação imposta pela tradição; aliás

> Tanto isto é verdade que ocorrem na atualidade, fugas de jovens em países africanos para escapar da mutilação. O simples fato de existir esse nível de rebeldia[36] em países de cultura tradicional, e teoricamente uniforme, faz com que se admita a existência de grupos sociais, que se opõem às práticas tradicionais.[37]

---

este universo simbólico os nossos parâmetros culturais" (MARRAMAO, "O mundo e o ocidente hoje: o problema de uma esfera pública global", 2007b).

[32] BARRETTO, "Universalismo, Multiculturalismo e Direitos Humanos", 1998.

[33] Ibidem.

[34] Ibidem.

[35] Ibidem.

[36] "Essas manifestações de revolta resultam das chamadas críticas internas, desenvolvidas durante séculos, do mesmo modo como os direitos humanos no Ocidente resultaram de um processo de contestação a valores e práticas, dentro de uma mesma cultura. Nesse contexto, a Declaração sobre a Eliminação da Violência contra as Mulheres (1993), a declaração da Subcomissão das Nações Unidas para a Prevenção da Discriminação e Proteção das Minorias (1988), e a condenação da mutilação genital feminina pela Convenção sobre os Direitos das Crianças das Nações Unidas, adotam a posição de que a circuncisão feminina viola os direitos humanos das mulheres e crianças" (Ibidem).

[37] Ibidem.

A intenção está, portanto, em "revelar a diversidade e multiplicidade das práticas sociais e credibilizar esse conjunto por contraposição à credibilidade exclusivista das práticas hegemônicas".[38] Por este motivo, é preferível falar em "cultura de diversidade", do que em "diversidade de culturas", de modo a reconhecer as "distintas 'ecologias', que não reduzem o existente apenas à visão hegemônica da razão ocidental imperial".[39]

Nesse sentido, Raimon Pannikar propõe que se adote o enfoque de uma "filosofia intercultural", a qual é apta a mostrar "outras civilizações, sem negar seus aspectos negativos". É dizer, a interculturalidade não significa compactuar com todos os aspectos de uma cultura, mas tampouco considerá-los inferiores; não se abandona, portanto, a capacidade crítica e a análise dos fatores que podem bloquear as propostas de emancipação.

Daí que César Augusto Baldi, com apoio em Raimon Panikkar, combate tanto o "monoculturalismo" quanto o "multiculturalismo":

> O primeiro porque admite um grande leque de diversidades culturais, mas somente sobre o fundo único de um denominador comum. O segundo, porque consiste na existência separada e respeitosa entre as diversas culturas, cada qual no seu mundo, ou seja, pluralidade de culturas inconexas entre si. Enquanto um asfixia, por opressão, todas as culturas, o outro nos conduz a uma guerra de culturas (com a previsível derrota das menos fortes) ou nos condena a um *apartheid* cultural, que também se torna irrespirável.[40]

Logo, por mais que a pretensão seja universal, não exclui as especificidades culturais e políticas locais. Há, sim, a necessidade hermenêutica de interpretar os significados dos princípios morais universais dentro dos entornos locais onde operam. É nessa intersecção entre universalismo e pluralismo, que os princípios reguladores do cosmopolitismo se conjugam com a democracia.

É o que conclui, também, Giacomo Marramao, quando diz que o mundo globalizado de hoje possui uma estrutura paradoxal, sendo, a um só tempo, unipolar e multicêntrico: unipolar, do ponto de vista do poder tecnológico-militar, detido (ao menos até hoje) pela superpotência norte-americana; e, multicêntrico, do ponto de vista das identidades e das instâncias de "subjetivação", que surgem das diversas áreas do planeta.[41] E mais, igualmente paradoxal é a forma que, nesse mundo "glo-calizado",[42] assume o conflito: "canibalização recíproca de universalismo hegemônico e particularismo idiossincrático".[43]

---

[38] SANTOS, "Por uma concepção multicultural dos direitos humanos", 2003, p. 750.

[39] BALDI, "Da diversidade de culturas à cultura da diversidade: desafios dos direitos humanos", 2008, p. 303.

[40] Ibidem, p. 306.

[41] MARRAMAO, "Passado e futuro dos direitos humanos: da 'ordem pós-hobbesiana' ao cosmopolitismo da diferença", 2007a.

[42] "A globalização é por um lado uniformização tecno-econômica e financeiro-mercantil, com os conseguintes fenômenos de deteriorização e interdependência crescentes entre as diversas áreas do planeta, e, por um outro lado, um *trend* igualmente acelerado de diferenciações e reterritorialização das identidades: de re-colocação de processos de identificação simbólica. Entre os dois aspectos, que o léxico sociológico tende a compendiar o oxímoro do *glocal*, percorre, no meu entender, uma relação interfacial. Mas ao mesmo tempo, só pode criar um curto-circuito perigoso e de efeitos paralisantes" (MARRAMAO, "O mundo e o ocidente hoje: o problema de uma esfera pública global", 2007b).

[43] APPADURAI, A. *Modernity at Large*. Cultural Dimensions of Globalization. Minneapolis: University of Minnesota, 1996 (trad.it., *Modernidade in polvere*. Roma: Meltemi, 2001) *apud* MARRAMAO, "Passado e futuro dos direitos humanos: da 'ordem pós-hobbesiana' ao cosmopolitismo da diferença", 2007a).

O autor pergunta-se, tal como este artigo, qual deveria ser, então a dimensão do universalismo dos direitos neste mundo que só pode ser multipolar e, assim, aberto a uma pluralidade de experiências e de narrativas diversas. Para responder a esta questão, acredita-se que Giacomo Marramao também se filia ao cosmopolitismo intercultural, tal como desenvolvido neste trabalho. Ainda que diga em outras palavras – pois prefere, por exemplo, o termo "universalismo da diferença" –, a essência da ideia é a mesma:

> Para resolver de modo liberatório o antagonismo, tendencialmente, catastrófico entre universalismo neutralizante do Estado moderno e o fetichismo identitário do comunitarismo e de certas versões do multiculturalismo, apresentei a proposta de uma esfera pública caracterizada por uma política universalista da "diferença".[44]

Segundo o autor, mostra-se crucial, nessa nova realidade, a ideia de uma esfera pública que seja capaz de recompor o Universal *contra a identidade*. Uma esfera pública que não relativize ou enfraqueça a identidade, simplesmente pluralizando-a, mas que construa um universal multicêntrico, que tome as várias identidades culturais como um dado autoevidente e autofundado, e não como um problema. Afinal, entende o autor que "uma globalização que homologa mas não universaliza, comprime mas não unifica. E, por isto, produz sob a roupagem da 'política da diferença', um proliferar constante de lógicas identitárias".[45]

Giacomo Marramamo defende, assim, que não se recomponha as identidades como um mosaico, mas que se reconstrua o universal contra a identidade, a partir do critério da diferença. Trata-se, nas palavras do autor, de um:

> Repensar em um ser-em-comum composto de histórias diversas e de diferenças inassimiláveis: em uma *civitas* como comunidade paradoxal suscetível de acolher as existências (e experiências) singulares, independentemente das pertinências identitárias que em cada caso se fazem presentes: como inevitável efeito dos mecanismos de identificação simbólica e das práticas coletivas de "invenção da tradição".[46]

Nesse "período de transição", é dizer nesse período de passagem entre o "não mais da velha ordem inter-estatal e o não ainda da nova ordem pós-nacional"[47] ou cosmopolita, é possível e há que se dispor a "escrever com uma mão a palavra 'universalidade', e com a outra a palavra 'diferença'. E, por longo tempo, creio, deveremos resistir à tentação de escrever ambas as palavras com apenas uma mão. Porque seria, em todo caso, a mão errada".[48]

---

[44] "Diferença no singular e não no plural (as famosas diferenças culturais, das quais quase todos hoje falam). A diferença – me explico melhor – não como lugar, sujeito ou condição específica, mas como 'vértice ótico' capaz de romper, sob o plano teórico, com o paradigma distributivo e 'estadocêntrico' de política, e de quebrar, sob o terreno prático, a isometria de instituições democráticas estruturalmente incapazes de controlar as novas formas de conflito. Longe quer seja de uma terceira via entre universalismo e diferença, liberalismo e comunitarismo – da terceira via, se sabe, é o calçamento dos cemitérios do século XX... – a minha proposta tenta reconstruir o universal não pela ideia do denominador comum, mas pelo critério da diferença" (MARRAMAO, "O mundo e o ocidente hoje: o problema de uma esfera pública global", 2007b).

[45] MARRAMAO, "O mundo e o ocidente hoje: o problema de uma esfera pública global", 2007b.

[46] MARRAMAO, "Passado e futuro dos direitos humanos: da 'ordem pós-hobbesiana' ao cosmopolitismo da diferença", 2007a.

[47] Ibidem.

[48] Ibidem.

INQUIETAÇÕES SOBRE DIREITOS FUNDAMENTAIS

Veja-se que a importância de fortalecimento da esfera pública também se encontra presente em David Held (2012), além, é claro, de Jürgen Habermas (2011 e 2012) e de Nancy Fraser (2009).

Held critica que, no contexto atual, os problemas de direitos, justiça e igualdade têm sido pensados na perspectiva da inclusão; sendo que a inclusão, contudo, e talvez paradoxalmente, "não é a resposta para os problemas de exclusão e nem para o cosmopolitismo".[49]

A resposta está, segundo o autor, na "possibilidade da participação e, portanto, de as vozes 'silenciadas e marginalizadas' entrarem em 'conversação de projetos cosmopolitas', ou seja, 'o reconhecimento e a transformação do imaginário hegemônico a partir de uma perspectiva dos povos em posições subalternas'".[50]

Torna-se, necessária, assim,

> a reconfiguração dos direitos humanos como um conector dos diversos processos de subalternização (ou "contra-hegemonia"), de lutas e resistências por noções distintas de justiça, apropriando e transformando os projetos globais ocidentais, expressando as múltiplas "vozes do sofrimento" e as distintas construções históricas de dignidade, numa crítica radical a todas as formas de fundamentalismo.[51]

Da mesma forma, Habermas entende que os direitos só se tornam socialmente eficazes, quando os atingidos são suficientemente informados e, inclusive, capazes de atualizar a proteção do direito. Isto é, os cidadãos devem ter competência para mobilizar o direito. Daí a necessidade de uma política compensatória, inclusive, de proteção jurídica, capaz de fortalecer o conhecimento do direito, a escolaridade, a representatividade política. Enfim, há a necessidade de estabelecer igualdade jurídica face às desigualdades de fato.

Nesse sentido, a função dos direitos fundamentais não pode mais apoiar-se nas concepções sociais embutidas no paradigma liberal de direito, portanto não pode limitar-se a proteger os cidadãos autônomos contra os excessos do aparelho estatal. A autonomia privada requer mais do que isso, na medida em que ela depende "do modo e da medida em que os cidadãos podem efetivamente assumir os direitos de participação e de comunicação de cidadãos do Estado",[52] que nada mais é do que sua autonomia pública, a qual é determinada (ou proporcionada) pelo procedimento democrático.

Com efeito, Habermas entende que o caminho para se chegar ao discurso racional dá-se por meio de um procedimento democrático – por isso chama sua compreensão de procedimentalista – o qual regula as negociações/comunicações/discursos sob ponto de vista da imparcialidade.

---

[49] HELD, *Cosmopolitismo*: ideales y realidades, 2012, p. 320.

[50] MIGNOLO, Walter. "The many faces of cosmo-polis: border thinking and critical cosmopolitan". Disponível em: <http://publicculture.org/articles/view/12/3/the-many-faces-of-cosmo-polis-border-thinking-and-critical-cosmopolitanism> *apud* BALDI, "Da diversidade de culturas à cultura da diversidade: desafios dos direitos humanos", 2012, p. 320.

[51] HELD, *Cosmopolitismo*: ideales y realidades, 2012, p. 321-2.

[52] HABERMAS, *Direito e Democracia*: entre facticidade e validade, 2011, p. 326.

> Se a negociação de compromissos decorrer conforme procedimentos que garantem a todos os interesses iguais chances de participação nas negociações e na influenciação recíproca, bem como na concretização de todos os interesses envolvidos, pode-se alimentar a suposição plausível de que os pactos a que se chegou são conformes à equidade.[53]

Ocorre que o processo democrático só promete uma racionalidade procedimental "imperfeita", afinal não pode garantir um perfeito consenso entre os envolvidos. Com efeito, é impossível supor a produção de consensos via deliberação em sociedades tão pluralistas. A intenção é, nesse sentido, ultrapassar a ideia de que deliberações buscam sempre o consenso, de modo a conciliar o pluralismo e a deliberação.

Enfim, para que o processo democrático de estabelecimento do direito tenha êxito, Habermas afirma que é necessário que os cidadãos "utilizem seus direitos de comunicação e de participação num sentido orientado *também* para o bem comum",[54] isto é o que ele chama de "uso público da razão", o qual se opõe à utilização de uma razão orientada para a defesa de interesses próprios tão somente. Esse uso público da razão não pode ser imposto juridicamente, somente proposto politicamente.

Nancy Fraser também entende que as lutas por justiça em um mundo globalizado não podem alcançar êxito se não caminharem juntamente com as lutas por democracia e, ainda, afirma que seu lema é: "Nenhuma redistribuição ou reconhecimento sem representação".[55] Com isso, Fraser destaca a importância do político e da democracia para a realização da justiça. Importância, essa, que não se sobrepõe em relação às outras duas dimensões (econômica e cultural). Pelo contrário, para a autora as três dimensões (econômica, cultural e política) estão em relações de mútuo imbricamento e influência recíproca. É que "a capacidade de influenciar o debate público e os processos autoritativos de tomada de decisão depende não apenas das regras formais de decisão, mas também das relações de poder enraizadas na estrutura econômica e na ordem de *status*".[56]

> Desse modo, a má distribuição e o falso reconhecimento agem conjuntamente na subversão do princípio da igual capacidade de expressão política de todo cidadão, mesmo em comunidades políticas que se afirmam democráticas. Mas, obviamente, o contrário é também verdadeiro. Aqueles que sofrem da má representação estão vulneráveis às injustiças de status e de classe. Ausente a possibilidade de expressão política, eles se tornam incapazes de articular e defender seus interesses com respeito à distribuição e ao reconhecimento, o que, por sua vez, exacerba a sua má representação.[57]

Vê-se, portanto, que há um círculo vicioso em que as três ordens de injustiça se reforçam mutuamente, negando a algumas pessoas a chance de participar como pares com os demais na vida social. Estando essas três dimensões interligadas, os esforços para superar a injustiça não podem, exceto em raros casos, lidar apenas com uma delas. Pelo contrário, "lutas contra a má distribui-

---

[53] HABERMAS, *Direito e Democracia*: entre facticidade e validade, 2012, p. 208.

[54] Ibidem, p. 323.

[55] FRASER, "Reenquadrando a justiça em um mundo globalizado", 2009.

[56] Ibidem.

[57] Ibidem.

ção e o falso reconhecimento não serão bem-sucedidas a menos que se aliem com lutas contra a má representação e vice-versa".[58] A qual delas se conferirá ênfase será uma decisão estratégica, a depender do caso específico.

7. Conclusão

Diante da atual conjuntura, caracterizada pela "glocalização", ou, em outras palavras, um mundo globalizado que mantém as fronteiras territoriais dos Estados (local), resta necessário repensar não só a configuração dos Estados--Nação, como a sua democratização progressiva. Nesse sentido, desponta, como uma nova visão de ordem política, a reformulação da ideia do cosmopolitmo.

O cosmopolitismo atual, tal como desenvolvido neste trabalho a partir de David Held, busca estabelecer as bases éticas, culturais e jurídicas da ordem política em um mundo em que as comunidades políticas e os Estados importam, mas não única e exclusivamente. É dizer, são veículos importantes para ajudar a proporcionar o reconhecimento público efetivo, a igualdade de liberdade e de justiça social, mas não devem mais ser considerados ontologicamente privilegiados.

Como se pode perceber do desenvolvimento deste trabalho, a retomada do "cosmopolitismo" no contexto atual não representa uma remota utopia, já que se encontram nas bases de importantes avanços jurídicos e políticos posteriores à Segunda Guerra Mundial, desde a Declaração dos Direitos Humanos (1948) até a adoção do Estatuto da Corte Penal Internacional (1998).

Claro que as consequências práticas não são imediatas, pelo contrário, assistiu-se e assiste-se, ainda, à reiterada violação dos direitos humanos inclusive por países signatários desta Declaração de outros tratados internacionais que a seguiram. Esta realidade demonstra a necessidade permanente de defesa racional dos fundamentos dos direitos humanos. Condição, por sua vez, necessária para a defesa da democracia.

A questão é que "se os direitos humanos podem se constituir em 'patrimônio comum da humanidade', eles devem ser 'desprovincializados' e 'descolonizados', por meio de mútuas trocas de experiências e saberes com outras culturas".[59]

8. Referências

BALDI, César Augusto. "Da diversidade de culturas à cultura da diversidade: desafios dos direitos humanos". In: *Teoria crítica dos direitos humanos no século XXI*. Porto Alegre: EDIPUCRS, 2008, p. 299-323.

BARRETTO, Vicente de Paulo. "Multiculturalismo e direitos humanos: um conflito insolúvel?" In: BALDI, César Augusto (Org.). *Direitos Humanos na Sociedade Cosmopolita*. Rio de Janeiro/RS: Renovar, 2004.

——. "Universalismo, Multiculturalismo e Direitos Humanos". Disponível em: <http://www.dhnet.org.br/direitos/textos/globalizacao_dh/barretoglobal.html>. Acesso em agosto de 2014.

---

[58] FRASER, "Reenquadrando a justiça em um mundo globalizado", 2009.

[59] BALDI, "Da diversidade de culturas à cultura da diversidade: desafios dos direitos humanos", 2008, p. 323.

FRASER, Nancy. "¿De la redistribución al reconocimiento? Dilemas de la justicia en la era «postsocialista»". In: *New Left Review*, I/212, Londres, p. 68-93, jul./ago. 1995.

——. "¿Triple movimiento? Entender la política de la crisis a la luz de Polanyi". In: *New Left Review*. Quito: Instituto de Altos Estudios Nacionales (IAEN), n. 81, p. 125-139, jul./ago. 2013.

——. "Reenquadrando a justiça em um mundo globalizado". In: *Lua Nova*. São Paulo, n. 77, p. 11-39, 2009.

——. "Repensando o reconhecimento". In: *Revista Enfoques*: revista semestral eletrônica dos alunos do Programa de Pós-Graduação em Sociologia e Antropologia da UFRJ. Rio de Janeiro, v. 9, n. 1, p. 114-128, ago. 2010. Disponível em: http://www.enfoques.ifcs.ufrj.br, acesso em jul. 2013.

HABERMAS, Jürgen. *A inclusão do outro*: estudos de teoria política. Tradução de George Sperber e Paulo Astor Soethe. São Paulo: Edições Loyola, 1996, 2002. p. 286).

——. *Direito e Democracia*: entre facticidade e validade. 2ª ed. Vol. I. Tradução de Flávio Beno Siebneicheler. Rio de Janeiro: Tempo Brasileiro, 2012.

——. *Direito e Democracia*: entre facticidade e validade. Vol. II. Tradução de Flávio Beno Siebneicheler. Rio de Janeiro: Tempo Brasileiro, 2011.

HELD, David. *Cosmopolitismo*: ideales y realidades. Traducción de Dimitri Fernández Bobrovski. Madrid: Alianza Editorial, 2012.

KANT, Immanuel. *A paz perpétua e outros opúsculos*. Lisboa: Edições 70, 1988.

MARRAMAO, Giacomo. "Passado e futuro dos direitos humanos: da 'ordem pós-hobbesiana' ao cosmopolitismo da diferença". In: *XVI Congresso Nacional do Conselho Nacional de Pesquisa e Pós-graduação em Direito (CONPEDI)*. Belo Horizonte: Programa de Pós-graduação em Direito da PUC/MG, novembro de 2007a.

——. "O mundo e o ocidente hoje: o problema de uma esfera pública global". In: *Revista da Faculdade Mineira de Direito*. Belo Horizonte, v. 10, n. 20, 2º sem. 2007b, p. 7-22.

OLIVEIRA, Cláudio Ladeira de. *Moralidade e jurisdição*: a compreensão procedimentalista do direito em Jürgen Habermas. 337 f. Tese (doutorado em direito) – Centro de Ciências Jurídicas da Universidade Federal de Santa Catarina. Florianópolis, 2006.

PANNIKAR, Raimon. "Religion, filosofía y cultura". Disponível em: <http://them.polylog.org/1/fpr-es.htm>. Acesso em agosto de 2014.

SANTOS, Boaventura de Sousa. "Os direitos humanos na pós-modernidade". In: *Oficina do CES*. Coimbra: Centro de Estudos Sociais, n. 10, p. 1-16, jun. 1989.

——. "Por uma concepção multicultural dos direitos humanos". In: BALDI, César Augusto (org.). *Direitos humanos na sociedade cosmopolita*. Rio de Janeiro: Renovar, 2004.

— 7 —

Os efeitos financeiros da esfera penal falimentar como meio auxiliar no concurso de credores da falência

DANIEL DAS NEVES GOMES[1]

ROCHELE ANDRADE TOMASZEWSKI[2]

SUMÁRIO: 1. Introdução; 2. Aspectos principiológicos do direito falimentar; 3. Os crimes falimentares e seus efeitos financeiros; 4. Conclusões; 5. Referências.

1. Introdução

No Direito Falimentar, temos como objetivo precípuo a satisfação do crédito, além disto, a retirada do mercado daquele empresário, que por sua atividade, acaba trazendo mais danos do que benefícios à sociedade.[3] Destarte, considerando a tipificação de condutas criminosas na Lei 11.101/2005, que acabam por agravar a crise existente pelo estado falimentar,[4] esta também faz parte da sistemática falimentar, embora em ramo diverso das Ciências Jurídicas e Sociais.

O presente trabalho visa à análise de uma possibilidade, que poderia contribuir para a finalidade do processo falimentar; a utilização da condenação pecuniária, e demais efeitos financeiros advindos da esfera penal, serem aproveitados no concurso de credores falimentar. Tais efeitos poderiam ser executados em prol dos credores e executados no juízo universal da falência?

Para responder o questionamento, necessário passarmos alguns aspectos relevantes da principiologia do Direito Falimentar, analisando a multiplicidade de atratores que (in)formam a sistemática jurídica, ademais, os objetivos identificados na legislação acerca do tema. Para a tarefa, é necessário termos em mente os ensinamentos de Edgar Morin, que em uma era de hiperespecialização, demonstra como o método científico não pode ser excludente, devendo

---

[1] Advogado. Bacharel em Direito pela Estácio do Rio Grande do Sul.

[2] Advogada. Professora de Direito Empresarial da Estáciodo Rio Grande do Sul. Mestre em Educação pelo UNILASALLE. Especialista em Direito Penal e Processo Penal pela ULBRA. (Professora orientadora).

[3] FRANCO, Vera Helena de Mello; SZTAJN, Rachel. *Falência e Recuperação de Empresa em Crise.* Rio de Janeiro: Elsevier, 2008.

[4] PEREIRA, Alexandre Demetrius, *Crimes Falimentares,* São Paulo: Malheiros, 2010.

ser mais que interdisciplinar, quebrando as barreiras metodológicas e excludentes dos postulados individualistas, sendo transdisciplinar.[5]

Buscaremos fundamentos no caráter reparador do Direito Penal, tentando analisar conjuntamente, e determinando a convergência ou não do processo concursal de falência, com a esfera penal. Ainda levaremos em conta, a sistemática garantista do Direito Penal, intuindo buscar uma resposta aberta e harmônica com o ordenamento jurídico.

Assim, esperamos questionar a temática, ainda ausente de reflexão doutrinária no país.

2. Aspectos principiológicos do direito falimentar

O Direito falimentar surge da necessidade da sociedade de lidar com o comerciante/empresário, que não tem mais condições de sobreviver enquanto tal, de forma que, sua saída de atividade se faz necessária por deveras lesiva à sociedade. Entretanto, a realização desta saída, deve se realizar de forma a minimizar os danos aos credores, maximizando os "restos" da atividade empresária.[6]

No país, a Lei 11.101/2005, herdando a tradição da revogada, demonstra três possíveis causas para a falência, quais sejam; a impontualidade, o que significa o não pagamento de quantia líquida dentro do prazo, a prática de atos de insolvência, aqueles que implicam redução patrimonial injustificada, ou ainda, a grave crise econômico-financeira, que impossibilite o credor de prosseguir com a atividade empresaria.[7] Em todas as causas, temos um elemento comum, a crise da empresa.

Ao analisarmos a principiologia do Direito Falimentar, este que se perfaz em um concurso de credores, recorremos também a princípios gerais (in)formadores das Ciências Jurídicas e Sociais. Observando as raízes ontológicas do concurso de credores, percebemos a preocupação com a ideia de uma *justiça distributiva,* que literariamente, parte de Aristóteles e vai sendo construída ao longo do tempo até chegarmos ao Direito contemporâneo.

Para Aristóteles, o conceito de justiça era relacionado ao mérito, o mais nobre (*Aristo),* o autor entendia a justiça como o meio-termo, o que também poderia ser interpretado como o mais adequado.[8] O filósofo grego ainda separa a ideia de justiça em; justiça corretiva e justiça distributiva, esta última que nos importa para o presente estudo.

Quando falamos em justiça distributiva na concepção aristotélica, não falamos em uma distribuição exclusivamente numérica, Aristóteles reconhece

---

[5] MORIN, Edgar, *Ciência com Consciência,* tradução de Maria D. Alexandre e Maria Alice Sampaio Dória, 14ª ed. Rio de janeiro: Bertrand Brasil, 2010.

[6] COELHO, Fábio Ulhoa. *Comentários à nova Lei de Falências e de Recuperação de Empresas:* (Lei 11.101 de 9-2-2005). 8ª ed. São Paulo: Saraiva, 2011.

[7] NEGRÃO, Ricardo. *Aspectos Objetivos da Lei de Recuperação de Empresas e de Falências*: Lei n. 11.101, de 9 de fevereiro de 2005, 4ª ed. São Paulo: Saraiva, 2010. p. 17-18.

[8] ARISTÓTELES. *Obra Jurídica:* Coleção Fundamentos de Direito, 2ª ed. São Paulo: Saraiva: 2008.

que mesmo numa distribuição do valor que pertence a cada um, encontra-se um juízo de mérito de acordo com acordo de valores estabelecidos em determinada civilização.[9] Outrossim, para o filósofo grego, não há uma proporção contínua que caracterize a justiça distributiva, ou seja, "não se pode, de fato representar numericamente um termo para designar a pessoa que recebe e a parte que é distribuída".[10]

No Direito contemporâneo, a justiça distributiva acabou estabelecendo uma análise funcional, sendo que o justo é colocado de acordo com os méritos e as capacidades ou necessidades das partes.[11] Assim, vislumbramos o quanto a análise da justiça distributiva se faz presente nas ciências jurídicas e sociais, especialmente nos procedimentos concursais, *in casu,* nos procedimentos estabelecidos na Lei 11.101/2005:

> (...) Mas em detrimento do que realmente cabe a cada um, aplica-se a justiça distributiva segundo a qual a satisfação dos diversos credores, conforme alguma preferência ou classificação dos respectivos créditos, deverá ser proporcional de molde a permitir que cada credor tente obter pelo menos uma parte do seu crédito perante a impossibilidade da satisfação total.[12]

Outra preocupação relevante, no que concerne ao processo falimentar, é a preocupação com a eficiência. A temática está intimamente ligada à necessidade do Direito moderno prezar pela calculabilidade e previsibilidade, sem a qual o mercado não poderia existir. A confiança na funcionalidade e na eficiência do sistema jurídico, constituem-se requisitos essenciais para a sobrevivência do sistema capitalista, imprescindível a possibilidade de realizações de previsões seguras.[13]

Hodiernamente, o Direito se utiliza de premissas metodológicas das Ciências Econômicas, fixando-se em três bases; escolha racional, equilíbrio e *eficiência.*[14] O princípio da eficiência define um critério de avaliação econômica, consequentemente, da Análise Econômica do Direito, de forma funcional analisando as escolhas sob a ótica de um consequencialismo econômico.[15]

Um concurso de credores deve estar atento a preceitos econômicos, bem como prezar pela eficiência e maximização de seus resultados. Entretanto, dentro das Ciências Jurídicas e Sociais, não podemos cometer o equívoco torpe, de analisá-la unicamente pelo viés da Análise Econômica, conhecendo-se dos vários equívocos epistemológicos, que vão sendo questionados tanto no Direito, como na Economia.[16]

---

[9] ARISTÓTELES. Op. cit., p. 21.

[10] Ibidem, p. 22.

[11] DRESCH, Rafael de Freitas Valle. *Fundamentos Constitucionais do Direito Privado:* Uma Teoria da Justiça e da Dignidade Humana, Tese (Doutorado em Direito), Faculdade de Direito, PUCRS. Porto Alegre: 2011. p. 93.

[12] FRANCO, Vera Helena de Mello; SZTAJN, Rachel. Op. cit. p. 4.

[13] GRAU, Eros Roberto. *A Ordem Econômica na Constituição de 1988,* 10ª ed. São Paulo: Malheiros, 2005.

[14] DRESCH, Rafael de Freitas Valle. Op. cit. p. 108.

[15] Ibidem.

[16] Em relação às falhas epistemológicas, estas podem ser elucidadas através das críticas realizadas ao paradigma mecanicista existente nas ciências econômicas, assim como no Direito, neste caso, fruto de um pensamento limitadamente cartesiano, em uma ideia sistemática que desconsidere diversas vezes a complexidade

Os processos de insolvência, analisados pelo prisma da eficiência, devem se destinar à resolução da crise empresarial da forma menos custosa possível. A eficiência pretendida é maximizada quando presente as seguintes características: a) a flexibilidade existe no processo de forma a atender diversas espécies empresárias, oferecendo soluções distintas; b) haver possibilidade de retomada das contratações com ativos específicos; c) haja precisão e segurança legal nas legislações de insolvência; d) os processos permitirem rápida solução da crise.[17]

Os procedimentos concursais devem prezar pela sua eficiência procedimental, que se traduz na resposta que o mesmo pode dar para a crise empresarial, também, sua operacionalidade.[18] Em tese, podemos dizer que a operacionalidade consagra o princípio constitucional da Inafastabilidade da Jurisdição (art. 5º, XXXV), pois, a toda a pretensão necessária um procedimento que a assegure.[19]

Ponto vital, para a compreensão do processo falimentar estipulado na Lei 11.101/2005, é seu princípio basilar; a *par condictio creditorum*, que significa a igualdade proporcional entre os credores.[20] Inclusive, o favorecimento de um credor em detrimento de outro, e consequente quebra do princípio analisado, configura crime de favorecimento de credores, tipificado no art. 172 da Lei 11.101/2005.

Entretanto, como já mencionado, a igualdade dos credores é proporcional, ademais, a própria Lei de Falências e Recuperação de Empresas (LFR), estipula em seu art. 83, uma classificação de credores separados por classes, de acordo com a opção política do legislador. Como define Fábio Ulhoa Coelho: "Esta classificação dos credores da falida resultante de diversos dispositivos (da Lei de Falência e Outros diplomas) é ordem dirigida ao Administrador Judicial",[21] ou seja, deve ser obedecida, pois tem poder vinculante.

Conquanto, a ordem de classificação dos credores tenha fundamento jurídico teleológico, não há óbice para a alienação na recuperação judicial sem ônus, nos moldes do parágrafo único do art. 60 da LFR. Os Tribunais Superiores fixaram entendimento pela validade e constitucionalidade do dispositivo mencionado, exemplificativamente:

> SOLIDARIEDADE. RECUPERAÇÃO JUDICIAL DE EMPRESA. ARTIGO 60, PARÁGRAFO ÚNICO, DA LEI 11.101/2005. Conforme dispõe o parágrafo único do artigo 60 da Lei nº 11.101/2005, a aquisição por alienação judicial de ativos de empresa em recuperação judicial não transfere ao adquirente, na condição de sucessor, as obrigações trabalhistas da empresa em recuperação judicial. Precedentes do STF e do TST. Conhecido e provido.[22]

---

da Ciência em sua dimensão, nomes como Nicholas-Georgescu-Roegen, Herman Daly e Andrei Cechin; no Direito temos como referência Ricardo Aronne.

[17] NEGRÃO, Ricardo. *A Eficiência do Processo Judicial na Recuperação de empresa*. São Paulo: Saraiva, 2010. p. 147.

[18] FRANCO, Vera Helena de Mello; SZTAJN, Rachel. Op. cit. p. 2-3.

[19] SILVA, Ovídio Araújo Baptista da. *Do Processo Cautelar*, 2ª ed., Rio de Janeiro: Forense, 1998.

[20] FAZZIO JUNIOR. Waldo. *Nova Lei Falências e Recuperação de* Empresas. 2ª ed, São Paulo: Atlas, 2005.

[21] COELHO, Fábio Ulhoa. Op. cit. p. 297.

[22] TST, RR 68100-16.2007.5.01.0064, Relator Min. Emmanoel Pereira, 5ª Turma, Publicado no DEJT em: 29/06/2012.

Na mesma esteira é o entendimento do Supremo Tribunal Federal, entendendo pela constitucionalidade do art. 60, parágrafo único, da Lei 11.10/2005:

AÇÃO DIRETA DE INCONSTITUCIONALIDADE. ARTIGOS 60, PARÁGRAFO ÚNICO, 83, I E IV, c, E 141, II, DA LEI 11.101/2005. FALÊNCIA E RECUPERAÇÃO JUDICIAL. INEXISTÊNCIA DE OFENSA AOS ARTIGOS 1º, III E IV, 6º, 7º, I, E 170, DA CONSTITUIÇÃO FEDERAL de 1988. ADI JULGADA IMPROCEDENTE. I – Inexiste reserva constitucional de lei complementar para a execução dos créditos trabalhistas decorrente de falência ou recuperação judicial. II – Não há, também, inconstitucionalidade quanto à ausência de sucessão de créditos trabalhistas. III – Igualmente não existe ofensa à Constituição no tocante ao limite de conversão de créditos trabalhistas em quirografários. IV – Diploma legal que objetiva prestigiar a função social da empresa e assegurar, tanto quanto possível, a preservação dos postos de trabalho. V – Ação direta julgada improcedente.[23]

Podemos concluir que a solução judicial a celeuma, se dá através da consagração de um dispositivo legal (art. 60 da Lei 11.101/2005), que visa a disponibilizar melhores opções dentro do processo para a realização do ativo, por conseguinte, a obtenção de melhores resultados para os credores. Assim, o posicionamento dos Tribunais Superiores, parece estar em congruência com o princípio da eficiência aqui mencionado, ademais, com a *par condictio creditorum*, e no nosso entendimento sem ferir o ordenamento jurídico.

Aspecto principiológico relevante não somente para o Direito Falimentar, como também para todos os ramos do Direito, que surge como limitador, do exercício dos direitos patrimoniais é o mandamento da Função Social. Princípio estruturante, em face do novo paradigma; o gerado Estado Social e Democrático de Direito.[24]

Nas origens da Função Social, podemos vislumbrar um período histórico de crise do Estado Liberal, onde a preocupação com igualdade e dignidade do se tornava mais premente nas teorias que eclodiram do Estado Social:

Como se procurou demonstrar, as teorias socialistas utópicas, o marxismo, a teoria da solidariedade e até mesmo o social-liberalismo de John Stuart Mill não deixaram de representar diferentes respostas e diagnósticos para um mesmo problema: a impossibilidade da manutenção de um modelo de Estado e de direito fundados em um formalismo e individualismo absolutos.[25]

Devido aos desafios trazidos pelo Estado Social, e sua posterior insuficiência, para o problema da desigualdade e miséria humana, tentou-se no ramo das ciências sociais, uma aproximação e conciliação entre teorias Liberais e Sociais, a exemplo de Durkheim.[26] No Direito contemporâneo, a temática continua latente, no presente desafio conciliatório de liberdade e igualdade, e na superação da dicotomia entre Direito Público e Privado, a partir de uma ideia garantista e constitucional:[27]

---

[23] STF, ADI 3934, Relator Min. Ricardo Lewandowski, Tribunal Pleno, Julgado em: 27/05/2009, publicado em: 06/11/2009.

[24] ARONNE, Ricardo. *Razão e Caos no Discurso Jurídico e Outros Ensaios de Direito Civil-Constitucional*, Porto Alegre: Livraria do Advogado, 2010. p. 66.

[25] LOPES, Ana Paula Frazão de Azevedo. *Empresa e Propriedade:* Função Social e Abuso do Poder Econômico. São Paulo: QuartierLatin, 2006. p. 104.

[26] Ibidem.

[27] LUDWIG, Marcos de Campos. Direito Público e Direito Privado: a superação da dicotomia. IN COSTA, Judith Martins. A Reconstrução do Direito Privado. São Paulo: Saraiva, 2000. p. 104.

Não existe Estado Social e Democrático de Direito ausente a garantia da dignidade da pessoa humana. Para além da proteção singular ou egoística do indivíduo, tal princípio conclama à compreensão intersubjetiva do sujeito e sua inserção e contextualização social, para a realização.[28]

A Função Social Constitucional tem como pressuposto essencial a propriedade, de modo que, embora alguns doutrinadores não percebam, o princípio é uma afirmação deste instituto. Contudo, o princípio, conquanto, surja da filosofia coletivista ascendida pelo Estado Social, tem uma função individual de conotação proprietária.[29]

Todavia, elementar relembrarmos que a Função Social, embora exercendo sua função de conotação proprietária, e apesar de sua imprecisão exegética, tem caráter vinculante. Sendo imprescindível, que seja aplicada e interpretada de acordo com os objetivos estabelecidos na Carta Magna (art. 3º CFRB), abarcando a visão do Direito Civil Constitucional, elegendo como escopo a solidariedade e a dignidade da pessoa humana consubstanciadas pelos direitos fundamentais.[30]

Ao aplicarmos o critério da Função Social da Empresa, visto sua imprecisão semântica e epistemológica, precisamos também estar atentos à opção econômica do Estado, bem como, por óbvio, as garantias de não arbítrio. Assim, não pode a Função Social escapar dos preceitos de livre-iniciativa, tampouco trazer prejuízos para economia.[31]

Subsidiados pela doutrina, podemos citar, de forma não taxativa, espécies de condutas que a Função Social impõe ao empresário, como: O cuidado na escolha de produtos e serviços prestados à coletividade, evitando os desnecessários; a opção de instalação de núcleos em locais mais carentes, com intuito de promover o desenvolvimento; o cuidado com a publicidade, de forma a evitar a ofensa contra valores éticos; o cuidado com a qualidade do produto ou serviço utilizado; o dever de garantir a continuidade da empresa, por conseguinte, a sua contribuição com a economia e a sociedade.[32]

É cediço que o processo falimentar tem como objetivo precípuo a satisfação dos credores, o próprio procedimento de execução coletiva, estipulado na LFR, tem razão de ser pelo intuito de evitar injustiças. Conferem-se iguais chances de realização do crédito aos credores, respeitada a ordem legal e a proporcionalidade, assim, o procedimento falimentar da LFR visa a tutelar diversos interesses, que vão desde a proteção dos trabalhadores vulneráveis, até a tutela do credito e da ordem econômica.[33]

Desta feita, é inerente também a Função Social que exerce o procedimento falimentar, que se extrai do núcleo informador do ordenamento jurídico, de forma a satisfazer a tutela individual, e ao mesmo tempo em acordo aos objetivos do Estado. Fundamental a conciliação de eficiência e segurança, e de uma

---

[28] ARONNE, Ricardo. Op. cit. p. 69.

[29] GRAU, Eros Roberto. Op. cit.

[30] DRESCH, Rafael de Freitas Valle. Op. cit. p. 105.

[31] FRANCO, Vera Helena de Mello; SZTAJN, Rachel. Op. cit.

[32] Ibidem.

[33] COELHO, Fábio Ulhoa. Op. cit. p. 273.

interpretação tópico-sistemática do Direito, que abarque os múltiplos aspectos defendidos pela LFR, para agir em cada caso, com os atratores teleológicos da jurisdição.

Contudo, podemos perceber que por um prisma menor, o procedimento previsto na LFR é um exercício econômico do Estado. Exercício que se visualiza desde a opção do legislador, em escolher, de forma seleta, determinados interesses a serem defendidos em detrimento de outros, até a atuação do Poder Judiciário e seus auxiliares na resolução do caso concreto, conforme os fins latentes da Carta da República.

Sob tal concepção, devemos estar atento não tão somente ao procedimento falimentar, como também, a outros procedimentos decorrentes deste, como por exemplo: o procedimento penal por crime falimentar. Devemos estar atentos às peculiaridades e especificação da matéria, bem como aos escopos diversos de cada atuação jurisdicional.

Entretanto, imperioso lembrar, que até mesmo a matéria penal, pode e deve contribuir com o procedimento falimentar, não em detrimento de seu escopo principal enquanto garantia do acusado, porém observando a possibilidade de atuação no caso de convergência de interesses. Recorda-se também que, enquanto direito, o direito penal falimentar também está adstrito aos fins sociais do Estado, por conseguinte, deve ser interpretado de acordo com as garantias e objetivos estatais, devendo-se observar a hipótese em que a jurisdição pode atuar de forma conjunta, sem ferir os preceitos constitucionais.

3. Os crimes falimentares e seus efeitos financeiros

No presente capítulo, analisaremos mais profundamente uma temática já levantada anteriormente pelo autor do presente estudo, qual seja, a possibilidade da reversão dos efeitos financeiros da condenação criminal por crimes falimentares, em prol do concurso de credores.[34]

Antes de adentramos no cerne da questão, imprescindível analisarmos alguns institutos, de forma primordial a própria conotação histórica dos crimes falimentares. O conceito de falência, em sua origem semântica, já nasce associado com a prática de atitude imoral e criminosa, visto que, o termo *falência* vem do latim *fallere*, que significa falsear, enganar.[35]

Até a eclosão do Direito Penal moderno, trazido com a difusão do ideário iluminista refletido na *Accademia dei Pugni*, não se diferenciava a falência do crime falimentar, sendo aquela uma espécie delitiva em si. Cesare Beccaria, o maior expoente da escola mencionada, elucida sua preocupação com a confusão que se faz com o ato de falir e o crime:

---

[34] GOMES, Daniel das Neves. *A efetividade das normas penais contidas na Lei de Falências (Lei 11.101/2005) sob a ótica processual falimentar.* In: *Âmbito Jurídico*, Rio Grande, XV, n. 99, abr 2012. Disponível em: <http://ambito-juridico.com.br/site/?n_link=revista_artigos_leitura&artigo_id=11425>. Acesso em: 12 de novembro de 2013.

[35] COELHO, Fábio Ulhoa. Op. cit.

Contudo, aquele que vai a falência de boa fé, o desgraçado que pode provar de modo evidente aos seus juízes a falta de fidelidade de outrem, as perdas de seus correspondentes, os enfim imprevistos que a prudência humana não conseguiria evitar e que o privaram de seus bens, deve ser tratado com menos rigor. Por que bárbaro motivo ousar-se-á mergulhá-lo nas masmorras, tirar-lhe o único bem que ainda tem na miséria, a liberdade, e misturá-lo com os criminosos e obrigá-lo a arrepender-se por ter sido honesto? Vivia sossegado ao abrigo da sua probidade, e tinha a proteção das leis. Se não as cumpriu, é porque não podia adaptar-se inteiramente a essas leis severas, que o poder e a avidez insensível impuseram e que o pobre aceitou, atraído pela esperança, que permanece sempre no coração do homem e que o faz crer que todos os eventos venturosos serão para ele e todas as desgraças para os outros, (...) O temor de ser ofendido prepondera quase sempre na alma humana sobre o desejo de prejudicar; e os homens, deixando-se levar por suas primeiras impressões, amam as leis duras, ainda que seja de seu interesse viver sob o império de leis suaves, visto que eles mesmos estão submetidos a estas.(...) Entretanto, retornemos ao falido em boa-fé: não o desobriguem de sua dívida, a não ser quando ele a tiver saldado completamente;tirem-lhe o direito de se subtrair aos seus credores sem a aprovação destes, e a liberdade de continuar a dirigir a sua indústria; obriguem-no a utilizar seu trabalho e talentos no pagamento de seu débito, em proporção aos seus lucros. Mas sob nenhum pretexto legítimo poder-se-á fazer sofrer uma prisão injusta e inútil aos credores.[36]

Imperioso salientar, que ao trabalharmos com qualquer temática, que envolva a Direito Penal, estão presentes os preceitos derivados da iluminista *Accademia dei Pugni*, que se propagou por ter em sua formulação um positivismo científico adequado ao Estado Liberal:

A formulação filosófica dos pensadores no que tange à disciplina penal encontrará, inexoravelmente, guarida na concepção liberal do Estado moderno. Ao fundir princípios utilitaristas com a teoria da limitação dos poderes, objetiva-se a construção de uma filosofia de dor, do prazer e da felicidade, temas clássicos na filosofia setecentista.[37]

Desta forma, imprescindível, ao estudarmos a criminologia falimentar, termos em mente a filosofia renovadora trazida pela *Accademia dei Pugni*, pode-se entender como o núcleo originário do garantismo penal hodierno,[38] pois seu legado permeia toda a sistemática penal.

Na concepção contemporânea, pode ser considerado como crime falimentar a crise empresarial, presente na falência com grau de contribuição penalmente relevante de um agente, ou seja, aquela conduta tipificada e que tem o condão de agravar a crise, atingindo os bens jurídicos (valores) tutelados pelo Estado no âmbito penal.[39]

Exemplificativamente, podemos falar de diversos tipos de crises que atingem o âmbito falimentar como; a crise financeira, que se traduz na falta de liquidez e para pagamento dos passivos; a crise patrimonial, que se personifica no desequilíbrio entre ativo e passivo; a crise econômica de cunho amplo e relacionado às dificuldades do empreendimento dentro do mercado.[40] Outrossim, podemos falar de uma *crise judicial n*o âmbito do processo, quando a fer-

---

[36] BECCARIA, Cesare. *Dos Delitos e Das Penas,* tradução de Torrieri Guimarães, 2ª ed. São Paulo: Martin Claret, 2007, p. 82-83.

[37] CARVALHO, Salo de. *Penas e Garantias,* 3ª ed. Rio de Janeiro, Lumen Juris: 2008, p. 43.

[38] Ibidem.

[39] PEREIRA, Alexandre Demetrius, Op. cit., p. 27.

[40] Ibidem.

ramenta estatal de controle da crise é maculada e tem prejuízo em sua função precípua, que é dar efetividade ao direito.

A Lei 11.101/2005 deixou um capítulo para regulamentar a repressão penal das ações criminalmente ilícitas na gestão econômica da empresa, criando um regime jurídico para tratar com a crise. Desta maneira, o Direito Penal Falimentar não deixa de ser um meio de regulação da crise empresarial.[41]

Não poderia ser diferente, visto os inúmeros interesses tratados pela lei falimentar, como já tivemos a oportunidade de abordar em outro estudo:

> Dentro de um processo falimentar, ponderar-se-ão vários aspectos abarcados pela proteção jurisdicional. Questões como a dos consumidores, trabalhadores, ambiente, além, por óbvio, as questões negociais de caráter econômico. Adiante, por todo o supracitado, fica mais claro compreender a potencialidade, que uma conduta criminosa, que agrava a crise, tem frente toda coletividade.[42]

Na doutrina podemos encontrar diversos posicionamentos, no que tange à objetividade jurídica dos crimes falimentares, podendo ser classificados como; crimes patrimoniais, crimes contra a administração da justiça, crimes contra fé pública do comércio, crimes contra economia popular, crimes contra o comércio, etc.[43] De igual modo, reduzir a classificação a apenas uma das espécies seria um reducionismo irreal, desconsiderando todos os bens jurídicos que a tutela penal falimentar protege.

Não obstante, na doutrina o posicionamento não seja uniforme em relação à objetividade jurídica dos crimes falimentares, pode-se perceber claramente na lei brasileira, uma tutela penal ampla de todos os aspectos supramencionados. Desta feita, firmamos entendimento no sentido de acatar como mais razoável a posição doutrinária que classifica os crimes falimentares como delitos pluriobjetivos.[44]

Requisito essencial para o exercício do *ius puniendi* estatal é a sentença, que declara a falência ou concede a recuperação judicial, se constituindo condição objetiva de punibilidade, posição adotada no presente estudo. Na doutrina poderá se encontrar quem diga que a sentença seria uma condição objetiva de procedibilidade, ou até mesmo, teria natureza mista pelos efeitos práticos que produz.[45]

Recorda-se quanto à eficácia da sentença que declara a falência que, também, não há uniformidade doutrinária no que tange sua eficácia, sendo que para a maioria dos autores a sentença tem eficácia declaratória.[46] Entretanto, lembramo-nos dos ensinamentos de Pontes de Miranda que, em sua "constante 15" da sentença, demonstrou que a mesma possui as cinco eficácias (declaratória, constitutiva, condenatória, executiva e mandamental), sendo que

---

[41] VIGIL NETO, Luiz Inacio. *Teoria Falimentar e Regimes Recuperatórios*. 2ª ed. Porto Alegre: 2008.

[42] GOMES, Daniel das Neves, Op. cit.

[43] PEREIRA, Alexandre Demetrius, Op. cit., p. 63.

[44] FAZZIO JUNIOR, Waldo. Op. cit., p. 361

[45] BITTENCOURT, Cezar Roberto.*Revista jurídica do Ministério Público Catarinense*, Aspectos Procedimentais e Político-Criminais dos Crimes Disciplinados na Nova Lei Falimentar, v.3, n.7, Florianópolis: ACMP, (set./dez. 2005), p. 126.

[46] MIRANDA, Pontes de. *Tratado de Direito Privado*, Tomo XXVIII. 8ª ed. Rio de Janeiro: Borsoi, 1971.

prepondera mais uma ou outra conforme o caso,[47] assim, trazemos o posicionamento do autor quanto a eficácia da sentença falimentar:

> A força da sentença de decretação de falência é constitutiva. A declaração da insolvência é enunciado do fato, em que se baseia a decisão constitutiva. Todos os efeitos quanto à pessoa do falido, quanto aos bens do falido e de relações sociais são constitutivos; só a decisão que os produz, mesmo se *ex tunc* tais efeitos. O que se produz não existia antes da sentença e só existe porque sobreveio a sentença. São efeitos próprios da sentença e, por sua preponderância caracterizam-na.[48]

Portanto, a sentença, enquanto constituição de um estado de falência, coaduna com a posição de condição de objetividade para a persecução penal, pois, necessário o "estado falimentar" para a própria existência do crime falimentar. Deste modo, justificamos o posicionamento supramencionado para o presente estudo.

A tutela penal pode atingir o acusado por crime falimentar em sua esfera de liberdade com penas de reclusão e detenção, e em sua esfera patrimonial com as penas de multa e medidas assecuratórias. Ainda, o art. 181 da LRF prevê três efeitos para a condenação por crime falimentar, quais sejam; a inabilitação para o exercício da atividade empresarial; o impedimento para o exercício de cargo ou função em conselho de administração, diretoria ou gerência das sociedades sujeitas a esta lei e; a impossibilidade de gerir empresa por mandato ou por gestão de negócio.

Outrossim, o § 1º do art. 181 prevê que os efeitos supramencionados não são automáticos, ou seja, precisam ser declarados expressamente na sentença pelo Juiz. Na temática válida, a lembrança do jurista Waldo Fazzio Júnior: "A LRE poderia acrescentar que, na individualização da pena o juiz deveria levar em conta em conta o montante de prejuízo imposto aos credores".[49] Entretanto, o mesmo autor conclui, que o fato de não estar disposto na lei, não obsta que o Juiz assim o faça.[50]

Antes de adentrarmos na resolução da problemática levantada no presente estudo, necessário se fazer uma breve análise do caráter reparador da pena na sistemática brasileira. Preocupação latente no direito penal, visto que, a vítima vem ocupando uma posição cada vez mais destacada neste cenário.[51]

Na História moderna buscou-se a retirada da vítima do conflito, assim se procurava evitar a *revindcita*, a vingança privada característica de uma sociedade feudal pautada no medo. Contudo, o Estado busca a racionalização do conflito entre vítima e agressor, avocando para si o conflito e exercendo também um papel próprio da vítima.[52]

---

[47] MIRANDA, Pontes de. Op. cit.

[48] Idem, p. 151

[49] FAZZIO JUNIOR,Waldo. Op. cit., p. 364

[50] Ibidem

[51] CAMARGO, Rodrigo Oliveira de. *Reparação de e o "Procedimento de Adesão Civil no Processo Penal Brasileir.* Diss (Mestrado em Ciências Criminais) Faculdade de Direito PUCRS, Porto Alegre: 2011.

[52] Ibidem.

Conquanto, os projetos do CP e da LEP tenham como principal função da pena a ressocialização do indivíduo,[53] nada obsta a busca atual pela efetivação da reparação. Em verdade, a vítima já chegou a ocupar uma posição de destaque no processo penal, sendo desalojada pela inquisição, que transformou o processo penal em instrumento de controle social.[54]

Ocorreram inúmeros movimentos na busca de realocação da vítima no processo penal, sempre buscando um papel de destaque para a mesma. Exemplificativamente, a *Declaração sobre as Vítimas dos Delitos* e a *Ata Federal de Proteção de Testemunhas e Vítimas* (1982), nos EUA, a *Convenção Europeia sobre a Reparação das Vítimas dos Delitos Violentos* (1983), na União Europeia, em âmbito global a *Declaração das Nações Unidas dos Princípios Básicos de Justiça para as Vítimas de Crimes e Abuso de Poder,* entre outros, resgatando a escola criminológica positiva a questão da vítima.[55]

Pode-se afirmar, também, que se vem buscando uma minimização da repressão no Direito Penal, por esta restar inócua e dificultar ou impossibilitar a reparação do dano. São agregados na questão delituosa os substitutivos penais, que não agem unicamente de forma repressiva, visando à ação também de modo reeducativo e curativo.[56]

Busca através de uma justiça restaurativa o resgate do bem (valor) ofendido, de forma que ocorre uma aproximação do estudo do crime com institutos de Direito Civil, como o dever de indenizar.[57] Não se devendo, no entanto, desprezar a ótica e o objetivo econômico da pena, cujo, um deles é a reparação quando houver dano:

> Nem todo o ato delituoso produz necessariamente um dano, razão pela qual deve estabelecer-se a correta distinção entre ofensa, a qual o resultado de todo o tipo de delito, e dano, que pode ser classificado como "dano criminal" ou "consequências danosas do fato punível". A lesão a um bem juridicamente protegido pode consistir efetivamente em um dano ou até mesmo na possibilidade de existir um delito sem ocorrência de dano.[58]

Na prática de crime falimentar, sempre ocorrerão danos que atingem uma pluralidade de vítimas, e têm efeitos catastróficos para a sociedade, tornando na maioria dos casos, impossível a plena reparação.[59] Entretanto, a função econômica do Direito Penal em busca da eficiência, se perfaz não tão somente na prevenção da conduta pelo caráter intimidatório da pena, como também, na reparação do dano pelo potencial curativo da pena ou medida despenalizadora.[60]

A utilização dos efeitos financeiros da esfera penal, seja este uma condenação, ou uma medida assecuratória, quando possível, em favor do concurso

---

[53] CARVALHO, Salo de. Op. cit., p. 176.

[54] CAMARGO, Rodrigo Oliveira de. Op. cit., p. 12.

[55] Ibidem

[56] Ibidem, p. 23.

[57] Ibidem.

[58] Ibidem.

[59] PEREIRA, Alexandre Demetrius, Op. cit.

[60] Ibidem.

de credores realizados no juízo falimentar, pode corroborar com muitos objetivos do processo falimentar. Vislumbramos que colabora com a justiça distributiva, no sentido que repõem o produto da distribuição, restabelecendo o *status quo*.

A recuperação do patrimônio perdido em decorrência da atividade criminosa, também tem o condão de dar mais efetividade à jurisdição. Contudo, colabora com a paz processual necessária para a efetivação da *par condiction creditorum,* no sentido que evita perdas, por conseguinte, dá mais segurança e tranquilidade aos credores, evitando uma insatisfação propulsora de manobras escusas ou ilícitas.

Outrossim, a mesma recuperação do patrimônio ou a imposição de uma pena pecuniária ao agente da atividade ilícita, capaz de se reverter em favor dos credores, e os mais prejudicados das atividades, é capaz de satisfazer melhor as pretensões em jogo nos processos da LRF. Desta forma, a tutela penal em determinados casos pode exercer papel fundamental para a Função Social dentro do escopo da atividade jurisdicional falimentar em seus múltiplos aspectos.

Contudo, observa-se que o Direito Penal vem hodiernamente se preocupando com a posição da vítima, se emprestando da análise de institutos civis, com o escopo de trabalhar o caráter reeducativo e corretivo da pena.[61] Assim, o conceito de reparação penal, embora diverso da esfera cível, buscou sua a base epistemológica na responsabilidade civil, respeitadas, é claro, as garantias do acusado na persecução penal.

Não vislumbramos nenhum óbice à utilização dos efeitos financeiros decorrentes da jurisdição penal, visto que, conforme já trabalhamos em outro estudo, a competência para a persecução penal falimentar é o juízo penal (art.183 LFR), por ser a jurisdição falimentar maculada pela carência de imparcialidade do julgador.[62] Entretanto, mesmo nos casos em que se entender por competência oposta, o processo penal e a execução estarão adstritos aos mandamentos constitucionais de garantias, preservando o núcleo constitucional do garantismo penal.

Por fim, concluímos que a utilização dos efeitos financeiros é uma forma de dar mais eficiência ao caráter reparador da tutela penal, visto que traz instrumentos para a satisfação do crédito, atingindo os mais prejudicados. Outrossim, dá suporte para a concreção dos objetivos do processo, atingindo também outros prejudicados pela conduta criminosa.

4. Conclusões

O presente estudo teve como objetivo principal a possibilidade da utilização dos efeitos financeiros da esfera penal no *concursum creditorum* falimentar. Procuramos tatear alguns aspectos principiológicos, percorrendo a dimensão

---

[61] CAMARGO, Rodrigo Oliveira de. Op. cit.
[62] GOMES, Daniel das Neves, Op. cit.

da sistemática falimentar preconizada na Lei 11.101/2005, e sua estrutura tópico-jurídica.

Relatamos um princípio informador ontológico do concurso de credores, a justiça distributiva, originária em Aristóteles. Analisamos que o instituto inspira a sistemática jurídica atual, no sentido em que a LFR visa a uma distribuição de recursos na falência, ao mesmo tempo numérica e proporcional, com análise de mérito, informado pela sistemática principiológica das Ciências Jurídicas e Sociais.

Observamos que a funcionalidade e eficiência prática e econômica são critérios fundamentais dentro do Direito Falimentar, visando a obtenção dos melhores resultados da forma menos custosa possível. Assim, estando o Direito falimentar moderno é influenciado pelas premissas metodológicas das Ciências Econômicas.

Mencionamos o princípio basilar da distribuição no concurso de credores falimentar, a *par condictio creditorum*, que é o princípio de igualdade proporcional entre os credores, que permeia todos os processos da LFR. Tal princípio não impede a fixação de uma ordem preferencial de pagamento na falência, estipulada no art. 83 da Lei 11.101/2005.

Vislumbramos o fundamento teleológico presente na ordem de credores na falência, compreendendo as diversas condições e necessidades das classes. Outrossim, vimos que a não aceitação da sucessão do crédito trabalhista pelos tribunais superiores vem reforçar este fundamento teleológico, ademais, respeita os fundamentos da ordem econômica e jurídica.

Averiguamos a Função Social constitucional, que surge inspirada na preocupação humanística trazida pelo Estado Social, preocupada com a condição de desigualdade e miserabilidade evidenciada pelo Estado Liberal. Tal função, uma cláusula aberta em nosso ordenamento jurídico, cujo, extraímos o conteúdo de dentro da própria estrutura das fontes do Direito.

Conseguimos verificar a importância da Função Social como fundamental para os processos positivados na LFR, visto que, nestes podemos percebes preceitos básicos e finalísticos do Direito, presentes em qualquer ramo do mesmo. Portanto, percebemos que, enquanto instrumento para dar efetividade à pretensão, o processo também exerce uma função social.

Observamos a objetividade jurídica da norma penal falimentar e os múltiplos interesses que tornam pluriobjetivos os crimes falimentares. Ressaltamos a importância da ideologia surgida na *Accademia dei Pugni,* que acaba sendo o núcleo originário do garantismo penal contemporâneo, com intuito de demonstrar a importância do respeito às garantias conquistadas historicamente contra o arbítrio estatal no processo penal.

Acenamos brevemente para os efeitos da condenação penal, destarte, vimos que a sentença que decreta a falência ou concede a recuperação judicial se constitui condição objetiva de punibilidade para os crimes falimentares. Igualmente, vimos as diversas eficácias presentes na sentença mencionada.

Demonstramos a preocupação contemporânea do papel da vítima no processo penal e a busca pelo caráter reeducativo e curativo da pena. Percebemos a busca no âmbito penal por conceitos de direito civil, como o dever de indenizar, com intuito de concretizar o aspecto reparador da pena.

Por fim, concluímos que é plenamente plausível que os efeitos financeiros advindos da esfera penal possam integrar a execução concursal do processo falimentar para reparação dos maiores atingidos pela conduta criminosa; os credores. Percebendo que neste momento se convergem os interesses da esfera penal e da esfera cível, no intuito de repor as perdas dos credores/vítimas, assim cumprindo a "função social processual" sem ferir as garantias constitucionais do acusado.

5. Referências

ARISTÓTELES. *Obra Jurídica:* Coleção Fundamentos de Direito, 2ª ed. São Paulo: Saraiva: 2008.

ARONNE, Ricardo. *Razão e Caos no Discurso Jurídico e Outros Ensaios de Direito Civil-Constitucional.* Porto Alegre: Livraria do Advogado, 2010.

BITTENCOURT, Cezar Roberto. Revista jurídica do Ministério Público Catarinense, *Aspectos Procedimentais e Político-Criminais dos Crimes Disciplinados na Nova Lei Falimentar*, v.3, n.7, Florianópolis: ACMP, (set./ dez. 2005).

CAMARGO, Rodrigo Oliveira de. *Reparação de e o "Procedimento de Adesão Civil no Processo Penal Brasileir.* Diss (Mestrado em Ciências Criminais) Faculdade de Direito PUCRS, Porto Alegre: 2011.

CARVALHO, Salo de. *Penas e Garantias*, 3ª Ed, Rio de Janeiro: Lumen Juris: 2008.

COELHO, Fábio Ulhoa. *Comentários à nova Lei de Falências e de Recuperação de Empresas:* (Lei 11.101 de 9-2-2005). São Paulo: Saraiva, 2005.

DRESCH, Rafael de Freitas Valle. *Fundamentos Constitucionais do Direito Privado:* Uma Teoria da Justiça e da Dignidade Humana, Tese (Doutorado em Direito), Faculdade de Direito, PUCRS. Porto Alegre: 2011.

FAZZIO JUNIOR, Waldo. *Nova Lei Falências e Recuperação de* Empresas. São Paulo: Atlas, 2005.

FRANCO, Vera Helena de Mello; SZTAJN, Rachel. *Falência e Recuperação de Empresa em Crise.* Rio de Janeiro: Elsevier, 2008.

GRAU, Eros Roberto. *A Ordem Econômica na Constituição de 1988*, 10ª ed. São Paulo: Malheiros, 2005.

LOPES, Ana Paula Frazão de Azevedo. *Empresa e Propriedade:* Função Social e Abuso do Poder Econômico. São Paulo: Quartier Latin, 2006.

LUDWIG, Marcos de Campos. Direito Público e Direito Privado: a superação da dicotomia. In: MARTISN-COSTA, Judith. *A Reconstrução do Direito Privado.* São Paulo: Saraiva, 2000.

MIRANDA, Pontes de. *Tratado de Direito Privado*, Tomo XXVIII, 8ª ed, Rio de Janeiro: Borsoi, 1971.

MORIN, Edgar, *Ciência com Consciência,* tradução de Maria D. Alexandre e Maria Alice Sampaio Dória, 14° ed. Rio de janeiro: Bertrand Brasil, 2010.

NEGRÃO, Ricardo. *A Eficiência do Processo Judicial na Recuperação de empresa.* São Paulo: Saraiva, 2010;

——. *Aspectos objetivos da Lei de Recuperação de Empresas e de Falências:* Li 11.101, de 9 de fevereiro de 2005, 4° ed. São Paulo: Saraiva, 2010.

OLIVEIRA, Eugênio Pacelli de. *Curso de Processo Penal*, 10ª Edição, Rio de Janeiro: Lumen Juris, 2008.

PEREIRA, Alexandre Demetrius. *Crimes Falimentares:* teoria, prática e questões de concurso comentadas. São Paulo: Malheiros, 2010.

SILVA, Ovídio Araújo Baptista da. *Do Processo Cautelar*, 2ª ed. Rio de Janeiro: Forense, 1998.

VIGIL NETO, Luiz Inacio. *Teoria Falimentar e Regimes Recuperatórios.* 2ª ed. Porto Alegre: 2008.

— 8 —

A violência doméstica praticada contra mulheres: uma revisão dos aspectos médico-legais

FRANCISCO SILVEIRA BENFICA[1]

MÁRCIA VAZ[2]

SUMÁRIO: 1. Introdução; 2. Aspectos epidemiológicos; 3. Aspectos médicos; 3.1. Lesões físicas e psíquicas; 4. Aspectos médico-legais; 4.1. O papel da perícia médico-legal; 4.2. O papel da Lei Maria da Penha; 5. Considerações finais; 6. Referências.

1. Introdução

A violência doméstica contra a mulher é definida como aquela que ocorre no ambiente doméstico ou em relações familiares ou de afetividade, caracterizando-se pela discriminação, agressão ou coerção, com objetivo de levar à submissão ou subjugação do indivíduo, pelo simples fato de este ser mulher.[3]

Para Nunes,[4] violência contra a mulher é todo o ato, com uso de força ou não, que causa danos ou constrangimento físico, sexual, moral ou psicológico e que visa não apenas a punir o corpo da mulher, mas a dobrar a sua consciência, seus desejos e sua autonomia.

---

[1] Professor do Curso de Extensão em Medicina Legal da Estácio do Rio Grande do Sul. Perito Médico Legista do Departamento Médico-Legal de Porto Alegre. Professor de Medicina Legal da UNISINOS.

[2] Perita Médico-Legista do Departamento Médico Legal de Porto Alegre de Porto Alegre; Professora de Medicina Legal da PUCRS.

[3] Schraiber LB, D'Oliveira AFPL. O Que Devem Saber os Profissionais de Saúde Para Promover os Direitos e a Saúde das Mulheres em Situação de Violência Doméstica. *Coletivo Feminista Sexualidade e Saúde/Departamento de Medicina Preventiva da Faculdade de Medicina da USP*. São Paulo; 2003.

Campos CH, Carvalho S. Violência Doméstica e Juizados Especiais Criminais: Análise desde o Feminismo e o Garantismo. *Revista de Estudos Criminais*. 2005 jul./set.; 19: 53-62.

Araújo MF. Atendimento a Mulheres e Famílias Vítimas de Violência Doméstica. *Perfil – Revista de Psicologia do Departamento de Psicologia Clínica*. UNESP. 1996; 9:7-17.

Borsoi TS, Brandão ER, Cavalcanti MLT. Actions addressing violence against women at two primary health-care centers in the municipality of Rio de Janeiro. *Interface – Comunic., Saúde, Educ.*, v.13, n.28, p.165-74, jan./mar. 2009.

Labronice LM, Ferraz MIR, Trigueiro TH, Fegadoli D. Perfil da Violência contra Mulheres Atendidas na Pousada de Maria. *Rev Esc Enferm USP*. 2010; 44(1):126-33.

[4] Nunes MR. *Os Direitos Humanos das Mulheres e das Meninas: Enfoques Feministas*. Porto Alegre: Assembleia Legislativa RS; 2002.

Trata-se, portanto, de uma agressão que vai além dos limites da integridade física, comprometendo também aspectos da saúde sexual e psicológica, bem como todo o contexto de vida da vítima, causando em decorrência consequências sérias, e aumentando a sensação de vulnerabilidade, perda e traição, pelo fato de o agressor se tratar de alguém que priva da confiança e intimidade da vítima.[5]

A análise da violência de gênero pressupõe o entendimento de que homens e mulheres têm participação social desigual em função de sua condição sexual e que são atores ativos de um universo simbólico que legitima esta desigualdade.[6]

A Organização Mundial da Saúde destaca que a violência contra a mulher tem consequências graves, uma vez que leva a uma repercussão enorme sobre o sistema de saúde, judiciário e sobre a economia. Estudos da OMS revelam que a violência tem grande repercussão econômica e gera gastos maiores com o sistema de saúde. Mulheres agredidas consultam mais do que as mulheres não agredidas; têm mais problemas físicos e mentais; faltam mais ao trabalho, ou abandonam o trabalho em virtude da violência; passam maior tempo desempregadas; têm maior rotatividade no emprego. Assim, os custos monetários da violência incluem gastos com médicos, polícia, sistema de justiça criminal, abrigo, serviços sociais, dentre outros.[7]

Essas constatações estão estimulando à sociedade a buscar formas de enfrentar o problema, tais como a criação das delegacias de defesa da mulher e as casas-abrigo.[8]

2. Aspectos epidemiológicos

A violência presente nas relações de gênero é um sério problema de saúde para mulheres em todo o mundo. Embora esse tipo de violência seja uma causa significativa de morbidade e mortalidade de mulheres, quase nunca é visto como uma questão de saúde pública. A extensão deste problema, segundo uma estimativa do Banco Mundial, considerando o conjunto dos indicadores de doença dos países desenvolvidos e em desenvolvimento, é significativa. A violência presente nas relações de gênero representa um entre cada cinco dias de vida perdidos para mulheres em idade reprodutiva. A violência doméstica e o estupro seriam a sexta causa de anos de vida perdidos por morte ou incapa-

---

[5] Araújo MF. Atendimento a Mulheres e Famílias Vítimas de Violência Doméstica. *Perfil – Revista de Psicologia do Departamento de Psicologia Clínica*. UNESP. 1996; 9:7-17.

Giffin K. Violência de Gênero, Sexualidade e Saúde. *Cadernos de Saúde Pública*. 1994; 10(1): 146-155.

Organização Mundial da Saúde (OMS). Prevenção da Violência Sexual e da Violência pelo Parceiro Íntimo contra a Mulher – Ação e Produção de Evidência. Genebra; 2010.

[6] Azevedo MA. Mulheres Espancadas – A Violência Denunciada. São Paulo: Cortez; 1985.

[7] Organização Mundial da Saúde. Relatório Mundial sobre Violência e Saúde. Genebra; 2002.

[8] Schraiber LB, D'Oliveira AFPL, França Júnior, Pinto AA. Violência Contra a Mulher: Estudo em uma Unidade de Atenção Primária à Saúde. *Revista de Saúde Pública*. 2002; 36: 470-477.

cidade física em mulheres de 15 a 44 anos – mais que todos os tipos de câncer, acidentes de trânsito e guerras.[9]

Mesmo sendo um tema muito relacionado com as Ciências Jurídicas, uma análise envolvendo as áreas de conhecimento que publicaram artigos sobre a violência contra a mulher nos últimos dez anos demonstrou fortes prevalências de trabalhos originados na área das ciências médicas. Assim, apesar das dificuldades para a inclusão da violência nas agendas de saúde, estudos revelam um crescente reconhecimento da violência contra a mulher como um problema de saúde pública, mais do que uma questão de segurança pública.[10]

Nos últimos trinta anos, a violência praticada contra a mulher tem despertado o interesse da sociedade, principalmente a partir dos movimentos feministas.[11] A Pesquisa Nacional por Amostra de Domicílios de 1990, do IBGE (Instituto Brasileiro de Geografia e Estatística), evidenciou que, dentre todas as agressões físicas cometidas no âmbito da residência, 63% das vítimas eram mulheres. Uma em cada quatro mulheres, no mundo, é vítima de violência e as consequências dessa violência são responsáveis por reduzir um em cada cinco anos de vida saudável.[12][13] Os agressores na sua maioria (69%) mantinham uma relação conjugal com a mulher agredida (marido, ex-marido, namorado, ex-namorado).[14] O Relatório Mundial sobre Violência e Saúde da Organização Mundial de Saúde (OMS) destaca que a violência praticada por parceiros íntimos é responsável por 40 a 70% dos homicídios contra as mulheres, contrastando com o número de homens mortos por mulheres (4 contra 8,6%) (OMS, 2002). Segundo estatísticas da Organização das Nações Unidas (ONU), a cada 4 minutos uma mulher é agredida em seu próprio lar por pessoas com quem mantém uma relação de afeto, e somente 10% das agressões são denunciadas.[15][16]

A violência doméstica, na América Latina, incide entre 25% e 50% das mulheres e no Brasil, 23% das mulheres brasileiras estão sujeitas à violência doméstica.[17] Dados produzidos no Brasil mostram que a cada 15 segundos uma mulher brasileira é agredida, isto é, a cada dia 5.760 mulheres são espancadas no país.[18]

---

[9] Deslandes SF, Gomes R, Silva CMFP. Caracterização dos Casos de Violência Doméstica Contra a Mulher Atendidos em Dois Hospitais Públicos do Rio de Janeiro. *Caderno de Saúde Pública*. 2000; 16:129-137.

[10] Frank S, Coelho EBS, Boing AF. Perfil dos estudos sobre violência contra a mulher por parceiro íntimo: 2003 a 2007. *Rev Panam Salud Publica*. 2010;27(5):376–81.

[11] Schraiber LB, D'Oliveira AFPL, França Júnior, Pinto AA. Violência Contra a Mulher: Estudo em uma Unidade de Atenção Primária à Saúde. *Revista de Saúde Pública*. 2002; 36: 470-477.

[12] Narvaz MG & Koller SH. Mulheres Vítimas de Violência Doméstica: Compreendendo Subjetividades Assujeitadas. *PSICO*. 2006; 37(1): 7-13.

[13] Labronice LM, Ferraz MIR, Trigueiro TH, Fegadoli D. Perfil da Violência contra Mulheres Atendidas na Pousada de Maria. *Rev Esc Enferm* USP. 2010; 44(1):126-33.

[14] Deslandes SF, Gomes R, Silva CMFP. Caracterização dos Casos de Violência Doméstica Contra a Mulher Atendidos em Dois Hospitais Públicos do Rio de Janeiro. *Caderno de Saúde Pública*. 2000; 16:129-137.

[15] Organização Mundial da Saúde. Relatório Mundial sobre Violência e Saúde. Genebra; 2002.

[16] Narvaz MG & Koller SH. Mulheres Vítimas de Violência Doméstica: Compreendendo Subjetividades Assujeitadas. *PSICO*. 2006; 37(1): 7-13.

[17] Ibidem.

[18] Dias MB. *Conversando sobre Justiça e os Crimes Contra as Mulheres*. Porto Alegre: Livraria do Advogado; 2004.

Os reflexos da violência doméstica são nitidamente percebidos no âmbito dos serviços de saúde, seja pelos custos que representam, seja pela complexidade do atendimento que demandam.[19] Um estudo americano da *Health Maintenance Organization* (HMO) afirma que as mulheres abusadas sexualmente ou espancadas representam, para o sistema de saúde, em um ano de acompanhamento, custos 2,5 maiores que as mulheres que não foram vitimadas.[20]

Estudos epidemiológicos publicados em revistas médicas têm demonstrado uma associação de inúmeras queixas e doenças com relatos de violência doméstica e/ou sexual, as quais vão muito além da lesão física. Decorrem da agressão física, inúmeros quadros patológicos, tais como depressão, ansiedade, tentativa de suicídio, abuso de álcool e drogas, doenças sexualmente transmissíveis (DST), gravidez indesejada, queixas vagas como cefaleia, entre outros.[21] Segundo Heise *et alli*, "mulheres que sofrem ou sofreram violência no passado também usam mais os serviços de saúde do que aquelas que não vivenciaram esta experiência".[22]

Uma grande contribuição dos serviços de saúde para o problema da violência doméstica é o conhecimento epidemiológico sobre as populações mais atingidas, de forma a poder-se organizar planos de prevenção, acolhimento e tratamento. Há relatos, na população feminina mundial, de que 15 a 71% das mulheres referem episódios de violência física e/ou sexual por um parceiro ao menos uma vez na vida.[23] [24] No Brasil, foi relatado que 34,1% das violências físicas domésticas começam a partir dos 15 anos de idade.[25]

As situações de violência doméstica e sexual repercutem nos serviços de saúde de forma paradoxal. Ao mesmo tempo em que há um uso aumentado dos serviços, essa assistência tem um baixo poder resolutivo. As mulheres em situação de violência doméstica e sexual normalmente avaliam pior sua saúde e tem mais queixas e sintomas do que aquelas que não vivenciam esta situação. Além disso, pesquisas realizadas demonstram que os maiores agressores na violência doméstica contra as mulheres são os parceiros, maridos, companheiros.[26]

---

[19] Oliveira EM, Barbosa RM, Moura AAVM, Kossel K et al. Atendimento às mulheres vítimas de violência sexual: um estudo qualitativo. *Revista de Saúde Publica* 2005; 39(3):376-82.

[20] Deslandes SF, Gomes R, Silva CMFP. Caracterização dos Casos de Violência Doméstica Contra a Mulher Atendidos em Dois Hospitais Públicos do Rio de Janeiro. *Caderno de Saúde Pública*. 2000; 16:129-137.

[21] Campbell JC. Health Consequences of Intimate Partner Violence. *The Lancet*. 2002; 359: 1331-1336.

Oliveira EM, Barbosa RM, Moura AAVM, Kossel K et al. Atendimento às mulheres vítimas de violência sexual: um estudo qualitativo. *Revista de Saúde Pública* 2005; 39(3):376-82.

Schraiber LB, D'Oliveira AFPL, França Júnior, Pinto AA. Violência Contra a Mulher: Estudo em uma Unidade de Atenção Primária à Saúde. *Revista de Saúde Pública*. 2002; 36: 470-477.

Organização Mundial da Saúde (OMS). Prevenção da Violência Sexual e da Violência pelo Parceiro Íntimo contra a Mulher – Ação e Produção de Evidencia. Genebra; 2010.

[22] Heise L, Ellsberg M, Gottemoeller M. Ending Violence Against Women. *Population Reports*. 1999;27(4):1- 43.

[23] Ibidem.

[24] Organização Mundial da Saúde (OMS). Prevenção da Violência Sexual e da Violência pelo Parceiro Íntimo contra a Mulher – Ação e Produção de Evidencia. Genebra; 2010.

[25] Schraiber LB, D'Oliveira AFPL, França Júnior, Pinto AA. Violência Contra a Mulher: Estudo em uma Unidade de Atenção Primária à Saúde. *Revista de Saúde Pública*. 2002; 36: 470-477.

[26] Schraiber LB, D'Oliveira AFPL. O Que Devem Saber os Profissionais de Saúde Para Promover os Direitos e a Saúde das Mulheres em Situação de Violência Doméstica. *Coletivo Feminista Sexualidade e Saúde/Departamento de Medicina Preventiva da Faculdade de Medicina da USP*. São Paulo; 2003.

Segundo o relatório *Injustiça Criminal – A Violência Contra a Mulher no Brasil*, do *America's Watch*, em quase todas as agressões domésticas, o marido ou amante foi o responsável.[27] Soares *et alli*, estudando 521 denúncias em Delegacias Especiais de Atendimento à Mulher (DEAMs), também encontraram que 77,6% dos agressores pertenciam ao grupo de maridos, companheiros, ex-maridos e ex-companheiros.[28] Rodriguez e Guerra (1996) realizaram um estudo randomizado, no período de 1994-1995, na cidade de Guadalajara, México, com 57 mulheres. Foi observado que, desse conjunto, 26 mulheres sofriam violência doméstica (46%) e, destas, 19 (73%) tiveram como agressor o esposo.[29] Em um estudo multicêntricos promovido pela OMS identificou abuso sexual abaixo dos 15 anos de idade em 1-21% das entrevistadas; violência física praticada por um parceiro em algum momento na vida até os 49 anos em 13-61% das entrevistadas; violência sexual praticada por um parceiro em algum momento na vida até os 49 anos em 6-59% das entrevistadas; e violência sexual praticada por um não parceiro em qualquer momento entre os 15 e 49 anos de idade em 0,3-11,5% das entrevistadas.[30]

Com base em dados do IBGE de 1990, observa-se que a maior incidência de agressões físicas cometidas contra a mulher se situa nas faixas etárias de 18 a 29 anos, com 28,7%, e 30 e 40 anos, com 25,3%.[31]

No Brasil, bem como, nos Estados Unidos, a violência doméstica é a causa mais comum de lesões não fatais em mulheres. O grupo de mulheres com maior risco de lesão, em decorrência de violência doméstica, inclui aquelas cujos parceiros abusam do álcool ou usam drogas, são desempregados ou não possuem um emprego fixo e têm escolaridade abaixo do ensino médio. Existe, também, o risco provocado por ex-maridos, ex-namorados ou parceiros separados.[32]

As vítimas desse tipo de violência são agredidas com vários tipos de agentes e instrumentos com a intenção de causar dor, ferir ou causar estresse emocional. O risco de que durante a vida ocorra uma lesão grave, como resultado da violência doméstica está estimado em 9% entre as mulheres, e há um risco de 22% de que ocorra qualquer outro tipo de lesão, decorrente da violência doméstica. O risco de morte decorrente da violência doméstica é também substancial. Um terço dos homicídios de mulheres nos Estados Unidos são cometidos por maridos ou companheiros.[33]

---

[27] Cardoso NMB. Mulheres em Situação de Violência Conjugal: Indecência, Conceitos, Fatores Associados e Conseqüências da Violência. *Barbarói*. 1996; 4/5: 69-80.

[28] Soares LE, Soares BM, Carneiro LP. Violência Contra a Mulher: As DEAMs e os Pactos Domésticos. In: Soares LE. *Violência e Política no Rio de Janeiro*. Rio de Janeiro: Relume-Dumará; 1996. p. 65-106.

[29] Rodríguez JCR, Guerra M. C. P. Mujeres de Guadalajara y Violencia doméstica: Resultados de un Estudio Piloto. *Cadernos de Saúde Pública*. 1996; 12: 405-409.

[30] Organização Mundial da Saúde (OMS). Prevenção da Violência Sexual e da Violência pelo Parceiro Íntimo contra a Mulher – Ação e Produção de Evidência. Genebra; 2010.

[31] Deslandes SF, Gomes R, Silva CMFP. Caracterização dos Casos de Violência Doméstica Contra a Mulher Atendidos em Dois Hospitais Públicos do Rio de Janeiro. *Caderno de Saúde Pública*. 2000; 16:129-137.

[32] Kyriacou DN, Anglin D, Taliaferro E, Stone S, Tubb T, Linden JM, Muelleman R, Baton E, et al. Risk Factors For Injury To Women From Domestic Violence. *New England Journal of Medicine*. 1999; 341 (25): 1892-1898.

[33] Ibidem.

A violência sofrida pela mulher pode levar a consequências em muitas áreas da vida e inclui maior frequência de comportamentos de risco para a saúde (uso excessivo de álcool e entorpecentes, prática de sexo não seguro), baixo desempenho educacional e econômico, desenvolvimento de um fraco vínculo na paternidade e a própria perpetração de violência.[34]

3. Aspectos médicos

A violência tornou-se, nos nossos dias, uma questão de saúde.[35] Logo, intervir em situações de violência não é tarefa exclusiva das esferas jurídicas ou policiais, sendo também um importante campo de atuação da área de saúde, visto que há sofrimento e adoecimento, físico e psicológico, das vítimas de violência, comprometendo profundamente o seu bem-estar.

Os profissionais de saúde estão em posição estratégica para identificar as possíveis vítimas de violência familiar, uma vez que as mulheres, em geral, procuram os serviços de saúde em decorrência de danos físicos, mentais ou emocionais. Muito embora a violência não seja verbalizada pela paciente, os sintomas que a fazem buscar auxílio são decorrentes da tensão e violência do cotidiano. O profissional deve estar atento às informações dadas pela mulher agredida, pois, muitas vezes, ela é medicada para as complicações ou consequências da violência, mas seu problema persiste.[36][37]

Além disso, faz-se necessária uma atenção e uma capacitação maior por parte dos profissionais de saúde, pois o diagnóstico das situações de violência que não envolvem apenas a violência física.[38] As mulheres vítimas de violência doméstica, que buscam socorro médico, normalmente sentem vergonha e medo de revelar a origem das lesões.[39]

Esta dificuldade em diagnosticar as doenças que decorrem da violência doméstica leva a um prejuízo no acolhimento e encaminhamento destas vítimas. Fica evidente que, caso não sejam identificadas todas as causas dessas doenças, inclusive a violência, os sintomas até poderão ser atenuados, mas permanecerão latentes, e com certeza se manifestarão posteriormente.

---

[34] Organização Mundial da Saúde (OMS). Prevenção da Violência Sexual e da Violência pelo Parceiro Íntimo contra a Mulher – Ação e Produção de Evidência. Genebra; 2010.

[35] Schraiber LB, D'Oliveira AFPL. O Que Devem Saber os Profissionais de Saúde Para Promover os Direitos e a Saúde das Mulheres em Situação de Violência Doméstica. *Coletivo Feminista Sexualidade e Saúde/Departamento de Medicina Preventiva da Faculdade de Medicina da USP*. São Paulo; 2003.

[36] Grossi PK. Violência Contra a Mulher: Implicações Para os Profissionais de Saúde. In: Lopes MJM, Meyer DE, Waldow VR (org.). *Gênero e Saúde*. Porto Alegre: Artes Médicas; 1996. p.131-149.

[37] Schraiber LB, D'Oliveira AFPL, França Júnior, Pinto AA. Violência Contra a Mulher: Estudo em uma Unidade de Atenção Primária à Saúde. *Revista de Saúde Pública*. 2002; 36: 470-477.

[38] D'Oliveira AFL. Gênero, Violência e Práticas de Saúde. In: Violência Contra a Mulher: Um Novo Olhar. Modelos de Protocolos e Capacitações Sobre Violência Doméstica Para os Serviços de Saúde e Anais do Seminário Nacional "Saúde, Mulher e Violência Intrafamiliar". Santos: Casa de Cultura da Mulher Negra; 2001. p. 156-159.

[39] Schraiber LB, D'Oliveira AFPL, França Júnior, Pinto AA. Violência Contra a Mulher: Estudo em uma Unidade de Atenção Primária à Saúde. *Revista de Saúde Pública*. 2002; 36: 470-477.

3.1. Lesões físicas e psíquicas

Do ponto de vista da Medicina Legal, a violência doméstica caracteriza-se pelas lesões diagnosticadas e por um contexto em que se situam como parte fundamental o autor e a relação afetiva entre este e a vítima.[40]

A Organização Mundial da Saúde (2002) inclui entre os comportamentos relacionados à violência doméstica os atos de agressão física; o abuso psicológico, que compreende a intimidação, a constante desvalorização e a humilhação; as relações sexuais forçadas e outras formas de coação sexual; os comportamentos controladores, tais como isolar a pessoa de sua família e amigos, monitorar seus movimentos e restringir seu acesso às informações ou à assistência.[41]

Indubitavelmente, a maioria esmagadora dos dados aponta para a maior ocorrência e/ou visibilidade das violências físicas, tipificadas criminalmente por lesões corporais, seguidas pelas violências psicológicas, principalmente ameaça, difamação e injúria.[42]

A violência praticada contra a mulher na vida adulta pode levar diretamente a traumatismos graves, incapacidades ou óbito, bem como a uma série de problemas de saúde, como alterações fisiológicas induzidas pelo estresse, uso de substâncias exógenas (legais ou ilegais), falta de controle de fertilidade e redução da autonomia pessoal, que geralmente ocorre em relações abusivas. Essas mulheres também têm taxas mais altas de gravidez indesejada e abortos, infecções sexualmente transmitidas, incluindo HIV, e transtornos mentais, como depressão, ansiedade e transtornos do sono e alimentares.[43]

As lesões físicas produzidas em casos de agressões causadas por homens abrangem toda a tipologia da traumatologia forense. No entanto, as lesões mais frequentes nesse tipo de violência são as escoriações, contusões e feridas superficiais na cabeça, no rosto, pescoço, perna, abdômen.[44] Entre as contusões podemos incluir lesões muito características deste tipo de evento, como equimoses, hematomas e edemas traumáticos.[45]

Um estudo envolvendo 9.000 mulheres, atendidas nos serviços de urgências de diferentes hospitais dos Estados Unidos, demonstrou que o quadro típico da lesão física é caracterizado por múltiplos e diferentes tipos de lesões, com combinação de lesões antigas e recentes, assim como referências vagas de moléstias. A natureza das lesões não corresponde, normalmente, com o referido pelas mulheres nos motivos da consulta.[46]

---

[40] Acosta ML, Acosta JAL, Acosta MJL, Vilda MEM, Cañadas EV. Síndrome de Agresión a la Mujer. Síndrome de Maltrato a la Mujer. *Revista Electrónica de Ciencia Pena y Criminologia.* 2000; 02-07.

[41] Organização Mundial da Saúde. Relatório Mundial sobre Violência e Saúde. Genebra; 2002.

[42] Berger SMD, Giffin K. A Violência nas Relações de Conjugalidade: Invisibilidade e Banalização da Violência Sexual? Caderno Saúde Pública. 2005 mar./abr.; 21(2): 417-425.

[43] Organização Mundial da Saúde (OMS). Prevenção da Violência Sexual e da Violência pelo Parceiro Íntimo contra a Mulher – Ação e Produção de Evidência. Genebra; 2010.

[44] Acosta ML, Acosta JAL, Acosta MJL, Vilda MEM, Cañadas EV. Síndrome de Agresión a la Mujer. Síndrome de Maltraro a la Mujer. *Revista Electrónica de Ciencia Pena y Criminologia.* 2000; 02-07.

[45] Benfica FS, Vaz M. *Medicina Legal.* 3ª ed. Porto Alegre: Livraria do Advogado, 2015.

[46] Acosta ML, Acosta JAL, Acosta MJL, Vilda MEM, Cañadas EV. Síndrome de Agresión a la Mujer. Síndrome de Maltraro a la Mujer. *Revista Electrónica de Ciencia Pena y Criminologia.* 2000; 02-07.

Conforme Berger e Giffin, nas entrevistas efetuadas com mulheres agredidas, entre as agressões nomeadas, predominou a violência física. No entanto, as agressões cotidianas ligadas ao sofrimento emocional, afetivo e moral, denominadas como "psicológicas", foram recorrentes e frequentemente consideradas as piores. Com isso, constata-se que a intimidação não ocorre só por força física, mas, também, pela força psicológica ou coerção, a opressão e a dominação pelo medo e pelo sentimento de culpa.[47]

A sintomatologia psíquica encontrada nas vítimas deve ser considerada como uma sequela dos ataques sofridos por agressões físicas. Essas lesões psíquicas podem ser agudas, quando decorrentes de uma agressão, ou crônicas, como consequência da situação mantida de maus tratos.[48]

A lesão psíquica aguda, numa primeira reação, consiste normalmente em uma autoproteção, uma tentativa em sobreviver ao acontecimento. Podem aparecer reações de choque, negação, confusão, abatimento, atordoamento e medo. Estas crises normalmente ocorrem quando a vítima não tem resistência para tratar ou minimizar essa possível lesão e nem consegue evitar que se produza a agressão.[49]

Estudos clínicos comprovam que as vítimas de maus tratos sabem que a qualquer momento poderá ser produzida uma nova agressão. Em resposta a esse medo potencial e a insegurança em que vivem, algumas das mulheres produzem uma extrema ansiedade, que se pode considerar como sendo uma verdadeira situação de pânico. A maioria desses sintomas inclui sensações de incompetência, de menos valia, sentimento de culpa, vergonha e perda do controle.[50]

As lesões psicológicas a longo prazo, nas mulheres que são agredidas fisicamente e psicologicamente, tendem a produzir temor, ansiedade, fadiga, alterações de sono e de apetite, preocupação e reações intensas de queixas físicas em relação a moléstias e dores inespecíficas.[51] O primeiro grande estudo sobre a resposta psicológica de mulheres vítimas de maus tratos foi publicado por Lenore Walker, em 1979, reconhecendo os efeitos das lesões psicológicas de longo prazo, que podiam aparecer nas relações em que os homens agrediam as mulheres. Com isso se pode descrever uma série de sintomas, destacando-se os sentimentos de baixa autoestima, depressão, reações de estresse intenso e sensação de desamparo e impotência. Esses sintomas manifestados pelas vítimas decorrem muitas vezes da incapacidade para controlar o comportamento violento de seu agressor.[52]

---

[47] Berger SMD, Giffin K. A Violência nas Relações de Conjugalidade: Invisibilidade e Banalização da Violência Sexual? Caderno Saúde Pública. 2005 mar./abr.; 21(2): 417-425.

[48] Acosta ML, Acosta JAL, Acosta MJL, Vilda MEM, Cañadas EV. Síndrome de Agresión a la Mujer. Síndrome de Maltraro a la Mujer. *Revista Electrónica de Ciencia Pena y Criminologia.* 2000; 02-07.

[49] Ibidem.

[50] Ibidem.

[51] Oliveira EM, Barbosa RM, Moura AAVM, Kossel K et al. Atendimento às mulheres vítimas de violência sexual: um estudo qualitativo. *Revista de Saúde Publica* 2005; 39(3):376-82.

[52] Acosta ML, Acosta JAL, Acosta MJL, Vilda MEM, Cañadas EV. Síndrome de Agresión a la Mujer. Síndrome de Maltraro a la Mujer. *Revista Electrónica de Ciencia Pena y Criminologia.* 2000; 02-07.

Alguns autores destacam que, além de uma transgressão da normatividade legal – crime –, a violência estará sendo, neste caso, causadora de alterações da normatividade vital – doença. As mulheres tratam de enquadrar suas queixas ao que é sintomático: dor, tontura, insônia. Mesmo que a origem do incômodo seja principalmente uma situação familiar conflituosa. Por almejar resposta no serviço de saúde, ela trata de destacar o mal-estar físico que a acomete, buscando respostas concretas destes serviços.[53]

Coker *et alli* realizaram uma pesquisa com 144 mulheres em serviços comunitários nos Estados Unidos, observando que uma pequena parcela dessas mulheres referia apenas um tipo de agressão, o que levou os pesquisadores a formularem a hipótese de que, ou essas mulheres têm algum tipo de vergonha ou medo de relatar as agressões, ou preferem apenas confidenciá-la com familiares ou amigos.[54]

Os profissionais da área da saúde tendem a reconhecer como demanda legítima apenas aquelas que se enquadrem na alteração da norma vital, ou seja, quando há uma doença a ser identificada. Neste caso, esta mulher pode ser acolhida. Mas com isso a violência acaba sendo descaracterizada em muitos casos. Da mesma forma, quando não for diagnosticada uma lesão física, há uma tendência a ser desconsiderada a violência como problema. Nestes casos a queixa normalmente deixa de ser qualificada como crime nas DDMs – Delegacias de Defesa das Mulheres.[55]

4. Aspectos médico-legais

4.1. O papel da perícia médico-legal

França define a perícia médico-legal como o conjunto de procedimentos médicos, cuja finalidade é o esclarecimento de um fato de interesse da Justiça, ou como um ato médico que objetiva dar a conhecer a autoridade policial ou judiciária, por meios técnicos e científicos, a existência ou não de certos acontecimentos, capazes de interferir na decisão de uma questão judiciária ligada à vida ou à saúde do homem ou que com ele tenha relação.[56]

Nos casos de violência doméstica contra a mulher, normalmente a autoridade policial será o solicitante da perícia, uma vez que a evidência mais frequente neste tipo de evento é a lesão corporal de natureza leve, sendo ela tipificada no art. 129 do Código Penal brasileiro.

O laudo pericial para a maioria dos casos de violência doméstica contra a mulher será o Exame de Lesões Corporais, realizado pelo Departamento Médico-Legal. Pela Lei 11.340/06, o este laudo é o mais indicado nestes casos. No

---

[53] Schraiber LB, D'Oliveira AFPL. Violência Contra mulheres: interfaces entre os profissionais do direito e da saúde. *Interface – Comunicação, Saúde, Educação*. 1999; 3:11-27.

[54] Coker AL, Bethea L, Smith PH, Fadden MK, Brandet HM. Missed Opportunities: Intimate Partner Violence in Family Practice Settings. *Preventive Medicine*. 2002; 34: 445-454.

[55] Schraiber LB, D'Oliveira AFPL. Violência Contra mulheres: interfaces entre os profissionais do direito e da saúde. *Interface – Comunicação, Saúde, Educação*. 1999; 3:11-27.

[56] França GV. *Medicina Legal*. 9. ed. Rio de Janeiro: Guanabara Koogan; 2011.

entanto, se houver violência sexual associada ou suspeita, deve ser solicitado o Exame para Verificação de Violência Sexual, que inclui a realização dos Exames de Conjunção Carnal, de Ato Libidinoso Diverso da Conjunção Carnal e de Verificação de Doença Venérea. Esta lei também admite como meio de prova os laudos ou prontuários médicos dos hospitais ou postos de saúde onde a paciente tenha sido atendida.

Uma nova perícia poderá ser necessária nos casos em que se evidencie a necessidade de exame complementar. O perito, nestes casos, deverá orientar o periciado e a autoridade solicitante no sentido da necessidade de realização do Exame Complementar de Lesões Corporais, com os quesitos oficiais.[57]

A lesão corporal é conceituada como sendo todo e qualquer dano ou ofensa ocasionado à normalidade do corpo ou organismo humano, quer do ponto de vista anatômico, quer do fisiológico ou mental.[58]

Sob o ponto de vista médico-legal, a expressão "lesão" abrange um sentido muito amplo. Enquanto, para a medicina curativa, lesão se restringe à alteração anatômica ou funcional de um órgão ou tecido, para a medicina legal, é qualquer alteração ou desordem da normalidade, de origem externa e violenta, capaz de provocar um dano à saúde em decorrência de culpa, dolo, acidente ou autolesão.[59]

Para identificar o tipo de lesão, as causas, as consequências, o instrumento ou o meio que produziu a ofensa terá a vítima que se submeter ao exame de lesão corporal, pois, quando se trata de infração que deixa marcas, haverá necessidade de fazer um exame pericial para que se determine a materialidade do fato e também, para que se tenha a exata classificação da lesão. De acordo com o Código Penal brasileiro, a pena será aplicada conforme a gravidade ou intensidade da lesão.

Quando constatada a lesão, através da perícia, terá o perito de responder quesitos oficiais para obter a classificação dessa lesão, a fim de que seja aplicada a pena. Os quesitos que deverão ser respondidos no laudo pericial são: 1º) se há ofensa à integridade corporal ou à saúde do paciente; 2º) qual o instrumento ou meio que produziu a ofensa; 3º) se foi produzida por meio de veneno, fogo, explosivo, asfixia, ou tortura, ou por meio insidioso ou cruel; 4º) se resultou incapacidade para as ocupações habituais por mais de trinta dias; 5º) se resultou perigo de vida; 6º) se resultou debilidade permanente, perda ou inutilização de membro, sentido ou função (resposta específica); 7º) se resultou incapacidade permanente para o trabalho, ou enfermidade incurável, ou deformidade (resposta específica); 8º) se resultou aceleração de parto ou aborto (resposta específica).[60]

---

[57] Benfica FS, Vaz M, Rovinski M, Costa MSTB. *Manual Atualizado de Rotinas do Departamento Médico Legal do Estado do Rio Grande do Sul*. 2ª ed. Porto Alegre: Livraria do Advogado, 2015.

[58] Croce D, Croce Júnior D. *Manual de Medicina Legal*. 8. ed. São Paulo: Saraiva, 2012.
Hungria N. *Comentários ao Código Penal: Arts. 121 a 136*. 4. ed. Rio de Janeiro: Forense; 1958.
Benfica FS, Vaz M. *Medicina Legal* 3ª. ed. Porto Alegre: Livraria do Advogado, 2015.

[59] França GV. *Medicina Legal*. 9. ed. Rio de Janeiro: Guanabara Koogan; 2011.

[60] Benfica FS, Vaz M. *Medicina Legal* 3ª. ed. Porto Alegre: Livraria do Advogado, 2015.
Ardaillon D, Debert GG. *Quando a Vítima é Mulher*. Brasília: Ministério da Justiça; 1987.
Croce D, Croce Júnior D. *Manual de Medicina Legal*. 8. ed. São Paulo: Saraiva, 2012.

Esses quesitos oficiais podem sofrer modificações na forma de apresentação, dependendo da unidade da federação. Os quesitos acima descritos são utilizados no Estado do Rio Grande do Sul. Assim a lesão corporal conforme a quantidade do dano poderá ser classificada como lesão corporal leve, grave e gravíssima.

De acordo com dados levantados em pesquisas em relação à violência doméstica contra a mulher, a lesão corporal leve é a mais comum nesses casos.[61] Caracteriza-se a lesão corporal leve pela presença da ofensa da integridade corporal ou à saúde desde que não resultem as consequências mencionadas nos §§ 1º, 2º e 3º do artigo 129 do Código Penal.[62] [63]

Com isso, o laudo pericial apresentará, normalmente, respostas para o primeiro, segundo e terceiro quesitos.

O primeiro quesito diz respeito à Integridade Corporal, a qual caracteriza a estrutura anatômica do indivíduo. Neste caso, a mais simples alteração, causada de maneira culposa ou dolosa a este conjunto, representa uma ofensa à sua integridade e, portanto, uma lesão corporal. Desarranjos na estrutura fisiológica ou mesmo psíquica de uma pessoa caracterizam o conceito de ofensa à saúde, ou seja, são também uma lesão corporal. Qualquer ação ou omissão que provoque alterações na anatomia do indivíduo caracterizará uma ofensa à sua integridade corporal, da mesma forma que alterações no seu bem-estar físico ou psíquico caracterizarão uma ofensa à saúde.

Cabe salientar que a avaliação do dano psíquico exige uma perícia que ultrapassa a simples perícia para lesão corporal, fazendo-se necessária uma avaliação psiquiátrica da paciente para constatar o sofrimento mental provocado pelo fato alegado. Da mesma forma, casos de agressões verbais, ameaças, injúrias, calúnias, difamações poderão ocasionar, eventualmente, um dano psicológico ao indivíduo, sendo necessário, também nestes casos, uma perícia específica, na área psiquiátrica para avaliar esse dano. O exame de lesões corporais, neste cenário, tem poucas ou nenhuma evidência a serem descritas.

Destaca-se que a dor é fenômeno subjetivo. Quando somente ela estiver presente, não constitui a materialidade exigida para o reconhecimento de lesão corporal, estando excluída dos dispositivos do Código Penal.[64] A simples "crise nervosa", sem comprometimento funcional, físico ou mental, não configura também a lesão corporal, assim como a perda momentânea dos sentidos (desmaio), quando não resultarem danos ao indivíduo.[65]

Analisando-se o conjunto dos casos estudados por alguns autores, percebeu-se que o espancamento (emprego da força física sem auxílio de objetos)

---

[61] Deslandes SF, Gomes R, Silva CMFP. Caracterização dos Casos de Violência Doméstica Contra a Mulher Atendidos em Dois Hospitais Públicos do Rio de Janeiro. *Caderno de Saúde Pública*. 2000; 16:129-137.

[62] Benfica FS, Vaz M. *Medicina Legal*. 3ª ed. Porto Alegre: Livraria do Advogado, 2015.
França GV. *Medicina Legal*. 9. ed. Rio de Janeiro: Guanabara Koogan; 2011.
Galvão LCC. *Estudos de Medicina Legal*. Porto Alegre: Sagra Luzzatto; 1996.

[63] Croce D, Croce Júnior D. *Manual de Medicina Legal*. 8. ed. São Paulo: Saraiva, 2012.

[64] Ibidem.

[65] Benfica FS, Vaz M. *Medicina Legal*. 3ª ed. Porto Alegre: Livraria do Advogado, 2015.

foi a forma utilizada pelos agressores em 70,4% dos casos, seguido de agressão com objetos em 21,1%, o uso de arma branca em 4,3% dos casos, arma de fogo em 2,1% e atropelamento intencional em 2,1% dos casos.[66]

A lesão ocasionada por força física (mãos e pés) é classificada como sendo produzida por instrumentos contundentes.[67] Salienta-se que a perícia médico--legal não define o objeto causador da lesão, mas sim o "instrumento".

Muitas dessas lesões, provocadas por instrumento contundente e denominadas de lesões contusas superficiais, são consideradas lesões leves, porque normalmente no exame de lesão corporal o perito irá responder positivamente somente aos dois primeiros quesitos.

Cabe ressaltar a importância da perícia, pois esta, ao identificar qual o instrumento ou o meio causador das lesões, ajuda na determinação do objeto causador do fato, bem como determinar a gravidade da lesão. Esta gravidade, no entanto, é definida quase que exclusivamente considerando as sequelas físicas apresentadas pela vítima.

4.2. O papel da Lei Maria da Penha

A partir do dia 22 de agosto de 2006, entrou em vigor a Lei n° 11.340/2006, conhecida como "Lei Maria da Penha", com a finalidade de criar mecanismos para coibir a violência doméstica e familiar contra a mulher. Esta lei veio para atender os termos do § 8° do art. 226 da Constituição Federal e dos tratados internacionais ratificados pelo Brasil,[68] que estabelecem medidas de prevenção, assistência e proteção às mulheres em situação de violência.

Com esta lei criaram-se os Juizados de Enfretamento da Violência Doméstica e Familiar contra a Mulher com competência cível e criminal, que podem responder às necessidades das mulheres, especialmente àquelas relativas ao acesso e à proteção de seus direitos civis no âmbito da família.[69] Esta lei permitiu ao Brasil, por fim, entrar na rota internacional das ações de prevenção e diminuição da violência doméstica e de gênero.

Além disso, a Lei 11.340/06 tem entre seus objetivos buscar a prevenção das diversas formas de violência doméstica e familiar contra a mulher, a criação e ampliação de serviços públicos, a realização de campanhas educativas e o estabelecimento de mecanismos ágeis de acesso à justiça para o atendimento

---

[66] Deslandes SF, Gomes R, Silva CMFP. Caracterização dos Casos de Violência Doméstica Contra a Mulher Atendidos em Dois Hospitais Públicos do Rio de Janeiro. *Caderno de Saúde Pública*. 2000; 16:129-137.

[67] Fávero F. *Medicina Legal*: Introdução ao Estudo da Medicina Legal, Identidade, Traumatologia. 12. ed. Belo Horizonte: Villa Rica; 1991.
Benfica FS, Vaz M. *Medicina Legal*. 3ª ed. Porto Alegre: Livraria do Advogado, 2015.
Galvão LCC. *Estudos de Medicina Legal*. Porto Alegre: Sagra Luzzatto; 1996.
Croce D, Croce Júnior D. *Manual de Medicina Legal*. 8. ed. São Paulo: Saraiva, 2012.

[68] Narvaz MG & Koller SH. Mulheres Vítimas de Violência Domestica: Compreendendo Subjetividades Assujeitadas. *Psico*. 2006; 37(1): 7-13

[69] Amaral NA, Amaral CA, Amaral TLM. Mortalidade Feminina e Anos de Vida Perdidos por Homicídios/ Agressão em Capital Brasileira após Promulgação da Lei Maria da Penha. *Texto Contexto Enferm*, 2013; 22(4): 980-8.

à mulher em casos envolvendo este tipo de violência. Introduziu, ainda, uma série de mecanismos recomendados pela Convenção de Belém do Pará, dentre eles a obrigação do Estado na criação desses serviços e a capacitação de seus agentes para que possam atender adequadamente as mulheres nessa situação. Criou também medidas de proteção imediatas, tanto de caráter penal como de caráter civil tais como o afastamento do agressor do lar, a separação de corpos, a regulamentação de guarda de filhos, a fixação de alimentos, dentre outras. E finalmente, deixou claro que nos crimes de violência doméstica e familiar contra a mulher não se aplica a Lei n° 9.099/05.

Previu ainda mudanças na aplicação de penas, pois ficaram vedadas, nos casos de violência doméstica familiar contra a mulher, as penas restritivas de direito de prestação pecuniária, cesta básica e multa.

Portanto, a Lei 11.340/06 buscou prevenir a violência doméstica com medidas integradas de prevenção, através de políticas públicas, que visem à integração de órgãos do Judiciário, Ministério Público, Defensória, Segurança Pública, Assistência Social, Saúde, Educação, Trabalho e Habitação; bem como, promover estudos e pesquisas; implementar centros de atendimento multidisciplinar; realizar campanhas educativas; e desenvolver outros mecanismos para a prevenção da violência.

Mesmo com todos os indicadores positivos em relação à Lei, a percepção de proteção por parte das vítimas não parece ter se modificado. Um estudo descritivo e qualitativo para identificar a percepção das mulheres em situação de violência sobre o suporte e o apoio recebido em seu contexto social, particularmente, dos recursos institucionalizados de combate à violência contra a mulher, mostrou um resultado inesperado. A realidade de desamparo e descrença aponta para uma percepção de desarticulação e inoperância das instituições sociais de suporte às vítimas. A utilização dos serviços da Justiça traz uma percepção de resposta inadequada às demandas das mulheres.

Neste sentido, além de muitas mulheres não terem consciência de seus direitos, a percepção de descrédito na Polícia e na Justiça as inibe de denunciar a violência da qual são vítimas. Normalmente só vão às delegacias quando já não aguentam mais apanhar ou temem pela própria vida. Mesmo assim, sempre há uma relutância em registrar a queixa, principalmente quando as vítimas têm filhos e são dependentes economicamente dos parceiros. Em muitos casos existe o medo de não ter para onde ir e, ao voltar para casa, se sujeitarem ao risco de uma reação muito mais violenta do marido ou companheiro ao saber da denúncia levada a efeito.

5. Considerações finais

A violência doméstica contra a mulher é um tema que, no Brasil, vem ganhando mais atenção e se tornando objeto privilegiado de políticas públicas, já que representa um tipo de violência ainda frequente, em todas as classes sociais de nosso país. Todos os estudos epidemiológicos comprovam a prevalência deste tipo de violência na nossa sociedade.

Diante deste grave problema, a Lei Maria da Penha foi criada como mais um instrumento de auxílio ao processo de controle desta violência de gênero. Mesmo sendo efetivamente uma realidade, ela ainda deve ser analisada com muita atenção quanto a sua efetividade em, isoladamente, reduzir a violência contra as mulheres.[70] Estudos epidemiológicos controlados ainda não foram capazes de avaliar os resultados deste instrumento, mesmo diante de todo o esforço da mídia quanto a sua divulgação. E continua baixa a percepção das vítimas quanto ao apoio da Justiça diante das agressões sofridas. Portanto, pesquisas futuras devem associar diferentes enfoques metodológicos, para possibilitar a comparabilidade dos estudos e aprofundar as análises sobre os resultados esperados e os resultados atingidos.

Por exemplo, um estudo comparando a mortalidade feminina por agressão/homicídio, antes e após a implantação da lei, em Rio Branco, no Acre, identificou uma redução inicial na incidência de óbitos após a promulgação da lei, apresentando aumento da incidência dois anos após.

Portanto, mudanças ainda são necessárias, sendo algumas delas já reveladas em alguns estudos. Elas começam pelo reconhecimento do papel dos profissionais da área da saúde em relação à violência contra a mulher e a perspectiva de alterações na política de saúde pública. Há a necessidade de incorporar um atendimento com postura de acolhimento, que vise compreender a pessoa na sua integridade, percebendo o cuidado com a sua saúde, e, se detectada a ocorrência de violência, estabelecer um encaminhamento adequado para estas vítimas.

Constatou-se que o grande número de agressões físicas e psicológicas sofridas pela mulher acaba gerando, muitas vezes, doenças ocasionadas pela violência e um aumento na procura de profissionais da saúde. Neste sentido, salienta-se a necessidade de profissionais preparados para o atendimento deste tipo de situação, para que possam ajudar na prevenção dessa violência.

Em relação à perícia médico-legal, ela continua somente podendo ser feita com a solicitação de uma autoridade policial. Para que isso ocorra, a vítima terá de criar coragem e fazer a denúncia em uma delegacia de polícia. Neste sentido o aparelhamento dos órgãos periciais, aumentando a capacidade de respostas rápidas diante das solicitações periciais, deverá ser implementado. E uma atenção especial deve ser dada para as chamadas "perícias psicológicas", já que este tipo de procedimento ainda não está devidamente implantado na maioria dos institutos e departamentos de perícia médico-legal no Brasil. E neste caso, o abuso psicológico, incluindo a intimidação e a humilhação, os comportamentos controladores e a restrição social ficam com sua análise prejudicada, no contexto da perícia oficial, como ela está estruturada atualmente.

Assim, analisando os estudos epidemiológicos desenvolvidos no nosso meio sobre o tema, alguns pontos ficam bem evidentes. Mesmo que a lei 11.340/06 tenha procurado auxiliar na perspectiva de prevenir novas violên-

---

[70] Amaral NA, Amaral CA, Amaral TLM. Mortalidade Feminina e Anos de Vida Perdidos por Homicídios/Agressão em Capital Brasileira após Promulgação da Lei Maria da Penha. *Texto Contexto Enferm*, 2013; 22(4): 980-8.

cias, estudos epidemiológicos robustos ainda não conseguiram demonstrar resultados satisfatórios. A forma de encaminhamento dos exames periciais e a carência de uma estrutura diagnóstica pericial associam-se aos eventos que contribuem para a não redução da violência contra as mulheres.

Desta forma, mesmo com todas as medidas legais implementadas em relação à violência doméstica contra a mulher, ainda carecemos de uma união entre os setores da saúde, da justiça e da segurança pública, bem como da assistência social e educação, no sentido de que novas soluções venham consolidar definitivamente o conceito de direitos humanos e solidariedade social entre as mulheres. É fundamental uma melhoria no diagnóstico dos casos de violência contra mulheres usuárias dos serviços de saúde, bem como a implementação de ações que permitam aos órgãos periciais qualificar melhor o significado desta violência.

6. Referências

Acosta ML, Acosta JAL, Acosta MJL, Vilda MEM, Cañadas EV. Síndrome de Agresión a la Mujer. Síndrome de Maltraro a la Mujer. *Revista Electrónica de Ciencia Pena y Criminologia*. 2000; 02-07.

Araújo MF. Atendimento a Mulheres e Famílias Vítimas de Violência Doméstica. *Perfil – Revista de Psicologia do Departamento de Psicologia Clínica*. UNESP. 1996; 9:7-17.

Ardaillon D, Debert GG. *Quando a Vítima é Mulher*. Brasília: Ministério da Justiça; 1987.

Azevedo MA. *Mulheres Espancadas – A Violência Denunciada*. São Paulo: Cortez; 1985.

Azevedo RG. *Informalização da Justiça e Controle Social*. São Paulo: IBCCRIM; 2000.

——. *Juizados Especiais Criminais – Uma Abordagem Sociológica Sobre a Informalização da Justiça Penal no Brasil. Revista Brasileira de Ciências Sociais*. 2001; 16 (47): 97-110.

Benfica FS, Vaz M. *Medicina Legal*. 3ª ed. rev. e atual. Porto Alegre: Livraria do Advogado, 2015.

——, Rovinski M, Costa MSTB. *Manual Atualizado de Rotinas do Departamento Médico Legal do Estado do Rio Grande do Sul*. 2ª ed. Porto Alegre: Livraria do Advogado, 2015.

Berger SMD, Giffin K. *A Violência nas Relações de Conjugalidade*: Invisibilidade e Banalização da Violência Sexual? Caderno Saúde Pública. 2005 mar./abr.; 21(2): 417-425.

Brasil. *Lei 9.099*. Dispõe sobre os Juizados Especiais Cíveis e Criminais e dá outras providências. [online]. [capturado em 02 jun. 2006]. Disponível em: https://www.planalto.gov.

——. *Lei 11.340*. Cria mecanismos para coibir a violência doméstica e familiar contra a mulher. [online]. [capturado em 14 nov. 2006]. Disponível em: https://www.planalto.gov.

Campbell JC. Health Consequences of Intimate Partner Violence. *The Lancet*. 2002; 359: 1331-1336.

Campos CH. A Violência Doméstica no Espaço da Lei. In: Bruschini CP, Célia Regina (org.). *Tempos e Lugares de Gênero*. São Paulo: Fundação Carlos Chagas; 2001.

——, Carvalho S. Violência Doméstica e Juizados Especiais Criminais: Análise desde o Feminismo e o Garantismo. *Revista de Estudos Criminais*. 2005 jul./set.; 19: 53-62.

Cardoso NMB. *Mulheres em Situação de Violência Conjugal*: Indecência, Conceitos, Fatores Associados e Conseqüências da Violência. *Barbarói*. 1996; 4/5: 69-80.

Coker AL, Bethea L, Smith PH, Fadden MK, Brandet HM. Missed Opportunities: Intimate Partner Violence in Family Practice Settings. *Preventive Medicine*. 2002; 34: 445-454.

Croce D, Croce Júnior D. *Manual de Medicina Legal*. 8. ed. São Paulo: Saraiva, 2012.

D'Oliveira AFL. Gênero, Violência e Práticas de Saúde. In: *Violência Contra a Mulher*: Um Novo Olhar. Modelos de Protocolos e Capacitações Sobre Violência Doméstica Para os Serviços de Saúde e Anais do Seminário Nacional "Saúde, Mulher e Violência Intrafamiliar". Santos: Casa de Cultura da Mulher Negra; 2001. p. 156-159.

Deslandes SF, Gomes R, Silva CMFP. Caracterização dos Casos de Violência Doméstica Contra a Mulher Atendidos em Dois Hospitais Públicos do Rio de Janeiro. *Caderno de Saúde Pública*. 2000; 16:129-137.

Dias MB. *Conversando sobre Justiça e os Crimes Contra as Mulheres*. Porto Alegre: Livraria do Advogado; 2004.

Fávero F. *Medicina Legal*: Introdução ao Estudo da Medicina Legal, Identidade, Traumatologia. 12. ed. Belo Horizonte: Villa Rica; 1991.

França GV. *Medicina Legal*. 9. ed. Rio de Janeiro: Guanabara Koogan; 2011.

Frank S, Coelho EBS, Boing AF. Perfil dos estudos sobre violência contra a mulher por parceiro íntimo: 2003 a 2007. *Rev Panam Salud Publica*. 2010;27(5):376–81.

Galvão LCC. *Estudos de Medicina Legal*. Porto Alegre: Sagra Luzzatto; 1996.

Giacomolli JN. *Juizados Especiais Criminais: Lei n. 9099/95*. 2. ed. rev. atual. Porto Alegre: Livraria do Advogado; 2002.

Giffin K. Violência de Gênero, Sexualidade e Saúde. *Cadernos de Saúde Pública*. 1994; 10(1): 146-155.

Grossi PK. *Violência Contra a Mulher*: Implicações Para os Profissionais de Saúde. In: Lopes MJM, Meyer DE, Waldow VR (org.). *Gênero e Saúde*. Porto Alegre: Artes Médicas; 1996. p.131-149.

Heise L, Ellsberg M, Gottemoeller M. Ending Violence Against Women. *Population Reports*. 1999; 27(4): 1-43.

Hungria N. *Comentários ao Código Penal: Arts. 121 a 136*. 4. ed. Rio de Janeiro: Forense; 1958.

Kyriacou DN, Anglin D, Taliaferro E, Stone S, Tubb T, Linden JM, Muelleman R, Baton E, et al. Risk Factors For Injury To Women From Domestic Violence. *New England Journal of Medicine*. 1999; 341 (25): 1892-1898.

Lima AV. *Contribuição da AMB Sobre a Resistência à Exclusão da Violência Doméstica Contra a Mulher do Âmbito da Lei 9099/95*. [online] [capturado 05 jun. 2006. Disponível em: http://copodeleite.rits.org.br/apc-aa-patriciagalvao/home/noticias.shtml?x=260.

Linhares L. *Seminário – Direitos Sexuais e Direitos Reprodutivos na Perspectiva dos Direitos Humanos*. [online]. Rio de Janeiro; 2005. [capturado em 10 maio 2006]. Disponível em: http://www.advocaci.org.br/anais1.pdf.

Nunes MR. *Os Direitos Humanos das Mulheres e das Meninas*: Enfoques Feministas. Porto Alegre: Assembléia Legislativa RS; 2002.

Organização Mundial da Saúde. *Relatório Mundial sobre Violência e Saúde*. Genebra; 2002.

Oliveira EM, Barbosa RM, Moura AAVM, Kossel K et al. Atendimento às mulheres vítimas de violência sexual: um estudo qualitativo. *Revista de Saúde Publica* 2005; 39(3):376-82.

Piovesan F. *Violência Contra Mulher: Um Escândalo!* [online]. [capturado em 02 jun. 2006]. Disponível em: http://copodeleite.rits.org.br/apc-aa-patriciagalvao/home/noticias.shtml?x=142.

Rodríguez JCR, Guerra M. C. P. Mujeres de Guadalajara y Violencia doméstica: Resultados de un Estudio Piloto. *Cadernos de Saúde Pública*. 1996; 12: 405-409.

Santim JR, Guazzelli MP, Campana JB, Campana LB. *Violência Doméstica Como Legislar o Silêncio* – Estudo interdisciplinar na realidade local. *Revista Justiça do Direito*. 2002; 1 (16): 79-97.

Schraiber LB, D'Oliveira AFPL. *O Que Devem Saber os Profissionais de Saúde Para Promover os Direitos e a Saúde das Mulheres em Situação de Violência Doméstica*. Coletivo Feminista Sexualidade e Saúde/Departamento de Medicina Preventiva da Faculdade de Medicina da USP. São Paulo; 2003.

———. *Violência Contra mulheres: interfaces entre os profissionais do direito e da saúde*. Interface – Comunicação, Saúde, Educação. 1999; 3:11-27.

———. Violence against women and Brazilian health care policies: a proposal for integrated care in primary care services. *International Journal of Gynecology and Obstetrics*. 2002; 78 (1): S21 –S25.

———, França Júnior, Pinto AA. Violência Contra a Mulher: Estudo em uma Unidade de Atenção Primária à Saúde. *Revista de Saúde Pública*. 2002; 36: 470-477.

Soares LE, Soares BM, Carneiro LP. Violência Contra a Mulher: As DEAMs e os Pactos Domésticos. In: Soares LE. *Violência e Política no Rio de Janeiro*. Rio de Janeiro: Relume-Dumará; 1996. p. 65-106.

— 9 —

Sobre o abandono afetivo na relação paterno-filial e uma possível reparação civil

GABRIELA ANTUNES RABAIOLI[1]

CASSIANE ECHEVENGUÁ DOS SANTOS AMARAL[2]

SUMÁRIO: 1. Introdução; 2. A família no ordenamento jurídico brasileiro; 3. A importância da família na formação da pessoa; 4. O princípio da afetividade; 5. O princípio da dignidade da pessoa humana; 6. Autoridade Parental; 7. Paternidade responsável; 8. O abandono afetivo na filiação; 9. Responsabilidade civil pelo abandono afetivo; 10. O abandono afetivo nos tribunais; 11. Considerações finais; 12. Referências.

1. Introdução

No nosso convívio social ou nas lides forenses, depara-se com o descaso com que os genitores lidam com a paternidade, ou seja, com situações que não só negam o aporte material, mas, principalmente, o cuidado e o afeto que se impõem no ambiente familiar, gerando danos psicológicos até mesmo irreversíveis aos filhos. O foco principal desse artigo é a conduta omissiva do pai e a sua repercussão negativa na vida do filho, pela falta do afeto, pela falta da convivência familiar, assim como pela falta de segurança material. Nesse quadro, emergem mecanismos jurídicos que têm por escopo o amparo da pessoa humana e que garantam ao filho ignorado, senão o afeto que lhe era devido, o direito à reparação civil pelo dano moral sofrido ao longo do seu desenvolvimento de criança e de adolescente. Nesse diapasão, no presente estudo, traremos à colação, não só as normas vigentes do Direito de Família Brasileiro, no âmbito constitucional e infraconstitucional, assim como discussões doutrinárias e jurisprudenciais que resguardam o direito à reparação civil pelo abandono afetivo na filiação, como também demonstram a importância da família para a formação e desenvolvimento saudável da criança.

2. A família no ordenamento jurídico brasileiro

Nas palavras de Maria Berenice Dias, cabe ao Estado a organização da vida em sociedade, de modo a proteger os indivíduos e intervir para coibir

---

[1] Advogada. Bacharel em Direito pela Faculdade Estácio do Rio Grande do Sul.

[2] Psicóloga. Professora da disciplina de Psicologia aplicada ao Direito da Estácio do Rio Grande do Sul. Mestre em Psicologia. Especialista em Terapia Individual, Familiar e de Casal. (Professora orientadora).

INQUIETAÇÕES SOBRE DIREITOS FUNDAMENTAIS

excessos e impedir colisão de interesses. Desta maneira, é função do Estado impor pautas de condutas, ditando regras de comportamento para serem respeitadas por todos. Como diz Rodrigo da Cunha Pereira,[3] "o ordenamento jurídico serve de verdadeiro interdito proibitório dos impulsos que podem inviabilizar o convívio social".[4]

Professa, em continuidade, argumentando que o direito é a mais eficaz técnica de organização da sociedade, onde cabe ao legislador transformar os fatos da vida em normas jurídicas, mediante o estabelecimento de sanções. O direito adjetiva os fatos para que sejam jurídicos. O Estado, ainda que tenha o dever de regular as relações pessoais, não pode deixar de respeitar o direito à liberdade e garantir o direito à vida de forma digna e feliz. Tem-se, assim, o surgimento de normas que não criam deveres, mas simplesmente descrevem valores, pois a norma escrita não tem o dom de aprisionar e conter os desejos, as angústias, as emoções, as realidades e as inquietações do ser humano. Assim, os direitos humanos tornaram-se a espinha dorsal da produção normativa contemporânea.[5]

De outra parte, afirma que a lacuna da lei não pode deixar de amparar as situações que são levadas ao Judiciário. Cabe ao juiz, na falta de previsão legislativa, julgar observados os princípios constitucionais que servem de parâmetro normativo para aferição da validade de toda e qualquer norma jurídica, ocasionando a inconstitucionalidade de todos os dispositivos que lhe são contrários.

A par disso, aduz-se que as regras que regulam os direitos e os deveres da família contemporânea estão inseridas nos textos da Constituição Federal, do Código Civil e do Estatuto da Criança e do Adolescente.

O novo Código Civil de 2002 prevê deveres dos pais em relação aos filhos nos dispositivos que tratam do exercício do poder familiar, em capítulo próprio, nos artigos 1.630 a 1.638, e também em outros artigos esparsos, como é o caso do artigo 1.566, IV, que lida com o dever recíproco dos cônjuges quanto ao sustento, à guarda e à educação dos filhos, dentre outras várias disposições.

De modo que a importância da família é reconhecida na Lei Constitucional vigente, como se depreende da leitura dos dispositivos que tratam a temática, em especial do artigo 226, que prevê que é a família como base da sociedade, que merece especial proteção do Estado.

3. A importância da família na formação da pessoa

A importância da família na formação da pessoa é de extrema importância para o desenvolvimento saudável das crianças, uma vez que é no seio familiar que se formam os vínculos afetivos e se aprende valores essenciais para a formação da pessoa e de sua dignidade humana. A ausência de afeto e bons

---

[3] PEREIRA, Rodrigo da Cunha. *Op. cit.* p. 220. *Apud* DIAS, Maria Berenice. *Manual de Direito das Famílias.* 9. ed. São Paulo: Revista dos Tribunais, 2013. p. 25.

[4] DIAS, Maria Berenice. *Op. cit.*, p. 25.

[5] Ibidem.

exemplos podem gerar consequências morais e emocionais graves e irreparáveis aos filhos, à contramão dos princípios formadores da sociedade civilizada, forjada em boa ética, no amor e valores morais que alicerçam ambientes harmoniosos e felizes.

Nas palavras de Thelma Fraga:

A família é a estrutura fundamental que molda o desenvolvimento psíquico da criança, uma vez que é, por excelência, o primeiro local de troca emocional e de elaboração dos complexos emocionais, que se refletem no desenvolvimento histórico das sociedades e nos fatores organizativos do desenvolvimento psicossocial.[6]

Para Claudete Carvalho Canezin, "a família sendo o primeiro núcleo social do ser humano, fornece as experiências humanas, valores e critérios de conduta que servirão de referência ao desenvolvimento saudável do indivíduo para toda a vida".[7]

Os laços familiares harmônicos, movidos pelo afeto, pelo senso de dever e bons exemplos dos genitores é a mola propulsora para a formação do ser humano saudável, que se insere em uma sociedade justa e harmoniosa, na qual prepondera a realização do bem comum.

Cumpre, assim, salientar que o instituto do poder familiar está positivado constitucionalmente no art. 229, no art. 1.634 do Código Civil Brasileiro e no art. 22 do Estatuto da Criança e do Adolescente.

4. O princípio da afetividade

O princípio da afetividade é um dos desdobramentos do princípio do respeito à dignidade da pessoa humana, na medida em que toda a orientação jurídica desenvolve-se no sentido de garantir o indivíduo uma vida digna, atribuindo valor jurídico ao afeto, sobretudo nas relações entre pais e filhos.

Conforme Maria Berenice Dias, como forma de impor a si obrigações para com os seus cidadãos, o Estado elenca na Constituição um rol imenso de direitos individuais e sociais, como forma de garantir a dignidade de todos. Tal nada mais é do que o compromisso de assegurar o afeto por seus cidadãos. Apesar de a palavra afeto não estar no texto constitucional, a Constituição enlaçou o afeto no âmbito de sua proteção. Desta forma, ao se reconhecer as uniões estáveis como entidade familiar merecedora da tutela jurídica, significa dizer que a afetividade, que une e enlaça duas pessoas, adquiriu reconhecimento e inserção no ordenamento jurídico. Ou seja, o afeto e a realização individual tiveram um maior espaço, a partir do momento que houve a constitucionalização de um modelo de família eudemonista e igualitário.[8] Leciona ainda a referida autora no sentido de que o afeto não é fruto da biologia, mas que deriva da convivência familiar.

---

[6] FRAGA, Thelma. *A Guarda e o Direito à Visitação – Sob o Prisma do Afeto.* Rio de Janeiro: Impetus, 2005. p. 50.

[7] CANEZIN, Claudete Carvalho. *Da reparação do dano existencial ao filho decorrente do abandono paterno-filial.* Revista Brasileira de Direito de Família. IBDFAM/Síntese, ano VIII, n. 36, jun.-jul. Porto Alegre, 2006. p. 71-87.

[8] DIAS, Maria Berenice. *Op. cit.*, p. 72.

Paulo Lôbo afirma que o princípio da afetividade está implícito na constituição, especialmente quando estabelece que:

a) todos os filhos são iguais, independente de sua origem (art. 227,§ 6º); b) a adoção como escolha afetiva, alçou-se integralmente ao plano de igualdade de direitos (art. 227, §§ 5º e 6º); c) a comunidade formada por qualquer dos pais e seus descendentes, incluindo-se adotivos, tem a mesma dignidade de família constitucionalmente protegida (art. 226, § 4º); d) a convivência familiar (e não a origem biológica) é prioridade absoluta assegurada à criança e ao adolescente (art. 227).[9]

Nesse passo, é correto afirmar que o direito à afetividade possui agasalho no sistema *jusfamiliar* brasileiro, e que são reflexos que se dão na própria sociedade, com a importância dos vínculos afetivos nos mais variados relacionamentos.

5. O princípio da dignidade da pessoa humana

O princípio da dignidade da pessoa é um princípio constitucional fundamental no ordenamento brasileiro, que assegura a todos, sem distinção, os direitos e garantias de qualquer natureza.

A palavra "dignidade" tem raiz etimológica proveniente do latim *dignus* – aquele que merece estima e honra, aquele que é importante. É o que distingue os seres humanos dos demais, sendo a dignidade inerente à espécie humana.

Salienta Aline Biasuz que a dignidade da pessoa não era sacramentada de forma expressa no texto constitucional brasileiro, anteriormente à Constituição Federal de 1988. Após a ditadura, no período de redemocratização de alguns países, buscou-se um resgate do valor humano, o que consagrou a dignidade da pessoa e colocou os direitos fundamentais sobre toda e qualquer outra disposição estatal. Comenta que a Constituição brasileira apresentou, no título I, Dos Princípios Fundamentais, a dignidade a pessoa, no inc. III do art. 1º, bem como os demais direitos e garantias fundamentais, estruturados no texto, antes dos dispositivos que tratam sobre a estrutura do Estado e organização dos poderes. Esta disposição demonstra que a dignidade da pessoa está acima da estrutura e dos poderes estatais.[10]

Afirma Canezin que "a dignidade é essencial ao relacionamento paterno-filial, constituindo-se num fator primordial na formação da personalidade humana, tendo as degradações ocorridas na família causado danos morais que violam o princípio da dignidade humana e o princípio da afetividade".[11]

6. Autoridade Parental

A doutrina vertente explica que a denominação parental é uma nova terminologia que vem sendo adotada pelo Projeto do Estatuto das Famílias para

---

[9] LÔBO, Paulo Luiz Netto. *Direito Civil – Famílias*. São Paulo: Saraiva, 2008. p. 48.

[10] KAROW, Aline Biasuz Suarez. *Abandono Afetivo:* Valorização Jurídica do Afeto nas Relações Paterno-Filiais. Curitiba: Juruá Editora, 2012. p. 103-104.

[11] CANEZIN, Claudete Carvalho. *Op. cit.*, p. 72-73.

designar o poder familiar. Também se refere à antiga denominação pátrio poder, que foi substituída no atual Código Civil pela denominação poder familiar, visto que pode ser exercido, em igualdade de condições pelo pai e pela mãe.

Para Maria Helena Diniz "o poder de família é um conjunto de direitos e obrigações dos pais para com a pessoa de seus filhos menores e de seus bens, sempre no melhor interesse e proteção destes".[12]

O art. 1.364 do Código Civil elenca os deveres que decorrem do poder familiar, determinando, entre outros, que compete aos pais o dever de criação e educação dos filhos menores, bem como tê-los em sua companhia e guarda, para que dessa forma possam conduzir sua formação.

7. Paternidade responsável

O princípio jurídico da paternidade responsável encontra embasamento legal nos artigos 226, § 7º, 227, 229, todos da Magna Carta.

O Código Civil brasileiro estabelece a responsabilidade conjunta dos pais em relação aos filhos. O poder familiar, regulamentado dos artigos 1.630 ao 1.638, foi criado intentando a proteção dos filhos menores pelos pais, defendendo os seus direitos e deveres.

Por sua vez, o Estatuto da Criança e do Adolescente, Lei 8.069/90, reproduz a norma constitucional em seus artigos 19, 21 e 22.

8. O abandono afetivo na filiação

A dignidade da pessoa humana é um princípio constitucional fundamental do ordenamento jurídico brasileiro, sendo assegurada a todos sem distinção.

Leciona Ricardo Lucas Calderón, que ao prescrever um vasto rol de direitos fundamentais e atuar em diversas áreas da seara tida como privada, a Constituição Federal de 1988 trouxe uma nova realidade jurídica, de modo que, o constituinte exerceu a opção pelos direitos sociais, elegeu como princípio regente da dignidade da pessoa humana e adotou como objetivo alcançar a sociedade justa, livre e solidária (CF, art. 3º, I), indicando o caminho que deveria ser perseguido.[13]

Em continuidade alude que a Constituição Federal, ao elevar a dignidade da pessoa humana a macro-princípio norteador de suas disposições e de toda sociedade, a colocou no vértice do ordenamento constitucional, o que exige não apenas o seu respeito, mas indica a adoção de medidas promocionais no sentido de que esta dignidade seja plenamente alcançada, o que trouxe diversas consequências também no direito de família.[14]

---

[12] DINIZ. Maria Helena. *Curso de Direito Civil Brasileiro*. 22 ed. v. 5. São Paulo: Saraiva, 2007. p. 514.

[13] CALDERÓN, Ricardo Lucas. *Princípio da Afetividade no Direito de Família*. Rio de Janeiro: Renovar, 2013. p. 235-236.

[14] Idem. p. 236.

Calderón menciona também a importância do princípio da solidariedade dentro do direito de família:

> Outro relevante princípio fundante da ordem constitucional brasileira é o princípio da solidariedade, que se conecta com todos os ramos do Direito, deixando sua indelével marca. A repersonalização do direito civil – e particularmente do direito de família – deve ser perseguida sob as luzes da solidariedade social e não sob uma ótica individualista (ou seja, com especial atenção para a coexistência das pessoas). Nas questões de família, a influência da temática da solidariedade resta ainda mais visível e necessária, de modo que deve figurar ao lado da liberdade na busca da compatibilidade entre ambas, a fim de permitir o equilíbrio possível.[15]

É de grande relevância também os princípios de igualdade e liberdade, inseridos pela Constituição Federal, tendo em vista, a igualdade refletir por todo o direito de família, impedindo a manutenção de distinções injustificáveis, entre homem e mulher (art. 226, § 5º),[16] integrantes da sociedade conjugal (art. 226, § 5º), os filhos (art. 227, § 6º)[17] e as próprias entidades familiares (art. 226, § 4º).[18] Desta forma, o princípio da liberdade destacou-se quando do trato de relacionamentos interpessoais, visto que a regra é o respeito pelos individuais, desde que não afrontem terceiros e não ofendam deveres de solidariedade.[19]

Assim dispõe que "os princípios constitucionais de solidariedade, igualdade, liberdade e dignidade influenciaram profundamente o direito de família, contribuindo para a construção de outro modelo de família constitucional".[20]

Desta forma, o abandono afetivo por parte dos pais ofende diretamente a dignidade humana dos filhos, pois a responsabilidade dos pais transcende a obrigação de prover alimentos, eis que deve proporcionar também um desenvolvimento humano mais completo possível, com fulcro nos princípios acima referidos.

Ressaltando a importância do afeto no mundo jurídico, Cleber A. Angeluci afirma que "o afeto é um valor, inerente à formação da dignidade humana, tal como o direito às heranças genéticas guardadas as proporções". Por isso, acrescenta o autor, deve ser levado em consideração nas lides forenses, especialmente que versem sobre família.[21]

Rafael Bucco Rossot também aponta que "a jurisprudência vem acolhendo a afetividade como conduta exigível dos pais em relação aos filhos, configu-

---

[15] CALDERÓN, Ricardo Lucas. *Op. cit.*, p. 236-237.

[16] *"Art. 226.* A família, base da sociedade, tem especial proteção do Estado. § 5º. Os direitos e deveres referentes à sociedade conjugal são exercidos igualmente pelo homem e pela mulher".

[17] *"Art. 227.* É dever da família, da sociedade e do Estado assegurar à criança, ao adolescente e ao jovem, com absoluta prioridade, o direito à vida, à saúde, à alimentação, à educação, ao lazer, à profissionalização, à cultura, à dignidade, ao respeito, à liberdade e à convivência familiar e comunitária, além de colocá-los a salvo de toda forma de negligência, discriminação, exploração, violência, crueldade e opressão".

[18] *"Art. 226.* A família, base da sociedade, tem especial proteção do Estado. § 4º. Entende-se, também, como entidade familiar a comunidade formada por qualquer dos pais e seus descendentes".

[19] CALDERÓN, Ricardo Lucas. *Op. cit.*, p. 237-238.

[20] Idem. p. 238.

[21] ANGELUCI, Cleber Affonso. *Abandono Afetivo: considerações para a constituição da dignidade da pessoa humana*. Revista CEJ, Brasília, n.33. abr.-jun. 2006. p. 49.

rando sua omissão um dano, que gera o dever de indenizar. Essa abordagem se fundamenta no princípio da dignidade da pessoa humana".[22]

9. Responsabilidade civil pelo abandono afetivo

Menciona Biasuz que "de forma clássica e tradicional a responsabilidade civil extracontratual, é analisada através de três prismas bem definidos e assim denominados: o ato ilícito, o dano e o nexo causal".[23]

Aduz que, em razão da nova redação do Código Civil, quando alterou a redação do art. 159[24] para a do 186,[25] parte da doutrina classifica os elementos da responsabilidade civil com vocabulário mais adequado, ainda que sejam exatamente os mesmos acurados e tão conhecidos elementos, porém agora sob nova roupagem, acrescentando que o ato de violar o direito deve estar conjugado com o dano sob pena de não haver ilicitude, e, ainda mencionando expressamente, o dano do tipo moral. Registre-se que tal afirmativa é complementada pela redação do art. 927[26] do diploma substancial.[27]

Importante a análise que Biasuz faz dos elementos aptos a discernir os componentes da responsabilidade civil, conforme já foi disciplinado por Fernando Noronha, em sua obra *Direito das Obrigações*.[28] No caso do abandono afetivo, em uma primeira análise, é necessário:[29]que haja um fato que possa ser imputado a alguém que tenham sido produzidos danos, que esses danos possam ser juridicamente considerados como causados pelo ato ou fato praticado e que o dano esteja contido no âmbito da função de proteção assinada

Calderón liciona que: "as questões da responsabilidade e da afetividade, em nível infraconstitucional, podem se constituir em paradigmas orientadores das famílias do presente e, sobre a questão do abandono afetivo, podem se consolidar nas balizas para construção das respostas que esses conflitos requisitam".[30]

Os estudiosos reconhecem as profundas alterações processadas nas famílias nas últimas décadas, com uma diversidade de entidades familiares que deságuam em complexas relações pessoais e demonstram características próprias, muito diversas da família tradicional de antigamente.[31]

---

[22] ROSSOT, Rafael Bucco. *O afeto nas relações familiares e a faceta substancial do Princípio da convivência familiar.* Revista Brasileira de Direito das Famílias e Sucessões. Porto Alegre, n.09. abr.-mai. 2009. p. 5.

[23] KAROW, Aline Biasuz Suarez. *Op. cit.*, p. 211.

[24] *"Art. 159.* Aquele que, por ação ou omissão voluntária, negligência, ou imprudência, violar direito, ou causar prejuízo a outrem, fica obrigado a reparar o dano".

[25] *"Art. 186.* Aquele que, por ação ou omissão voluntária, negligência ou imprudência, violar direito e causar dano a outrem, ainda que exclusivamente moral, comete ato ilícito".

[26] *"Art. 927.* Aquele que, por ato ilícito (arts. 186 e 187), causar dano a outrem, fica obrigado a repará-lo. Parágrafo único. Haverá obrigação de reparar o dano, independentemente de culpa, nos casos especificados em lei, ou quando a atividade normalmente desenvolvida pelo autor do dano implicar, por sua natureza, risco para os direitos de outrem".

[27] KAROW, Aline Biasuz Suarez. *Op. cit.*, p. 211

[28] NORONHA, Fernando. *Op. cit.*, p. 467 *Apud* KAROW, Aline Biasuz Suarez *Op. cit.*, p. 219.

[29] KAROW, Aline Biasuz Suarez. *Op. cit.*, p. 219.

[30] CALDERÓN, Ricardo Lucas. *Op. cit.*, p. 347.

[31] Idem. p. 236.

Nesta mesma linha, acrescenta o Autor:

Apesar disso, percebe-se certa instabilidade doutrinária e jurisprudencial na tradução do que consiste a afetividade para fins jurídicos, ou seja, qual o sentido e a extensão do chamado princípio jurídico da afetividade, o que, inevitavelmente, exige certa homogeneidade e objetividade para a adequação aos casos concretos.[32]

Salienta o autor que "sobre esse aspecto, o referido posicionamento do Superior Tribunal de Justiça contribuiu para superar muitos dos equívocos e objeções que eram lançados sobre a leitura jurídica da afetividade, pois afastou qualquer confusão com amor,[33] como muitos faziam até então, e ainda o aplicou de forma eminentemente objetiva".[34]

Consubstancia, portanto, a linha de pensamento do autor, cuja obra foi acima elencada, que o princípio da afetividade ainda não está consolidado e estabilizado a ponto de embasar análise subjetiva e plena para tutelar as relações familiares, ou remetê-las a outras dimensões que não a mera responsabilidade civil.

10. O abandono afetivo nos tribunais

O tema referente ao abandono afetivo na filiação e o consequente dever de reparação é novo no ordenamento brasileiro, uma vez que não há legislação especifica tratando da matéria. Assim, no momento que os magistrados e os tribunais vão julgar as demandas impostas perante o Judiciário, a doutrina passa a ser uma fonte importante de auxílio.

Contudo, não há consenso acerca da sanção a ser aplicada aos pais que, por omissão, descumpriram alguns dos deveres decorrentes do poder familiar. Diante disso, há duas correntes que merecem destaque:

A primeira entende que é possível a reparação civil, utilizando como argumentos o princípio constitucional da dignidade da pessoa humana, o princípio implícito da afetividade, bem como o princípio da proteção integral da criança e do adolescente. Por outro lado, a segunda corrente entende não ser possível a reparação pecuniária nos casos de abandono afetivo, sob pena de quantificar o amor, sem se esquecer do fato de que ninguém pode ser obrigado a amar, muito embora tenha-se presente que o que enseja reparação é o descumprimento do dever jurídico de conviver com o filho, e não a falta de afeto por si.

Para Calderón, a decisão do Superior Tribunal de Justiça que concedeu a reparação civil em um caso de abandono afetivo paterno é inovadora nos tribunais superiores, sendo objeto de intensa discussão doutrinária e jurisprudencial.[35]

---

[32] CALDERÓN, Ricardo Lucas. *Op. cit.*, p. 347-348.

[33] "Afetividade não se confunde com o amor, visto que este último escapa ao Direito; já a afetividade decorre de uma atividade concreta exteriorizada de uma manifestação de afeto. Ao ser reconhecida pelo direito, assume o perfil de afetividade jurídica a partir das balizas que lhe são impostas. Para um melhor tratamento jurídico da afetividade deve ser destacada tal distinção". (Ibidem, p. 348).

[34] CALDERÓN, Ricardo Lucas. *Op. cit.*, p. 348.

[35] Ibidem.

Afirma, ainda, o ilustre Doutrinador que não há jurisprudência pacífica sobre o tema, havendo julgados em vários sentidos, mesmo em casos similares, ante as peculiaridades do caso concreto.

Desta forma, permite-se a análise da questão de fundo dos casos de abandono afetivo pelo Poder Judiciário, seja para conceder ou negar pedido, demonstrando um tratamento técnico da demanda mais acertado que o constatado no cenário anterior, cercado por decisões que indicavam a impossibilidade de se tutelar temas tão subjetivos. Destaca-se desta forma a importância do referido julgado do Superior Tribunal de Justiça que reconheceu a possibilidade de reparação civil por abandono afetivo, sem embargos dos desafios que surgem a partir dessa percepção.[36]

O fato é que o abandono afetivo só tomou tamanha dimensão em virtude da importância que a afetividade alcançou. O questionamento sobre as consequências da sua ausência nas relações familiares inegavelmente é reflexo da crescente aceitação desta afetividade jurídica.

A par disso, saliente-se que a primeira decisão acerca do referido tema foi proferida pelo juiz Mário Romano Maggioni, em 15.09.2003, na 2ª Vara Cível da Comarca de Capão da Canoa/RS (Processo nº 141/103001232-0). Na ocasião, o pai foi condenado ao pagamento de 200 salários-mínimos de indenização por dano moral, em razão do abandono afetivo e moral da filha de nove anos.

Ao fundamentar a decisão, o magistrado priorizou os deveres decorrentes da paternidade, insculpidos no art. 22 da Lei nº 8.069/90, bem destacou as consequências negativas que podem decorrer do abandono na filiação.

Ressalte-se, por oportuno, que o Ministério Público, intervindo por haver interesse de menores, se mostrou contrário à admissibilidade da indenização no caso de abandono afetivo, por considerar que não compete ao Judiciário condenar alguém ao pagamento de indenização por desamor. Contudo, em que pese tais argumentações, a sentença foi julgada procedente, transitando em julgado em razão da não interposição de recurso pelo réu, considerado revel no processo.

Outra decisão favorável foi proferida pelo magistrado Luís Fernando Cirilo, em 05.06.2004, pela 31ª Vara Cível do Foro Central de São Paulo-SP (Processo nº 01/036747-0), no qual se reconheceu que, conquanto não seja razoável um filho pleitear indenização contra um pai por não ter recebido dele afeto, "a paternidade não gera apenas deveres de assistência material, e que além da guarda, portanto independentemente dela, existe um dever, a cargo do pai, de ter o filho em sua companhia".

Da leitura dos referidos julgados, percebe-se que parte da jurisprudência entende que a infração dos encargos decorrentes do poder familiar, previstos no art. 1.634 do CC/02, acarreta o dever de indenizar, sobretudo, quando a atitude voluntária e injustificada importa em prejuízo para os direitos da personalidade do filho menor, bem como à sua dignidade, casos em que resta configurado o dano moral.

---

[36] CALDERÓN, Ricardo Lucas. *Op. cit.*, p. 329-330.

INQUIETAÇÕES SOBRE DIREITOS FUNDAMENTAIS

É oportuno reforçar que o dano moral pode encontrar-se caracterizado independentemente do cumprimento da prestação alimentícia, a qual está intimamente ligada ao abandono moral, em razão do descumprimento por parte do pai de dever de prestar assistência moral ao filho, prejudicando o desenvolvimento completo e sadio da personalidade do mesmo.

O primeiro caso chegado ao Superior Tribunal de Justiça foi oriundo do Tribunal de Justiça de Minas Gerais, que trata da matéria de reparação civil por abandono afetivo.

O caso pode ser assim relatado:

Quando concluiu o Ensino Médio, A. F. pediu ajuda ao avô paterno para que o convite da missa de formatura chegasse às mãos de seu pai. Até o dia da cerimônia, o garoto teve esperanças de encontrar um homem que não via há 11 anos. A missa começou, durou mais de uma hora e terminou, mas o pai não apareceu. À noite, em vez de sair com a turma para festejar, A. ficou trancado em seu quarto. Não entendia e – ainda não entende – os motivos da rejeição. Aquela não era a primeira vez que o filho procurava o pai. Telefonemas não atendidos e cartas não respondidas foram as tentativas de reaproximação em um relacionamento que acabou sem que A. soubesse a razão. Seus pais, a advogada V. F. e o engenheiro V. P. F. O, foram casados durante sete anos: "A. foi um bebê desejado por mim e pelo meu ex-marido" afirma. Mas quando o menino completou 3 anos, o casal se separou. V. conta que V. se envolveu com outra mulher e decidiu sair de casa. Ele deixou Belo Horizonte, onde V. ainda mora com A. e foi para Nova Lima, a 20 km da capital mineira. Por mais de três anos V. acompanhou a vida do filho: a cada 15 dias, aos domingos, almoçava com ele e só o devolvia para a mãe no final do dia. A. fazer 7 anos quando V. ganhou uma filha do novo relacionamento e algo entre eles se quebrou. Desde a chegada da meia-irmã, A. hoje com 24 anos, luta para reaver o carinho do pai.[37]

A demanda foi julgada improcedente, decisão que foi reformada pelo Tribunal de Justiça do estado de Minas Gerais, conforme ementa que segue:

INDENIZAÇÃO. DANOS MORAIS. RELAÇÃO PATERNO-FILIAL. PRINCÍPIO DA DIGNIDADE DA PESSOA JUMANA. PRINCÍPIO DA AFETIVIDADE. "A dor sofrida pelo filho, em virtude do abandono paterno, que o privou do direito à convivência, ao amparo afetivo, moral e psíquico, deve ser indenizável, com fulcro no princípio da dignidade da pessoa humana. Trecho do voto da lavra do desembargador relator Unias Silva, processo de Justiça de MG – Número do processo: 2.0000.00.408550-5/000(1) – Rel. Unias Silva – j. em 01.04.2004 Data da Publicação: 29.04.2004.[38]

É importante destacar, no voto do Eminente Relator, a sua análise quanto à prova produzida:

De acordo com o estudo psicológico realizado nos autos, constata-se que o afastamento entre pai e filho transformou-se numa questão psíquica de difícil elaboração para "A", interferindo nos fatores psicológicos que compõem a sua própria identidade. Diz o laudo: "É como se ele tentasse transformar o genitor em pai, e nesta árida batalha, procurasse persistentemente compreender porque o Sr. Vicente não se posiciona como um pai, mantendo a expectativa de que ele venha a fazê-lo.[39]

---

[37] KAROW, Aline Biasuz Suarez. *Op. cit.*, p. 142.

[38] Trecho do voto da lavra do desembargador relator Unias Silva, processo de Justiça de MG – Número do processo: 2.0000.00.408550-5/000(1) – Rel. Unias Silva – j. em 01.04.2004 Data da Publicação: 29.04.2004. Disponível em: http://www.tjmg.jus.br. Acesso em 15.11.2013.

[39] Trecho do voto da lavra do desembargador relator Unias Silva, processo número: 2.0000.00.408550-5/000(1), j. em 01.04.2004, p. 29.04.2004. Disponível em: http://www.tjmg.jus.br. Acesso em 15.11.2013.

Inconformado, o genitor recorreu ao Superior Tribunal de Justiça para reformar a decisão, tendo sido provido seu Recurso Especial, que foi assim ementado:

RESPONSABILIDADE CIVIL. ABANDONO MORAL. REPARAÇÃO. DANOS MORAIS. IMPOS-SIBILIDADE. 1. A indenização por dano moral pressupõe a prática de ato ilícito, não rendendo ensejo à aplicabilidade da norma do art. 159 do Código Civil de 1916 o abandono afetivo, incapaz da reparação pecuniária. 2. Recurso especial conhecido e provido. (STJ, REsp nº 757.411 – MG, 4ª Turma, Rel. Min. Fernando Gonçalves, julg. 29/11/05, DJ 27/03/06, p. 299).[40]

Ainda com o escopo de melhor ilustração, abaixo, colaciona-se outra decisão pertinente ao assunto apreciada no julgado do STJ

O caso envolvia uma filha extramatrimonial que demandava contra seu pai biológico diante do abandono afetivo sofrido por longos anos, tendo o seu genitor a reconhecido e registrado tardiamente. Porém, apesar de pagar os alimentos estipulados, não realizou qualquer contato afetivo com a filha durante sua infância e adolescência. Consta, ainda, que o referido pai possuía mais de uma filha oriunda de outro casamento, e conferia tratamento totalmente distinto para as duas, relacionando-se afetivamente e com proximidade com essa outra filha e mantendo-se ausente e distante da filha-autora.[41]

Configurada a situação de abandono afetivo, sustentou essa filha que sofreu danos decorrentes da ausência do pai, demandando uma reparação financeira pelo dano que sofreu em virtude da conduta omissa do genitor.

O Superior Tribunal de Justiça não se omitiu de seu papel, e em 24.04.2012, através do Recurso Especial 1159242/SP[42] de Relatoria da Ministra Nancy Andrigui, o Egrégio Tribunal reconheceu a procedência do pedido, reeditando seus conceitos acerca da matéria e princípios basilares, entendendo pela possibilidade de condenação a pais por abandono afetivo de seus filhos.[43]

Assim, de forma precursora naquele tribunal, concedeu a reparação a uma situação de abandono afetivo, como demonstra a ementa abaixo:

CIVIL E PROCESSUAL CIVIL. FAMÍLIA. ABANDONO AFETIVO. COMPENSAÇÃO POR DANO MORAL. POSSIBILIDADE. 1. Inexistem restrições legais à aplicação das regras concernentes à responsabilidade civil e o consequente dever de indenizar/compensar no Direito de Família. 2. O cuidado com o valor jurídico está incorporado no ordenamento jurídico brasileiro não com essa expressão, mas com locuções e termos que manifestam suas desinências, como se observa do art. 227 da CF/88. 3. Comprovar que a imposição legal de cuidar da prole foi descumprida implica em se reconhecer a ocorrência da ilicitude civil, sob a forma de omissão. Isso porque o non facere, que atinge um bem juridicamente tutelado, leia-se, o necessário dever de criação, educação e companhia – cuidado – importa em vulneração da imposição legal, exsurgindo, daí, a possibilidade de se pleitear a compensação por danos morais por abando psicológico. 4. Apesar de inúmeras hipóteses que minimizam a possibilidade de pleno cuidado de um dos genitores em relação à prole, existe um núcleo mínimo de cuidados parentais que, para além do mero cumprimento da lei, garantam aos filhos, ao menos quanto à afetividade, condições para a adequada formação psico-

---

[40] Ementa do REsp 757411/MG. rel. Fernando Gonçalves. Disponível em: http://www.stj.jus.br. Acesso em 16.11.2013.

[41] CALDERÓN, Ricardo Lucas. *Op. cit.*, p. 331.

[42] BRASIL – Superior Tribunal de Justiça – Resp 1.159.242/SP – Relª. Minª. Nancy Andrigui – Terceira Turma – j. em 24.04.2012 – DJe 10.05.2012. Disponível em: http://www.stj.jus.br. Acesso em 16.11.2013.

[43] KAROW, Aline Biasuz Suarez. *Op. cit.*, p. 158.

lógica e a inserção social. 5. A caracterização do abandono afetivo, a inexistência de excludentes ou, ainda, fatores atenuantes – por demandarem revolvimento de matéria fática – não podem ser objeto de reavaliação na estreita via do recurso especial. 6. A alteração do valor fixado a título de compensação por danos morais é possível, em recurso especial, nas hipóteses em que quanta estipulada pelo Tribunal de origem revela-se irrisória ou exagerada. 7. Recurso especial provido. BRASIL – Superior Tribunal de Justiça – Resp 1.159.242/SP – Rel. Min. Nancy Andrigui – Terceira Turma – j. em 24.04.2012 – DJe 10.05.2012.[44]

Como se verifica do caso acima mencionado, o Superior Tribunal de Justiça vem se mostrando favorável à responsabilização civil por dano moral causado pelo pai ao filho pela sua conduta omissiva e até mesmo pela sua total ausência.

A decisão analisa a existência do dano moral nas relações familiares concluindo que não existem restrições legais à aplicação das regras relativas à responsabilidade civil e o consequente dever de indenizar/compensar o dano no direito de família.

Entende-se também, conforme entendimento do Egrégio Tribunal que dita norma de conduta, o dever de cuidado, também aplica-se àqueles que, embora não tenham vínculo biológico, os têm de forma civil, através da adoção, por exemplo.[45]

Outro aspecto relevante que se faz nessa decisão, conforme menciona Biasuz em sua obra, refere-se à importância do dever de cuidado, ao relatar que a ilicitude não está no desamor, e sim, na falta de atendimento ao dever de cuidado, requisito mínimo que deve ser empreendido à vida de uma criança para seu pleno desenvolvimento. Constata-se que a decisão não é inflamada de discursos sensacionalistas, do tipo se o amor pode ser comprado, se a justiça pode obrigar alguém a amar, que o amor não tem preço, etc. O acórdão revela-se fulminante nesse ponto, respondendo aos críticos e aos discursos sensacionalistas. Não se puniu a falta de afeto unicamente, e sim, a negligência na conduta do genitor.[46]

Entende-se a complexidade do tema, que está longe de haver um consenso na doutrina e jurisprudência a respeito, porém somente quem passou por essa situação sabe o quanto isso representa e o quanto irá lhe custar. Desta forma, temos no Direito um instrumento de justiça e pacificação social, atribuindo a cada um aquilo que a lei lhe confere.

Adotando a classificação de Sessarego, entende-se que:

Há na verdade muito mais do que dano moral e sim danos ao projeto de vida. A vítima, criança ou adolescente, por maior e melhor que seja os tratamentos psicológicos e terapêuticos jamais poderá suprir completamente as lacunas emocionais em face da omissão de seu genitor. Realmente

---

[44] BRASIL – Superior Tribunal de Justiça – Resp 1.159.242/SP – Rel. Min. Nancy Andrigui – Terceira Turma – j. em 24.04.2012 – DJe 10.05.2012. Disponível em: http://www.stj.jus.br. Acesso em 16.11.2013.

[45] "No entanto, a par desses elementos intangíveis, é possível se visualizar, na relação entre pais e filhos, liame objetivo e subjacente, calcado no vínculo biológico ou mesmo de obrigações mínimas. Sendo esse elo fruto, sempre, de ato volitivo, emerge, para aqueles que concorreram com o nascimento ou adoção, a responsabilidade decorrente de suas ações e escolhas, vale dizer, a criação a prole". Trecho do voto da Rel². Min². Nancy Andrighi – REsp. 1159242/SP. BRASIL – Superior Tribunal de Justiça – recurso Especial 1159242- Terceira Turma Cível j. em 24.04.2012. Disponível em: http://www.stj.jus.br. Acesso em 17.11.2013.

[46] KAROW, Aline Biasuz Suarez. *Op. cit.*, p. 268.

é um sentimento que lhe acompanhará pelo resto de seus dias, muitas vezes frustrando em parte seu projeto de vida.[47]

Para finalizar, diante de todo o exposto transcrito neste artigo, não basta apenas se compadecer dessa situação de abandono afetivo, é preciso repará-lo, na medida em que for comprovado os danos causados, para que os casos de condenação sirvam de paradigmas para outros casos.[48]

11. Considerações finais

A temática do abandono afetivo na filiação e a perspectiva de reparação por dano moral, tendo em vista o advento da Constituição Federal do Brasil, promulgada em 05 de outubro de 1988, passou a admitir entre os direitos e garantias fundamentais dos cidadãos a reparação por danos morais.

O princípio da dignidade humana, base de sustentação e fundamento principal para a realização dos demais princípios do Estado Democrático do Direito, encontra-se previsto no artigo 1º, III, sendo elevado pela Constituição Federal ao mais universal de todos os princípios, por proteger os direitos fundamentais do indivíduo. Assim, a lesão a direitos extrapatrimoniais passou a ser passível de reparação, não mais se discutindo acerca da possibilidade de indenização ao dano moral. O que se observa é se o abando afetivo, enquanto ato lesivo aos direitos da personalidade de criança enseja reparação pecuniária ou se a sanção dos pais que aleijaram o filho da convivência familiar seria encontrada, exclusivamente, no campo do direito de família.

Contudo, o entendimento jurisprudencial é conflitante. Uma corrente entende que é possível a reparação civil, utilizando como argumento o princípio da dignidade humana, o princípio implícito da afetividade, bem como o princípio da proteção integral da criança e do adolescente. Outra corrente entende não ser possível a reparação pecuniária nos casos de abandono afetivo, sob pena de quantificar o amor, sem se esquecer do fato de que ninguém pode ser obrigado a amar, muito embora se tenha presente que o que enseja reparação é o descumprimento do dever jurídico de conviver com o filho, e não a falta de afeto por si. Enfim, essa corrente entende que o direito de família se mostra hábil a resolver as questões envolvendo abandono da criança e adolescente e situações que respeitam as relações familiares.

Não obstante, na atualidade, o abandono afetivo mostra-se como ponto relevante no atual estudo do direito de família, sendo representativo da importância que a afetividade alcançou razão pela qual merece mais atenção daqueles que atuam nessa área jurídica.

A par de todo o exposto, verifica-se que os novos princípios fundamentais inseridos na Carta Magna, assim como as modificações introduzidas no Código Civil brasileiro no âmbito do direito de família, e o advento do Estatuto da Criança e do Adolescente, aliados à melhor doutrina, contribuíram para mu-

---

[47] SESSAREGO, Carlos Fernández. *Op. cit.*, p. 121 *Apud* KAROW, Aline Biasuz Suarez. *Op. cit.*, p. 237.

[48] KAROW, Aline Biasuz Suarez. *Op. cit.*, p. 295.

dança de situações de conflito que se perpetuavam em detrimento da criança e da própria família, sem a intervenção de modo satisfatório do Estado, através do Poder Judiciário. Desse modo, situações de completo descaso à criança, ora acarreta, senão a responsabilidade civil pelo dano moral causado, então, no reconhecimento da paternidade, no amparo material, e, mais das vezes, na aproximação e reaproximação entre pais e filhos, fatos que proporcionam ao infante o direito a dignidade perdida e a direito a vida feliz no seio familiar, assim como no meio social em ele está inserido.

12. Referências

ANGELUCI, C. A. Abandono Afetivo: considerações para a constituição da dignidade da pessoa humana. *Revista CEJ* Brasília, n.33, abr.-jun. 2006.

BRASIL. Superior Tribunal de Justiça – Recurso Especial 1159242/SP – Terceira Turma Cível – Relª. Minª. Nancy Andrigui – j. Em 24.04.2012. Disponível em: <http://www.stj.jus.br>. Acesso em 17.11.2013.

——. Recurso Especial 757.411 oriundo de Minas Gerais – MG. Disponível em: <http://stj.jus.br>. Acesso em 15.11.2013.

——. Estatuto da Criança e do Adolescente. *In*: *Vade Mecum Compacto*. 9.ed. Saraiva: São Paulo, 2013.

——. Constituição da República Federativa do Brasil. *In*: *Vade Mecum Compacto*. 9.ed. Saraiva: São Paulo, 2013.

——. Código Civil. *In*: *Vade Mecum Compacto*. 9.ed. Saraiva: São Paulo, 2013.

CALDERÓN, R. L. *Princípio da Afetividade no Direito de Família*. Rio de Janeiro: Renovar, 2013.CANEZIN, C. C. Da reparação do dano existencial ao filho decorrente do abandono paterno-filial. *Revista Brasileira de Direito de Família. IBDFAM/Síntese*, ano VIII, n. 36, jun.-jul. Porto Alegre, 2006.

DIAS, M. B. *Manual de Direito das Famílias*. 9. ed. São Paulo: Revista dos Tribunais, 2013.

DINIZ. M. H. *Curso de Direito Civil Brasileiro*. 22 ed. v. 5. São Paulo: Saraiva, 2007.

FRAGA, T. *A Guarda e o Direito à Visitação*:sob o Prisma do Afeto. Rio de Janeiro: Impetus, 2005.

KAROW, A. B. S. *Abandono Afetivo*:valorização jurídica do afeto nas relações paterno-filiais. Curitiba: Juruá Editora, 2012.

LÔBO, P. L. N. *Direito Civil*: famílias. São Paulo: Saraiva, 2008.

MINAS GERAIS. Tribunal de Justiça de MG. Número do processo: 2.0000.00.408550-5/000(1). Rel. Unias Silva. Data do julgamento: 01.04.2004. Data da publicação: 29.04.2004. Disponível em: <http://www. tjmg.jus.br>. Acesso em 15.11.2013.

ROSSOT, R. B. O afeto nas relações familiares e a faceta substancial do Princípio da convivência familiar. *Revista Brasileira de Direito das Famílias e Sucessões*. n.09. abr.-mai. Porto Alegre.2009.

— 10 —

Gratuidade da justiça: primeiras considerações sobre a sistemática do novo Código de Processo Civil

HANDEL MARTINS DIAS[1]

SUMÁRIO: 1. Introdução; 2. Beneficiários; 3. Abrangência; 4. Requerimento; 5. Decisão concessiva e seus feitos; 7. Revogação; 8. Recorribilidade; 9. Conclusões; 10. Referências.

1. Introdução

A irradiação e a eficácia dos direitos fundamentais repercutem em toda a ordem jurídica, não se cingindo a uma dimensão material. Como refere Jorge Miranda (2000), há necessidade de se compreendê-los não só estaticamente, ou da perspectiva do seu conteúdo, mas, também, dinamicamente.[2] Além de formas para a efetivação dos direitos fundamentais, o próprio fenômeno procedimental implica posições jurídicas subjetivas, verdadeiros direitos fundamentais. Vários direitos fundamentais processuais foram positivados nessa qualidade nos principais tratados internacionais sobre direitos humanos, tais como a Convenção Europeia dos Direitos do Homem (arts. 6º e 7º), o Pacto Internacional de Direitos Civis e Políticos (arts. 2º e segs.), a Convenção Americana sobre Direitos Humanos (arts. 8º e segs.) e a Carta dos Direitos Fundamentais da União Europeia (arts. 47 e segs.). Porém, a positivação dos direitos fundamentais processuais não se circunscreve à dimensão internacionalista.[3] Foram

---

[1] Advogado. Professor de Processo Civil da Estácio do Rio Grande do Sul. Doutorando em Direito Processual na USP. Mestre em Direito Processual pela UFRGS. Especialista em Direito Processual Civil pela UFRGS. Membro da Associação Mundial de Justiça Constitucional.

[2] Vejam-se MIRANDA, Jorge. *Manual de direito constitucional*. 3. ed. Coimbra: Coimbra Editora, 2000, t. 4: Direitos fundamentais. p. 93 *et seq.*; CANOTILHO, José Joaquim Gomes. Tópicos de um curso de mestrado sobre direitos fundamentais, procedimento, processo e organização. *Boletim da Faculdade de Direito da Universidade de Coimbra*, Coimbra, Universidade de Coimbra, v. 66, p. 151-201, 1990; e ANDRADE, José Carlos Vieira de. *Os direitos fundamentais na Constituição portuguesa de 1976*. Coimbra: Almedina, 2001. p. 109 *et seq.*

[3] Os direitos fundamentais podem ser vistos por três perspectivas, como ensina o constitucionalista português José Carlos Vieira de Andrade (2001): enquanto direitos de todos os homens, independentemente dos tempos e dos lugares (perspectiva filosófica ou jusnaturalista); enquanto direito dos homens num determinado tempo e lugar (perspectiva estadual ou constitucional); e como direito de todos os homens num certo tempo, em todos os lugares ou, pelo menos, em grandes regiões do mundo (perspectiva universalista ou internacionalista). Tendo em vista que cada vez mais se fortalecem grandes blocos regionais na paisagem

também incluídos nos catálogos de direitos fundamentais das mais avançadas ordens jurídicas endógenas, inclusive na brasileira, por meio da Constituição Federal de 1988, a despeito das incorporações, em 1992, do Pacto de São José da Costa Rica e do Pacto Internacional de Direitos Civis e Políticos. Um dos principais corolários do fenômeno da constitucionalização do direito processual civil no Brasil foi a tutela constitucional do processo, consubstanciada em um conjunto de princípios e garantias que, alçadas à categoria de direitos fundamentais, devem orientar a formulação, a interpretação e a aplicação de todas as normas processuais infraconstitucionais.[4]

Entre várias outras garantias voltadas à tutela do processo, a Constituição Federal de 1988 consagrou, no capítulo *Dos Direitos e Deveres Individuais e Coletivos* do título *Dos Direitos e Garantias Fundamentais*, que o Estado deve prestar assistência jurídica integral e gratuita aos que comprovarem insuficiência de recursos (art. 5º, inc. LXXIV). Essa garantia fundamental, insculpida na matriz de todo o ordenamento jurídico brasileiro, assegura não apenas a assistência jurídica, por meio de serviços advocatícios graciosos de organizações estatais, não estatais ou de advogados privados que, individualmente, se propunham a atender pessoas com recursos insuficientes, mas, também, a gratuidade da justiça e dos serviços extrajudiciais.[5] Afinal, para que o Estado Constitucional logre o seu intento de tutelar de maneira adequada, efetiva e tempestiva os direitos de todos que necessitem de sua proteção jurídica, independentemente de origem, raça, sexo, cor, idade e condição social, mostra-se imprescindível que preste assistência jurídica integral e gratuita aos que não têm recursos econômicos suficientes. E essa proteção jurídica estatal deve ser pensada em uma perspectiva social, permeada pela preocupação com a organização de um processo democrático acessível a todos. Fora desse quadro, há flagrante ofensa à igualdade no processo, bem como ao direito fundamental ao processo justo.[6] Com efeito, tendo em vista o escopo de tornar a Justiça efetivamente acessível a todos, a garantia fundamental da gratuidade da justiça às pessoas sem recursos econômicos não constitui apenas uma diretiva para o legislador, mas um princípio hermenêutico do direito vigente.

Ainda hoje o benefício da gratuidade da justiça está regulado na vetusta Lei nº 1.060, de 05 de fevereiro de 1950, promulgada quando ainda vigorava

---

mundial e, como sublinha Mauro Cappelletti (1979), mostram-se insuficientes o direito interno e os mecanismos judiciários estatais para se tutelarem os direitos fundamentais, a perspectiva que mais aufere destaque atualmente é internacionalista, que compreende tanto a inserção de catálogos internacionais como de justiças transnacionais para a salvaguarda dos direitos fundamentais.

[4] A constitucionalização do processo civil havia iniciado na Europa em meado do século passado, após a II Guerra Mundial, à medida que os países se livravam dos regimes totalitários. Na mesma linha, a constitucionalização do processo brasileiro principiou com a Constituição promulgada logo após o fim do regime militar, prosseguindo, até hoje, por meio de emendas constitucionais.

[5] Vale lembrar que a Constituição Federal de 1988 ainda consagrou a gratuidade, para os reconhecidamente pobres, do registro civil de nascimento, da certidão de óbito (art. 5º, LXXVI), bem como a gratuidade do *habeas corpus*, do *habeas data* e, na forma da lei, dos atos necessários ao exercício da cidadania (art. 5º, LXXVII). Sobre a extensão da gratuidade aos serviços extraprocessuais, veja-se PORTANOVA, Rui. *Princípios do processo civil*. 4. ed. Porto Alegre: Livraria do Advogado, 2001. p. 85-86.

[6] Cf. OLIVEIRA, Carlos Alberto Alvaro de; MITIDIERO, Daniel. *Curso de processo civil*. São Paulo: Atlas, 2010. v. 1. p. 49-50.

o Código de Processo Civil de 1939.[7] Nesses sessenta e cinco anos de sua vigência, técnicas de interpretação e a integração permitiram suprir as suas lacunas e corrigir as suas imperfeições, assim como a sua defasagem em relação à evolução do Direito Processual, mormente a partir da instauração da ordem constitucional vigente. Com a Constituição Federal de 1988, a processualística brasileira finalmente alcançou o terceiro momento metodológico do Direito Processual, caracterizado pela consciência do acesso à justiça e da instrumentalidade como polo de irradiação de ideias e de coordenação de institutos, princípios e linhas de direcionamento no estudo e na aplicação prática do processo (Dinamarco, 1987).[8] Embora o movimento global de acesso à justiça tenha principiado na década de sessenta da centúria novecentista, o Código de Processo Civil de 1973 o ignorou por completo, inclusive quanto à assistência judiciária, integrante da chamada primeira onda do movimento.[9] Alfredo Buzaid sequer incluiu no Código de Processo Civil a disciplina da gratuidade da justiça, preferindo manter a Lei n° 1.060/1950, cujas disposições aplicavam-se, indistintamente, a outras codificações processuais. O autor do anteprojeto do Código de Processo Civil de 1973 defendia que as leis comuns aos quatro códigos de processo então vigentes deviam ser agrupadas num todo, sob a denominação de *Disposições Comuns aos Códigos de Processo Civil, de Processo Penal, de Processo Militar e de Processo do Trabalho.*[10]

Em 30 de setembro de 2009, por meio do Ato n° 379, o presidente do Senado Federal instituiu uma comissão de juristas destinada a elaborar o anteprojeto de um novo código de processo civil. Presidida por Luiz Fux e tendo como relatora-geral Teresa Arruda Alvim Wambier, integraram a comissão Adroaldo Furtado Fabrício, Benedito Cerezzo Pereira Filho, Bruno Dantas, Elpídio Donizetti Nunes, Humberto Theodoro Júnior, Jansen Fialho de Almeida, José Miguel Garcia Medina, José Roberto dos Santos Bedaque Almeida,

---

[7] Sobre a evolução história da assistência judiciária no ordenamento jurídico pátrio, inclusive no plano constitucional, veja-se MOREIRA, José Carlos Barbosa. O direito à assistência jurídica: evolução no ordenamento brasileiro de nosso tempo. *Revista da Ajuris*, Porto Alegre, Associação dos Juízes do Rio Grande do Sul, 1992, v. 55, p. 60-75, 1992.

[8] Sobre a instrumentalidade e as demais fases metodológicas do direito processual, é imprescindível a leitura da clássica obra de Cândido Rangel Dinamarco, uma das mais importantes da literatura processual brasileira: DINAMARCO, Cândido Rangel. *A instrumentalidade do processo*. São Paulo: Revista dos Tribunais, 1987.

[9] Mauro Cappelletti e Bryant Garth (1978) classificaram em três sucessivas ondas advindas a partir de 1965 nesse movimento do acesso à justiça. A primeira onda dizia respeito à assistência jurídica aos pobres, relacionada aos custos do acesso à justiça. A segunda onda refere-se à representação dos interesses difusos, em especial nas áreas da proteção do meio ambiente e do consumidor. A terceira onda tinha concepção mais ampla, buscando superar os entraves ao acesso à justiça pelo inter-relacionamento e visão compreensiva. Veja-se CAPPELLETTI, Mauro; GARTH, Bryant. Acess to justice: the worldwide movement to make rights effective: a general report. In: CAPPELLETTI, Mauro (Ed.). *Access to justice*. Alphen aan den Rijn: Sijthoff & Noordhoff; Milan: Giuffrè, 1978. v. I. Esse relatório geral, integrante do chamado Projeto Florença, foi traduzido por Ellen Gracie Northfleet e publicado, em 1988, pelo Editor Sergio Antonio Fabris. O mesmo editor publicou um interessante estudo sobre as repercussões das obras de Mauro Cappelletti sobre o acesso à justiça no direito brasileiro: GOMES NETO, José Mário Wanderley. *O acesso à justiça em Mauro Cappelletti*: análise teórica desta concepção como 'movimento' de transformação das estruturas do processo civil brasileiro. Porto Alegre: Sergio Antonio Fabris, 2005.

[10] Veja-se a Exposição de Motivos do Anteprojeto de Código de Processo Civil de 1973 em BRASIL. Ministério da Justiça e Negócios Interiores. *Anteprojeto de Código de Processo Civil*. Apresentado ao Exmo. Sr. Ministro da Justiça e Negócios Interiores pelo Professor Alfredo Buzaid. Rio de Janeiro: Imprensa Nacional, 1964. p. 4-5.

Marcus Vinícius Furtado Coelho e Paulo Cezar Pinheiro Carneiro. No Anteprojeto, entregue ao Senado Federal em 8 de junho de 2010, a Comissão de Juristas havia previsto uma seção, composta por um único artigo, sobre a gratuidade judiciária (Seção IV do Capítulo III do Título IV do Livro I). Este solitário artigo visava a permitir ao juiz determinar, *ex officio*, a comprovação da insuficiência pelo requerente e a definir o recurso de agravo contra as decisões que apreciassem o pedido de gratuidade de justiça.[11] No Senado Federal, foi aprovada alteração à redação original do Anteprojeto, para o efeito de prever a possibilidade de se conceder o benefício à pessoa natural ou jurídica, brasileira ou estrangeira, bem como o de ampliar o cabimento do agravo contra qualquer decisão relativa à gratuidade judiciária.[12] Após o acolhimento do relatório-geral do Senador Valter Pereira, o projeto de lei foi remetido à Câmara dos Deputados, onde foi aprovada a ampliação substancial da disciplina da matéria e, via de consequência, a revogação dos artigos 2º, 3º, 4º, 6º, 7º, 11, 12 e 17 da Lei nº 1.060, de 1950. O texto delineado no Substitutivo da Câmara dos Deputados sobre a gratuidade da justiça restou aprovado, com parcas modificações, em 16 de dezembro de 2014, na votação do texto base do novo Código de Processo Civil[13]. O presente ensaio propõe-se a realizar uma breve análise da gratuidade judiciária no novo Código, que, sendo sancionado, entrará em vigor no próximo ano, sucedendo a Lei nº 1.060.[14]

2. Beneficiários

De acordo com a Lei nº 1.060, de 5 de fevereiro de 1950, a assistência judiciária deve ser concedida ao necessitado, sendo assim considerado, para os fins legais, todo aquele cuja situação econômica não lhe permita pagar as custas do processo e os honorários de advogado, sem prejuízo do sustento próprio ou do sustento de sua família (art. 2º, parágrafo único). O novo Código de

---

[11] Assim dispõe o referido artigo do Anteprojeto de Novo Código de Processo Civil: "Art. 85. A parte com insuficiência de recursos para pagar as custas e as despesas processuais e os honorários de advogado gozará dos benefícios da gratuidade de justiça, na forma da lei. § 1º O juiz poderá determinar de ofício a comprovação da insuficiência de que trata o *caput*, se houver nos autos elementos que evidenciem a falta dos requisitos legais da gratuidade de justiça. § 2º Das decisões que apreciarem o requerimento de gratuidade de justiça, caberá agravo de instrumento, salvo quando a decisão se der na sentença" (BRASIL, 2010a, p. 67).

[12] Com as alterações aprovadas no Senado, o artigo sobre a gratuidade judiciária passou a ser o 99 do projeto de lei, *in verbis*: "A pessoa natural ou jurídica, brasileira ou estrangeira, com insuficiência de recursos para pagar as custas e as despesas processuais e os honorários de advogado gozará dos benefícios da gratuidade de justiça, na forma da lei. § 1º O juiz poderá determinar de ofício a comprovação da insuficiência de que trata o *caput*, se houver nos autos elementos que evidenciem a falta dos requisitos legais da gratuidade de justiça. § 2º Das decisões relativas à gratuidade de justiça, caberá agravo de instrumento, salvo quando a decisão se der na sentença" (BRASIL, 2010b, p. 271).

[13] Além de conferir melhor redação ao texto delineado pela Câmara dos Deputados sobre a gratuidade da justiça, o Senado acresceu dois novos parágrafos, concernentes ao custeio dos emolumentos e a possibilidade de o notário ou o registrador requerer a revogação, total ou parcial, do benefício ou a sua substituição pelo parcelamento (§§ 7º e 8º do art. 98).

[14] No dia seguinte à aprovação do texto base do novo Código de Processo Civil, votaram-se, de forma derradeira, alguns destaque. Após extensa revisão, em 24 de fevereiro de 2015 o Senado publicou a redação final do Substitutivo da Câmara dos Deputados ao Projeto de Lei do Senado nº 166, de 2010, nos termos do texto consolidado pela Comissão Temporária do Código de Processo Civil, com as adequações propostas pelo relator e os destaques aprovados pelo Plenário.

Processo Civil reformula a concepção do cabimento da gratuidade da justiça, prescrevendo simplesmente que tem direito ao benefício a pessoa com recursos insuficientes para pagar as custas judiciais, as despesas processuais e os honorários advocatícios (art. 98, *caput*), seja ele autor, réu ou terceiro interveniente no processo ou em recurso (art. 99, *caput*). O legislador intencionalmente não empregou na conceituação o termo *necessitado*, tampouco a locução *sem prejuízo do sustento próprio ou da família*, que pressupõem miserabilidade para a concessão do benefício. O legislador do novo Código foi ao encontro, destarte, do entendimento de que o benefício da gratuidade da justiça não exige estado de miséria, senão a mera insuficiência de recursos, tal como estabelecido no inciso LXXIV do artigo 5º da Constituição Federal.[15] Neste sentido, o fato de o jurisdicionado ser assistido no processo por advogado particular não o impede, como restou claramente ressalvado no novo Código, de auferir a concessão de gratuidade da justiça (art. 99, § 4º). Sublinha-se, ainda, que, para justificar a concessão de benefício, o novo Código torna expressa a impossibilidade de pagar as despesas processuais, além das custas e dos honorários do advogado, e não apenas estes, como na Lei nº 1.060.

Na definição dos possíveis beneficiários da gratuidade judiciária, o novo Código de Processo Civil também se alinha à doutrina e à jurisprudência, que vêm conferindo interpretação bastante ampliativa ao *caput* do artigo 2º da Lei nº 1.060, de 1950. Tendo em vista o entendimento consolidado de que a gratuidade da justiça pode ser concedida perante qualquer órgão jurisdicional, o novo Código não precisa as Justiças em que seria cabível a concessão do benefício, como faz a Lei nº 1.060, que se refere, especificamente, às Justiças penal, civil, militar e do trabalho. O novo Código mantém a possibilidade de se deferir a gratuidade judiciária a estrangeiros, a par dos brasileiros, porém sem condicionar que residam no País, como na Lei nº 1.060. Nesse sentido, pelo novo Código, será admissível a concessão do benefício a estrangeiro não residente no Brasil, caso não tenha recursos suficientes para pagar as custas judiciais, as despesas processuais e os honorários advocatícios decorrentes de processo que tramite perante autoridade judiciária brasileira. O novo Código também contempla a possibilidade de se conceder a gratuidade judiciária a pessoas jurídicas: "a pessoa natural ou jurídica, brasileira ou estrangeira, com insuficiência de recursos para pagar as custas, as despesas processuais e os honorários advocatícios tem direito à gratuidade da justiça, na forma da lei" (BRASIL, 2015, p. 20). Afinal, desde 2012 está pacificado no Superior Tribunal de Justiça, por meio do enunciado sumular nº 481, que faz jus ao benefício da justiça gratuita a pessoa jurídica, com ou sem fins lucrativos, que demonstrar sua impossibilidade de arcar com os encargos processuais.

---

[15] A propósito: "Agravo de instrumento. Pedido de gratuidade judiciária. Rendimentos inferiores a 5 salários mínimos mensais. Comprovação de rendimentos presumivelmente insuficientes para o custo de despesas processuais, sem prejuízo de seu sustento e/ou de sua família. A concessão do benefício não fica restrita ao miserável, fazendo jus aquele que, mesmo momentaneamente, não tenha condições de solver as despesas processuais. Enunciado n. 02 da Coordenadoria Cível da AJURIS de Porto Alegre, modificado em 14/10/2011. Agravo de instrumento provido" (RIO GRANDE DO SUL. Tribunal de Justiça. Sexta Câmara Cível. Agravo de instrumento. AI 70063720635, Relator: Ney Wiedemann Neto, j. 04 mar. 2015).

3. Abrangência

No tocante à abrangência da gratuidade judiciária no novo Código de Processo Civil, há alguns acréscimos em relação ao artigo 3º da Lei nº 1.060, de 1950,[16] bem como se confere melhor tratamento à matéria, distinguindo custas judiciais, despesas processuais e emolumentos.[17] Na senda da jurisprudência, estatui-se que o benefício abarca a remuneração do intérprete ou do tradutor;[18] a realização de exames considerados essenciais para o deslinde da causa, para além do de DNA; o custo da elaboração de memória de cálculo para o início da execução;[19] e os emolumentos devidos a notários e registradores.[20] Por outro lado, suprime a ressalva do direito regressivo do empregador contra o poder público pelo pagamento integral do salário ao empregado que falta o serviço para testemunhar, previsto no inciso IV do artigo 3º da Lei nº 1.060. Assim, em conformidade com o § 1º do artigo 98 do novo Código, a gratuidade da justiça compreende as taxas ou as custas judiciais; os selos postais; as despesas com publicação na imprensa oficial, dispensando-se a publicação em outros meios;[21] a indenização devida à testemunha que, quando empregada, receberá do empregador salário integral, como se em serviço estivesse; as despesas com a realização de exame de código genético (DNA) e de outros exames considerados essenciais; os honorários do advogado e do perito;[22] a remuneração do

---

[16] Duas leis já haviam ampliado o rol estabelecido na Lei nº 1.060. A Lei nº 10.317, de 2001, acresceu o inciso VI ao artigo 3º da Lei nº 1.060, para incluir a isenção do pagamento das despesas com a realização do exame de código genético (DNA) que for requisitado pela autoridade judiciária nas ações de investigação de paternidade ou maternidade. E a Lei Complementar nº 132, de 2009, acresceu o inciso VII ao mesmo artigo 3º da Lei nº 1.060, incluindo a isenção dos depósitos previstos em lei para interposição de recurso, ajuizamento de ação e demais atos processuais inerentes ao exercício da ampla defesa e do contraditório.

[17] O novo Código corrigiu o inciso II do artigo 3º da Lei nº 1.060, referindo-se aos emolumentos apenas como despesas devidas ao foro extrajudicial (art. 98, § 1º, inciso IX).

[18] Já preponderá o entendimento no sentido de a gratuidade da justiça abrange a remuneração do intérprete e do tradutor. Em 15 de março de 2011, o Conselho Nacional de Justiça publicou a Resolução nº 127, recomendando aos tribunais que destinem, sob rubrica específica, parte do seu orçamento ao pagamento de honorários de perito, tradutor ou intérprete, quando, nos processos de natureza cível, à parte sucumbente no objeto da perícia for deferido o benefício da justiça gratuita.

[19] Já vigora o entendimento de que se pode determinar a elaboração dos cálculos pela contadoria judicial quando o credor é beneficiário da gratuidade da justiça. Veja-se BRASIL. Superior Tribunal de Justiça. Segunda Seção. Recurso especial. REsp 1.274.466/SC. Relator: Ministro Paulo de Tarso Sanseverino, j. 15 maio 2014, DJe 21 maio 2014.

[20] "A gratuidade da justiça estende-se aos atos extrajudiciais relacionados à efetividade do processo judicial em curso, mesmo em se tratando de registro imobiliário" (BRASIL. Superior Tribunal de Justiça. Segunda Turma. Recurso ordinário em mandado de segurança. RMS 26.493/RS. Relatora: Eliana Calmon, j. 19 ago. 2008, DJe 23 set. 2008).

[21] A Lei nº 7.288, de 1984, já havia adicionado um parágrafo único ao artigo 3º da Lei nº 1.060, de 1950, para determinar que, nos casos de gratuidade judiciária, a publicação de edital em jornal encarregado da divulgação de atos oficiais dispensa a publicação em outro jornal.

[22] Segundo o artigo 95, § 3º, do novo Código, quando o pagamento da perícia for de responsabilidade de beneficiário de gratuidade da justiça, poderá ser custeada com recursos alocados no orçamento do ente público e realizada por servidor do Poder Judiciário ou por órgão público conveniado; ou paga com recursos alocados no orçamento da União, do Estado ou do Distrito Federal, no caso de ser realizada por particular, hipótese em que o valor será fixado conforme tabela do tribunal respectivo ou, em caso de sua omissão, do Conselho Nacional de Justiça. Restou expressamente vedada a utilização de recursos do fundo de custeio da Defensoria Pública para este fim (§ 5º do art. 95). Ao final, caso a parte vencida não seja beneficiária da gratuidade da justiça, o juiz, após o trânsito em julgado, deverá oficiar a Fazenda Pública para que promova, contra quem tiver sido condenado ao pagamento das despesas processuais, a execução dos valores gastos com a perícia particular ou com a utilização de servidor público ou da estrutura de órgão público

intérprete ou do tradutor nomeado para apresentação de versão em português de documento redigido em língua estrangeira; o custo com a elaboração de memória de cálculo, quando exigida para instauração da execução; os depósitos previstos em lei para interposição de recurso, para propositura de ação e para a prática de outros atos processuais inerentes ao exercício da ampla defesa e do contraditório; e os emolumentos devidos a notários ou registradores em decorrência da prática de registro, averbação ou qualquer outro ato notarial necessário à efetivação de decisão judicial ou à continuidade de processo judicial no qual o benefício tenha sido concedido. O novo Código também isenta o autor de ação rescisória, beneficiário de gratuidade da justiça, de depositar a importância de cinco por cento sobre o valor da causa, que se converterá em multa caso a ação seja, à unanimidade, declarada inadmissível ou improcedente (art. 968, II, § 1º), bem como estabelece que, nas audiências de mediação realizadas em litígios coletivos pela propriedade ou pela posse de imóvel por esbulho ou turbação ocorrida há mais de ano e dia, a Defensoria Pública deverá ser intimada a comparecer à audiência sempre que houver parte beneficiária de gratuidade da justiça (art. 565, *caput* e §§ 3º e 5º).

No que tange à isenção do pagamento dos emolumentos, havendo dúvida fundada quanto ao preenchimento contemporâneo dos pressupostos autorizadores para a concessão de gratuidade da justiça, o notário ou o registrador poderá, após praticar o ato, requerer a revogação total ou parcial do benefício ou a sua substituição pelo pagamento parcelado dos emolumentos, na forma do § 6º do artigo 98 do novo Código, ao juízo competente para decidir questões notariais ou registrais (art. 98, § 8º). Recebido o requerimento do notário ou registrador, o juízo deverá ordenar a citação do beneficiário para, em quinze dias, manifestar-se (art. 98, § 8º, *in fine*). De outra parte, assim como na perícia (art. 98, § 7º), quando o pagamento dos emolumentos for de responsabilidade de beneficiário de gratuidade da justiça, poderão ser custeados com recursos alocados no orçamento do ente público, sendo vedada a utilização de recursos do fundo de custeio da Defensoria Pública para seu provimento (art. 95, §§ 3º e 5º). Em qualquer caso, esse custeio dos emolumentos deverá observar a tabela e as condições da lei estadual ou distrital respectiva (art. 98, § 7º). E, ao final, caso a parte vencida não seja beneficiária da gratuidade da justiça, o juiz, após o trânsito em julgado, deverá oficiar a Fazenda Pública para que promova a execução dos valores gastos com os emolumentos contra quem tiver sido condenado ao pagamento das despesas processuais. Se restar vencido o beneficiário, a exigibilidade pelo pagamento ficará suspensa, conforme o disposto no artigo 98, §§ 2º e 3º (art. 95, § 4º).[23]

(§ 4º do art. 95). Sendo vencido o beneficiário, a exigibilidade pelo pagamento das despesas da perícia ficará suspensa, conforme o disposto no art. 98, §§ 2º e 3º, combinado com o § 4º, *in fine*, do artigo 95.

Segundo o novo Código de Processo Civil, nas hipóteses de gratuidade de justiça, os órgãos e as repartições oficiais responsáveis pelo exame pericial de natureza médico-legal ou de autenticidade ou falsidade de documento deverão cumprir a determinação judicial com preferência, no prazo estabelecido juiz (art. 478, § 1º).

[23] Essas regras aplicam-se também em relação às despesas de perícia. Veja-se o artigo 95, §§ 3º a 5º, do novo Código de Processo Civil.

4. Requerimento

O novo Código de Processo Civil propõe uma evolução significativa no âmbito do requerimento da gratuidade da justiça. Sem abranger a hipótese de postulação pelo réu ou por terceiros intervenientes no processo, o *caput* do artigo 4º da Lei nº 1.060, na redação que lhe foi dada pela Lei nº 1.510, de 1986, dispõe que a parte gozará dos benefícios da assistência judiciária, mediante simples afirmação, na própria petição inicial, de que não está em condições de pagar as custas do processo e os honorários de advogado, sem prejuízo próprio ou de sua família.[24] Quem afirmar essa condição de necessitado é considerado pobre, até prova em contrário, sob pena de pagamento até o décuplo das custas judiciais (art. 4º, § 1º, na redação dada pela Lei nº 7.510, de 1986).[25] Já o novo Código estabelece que o pedido de gratuidade da justiça poderá ser formulado na petição inicial, na contestação, na petição para ingresso de terceiro no processo ou em recurso (art. 99, *caput*). Presumir-se-á verdadeira a alegação de insuficiência deduzida por pessoa natural (art. 99, § 3º), devendo o procurador ter poder especial para assinar declaração de hipossuficiência econômica em favor do constituinte (art. 105, *caput*). Em relação ao pedido incidental, na sistemática vigente deve ser formulado em petição própria, a qual deve ser autuada em separado, apensando-se os respectivos autos aos da causa depois de resolvido o incidente (Lei nº 1.060, art. 6º, *in fine*).[26] Em face do disposto na primeira parte do artigo 6º da Lei nº 1.060, de 1950, prepondera o entendimento de que deve provar a insuficiência o jurisdicionado que requer a gratuidade judiciária no curso do processo, após outras manifestações. No novo Código, se for superveniente à primeira manifestação do requerente na instância, o pedido poderá ser formulado por petição simples, nos autos do próprio processo, sem suspender o seu curso (art. 99, § 1º). Ante a omissão, presumir-se-á verdadeira, tal como no pedido realizado na primeira manifestação, a alegação de insuficiência deduzida por pessoa natural no curso do processo (art. 99, § 3º). E caso seja requerida a concessão de gratuidade da justiça em recurso, o recorrente estará dispensado de comprovar o recolhimento do preparo, incumbin-

---

[24] Na redação original, o artigo 4º da Lei nº 1.060, de 1950, estabelecia que, gozar a assistência judiciária, a parte deveria requerer ao juiz competente que lhe concedesse o benefício, mencionando, na petição, o rendimento ou vencimento que percebe e os encargos próprios e os da família.

[25] O § 1º do artigo 4º da Lei nº 1.060, de 1950, exigia, em sua redação original, que a petição de requerimento da gratuidade judiciária fosse instruída com um atestado, expedido por autoridade policial ou por prefeito municipal, em que constasse que o requerente era necessitado, não tendo condições de pagar as despesas do processo. Nas capitais dos Estados e no Distrito Federal, o atestado da competência do prefeito podia ser expedido por autoridade expressamente designada pelo mesmo (Lei nº 1.060, art. 4º, § 2º). Em 1979, a Lei nº 6.707 deu nova redação ao parágrafo em questão, para dispensar o atestado se o requerente apresentasse o contrato de trabalho comprobatório de que percebia salário igual ou inferior ao dobro do mínimo legal regional. Ainda em 1979, a Lei nº 6.654 acresceu um § 3º ao artigo 4º da Lei nº 1.060, prescrevendo que substitui o referido atestado a apresentação da carteira de trabalho e previdência social, devidamente legalizada.

[26] Segundo o Superior Tribunal de Justiça, o pedido incidental não pode ser formulado no próprio recurso, senão em petição avulsa: "Embora o pedido de assistência judiciária gratuita possa ser formulado a qualquer tempo, nos casos em que a ação judicial esteja em curso ele deve ser veiculado em petição avulsa, a qual será processada em apenso aos autos da causa principal, segundo os termos da Lei nº 1.060/1950, e não no próprio corpo do agravo em recurso especial, como ocorreu no presente caso. Portanto, a concessão da gratuidade deve preceder a interposição do recurso" (BRASIL. Superior Tribunal de Justiça. Quarta Turma. Embargos de declaração no agravo em recurso especial. EDcl no AREsp 512.956/SP. Relator: Luis Felipe Salomão, j. 10 jun. 2014, DJe 24 jun. 2014).

do ao relator, neste caso, apreciar o requerimento e, se indeferi-lo, fixar prazo para realização do recolhimento (art. 99, § 7º). Quanto à pessoa jurídica, deverá sempre demonstrar a insuficiência de recursos, não sendo bastante a mera alegação (art. 99, § 3º).[27]

Tendo em vista que a alegação do requerente de que não reúne recursos suficientes para pagar as custas, as despesas processuais e os honorários advocatícios gera presunção *iuris tantum* de insuficiência, por admitir prova em contrário, o juiz poderá determinar-lhe a comprovação do preenchimento dos referidos pressupostos. Se o requerente não trouxer aos autos elementos que evidenciem a falta dos pressupostos legais, o pedido de gratuidade judiciária será denegado. O magistrado somente poderá indeferir o pedido depois de oportunizar ao requerente a prova da insuficiência, sendo-lhe vedada a denegação liminar do pleito (art. 99, § 2º). No caso de concessão da gratuidade da justiça a jurisdicionado assistido por advogado particular, estará sujeito a preparo o recurso que verse exclusivamente sobre valor de honorários de sucumbência fixados em favor do procurador do beneficiário. O recurso estará isento de preparo somente se o próprio advogado demonstrar que tem direito à gratuidade, por não ter recursos suficientes para arcar com os encargos processuais (art. 99, § 5º). Esta inteligência deverá ser observada em outros atos do processo, como a liquidação ou cumprimento de sentença visando à satisfação de créditos de honorários advocatícios de sucumbência. Isso porque o direito à gratuidade da justiça é pessoal, não se estendendo ao advogado, tampouco a litisconsorte ou a sucessor do beneficiário, salvo requerimento e deferimento expressos (art. 99, § 6º).[28]

5. Decisão concessiva e seus feitos

A decisão que defere a gratuidade da justiça tem eficácia *ex nunc*.[29] Nesse sentido, caso o benefício seja deferido incidentemente, não alcançará os atos processuais anteriores, inclusive eventuais condenações. Na verdade, o beneficiário ficará isento, a partir da concessão, de prover as despesas processuais e as custas processuais dos atos que realizar ou requerer no processo (art. 82, *caput*). De acordo com o artigo 9º da Lei nº 1.060, de 1950, não revogado pelo novo Código (art. 1.072, III), os benefícios da assistência judiciária compreendem

---

[27] Tal como já assentado atualmente na jurisprudência: "O benefício da assistência judiciária gratuita somente pode ser concedido à pessoa jurídica, independentemente de ser ou não de fins lucrativos, se esta comprovar que não tem condições de arcar com as despesas do processo sem o comprometimento da manutenção de suas atividades" (BRASIL. Superior Tribunal de Justiça. Quarta Turma. Recurso especial. REsp 1.064.269/RS. Relator: Raul Araújo, j. 19 ago. 2010, DJe 22 set. 2010).

[28] O artigo 10 da Lei nº 1.060, de 1950, não revogado pelo novo Código (art. 1.072, III), já disciplina que "são individuais e concedidos em cada caso ocorrente os benefícios de assistência judiciária, que se não transmitem ao cessionário de direito e se extinguem pela morte do beneficiário, podendo, entretanto, ser concedidos aos herdeiros que continuarem a demanda e que necessitarem de tais favores, na forma estabelecida nesta Lei" (BRASIL, 2014a, p. 224).

[29] Sobre a ausência de efeito retroativo da decisão que concede a gratuidade judiciária, vejam-se BRASIL. Superior Tribunal de Justiça. Segunda Turma. Agravo regimental no recurso especial. AgRg no REsp 1.412.856/SP. Relator: Herman Benjamin, j. 27 mar. 2014, DJe 15 abr. 2014); e BRASIL. Superior Tribunal de Justiça. Quarta Turma. Embargos de declaração no agravo em recurso especial. EDcl no AREsp 512.956/SP. Relator: Luis Felipe Salomão, j. 10 jun. 2014, DJe 24 jun. 2014.

todos os atos do processo até decisão final do litígio, em todas as instâncias. Pelo novo Código de Processo Civil, poderá o magistrado, de acordo com as circunstâncias do caso, cingir o benefício a algum dos atos processuais ou, ainda, reduzir o percentual de despesas processuais que o beneficiário tiver de adiantar no curso do procedimento (art. 98, § 5º). Em conformidade com o artigo 13 da Lei nº 1.060, de 1950, também não revogado pelo novo Código (art. 1.072, III), se o assistido puder atender, em parte, as despesas do processo, o juiz deve mandar pagar as custas que deverão ser rateadas entre os que tiverem direito ao seu recebimento. O novo Código permite ao juiz, ainda, conforme o caso, conceder apenas o direito ao parcelamento de despesas processuais que o beneficiário tiver de adiantar (art. 98, § 6º). De todo o modo, a concessão de gratuidade não afasta o dever de o beneficiário pagar, ao final, as multas processuais que lhe sejam impostas (art. 99, § 4º).[30] E, se o beneficiário restar vencido no processo, a concessão de gratuidade não afasta a sua responsabilidade pelas despesas processuais e pelos honorários advocatícios decorrentes de sua sucumbência (art. 99, § 2º). As obrigações decorrentes de sua sucumbência ficarão sob condição suspensiva de exigibilidade e poderão ser executadas se, nos cinco anos subsequentes ao trânsito em julgado da decisão, o credor demonstrar que deixou de existir a situação de insuficiência de recursos que justificou a concessão de gratuidade. Passado esse prazo, extinguem-se tais obrigações do beneficiário (art. 99, § 3º).[31]

7. Revogação

Segundo o novo Código de Processo Civil, deferida a gratuidade da justiça, a parte contrária poderá oferecer impugnação na contestação, na réplica, nas contrarrazões de recurso ou, nos casos de pedido superveniente ou formulado por terceiro, por meio de petição simples, a ser apresentada no prazo de quinze dias, nos autos do próprio processo, sem suspensão de seu curso (arts. 100, *caput*, e 337, XIII). A novidade em relação à sistemática vigente é que o pedido de impugnação processar-se-á nos próprios autos, e não em autos apartados, como previsto no § 2º do artigo 4º da Lei nº 1.060.[32] Todavia, o legislador foi

---

[30] Segundo o artigo 1.021, §§ 4º e 5º, do novo Código, quando o agravo interno for declarado manifestamente inadmissível ou improcedente em votação unânime, o órgão colegiado, em decisão fundamentada, condenará o agravante a pagar ao agravado multa fixada entre um e cinco por cento do valor atualizado da causa. A interposição de qualquer outro recurso estará condicionada ao depósito prévio do valor da multa prevista no § 4º, à exceção da Fazenda Pública e do beneficiário de gratuidade da justiça, que farão o pagamento ao final. Na mesma senda é a multa imposta pela reiteração de embargos de declaração considerados manifestamente protelatórios (art. 1.026, §§ 2º e 3º).

[31] De acordo com o artigo 12 da Lei nº 1.060, de 1950, a parte beneficiada pela isenção do pagamento das custas fica obrigada a pagá-las, desde que possa fazê-lo, sem prejuízo do sustento próprio ou da família. Se dentro de cinco anos, a contar da sentença final, o assistido não puder satisfazer tal pagamento, fica prescrita a pretensão de cobrá-las.

[32] Além da impugnação, admite-se hoje que a parte contrária interponha, de imediato, agravo de instrumento contra a decisão deferitória de gratuidade judiciária. Veja-se: "Nos termos da jurisprudência do Superior Tribunal de Justiça, é também cabível, além do incidente de impugnação, previsto na Lei n. 1.060/50, a interposição de agravo de instrumento contra decisão que defere a assistência judiciária" (BRASIL. Superior Tribunal de Justiça. Quarta Turma. Recurso especial. REsp 906.548/RS. Relator: Aldir Passarinho Junior, j. 03 fev. 2011, DJe 11 fev. 2011).

omisso quanto ao procedimento do pedido de revogação posterior, bem como sobre a possibilidade de o órgão judicial fazê-lo *ex officio*. Como o artigo 1.072, inciso III, não inclui o artigo 8º entre os revogados da Lei nº 1.060, permanecerá em vigor a regra no sentido de que o juiz pode, de ofício, decretar a revogação dos benefícios, ouvida a parte interessada dentro de quarenta e oito horas improrrogáveis. O mesmo não acontece em relação ao artigo 6º da Lei nº 1.060 (art. 1.072, III), o qual prevê que a parte contrária pode, em qualquer fase da lide, requerer a revogação dos benefícios de gratuidade judiciária, desde que prove a inexistência ou o desaparecimento dos requisitos essenciais à sua concessão. Esse requerimento não suspende o curso da ação e se processa em autos apartados, os quais são apensados aos da causa depois de julgado. Malgrada a lacuna, não há como deixar de se admitir, na vigência do novo Código, a possibilidade de se postular a revogação ulterior do benefício, até pelo disposto no seu § 3º do artigo 98. Na mesma linha da impugnação, tem-se que o pedido de revogação incidente, mediante a demonstração de que deixou de existir a situação de insuficiência de recursos que havia justificado a concessão da gratuidade, deverá ser deduzido por meio de petição simples, nos autos do próprio processo, sem suspendê-lo. Em qualquer caso, seja pelo acolhimento de impugnação, seja pelo acolhimento de pedido ulterior de revogação, a decisão que desconstitui o benefício tem eficácia *ex tunc*. De acordo com o parágrafo único do artigo 100 do novo Código, revogado o benefício, o ex-beneficiário arcará com as despesas processuais que tiver deixado de adiantar e pagará, em caso de má-fé, até o décuplo de seu valor a título de multa, que será revertida em benefício da Fazenda Pública estadual ou federal e poderá ser inscrita em dívida ativa.

8. Recorribilidade

Na sistemática atual, existe grande celeuma sobre os recursos cabíveis contra as decisões concernentes à gratuidade judiciária. Promulgada na vigência do Código de Processo Civil de 1939, a Lei nº 1.060 estabelecia, originalmente, que cabia o recurso de agravo de instrumento das decisões proferidas em consequência de aplicação desta Lei, salvo quando a decisão fosse denegatória da assistência, caso em que o agravo seria de petição (art. 17). Instituído o Código de Processo Civil em vigor, que aboliu o agravo de petição, foi editada a Lei nº 6.014, de 1973, que deu nova redação ao artigo 17 da Lei nº 1.060, para determinar o cabimento de apelação das decisões proferidas em consequência da aplicação desta Lei, a despeito de sua natureza interlocutória. Diante da incoerência do artigo 17 da Lei nº 1.060 com as disposições do Código de Processo Civil de 1973, que prevê, pragmaticamente, agravo contra as decisões interlocutórias (art. 522) e apelação contra sentença (art. 513), a jurisprudência delineou o cabimento do agravo contra as decisões sobre gratuidade da justiça proferidas nos autos do processo,[33] exceto se for prolatada em sentença, junto com o julgamento da causa, quando é cabível a apelação, em atenção ao prin-

---

[33] Cita-se, por tantos: "Conforme entendimento desta Corte, em se tratando de decisão sobre gratuidade de justiça nos autos da ação principal e não em autos apartados, o recurso cabível é o agravo de instrumento, em razão da natureza interlocutória do decisum" (BRASIL. Superior Tribunal de Justiça. Quarta Turma.

cípio da unirecorribilidade.[34] Também se assentou o cabimento de apelação contra as decisões sobre gratuidade da justiça proferidas em autos separados, seja apreciando pedido incidental do benefício, impugnação ou revogação ulterior.[35] Pretendendo resolver a polêmica, o novo Código define que caberá agravo de instrumento contra a decisão que indeferir a gratuidade ou a que acolher pedido de sua revogação, exceto quando a questão for resolvida na sentença, contra a qual caberá apelação. Posto que se mostre correta a supressão da hipótese de se agravar da decisão que defere a gratuidade da justiça, em virtude da possibilidade de a parte contrária impugná-la por primeiro, não se mostra adequado denegar à parte o direito de recorrer da decisão que rejeita a impugnação ou o pedido de revogação ulterior. Mediante interpretação extensiva, essas hipóteses devem ser consideradas incluídas no *caput* do artigo 101 e no inciso V do artigo 1.015 do novo Código. Além de afrontar a igualdade processual, não há justificava para dita mitigação do direito fundamental de recorrer.

Consoante o § 1º do artigo 101 do novo Código, o recorrente estará dispensado do recolhimento de custas até decisão do relator sobre a questão, preliminarmente ao julgamento do recurso. Confirmada a denegação ou a revogação da gratuidade, o relator ou o órgão colegiado determinará ao recorrente o recolhimento das custas processuais, no prazo de cinco dias, sob pena de não conhecimento do recurso (art. 101, § 2º). Essas disposições aplicam-se apenas na hipótese em que a gratuidade é uma entre outras matérias objeto do recurso. Embora omisso o novo Código, tem-se que o requerente da gratuidade da justiça estará dispensado do recolhimento das custas até a decisão final se estiver recorrendo exclusivamente da decisão que tiver denegado ou revogado o benefício.[36] Pois, se a única pretensão recursal é justamente a denegação ou a revogação da gratuidade da justiça, nada restará para ser julgado caso o relator confirme monocraticamente a decisão de primeiro grau e o recorren-

---

Agravo regimental no agravo de instrumento. AgRg no Ag 737.212/SP. Relator: Jorge Scartezzini, j. 20 jun. 2006, DJ 14 ago. 2006, p. 287).

[34] A propósito: "Assistência judiciária. Gratuidade. Benefício revogado na audiência. Recurso cabível. Lei n. 1060/50, art. 17. Recurso provido. I. É a apelação o recurso próprio contra a decisão que, na audiência de instrução e julgamento, na qual proferida sentença, revoga o benefício da gratuidade anteriormente concedido na causa. II. Precedente da Turma (REsp 7.641-SP, DJ de 11.11.91) fixou entendimento de que, no sistema recursal vigente, somente na hipótese do art. 5º, *caput*, da Lei 1.060/50, é adequado o agravo" (BRASIL. Superior Tribunal de Justiça. Quarta Turma. Recurso especial. REsp 10.906/RJ. Relator: Sálvio de Figueiredo Teixeira, j. 25 fev. 1992, DJ 30 mar. 1992, p. 3.993).

[35] Neste exato sentido é a jurisprudência do Superior Tribunal de Justiça: "Contra a decisão que julga impugnação ao deferimento do benefício da justiça gratuita em autos apartados cabe o recurso de apelação. Precedentes" (BRASIL. Superior Tribunal de Justiça. Terceira Turma. Agravo regimental no agravo regimental no agravo em recurso especial. AgRg no AgRg no AREsp 205.523/SP. Relator: Ricardo Villas Bôas Cueva, j. 21 maio 2013, DJe 04 jun. 2013).

[36] Atualmente, exige-se apenas a realização do preparo, sob pena de deserção, caso o recorrente tenha denegado a gratuidade da justiça. Veja-se: "'Afirmada a necessidade de justiça gratuita, seja em que momento for, não pode o órgão julgador declarar deserto o recurso sem se pronunciar sobre o pedido de assistência judiciária. Caso indeferida a gratuidade, deve-se abrir ao requerente oportunidade para o preparo' (AgRg no Ag 622403/RJ, 6ª T., Min. Nilson Naves, DJ de 06.02.2006). No mesmo sentido: REsp 731880/MG, 4ª T, Min. Jorge Scartezzini, DJ de 14.11.2005; RMS 19747/RJ, 3ª T., Ministro Castro Filho, DJ de 05.09.2005 e REsp 556081/SP, 4ª T., Min. Aldir Passarinho Junior, DJ de 28.03.2005" (BRASIL. Superior Tribunal de Justiça. Primeira Turma. Recurso especial. REsp 885.071/SP. Relator: Teori Albino Zavascki, j. 27 fev. 2007, DJ 22 mar. 2007, p. 313).

te não recolha as custas processuais no prazo de cinco dias. Não se coaduna com as garantias de acesso à justiça condicionar o requerente de gratuidade da justiça a depositar as custas para auferir o julgamento de seu pleito. De outra parte, sobrevindo o trânsito em julgado de decisão que revoga a gratuidade da justiça, a parte deverá, em razão da eficácia *ex tunc*, efetuar o recolhimento de todas as despesas de cujo adiantamento foi dispensada, inclusive as relativas ao recurso interposto, se houver, no prazo fixado pelo juiz, sem prejuízo de aplicação das sanções previstas em lei (art. 102, *caput*). Se não for efetuado o recolhimento, o processo será extinto sem resolução de mérito, tratando-se do autor, e, nos demais casos, não poderá ser deferida a realização de nenhum ato ou diligência requerida pela parte enquanto não efetuado o depósito (art. 102, parágrafo único).

9. Conclusões

Ante a omissão do legislador, desde 1950 o benefício da gratuidade da justiça é regulado pela Lei nº 1.060. Aprovado em dezembro de 2014, o novo Código de Processo Civil passará a disciplinar a matéria, revogando os artigos 2º, 3º, 4º, 6º, 7º, 11, 12 e 17 da Lei nº 1.060 (art. 1.072, III). Do cotejo entre os dois microssistemas processuais, constata-se a superioridade do novo Código de Processo Civil, que entrará em vigor um ano após a sua publicação oficial (art. 1.045). A vantagem sobeja, sobretudo, na redefinição do cabimento do benefício, pressupondo simplesmente a insuficiência de recursos para o pagamento das custas, despesas processuais e honorários advocatícios. O novo Código também positiva a possibilidade de se conceder a gratuidade da justiça a pessoas jurídicas e abarca as perspectivas do réu e terceiros intervenientes. Outro destaque do novo Código centra-se na simplificação do procedimento. Estabelece que o pedido de gratuidade da justiça poderá ser formulado na petição inicial, na contestação, na petição para ingresso de terceiro no processo ou em recurso, ou, se for superveniente à primeira manifestação do requerente, por petição simples, sempre nos autos do próprio processo e sem suspender o seu curso. Por outro lado, a parte contrária poderá oferecer impugnação na contestação, na réplica, nas contrarrazões de recurso ou, nos casos de pedido superveniente ou formulado por terceiro, por meio de petição simples, nos próprios autos. O novo Código permite que o benefício se limite a determinado ato processual, à redução do percentual ou ao parcelamento de despesas processuais que o beneficiário tiver de adiantar no processo.

Em uma análise perfunctória, realizada às pressas, logo após a publicação do texto pelo Congresso Nacional, antes mesmo de sua sanção pela Presidenta da República, conclui-se que o novo Código mostra-se, em linhas gerais, consonante com a contemporânea Ciência Processual e suficiente para atender as vicissitudes do foro. Na verdade, a disciplina da matéria inova em pouca medida, procedendo senão a uma atualização da norma jurídica em relação à doutrina e à jurisprudência, além de conformá-la com o restante do sistema processual. Nessas primeiras considerações, avultaram, como omissões, a ausência de expressa regulamentação do pedido de revogação incidental do benefício e do cabimento de recurso contra a decisão que rejeita a impugnação ou o pedido de revogação ulterior. Reflexões mais proficientes e a experiência decorrente da aplicação prática do novo Código após a *vacatio legis* certamente suscitarão novas questões. Imagina-se, porém, que as lacunas e as imperfeições identificadas poderão ser superadas pela integração e interpretação, a exemplo das supramencionadas. A gratuidade da justiça constitui uma garantia processual fundamental, constitucionalmente consagrada no capítulo *Dos Direitos e Deveres Individuais e Coletivos* do título *Dos Direitos e Garantias Fundamentais*. A sua importância está a exigir não apenas a evolução do direito positivo, mas, também, da pesquisa científica e da cultura processual de todos os atores do cenário jurídico. Assim como há abusos na obtenção do benefício, muitas vezes chancelados por advogados e juízes, há excessos na sua denegação, não raro sob o manto de formalismos pretextados em prol de melhores índices estatísticos, mesmo que ao custo de tolher o acesso à justiça.

10. Referências

ANDRADE, José Carlos Vieira de. *Os direitos fundamentais na Constituição portuguesa de 1976*. Coimbra: Almedina, 2001.

BRASIL. *Código de Processo Civil* (1973) *e Constituição Federal* (1988). Colaboração de Luiz Roberto Curia, Livia Céspedes, Juliana Nicoletti. 44.ed. São Paulo: Saraiva, 2014a.

——. Congresso Nacional. Senado Federal. Comissão de Juristas Responsável pela Elaboração de *Anteprojeto de Código de Processo Civil*. Brasília: Senado Federal, Presidência, 2010a.

——. Congresso Nacional. Senado Federal. Comissão Temporária da Reforma do Código de Processo Civil. *Parecer* nº 1.624, de 2010. Brasília: [s.ed.], 2010b.

——. Congresso Nacional. Câmara dos Deputados. Comissão Especial destinada a proferir Parecer ao Projeto de Lei nº 6.025, de 2005, ao Projeto de Lei nº 8.046, de 2010, ambos do Senado Federal, e outros que tratam do "Código de Processo Civil" (revogam a Lei 5.869, de 1973). Parecer. Brasília: [s.ed.], 2012.

——. Congresso Nacional. Senado Federal. Comissão Temporária do Código de Processo Civil. Parecer 1.111, de 2014: texto consolidado com os ajustes promovidos pela Comissão Temporária do Código de Processo Civil. Redação atualizada até a aprovação do texto base, em 16/12/2014, do Substitutivo da Câmara dos Deputados ao Projeto de Lei do Senado nº 166, de 2010 (nº 8.046, de 2010, naquela Casa), sem a inclusão dos destaques aprovados em 17/12/2014. Brasília: [s.ed.], 2014b.

——. Congresso Nacional. Senado Federal. Comissão Temporária do Código de Processo Civil. Parecer 1.111, de 2014: Redação final do Substitutivo da Câmara dos Deputados ao Projeto de Lei do Senado nº 166, de 2010 (nº 8.046, de 2010, naquela Casa), nos termos do texto consolidado pela Comissão Temporária do Código de Processo Civil, com as adequações propostas pelo Relator e os destaques aprovados pelo Plenário. Brasília: [s.ed.], 2015.

——. Ministério da Justiça e Negócios Interiores. Anteprojeto de Código de Processo Civil. Apresentado ao Exmo. Sr. Ministro da Justiça e Negócios Interiores pelo Professor Alfredo Buzaid. Rio de Janeiro: Imprensa Nacional, 1964.

——. Superior Tribunal de Justiça. Quarta Turma. Agravo regimental no agravo de instrumento. AgRg no Ag 737.212/SP. Relator: Jorge Scartezzini, j. 20 jun. 2006, DJ 14 ago. 2006, p. 287.

——. Superior Tribunal de Justiça. Quarta Turma. Embargos de declaração no agravo em recurso especial. EDcl no AREsp 512.956/SP. Relator: Luis Felipe Salomão, j. 10 jun. 2014, DJe 24 jun. 2014.

——. Superior Tribunal de Justiça. Quarta Turma. Recurso especial. REsp 10.906/RJ. Relator: Sálvio de Figueiredo Teixeira, j. 25 fev. 1992, DJ 30 mar. 1992, p. 3.993

——. Superior Tribunal de Justiça. Quarta Turma. Recurso especial. REsp 906.548/RS. Relator: Aldir Passarinho Junior, j. 03 fev. 2011, DJe 11 fev. 2011.

——. Superior Tribunal de Justiça. Quarta Turma. Recurso especial. REsp 1.064.269/RS. Relator: Raul Araújo, j. 19 ago. 2010, DJe 22 set. 2010.

——. Superior Tribunal de Justiça. Primeira Turma. Recurso especial. REsp 885.071/SP. Relator: Teori Albino Zavascki, j. 27 fev. 2007, DJ 22 mar. 2007, p. 313.

——. Superior Tribunal de Justiça. Segunda Seção. Recurso especial. REsp 1.274.466/SC. Relator: Ministro Paulo de Tarso Sanseverino, j. 15 maio 2014, DJe 21 maio 2014.

——. Superior Tribunal de Justiça. Segunda Turma. Agravo regimental no recurso especial. AgRg no REsp 1.412.856/SP. Relator: Herman Benjamin, j. 27 mar. 2014, DJe 15 abr. 2014.

——. Superior Tribunal de Justiça. Segunda Turma. Recurso ordinário em mandado de segurança. RMS 26.493/RS. Relatora: Eliana Calmon, j. 19 ago. 2008, DJe 23 set. 2008.

——. Superior Tribunal de Justiça. Terceira Turma. Agravo regimental no agravo regimental no agravo em recurso especial. AgRg no AgRg no AREsp 205.523/SP. Relator: Ricardo Villas Bôas Cueva, j. 21 maio 2013, DJe 04 jun 2013.

CANOTILHO, José Joaquim Gomes. *Direito constitucional e teoria da constituição*. Coimbra: Almedina, 2003.

——. Tópicos de um curso de mestrado sobre direitos fundamentais, procedimento, processo e organização. *Boletim da Faculdade de Direito da Universidade de Coimbra*, Coimbra, Universidade de Coimbra, v. 66, p. 151-201, 1990.

CAPPELLETTI, Mauro. Appunti per uma fenomenologia della giustizia nel XX secolo. In: *STUDI in onore di Enrico Tullio Liebman*. Milano: Griuffrè, 1979. v. 1, p. 153-210.

——; GARTH, Bryant. Acess to justice: the worldwide movement to make rights effective: a general report. In: CAPPELLETTI, Mauro (Ed.). *Access to justice*. Alphen aan den Rijn: Sijthoff & Noordhoff; Milan: Giuffrè, 1978. v. I.

DINAMARCO, Cândido Rangel. A instrumentalidade do processo. São Paulo: Revista dos Tribunais, 1987.

GIANNAKOS, Angelo Maraninchi. *Assistência judiciária no direito brasileiro*. Porto Alegre: Livraria do Advogado, 2008.

GOMES NETO, José Mário Wanderley. *O acesso à justiça em Mauro Cappelletti*: análise teórica desta concepção como 'movimento' de transformação das estruturas do processo civil brasileiro. Porto Alegre: Sergio Antonio Fabris, 2005.

MARINONI, Luiz Guilherme; MITIDIERO, Daniel. *O projeto do CPC*: críticas e propostas. São Paulo: Revista dos Tribunais, 2010.

MATTOS, Sérgio Luís Wetzel de. *Devido processo legal e proteção de direitos*. Porto Alegre: Livraria dos Advogados, 2009.

MIRANDA, Jorge. *Direitos fundamentais*: introdução geral. Lisboa: [s.n.], 1999.

——. *Manual de direito constitucional*. 3. ed. Coimbra: Coimbra Editora, 2000, t. 4: Direitos fundamentais.

MONTENEGRO FILHO, Misael. *Projeto do Novo Código de Processo Civil*: confronto entre o CPC atual e o Projeto do Novo CPC, com comentários às modificações substanciais. São Paulo: Atlas, 2011.

MOREIRA, José Carlos Barbosa. O direito à assistência jurídica: evolução no ordenamento brasileiro de nosso tempo. *Revista da Ajuris*, Porto Alegre, Associação dos Juízes do Rio Grande do Sul, 1992, v. 55, p. 60-75, 1992.

NERY JUNIOR, Nelson. *Princípios do processo civil na Constituição Federal*. 8. ed. São Paulo: Revista dos Tribunais, 2004.

OLIVEIRA, Carlos Alberto Alvaro de; MITIDIERO, Daniel. *Curso de processo civil*. São Paulo: Atlas, 2010. v. 1.

PORTANOVA, Rui. *Princípios do processo civil*. 4. ed. Porto Alegre: Livraria do Advogado, 2001.

RIO GRANDE DO SUL. Tribunal de Justiça. Sexta Câmara Cível. Agravo de instrumento. AI nº 70063720635, Relator: Ney Wiedemann Neto, j. 04 mar. 2015.

SICA, Heitor Vitor Mendonça. *O direito de defesa no processo civil brasileiro*: um estudo sobre a posição do réu. São Paulo: Atlas, 2011.

— 11 —

O tempo útil como alternativa para a interpretação da temporalidade processual

LÚCIO SANTORO DE CONSTANTINO[1]

SUMÁRIO: 1. Introdução; 2. A juridicização temporal constitucional; 3. A hermenêutica e a juridicização constitucional temporal; 4. Emersão da teoria dos três critérios para o conhecimento da razoabilidade temporal; 5. Crítica ao princípio da razoabilidade (artigo 5º, LXXVIII, da Constituição Federal); 6. Crítica ao princípio da celeridade (artigo 5º, LXXVIII, da Constituição Federal); 7. Alternativa à razoabilidade e à celeridade temporal processual: o tempo útil; 8. O tempo útil jungido à efetividade do direito pretendido; 9. Conclusões; 10. Referências.

1. Introdução

A Constituição Federal do Brasil de 1988 assegura a razoável duração do processo e os meios que garantam a celeridade de sua tramitação. Ocorre que estes critérios resultam por estimular diversas críticas, mesmo ao lado de uma sociedade globalizada e de acelerado fluxo temporal.

Veja-se que o firmamento de uma teoria jungida ao processo, que se desenvolva em um prazo razoável, resta, em última análise, forte no vago, pois a razoabilidade se traduz em uma evidente abstração, com as mais diversas conclusões, a qual permite uma série de diferentes significados, algo próprio de uma sociedade plural e de diversos intérpretes. Já a celeridade, esperada em uma sociedade globalizada, tecnológica e informativa, de tempo veloz e que cultua o instantâneo, pode, outrossim, afastar os conquistados direitos e garantias, e que de certa forma retardam a duração processual, para cultuar a rapidez do fluxo processual. Além do mais, a celeridade pode dificultar a revelação dos fatos e a própria reflexão necessária ao decisório, quando aquela velocidade não se conformar com os tempos exigidos para os acontecimentos formais.

Nesta senda, ocorre a emersão de uma racionalidade distinta e que resta conceituada como "tempo útil". O "tempo útil" é aquele cujo fluxo temporal que se adapta não só aos critérios de razoabilidade ou celeridade, mas, sim, e principalmente, aos resultados efetivos do objeto do processo. Ou seja, um tempo que se molda ao processamento e, também, ao exercício do direito.

---

[1] Advogado Criminal. Professor de Processo Penal da Estácio do Rio Grande do Sul. Doutor em Direito pela Unisinos. Mestre e Especialista em Ciências Criminais pela PUCRS.

Assim, a utilidade temporal processual se revela como real proteção jurídica, já que não objetiva apenas o formalismo da apreciação do direito, todavia, também, sua efetiva aplicabilidade. Se o processo judicial for considerado um instrumento com finalidade não só de estabelecer o direito, mas, também de materializá-lo, seu fundamento temporal deverá estar afeito a lógica que objetive, realmente, o proveito deste direito. Daí, o fundamento do tempo útil, que não se confunde com o tempo razoável ou célere, já que se refere ao pleno exercício do direito e não a simples duração do processamento para seu pronunciamento.

2. A juridicização temporal constitucional

A Constituição Federal de 1988, que, conforme Vasconcellos (1989, p. 9), "foi a mais abundante das constituições brasileiras em indicação de medidas de tempo por prever regras de temporalidade em mais de 40% de seus artigos",[2] preconiza em seu artigo 5º, LXXVIII, a juridicização temporal. Acrescentado pela Emenda Constitucional nº 45/2004, o dispositivo prescreve que a todos, no âmbito judicial e administrativo, são assegurados a razoável duração do processo e os meios que garantam a celeridade de sua tramitação. E, outrossim, acrescentados pela referida emenda, o artigo 93, II, "e" dita que não será promovido o juiz que, injustificadamente, retiver autos em seu poder, além do prazo legal, não podendo devolvê-lo sem pronunciamento, e o inciso XV preceitua que haverá distribuição imediata dos processos, em todos os graus de jurisdição.

Logo, é fácil se depreender que a Constituição Federal brasileira enfrentou a temporalidade do processo ao estabelecer a razoabilidade da duração processual e ao instigar a rapidez do curso do feito, através de meios materiais para isto, que, conforme Moraes (2006, p. 94), são "mecanismos que possibilitam uma maior celeridade na tramitação dos processos".[3]

No âmbito do jurídico, é possível se admitir que o artigo 5º, LXXVIII, se constitua em preceito de direito processual constitucional com dupla atividade, já que impõe o critério analítico da razoabilidade da duração processual, bem como incentiva à mitigação da duração processual. Regramento constitucional que, para Nery Júnior (2009. p. 314), "diz respeito ao tempo do processo em sentido estrito, considerando sua duração do início até o final, e estabelece a adoção de meios alternativos para solução de conflitos, que abreviam a duração média do processo".[4]

Nesta esteira, em sendo a Carta Constitucional considerada moldura para o jurídico inferior, seus critérios estabelecidos deverão, por certo, servir de di-

---

[2] O autor analisa a temporalidade constitucional seja no aspecto concreto, bem como "...as concepções de tempo não quantificadas, através das expressões indeterminadas como periódico, prévio, vigência...". VASCONCELLOS (1989. p. 9).

[3] Porém, Moraes não deixa de apresentar críticas à Emenda Constitucional nº 45/04, por entender que ela "trouxe poucos mecanismos processuais a possibilitar a maior celeridade na tramitação dos processos e redução na morosidade da justiça brasileira.". MORAES (2006. p. 94)

[4] Para o autor, "a prescrição constitucional se relaciona com a carga de trabalho que possui a justiça e que precisa ser aliviada". NERY JÚNIOR (2009. p. 314)

retrizes para a própria produção de novos direitos, influenciando, e agudamente, na compreensão da inteligência do jurídico. E é de se depreender que as recentes mudanças ocorridas no Código de Processo Penal, bem como no Código de Processo Civil, são provas destes reflexos temporais constitucionais.[5]

3. A hermenêutica e a juridicização constitucional temporal

Ocorre que as lógicas instituídas pela "razoável duração do processo" e pelos "meios que garantam a celeridade de sua tramitação" no âmbito constitucional estão vinculadas as mais diversas variáveis, entre as quais se destacam a realidade do ambiente contemporâneo e, mais especificamente, seu ritmo temporal social.

Neste trilhar, a interpretação a ser feita junto ao artigo 5º, LXXVIII, da Carta Política, deve considerar, a temporalidade da presente sociedade, de forma a permitir que o preceito constitucional tenha condições de ser realizado. Ou seja, a atribuição de sentido do texto constitucional deve acompanhar o momento histórico atual, pois o fato e o imaginário de cada um estarão adstritos ao presente mundo vivido.

Por isto que o hermeneuta, para a aplicação do direito, deverá observar os termos constitucionais, para captar o valor irradiado pela norma, no ambiente em que a mesma se realizará, a fim de obter resultados úteis à prática jurídica, e não meramente teóricos. Veja-se que o preceito irradia um regramento que necessita ser edificado por ocasião de sua aplicabilidade. E é por isso que, segundo Grau (2005, p. 73), "o texto normativo não contém imediatamente a norma, e esta é construída, pelo intérprete, no decorrer do processo de concretização do direito".

Com força nesta norma, que só se revela no mundo vivido, a inteligência a ser observada está na mais adequada materialização do preceito junto à realidade da vida. Para Hesse (1991, p. 22) "a interpretação constitucional está submetida ao princípio da ótima concretização da norma".[6] Daí se pode considerar que no âmbito da hermenêutica constitucional, seu objetivo principal não está no encontro com a mera criação cerebrina, mas no aproveitamento da interpretação jurídica ao mundo real. Para Miranda (1998, T. II, p. 260), "a interpretação constitucional está estritamente conexa com a aplicação do direito, não se destinando à mera enunciação abstrata de conceitos, mas à conformidade da vida pela norma".

---

[5] Como exemplos, as Leis nos 11.689/08, 11.690/08, 11.719/08 e 11.900/09, e que alteram o Código de Processo Penal, carregam total intimidade com a busca por uma rapidez procedimental. Já no âmbito civil, as Leis nos 11.232/05 e 11.238/06, direcionadas às execuções de título judicial e extrajudicial, são exemplos da nova racionalidade de eficiência e diminuição de delonga.

[6] Prossegue o autor que a ideia da ótima concretização da norma "não pode ser aplicada com base nos meios fornecidos pela subsunção lógica e pela construção conceitual. Se o direito e, sobretudo, a Constituição, tem a sua eficácia condicionada pelos fatos concretos da vida, não se afigura possível que a interpretação faça deles tabula rasa. Ela há de contemplar essas condicionantes, correlacionando-as com as proposições normativas da Constituição. A interpretação adequada é aquela que consegue concretizar de forma excelente, o sentido (*Sinn*) da proposição normativa dentro das condições reais dominantes numa determinada situação". HESSE (1991. p. 22/23)

Nesta esteira, é fundamental se observar que a sociedade contemporânea carrega uma percepção temporal extremamente distinta das anteriores, já que provoca o sentimento de que o atual tempo é demasiadamente apressado. Ora, se é possível se dizer que a sociedade industrial, ou seja, a sociedade das máquinas, descreve-se pela existência de um tempo rápido, é de se considerar que a sociedade da informação, fundamentada na era da globalização, do computador, então, caracteriza-se por um tempo de alucinada velocidade. Por certo, a simplória distinção aqui tratada, firma-se em aquisições sociais resultantes de hábitos distintos junto às sociedades anteriores, que, conforme o professado por Bobbio (1997, p. 110), são diferenças "sem dúvida alguma, socialmente adquiridas".[7] Por esta razão, servem para a avaliação da sensibilidade temporal junto ao contemporâneo ambiente social, fruto de uma mais evoluída civilização.

Evidentemente, nestas alusões temporais, não se está investindo com a lógica do tempo em sua concepção exposta pela física, ou seja, como algo mecânico e absoluto que permite sua revelação através de uma série idealmente reversível de instantes iguais. No caso em tela, se está jungido ao tempo como uma instituição promovida pela sociedade, cuja temporalização resulta por coordenar a vida individual, através da consciência e de novos padrões de comportamentos.[8]

Logo, é na percepção que considera o acelerado fluxo informativo e a imensa quantidade de dados que a cibernética despeja quase que instantaneamente sobre o indivíduo, é que se admite a emersão de outra sociedade no processamento civilizatório. Para Whitrow (1993, p. 201) "há boas razões para acreditar que neste momento, quando ingressamos na idade do computador, estamos nos estágios iniciais de uma das grandes mudanças irreversíveis na história do homem".[9]

Por evidente, o impacto promovido pela informática estabelece diversas repercussões sociais, entre as quais o sentimento de uma temporalidade social extremamente rápida. Veja-se que a cibernética repercute no mundo contemporâneo, estimulando demasiadamente este imediatismo, tanto que o atual âmbito social, conforme destaca Fonseca (2009, p. 111), resta "possuidor de um

---

[7] Segundo Bobbio o tempo é uma instituição social, razão que cada sociedade terá uma percepção temporal distinta e afeita a sua própria constituição, "ao seu *habitus* social e, por consequência, a personalidade dos homens pertencentes a essa sociedade". E destaca o autor que a concepção temporal resta com maior relevância nas sociedades mais desenvolvidas, já que "a evolução social torna o homem mais dependente do tempo". BOBBIO (1997, p. 110)

[8] A temporalidade social influencia nos comportamentos sociais. Para Chiquetto "a vida social é totalmente comandada pelo relógio". E refere o autor que "não comemos quando temos fome e sim quando o relógio nos ordena comer, dormimos somente quando o relógio nos manda dormir e namoramos quando o relógio permite, e isto não era assim a alguns séculos atrás, quando as pessoas levantavam quando clareava o dia e dormiam quando escurecia". CHIQUETTO (1996. p. 9)

[9] Segundo o autor, "é razoável considerar o computador como um paradigma tecnológico para a ciência, a filosofia e até a arte da geração vindoura, podendo ser comparado a uma das máquinas-chaves para a era tecnológica que se inicia, bem como o relógio". WHITROW (1993. p. 201)

tempo veloz e que cultua o instantâneo".[10] E professa Linhares da Silva (1998, p. 46/47):

> Não vivemos mais o tempo das horas e minutos, como até as primeiras décadas do nosso século, ou uma época que promete um futuro, como propunham as utopias, vivemos uma época do presente, da velocidade, de quebrar recordes, de diminuir o espaço e subordiná-lo ao tempo.

E é nesta atmosfera social que o próprio saber do indivíduo é atingido drasticamente em seu formato de conscientização, pois a rapidez impulsionada pelos atuais mecanismos de informação, além de estabelecer novos formatos comunicativos sociais, cria, também, novos moldes de percepção e assimilação de informações. Professa Baptista (2003, p. 30) que "as novas tecnologias revolucionaram o conhecimento, pois se oportuniza às crianças o explorar e o apreender, antes mesmo de elas se alfabetizarem".[11] Desta forma, é possível se admitir a existência de uma revolução no universo do conhecimento, sendo que para Gauer (1998, p. 21), "todo aprendizado está em choque em função do mundo das instantaneidades".[12]

Assim, o acelerado fluxo temporal social da atualidade, estimulado pela cibernética, não pode passar desapercebido pelo olhar do hermeneuta junto à juridicização constitucional, pois torna-se um elemento essencial para a construção da interpretação temporal.

4. Emersão da teoria dos três critérios para o conhecimento da razoabilidade temporal

Ao preceituar a razoável duração do processo e os meios que garantam sua celeridade, a carta política brasileira, indiscutivelmente, acompanhou os sentimentos da sociedade globalizada e de informação, em especial seu tempo social frenético.

Ademais, na Declaração Universal de Direitos Humanos,[13] governos de Estados Europeus pactuaram em 1959 a chamada Convenção Europeia dos Direitos do Homem, com o objetivo de proteção e liberdade, sendo que em seu o artigo 6º restou estabelecido a garantia do direito à justiça num prazo razoável. Por sua vez, forte nesta atmosfera jurídica, o Tribunal Europeu de Direitos Humanos passou a se pronunciar junto às questões vinculadas aos aspectos tem-

---

[10] Segundo a autora "da sociedade agrícola à sociedade industrial vive-se, hoje, a sociedade da Internet, sendo o tempo reduzido ao instante na sociedade da instantaneidade". FONSECA (2009. p. 95)

[11] A autora refere "que a penetração de mercado que teve a internet em 7 anos, ganhou do telefone (35 anos), da televisão (26 anos) e dos computadores pessoais (16 anos)". BAPTISTA (2003. p. 28)

[12] Gauer professa que "a crise atingiu todas as formas do pensamento contemporâneo e a base do pensamento liberal, que ensinou a viver com incertezas e ambiguidades. Porém, é insuficiente para dar conta da nova velocidade, a qual impõe uma nova concepção de tempo, onde o objeto é analisado no vácuo da experimentação. Uma experimentação que resulta em simulações de previsibilidade, pois os fatos são percebidos com muita clareza e, ao mesmo tempo, com uma ambiguidade que foge à possibilidade de se criar uma linguagem que possa conter todas as classificações e toda a complexidade inerente à mensagem." Por isso que para a autora é necessário um pensar diferente "para lidar com esse novo tempo", "um pensar no fugaz, na plasticidade". GAUER (1998. p. 23/24)

[13] Declaração esta adotada pela assembleia das Organizações das Nações Unidas, na Resolução nº 217 A, de dezembro de 1948.

porais dos processamentos, mais especificamente às delongas processuais, a ponto de criar diretrizes objetivas para este reconhecimento judicial. Conforme Gomes (2007, p. 90), o *case* Wemhoff se revelou como o primeiro julgamento do Tribunal Europeu de Direitos Humanos que avaliou a duração indevida e "reconheceu critérios para a valoração da razoabilidade temporal.[14]

Ensina Gomes (2007, p.90/91) que "o Tribunal Europeu de Direitos Humanos, ao julgar o pedido de violação ao prazo razoável", decidiu convencionar a chamada doutrina "dos sete critérios" para avaliar "a razoabilidade temporal de uma prisão cautelar". Desta forma, a natureza do delito, a provável pena a ser aplicada, os efeitos pessoais que o imputado sofreu, tanto de ordem material como moral, seu comportamento com relação à demora, bem como as dificuldades para a investigação do caso e a maneira com a qual foi conduzida a investigação, além da conduta das autoridades judiciais, surgiram como elementos para o aquilatamento da adequação temporal.

Porém, em posterior julgamento, desta feita em um processamento judicial trabalhista, o Tribunal Europeu de Direitos Humanos reformou seu entendimento passando a adotar apenas três critérios para avaliar a razoabilidade temporal. Conforme professa Pastor (2002, p.139), "no caso Buchholz a corte decidiu pela doutrina dos três critérios", qual seja: a complexidade do caso, a atividade processual do interessado e a conduta das autoridades judiciárias.[15]

E assim firmou-se a teoria dos três critérios, destacando que a natureza do caso, bem como o comportamento do sujeito parcial e das autoridades, seriam os elementos estruturais essenciais para a equação sobre a adequação temporal e, consequentemente, constatar o excesso temporal.[16]

É de se considerar que o Tribunal Europeu de Direitos Humanos sempre agiu com parcimônia ao ditar pronunciamentos sobre limites concretos da temporalidade, de forma a evitar precedentes que firmassem marcos temporais paradigmáticos e que engessassem outras interpretações junto ao ambiente processual. Porém, a corte europeia não economizou argumentos para manter a lógica de que somente haveria procrastinação processual, ou seja, possibilidade de se falar em delonga do processo, quando ocorresse culpa do Estado. Desta forma, a demora do feito não poderia ser atribuída às partes processuais. E é por esta razão que ensina Alves (2006, p.87) que "só as delongas imputáveis ao Estado poderiam levar a constatar a ultrapassagem do prazo razoável".[17]

---

[14] Refere o autor que "Wemhoff, preso desde 9.11.1961", de nacionalidade alemã, "foi processado penalmente na Alemanha por crime de fraude bancária", em feito extremamente complexo cujo "julgamento ocorreu somente em 27.06.68". GOMES (2007. p. 90)

[15] O caso Buchholz tratou-se de um julgamento na Alemanha em que o reclamante, despedido de uma empresa, "instaurou demanda que levou quatro anos e nove meses até a decisão definitiva". PASTOR (2002. p. 139)

[16] No caso Foty, processamento que girava "em torno de uma acusação de rebelião popular ocorrida na Itália", o Tribunal Europeu de Direitos Humanos, outrossim, "reconheceu a delonga processual, apoiando-se na exteriorizada doutrina dos três critérios para avaliação da razoabilidade temporal". PASTOR (2002. p. 155)

[17] O autor ainda destaca que não é cabível que o requerente insista em seu direito de petição e por isso venha a ser responsabilizado junto à duração processual. Por esta razão "não se pode censurar a parte por fazer uso dos diversos recursos que lhe concede o direito interno". ALVES (2006. p. 87)

Giza-se que a doutrina dos três critérios impressa pelo Tribunal Europeu oportunizou diretrizes que restaram aproveitadas por diversas jurisdições, em suas interpretações sobre a duração processual. E basta ver julgados do Tribunal de Justiça do Estado do Rio Grande do Sul (n⁰ˢ 70041664467 e 70041185208), que avaliam a razoabilidade da duração do processo através da complexidade do feito, do comportamento da parte e da diligência da autoridade judiciária, para se reconhecer a aguda repercussão promovida pela corte europeia.

5. Crítica ao princípio da razoabilidade (artigo 5°, LXXVIII, da Constituição Federal)

Se a "razoabilidade" trazida pelo aludido texto constitucional for encarada como um critério de difícil compreensão no ambiente da unanimidade, em razão de se constituir em termo jurídico abstrato, é possível a emersão de destacada censura contra este princípio.

Veja-se que o termo vago, comum no mundo dos fenômenos, apresenta uma imprecisão que depende de uma determinação a *posteriori*. Ou seja, sua carência de limitação obriga que sejam encontrados outros elementos para permitir sua compreensão. Logo, o universo de opções existentes no âmbito da associação subjetiva permite o surgimento de uma quantidade infinita de distintas avaliações de sentido e que resultam na grande dificuldade de compreensão consensual.[18]

E se ainda considerarmos a existência de uma sociedade aberta, com diversos intérpretes constitucionais, maior será a dificuldade de adesão junto a uma singular associação.[19]

Nesta esteira, é incontroverso que no mundo de hoje a "razoabilidade" permita inumerável quantidade de entendimentos distintos capazes de assentarem as mais diversas conclusões. Conforme Lima (1999, p. 284) "o razoável não nos remete a uma solução única, mas a uma gama de soluções possíveis".

E, não sendo viável a obtenção de uma única conclusão para a "razoabilidade", abre-se, então, oportunidade para o risco de emersão da perversa

---

[18] E sobre a linguagem, segue Warat no sentido de que "os critérios mediante os quais se pretende explicar o significado dos termos gerais da linguagem natural não permitem decidir, na totalidade dos casos, os limites precisos para sua denotação" e "existe a necessidade de os usuários decidirem pragmaticamente se incluem ou não determinadas situações, objetos ou subclasses de termos dentro da conotação". WARAT (1984, p. 76)

[19] Häberle professa que a interpretação constitucional não pode ser um privilégio somente das forças armadas (poder militar), dos latifundiários, da grande indústria e do grande capital (poder social) ou da consciência e cultura gerais (poder intelectual). Em "um Estado Democrático de Direito, todos os que vivem a constituição são intérpretes dela". Segundo o autor "a legitimação fundamental das forças pluralistas da sociedade para participar da interpretação constitucional reside no fato de que essas forças representam um pedaço da publicidade e da realidade da Constituição". E o "Povo não é apenas um referencial quantitativo que se manifesta no dia da eleição e que, enquanto tal, confere legitimidade democrática ao processo de decisão. Povo é também um elemento pluralista para a interpretação que se faz presente de forma legitimadora no processo constitucional: como partido político, como opinião científica, como grupo de interesse, como cidadão. A sua competência objetiva para a interpretação constitucional é um direito da cidadania. Dessa forma, os Direitos Fundamentais são parte da base da legitimação democrática para a interpretação aberta tanto no que se refere ao resultado, quanto no que diz respeito ao círculo de participantes. Na democracia liberal, o cidadão é intérprete da Constituição". HÄBERLE (2002. p. 13)

arbitrariedade junto ao decisório. Veja-se que a decisão está relacionada com processos deliberativos, os quais, segundo Ferraz Jr. (2007, p.325) "constituem estados psicológicos de suspensão do juízo diante de opções possíveis". Assim, em sendo a "razoabilidade" uma ideia que não se perfaz de forma consensual, o juízo injusto, instigado por seus caprichos, poderia materializar seus abusos, bastando revesti-los, tão somente, com argumentos aceitos pela comunidade jurídica.

De outra banda, em uma comparação do tempo com prazos definidos, é possível se criticar, também, a figura da "razoabilidade temporal processual", argumentando que se de um lado existem leis que firmam prazos objetivos para atos processuais, os quais restam prescritos em dias, meses, anos, entre outros, não há razão para se deixar de estabelecer, outrossim, prazos objetivos para a duração da integralidade do processo.

Evidentemente, o estabelecimento de um tempo predeterminado oferta confiança à resolução da duração do processo, bem como estimula ao dinamismo e otimização do cursivo instrutório. E é difícil se crer em outros motivos principais, que não a segurança jurídica e a celeridade, para o estabelecimento de um tempo processual palpável e definitivo. Tanto que ensina Tucci (1997, p. 30) que "a marcação de prazos não foi apenas o resultado de uma conveniência, mas sim o efeito da necessidade de harmonizar, entre outros, a segurança e a rapidez". E espancam a questão, as palavras de Pastor (2002. p. 60):

> Se de forma inteligente não se confia no juiz a fim de delegar a ele o estabelecimento das condutas puníveis, nem o tipo de pena a ser aplicada, nem o marco de extensão temporal da sanção, nem as regras de procedimento para aplicar, então não existe qualquer motivo para confiar ao juiz a interpretação do que seja o prazo razoável de duração dos processos.

Logo, é inegável que a efervescente crítica contra a "razoável duração do processo" encontra forte eco na justificação que reconhece como possível um tempo processual fixado em lei.

6. Crítica ao princípio da celeridade
(artigo 5º, LXXVIII, da Constituição Federal)

E a inconformidade avança quanto ao enfoque da rapidez processual, se for admitido risco aos direitos fundamentais e garantias. Ora, se o processo acelerado resultar em preterir princípios constitucionais do Estado Democrático de Direito, entre os quais se destacam a ampla defesa e o contraditório, a celeridade passa a ser controvertida. Veja-se que a realização de tais princípios leva ao retardamento temporal processual, pois as diversas oportunidades que estes critérios instauram no cursivo instrutório resultam por estender demasiadamente a duração processual.[20]

Por outro prisma, a rapidez processual dificulta, quando não se revela como um real obstáculo, a necessária produção de provas no feito. Ademais,

---

[20] Inclusive, nos processos inquisitórios, compromissados com a rapidez, sempre houve cristalino desprezo com a justa instrução. Para Eymerich "o grande número de testemunhas é a primeira causa da demora inútil do processo inquisitorial e do atraso na proclamação da sentença". EYMERICH(1993. p. 136)

a imperiosidade de se retratar o passado se dá através de um movimento de esclarecimento o qual não obedece a uma temporalidade acelerada, senão ao próprio tempo necessário à sua natureza. Outrossim, é de se destacar, que o cursivo probatório resulta, muitas vezes, em um procedimento específico de criação de prova esclarecedora, não se reduzindo a uma simples coleta de demonstrações do passado. Nestes casos, a fase de construção, também necessita de um tempo exclusivo e que não pode ser acelerado.

Veja-se, ainda, que o juízo para a devida aplicação do direito necessita de uma adequada reflexão, que por sua vez exige um tempo próprio para poder, ao fim, com domínio integral sobre o fato e o direito, oportunizar a decisão. Segundo Dinamarco (2003, p.236), a atividade do juiz trata-se de "uma função reveladora, semelhante à de um técnico fotográfico que, com banhos químicos, provoca o surgimento de uma imagem, a qual estava presente, mas não era visível". Ora, se o pronunciamento do juiz deriva de um tempo de conhecer e refletir, este tempo de pensar deve ser observado conforme sua natureza e com total tolerância. Aliás, esta disposição de esperar, deve ser uma constante no processo, tanto que para Giorgis (2002, p.7) "a paciência deve ser uma das virtudes necessárias aos juízes e partes, pois o processo é longo, eis que não se pode fazer tudo de uma única vez, tal como o camponês que aguarda a colheita".

Outrossim, é possível se admitir que o delongado decurso temporal traga efeitos positivos para o ambiente social, ao mitigar a aguda disposição das partes na contenda e atenuar as demasiadas inconformidades. Destaca Ost (2005. p. 345) que:

> O objetivo de muitas regras jurídicas é o de retardar a tomada de decisão, ora para permitir a todos os pontos de vista que exprimam e às paixões se esfriem, ora para proteger os terceiros (dos quais, por exemplo, o patrimônio não poderá tornar-se objeto de apreensões imediatas), ora o interessado ele mesmo (diversas regras instaurando prazos de reflexão).

Nesta senda, a celeridade não carrega o sinônimo de justeza e pode, até, ser traduzida como efetiva injustiça quando provoca atropelos. Conforme professa Tornaghi (1974, p. 387) "deve-se ter cuidado com a ligeireza processual, de forma que ela não se converta em leviandade". Para Canotilho (2003, p.499) "a aceleração da proteção jurídica pode conduzir a uma justiça pronta e materialmente injusta" e refere Tucci (1997, p. 27) que "a expressão da justiça rápida e segura se contradiz, pois a justiça segura não é rápida e a rápida não é segura".

Desta forma, se de um lado a morosidade pode ser visualizada como malefício junto à processualística judicial, por certo, de outro lado, não se poderá crer que a celeridade seja um benefício.

7. Alternativa à razoabilidade e à celeridade temporal processual: o tempo útil

Se as perífrases "razoável duração do processo" e "garantia de celeridade" permitem críticas em face da subjetividade, da arbitrariedade, da contradição, entre outras, talvez o ingresso de um distinto critério jurídico, jungido à questão da utilidade temporal no âmbito do processo, seja opção menos vulnerável às controvérsias da interpretação da juridicização temporal.

Veja-se que o acesso à justiça, afastado da tipologia tradicional como mera comunicação aos tribunais, ou simples ingresso ao judiciário, firma-se, também, no âmbito da efetividade das decisões judiciais. Ou seja, o direito de acesso à justiça é algo de maior abrangência que, também, se revela na obrigação de uma prestação jurisdicional promovida em tempo hábil, capaz de permitir a garantia do aproveitamento do correto direito pretendido. Por essa razão, Motta Filho e Barchet (2007, p. 257) destacam que "a resposta do Estado, que se pretende democrático, deve ser eficaz".

O processo justo temporâneo não será outro que não tenha, em seu decisório, uma produção de resultados efetivos. E, nesta esteira, o tempo processual deverá ser útil, de forma a permitir o efetivo proveito do direito pretendido. Refere Junoy (1997, p.120) que "o direito a um processo sem dilações indevidas comporta que o processo se desenvolva em condições de normalidade, dentro de um tempo requerido para que os interesses litigiosos possam receber pronta satisfação". E segue Fonseca (2009, p.336) no sentido de que "a duração justa deve pressupor a efetividade do processo, inclusive na perspectiva do resultado final do processo".[21]

Por este motivo, firma-se a ideia de um tempo útil processual. Uma temporalidade que reste jungida ao processo e a materialidade da decisão judicial, ou seja, a efetivação do direito postulado. Por certo, com esta concepção, o processo deixará de ser visualizado como algo meramente técnico e formal para assumir a imagem de instrumento de realização do direito. Segundo Abreu (2008, p.124) "Não basta ao Estado assegurar direitos, é mister também que apresente instrumentos para o efetivo exercício de suas garantias".[22] Nesta senda, o processo que realmente esteja comprometido com a satisfação do direito, ou seja, em fazer valer a aplicação do jurídico, carregará, também, a natureza material em sua concepção e não somente a solitária característica formal.

8. O tempo útil jungido à efetividade do direito pretendido

Daí que o tempo útil há de ser entendido como o tempo necessário para o efetivo exercício do direito. Se o processo judicial passa a ser um instrumento cuja finalidade não é apenas estabelecer o direito, mas, outrossim, concretizá-lo,

---

[21] A autora não perde de vista os casos de urgência jurídica, em que a superficialidade e a provisoriedade nos pronunciamentos da justiça são necessárias. E não poderia ser diferente, pois é no urgente que a formatação do conhecimento e o âmbito probatório restam reduzidos de forma proporcional a necessidade temporal. E as liminares *inaudita altera parte* são exemplos disto. A autora examina a *Glaubhaftmachung*, procedimento alemão que se revela como uma modalidade especial de demonstração de fatos, em que existe "uma redução da intensidade da prova". Ora, se é exigido do juiz, para emitir sua decisão, que esteja convencido de que os fatos alegados são verdadeiros, nos termos da *Glaubhaftmachung* ele, apenas, necessita de um juízo de menor intensidade quanto a existência dos mesmos, uma probabilidade. FONSECA (2009. p. 696/697)

[22] A lógica de que são necessários instrumentos para garantir o direito e, outrossim, efetivá-los está presente na obra da autora, para quem o comprometimento com a execução do direito deve existir e "a efetividade" estar "acessível a todos". ABREU (2008. p. 124)

seu critério temporal deverá estar afeito à lógica que objetive, também, esta finalidade de materialização. Nesta esteira, a utilidade temporal se vincula a realização do direito e não somente ao processamento de sua produção.

Com esta concepção de utilidade temporal, torna-se cristalino que não se está em face de uma racionalidade temporal quantitativa, firmada nos mais variáveis elementos e produtos de equações axiológicas atinentes ao início, duração e fim do processo. O tempo útil se ressumbra na temporalidade qualitativa, ou seja, na efetivação do direito.

Logo, o tempo útil não pode ser confundido com o tempo razoável ou célere, pois sua natureza se relaciona com a materialidade da decisão. E só haverá utilidade temporal quando for permitido o exercício pleno do direito e não somente sua declaração em tempo "razoável" e "célere". Ora, de nada adianta a existência de um processamento com comprovada razoabilidade temporal ou celeridade, se sua duração não permitiu a efetividade do direito pretendido.

Se a "razoável duração do processo" e "os meios que garantam sua celeridade", por sua natureza formal, buscam firmar uma justiça processual, o tempo útil se distingue ao agregar uma clara pertinência com a materialidade do direito. Nesta linha, a utilidade temporal ficará indiferente às doutrinas e equações tradicionalmente apresentadas, entre as quais os padrões cunhados pelo Tribunal Europeu de Direitos Humanos como complexidade do caso, atividade processual do interessado e conduta das autoridades judiciárias. E não poderia ser diferente, pois estes critérios só interessam ao ambiente da razoabilidade e da celeridade e não ao ambiente da concretização do direito. Veja-se que o tempo útil está vinculado a realização do direito e se o processamento existente não permite isto, o mesmo revelar-se-á como extemporâneo. Ora, basta se pensar em um processamento que tenha sido concluído sem qualquer delonga para se depreender que isto não assegura o pleno exercício do direito postulado.

Por todas essas, e outras razões, é que a lógica estabelecida com o tempo útil, na restrita conceituação de temporalidade que realmente tenha serventia à materialidade do direito, assume tão interessante destaque ao lado dos critérios da razoabilidade temporal e celeridade.

9. Conclusões

Na esteira do que foi exposto, é possível se encontrar críticas à "razoável duração do processo" e a "celeridade processual", mesmo no ambiente do mundo atual e caracterizado pela alucinada rapidez.

A alternativa de um tempo processual útil, compromissado com a produção de resultados que permita a efetivação do direito, razão de uma natureza, outrossim, material, é possibilidade viável já que admite a construção de outra racionalidade jurídica ao âmbito da interpretação da temporalidade processual.

Distante da razoabilidade temporal e da aceleração processual, o tempo útil se revela como uma temporalidade que garante não só a proclamação do direito, mas seu exercício em tempo proveitoso. Daí a possibilidade de se ilustrar a utilidade temporal como nova alternativa para a hermenêutica jurídica, que realmente esteja atenta à concretização de direitos.

10. Referências

ABREU, Gabrielle C. M. 2008. A duração razoável do processo como elemento constitutivo do acesso à justiça. *Novas perspectivas após a emenda constitucional* nº45 de dezembro de 2004. Florianópolis: Conceito Editorial, 154 p.

ALVES, Jorge de Jesus Ferreira. 2006. *Morosidade da Justiça*. Como podem ser indenizados os injustiçados por causa da lentidão dos Tribunais à luz da Convenção Europeia dos Direitos do Homem e da Legislação Nacional. Porto: Legis Editora, 167 p.

BAPTISTA, P. 2003. Adopción de nuevas tecnologias: por qué las escuelas han sido adotantes tardías? *In:* COLLADO, C. F. (Coord.) *La comunicación humana en el mundo contemporâeo*. México: Carlos Fernández Collado, p. 25-35.

BOBBIO, Norberto. 1997. *O tempo da memória*. Rio de Janeiro: Campus, 165 p.

CANOTILHO, José Joaquim Gomes. 2003. *Direito constitucional e teoria da constituição*. Coimbra: Almedina, 1522 p.

CONSULTA PROCESSUAL do TJRS. Disponível em http://www.tjrs.jus.br/busca/?tb=proc., acessado em 24.02.2014.

CHIQUETTO, Marcos. 1996. *Breve história da medida do tempo*. São Paulo: Scipione, 398 p.

DINAMARCO, Cândido Rangel. 2003. *A instrumentalidade do processo*. 11. ed. São Paulo: Malheiros, 654 p.

EYMERICH, Nicolau. 1993. *Manual dos Inquisidores*. *Comentários de Francisco Peña*. Tradução de Maria José Lopes da Silva. Rio de Janeiro: Rosa dos Tempos, 253 p.

FERRAZ JR., Tercio Sampaio. 2007. *Introdução ao Estudo do Direito. Técnica, Decisão, Dominação*. São Paulo: Editora Atlas, 385 p.

FONSECA, I. C. M. 2009. Processo temporalmente justo e urgência. Contribuindo para a autonomização da categoria da tutela jurisdicional de urgência na justiça administrativa. Coimbra: Coimbra, 1120 p.

GAUER, R. M. C.. 1998. Falar em tempo, viver o tempo! *In:* GAUER, R. M. C. (Coord.). *Tempo/história*. Porto Alegre: EDIPUCRS, p.17-30.

GIORGIS, José Carlos Teixeira. 2002. *Prazos no processo penal*. Rio de Janeiro: AIDE Editora, 249 p.

GOMES, Décio Alonso. 2007. *Aceleração processual*. Rio de Janeiro: Lumen Juris, 2007, 90 p.

GRAU, Eros. 2005. *Ensaio e discurso sobre a interpretação/aplicação do direito*. São Paulo: Malheiros, 155 p.

HÄBERLE, Peter. 2002. Hermenêutica constitucional, a sociedade aberta dos intérpretes da Constituição: contribuição para a interpretação pluralista e "procedimental" da Constituição. Porto Alegre: Sergio Antonio Fabris, 85 p.

HESSE, Konrad. 1991. *A força normativa da constituição*. Porto Alegre: Sergio Antonio Fabris Editor, 123 p.

JUNOY, Juan Picó I. 1997. *Las garantias constitucionales del proceso*. Barcelona: Jose Maria Bosch, 180 p.

LIMA, Maria Rosynete Oliveira. 1999. *Devido processo legal*. Porto Alegre: Sergio Antonio Fabris, 304 p.

MELO, João Paulo dos Santos. 2010. *Duração razoável do processo*. Porto Alegre: Sergio Antonio Fabris, 224 p.

MIRANDA, Jorge. 1998. *Manual de Direito Constitucional*. Coimbra: Coimbra, 480 p.

MORAES, Alexandre de. 2006. *Direito Constitucional*. São Paulo, Atlas, 948 p.

MOTTA FILHO, Sylvio Clemente; BARCHET, Gustavo. 2007. *Curso de Direito Constitucional*. Rio de Janeiro: Elsevier, 376 p.

NERY JÚNIOR, Nelson. 2009. *Princípios do processo na Constituição Federal*: processo civil, penal e administrativo. São Paulo: Revista dos Tribunais, 570 p.

OST, François. 2005. *O tempo do Direito*. Bauru: Edusc, 409 p.

PASTOR, Daniel. R. 2002. *El plazo razonable en el proceso del estado de derecho*. Buenos Aires: Ad Hoc, 175 p.

RIO GRANDE DO SUL. Habeas Corpus n 70041664467. Relator: Odone Sanguiné. Porto Alegre, 28 de abril de 2011. Disponível em: <http://www.tjrs.jus.br> Acesso em: 27/2/2014.

——. Habeas Corpus n 70041185208. Relator: Odone Sanguiné. Porto Alegre, 17 de março de 2011. Disponível em: <http://www.tjrs.jus.br> Acesso em: 27/2/2014.

SILVA, Mozart Linhares da. 1998. A velocidade e as novas tecnologias na educação contemporânea. *In:* GAUER, Ruth Maria Chittó (Coord.). *Tempo/história*. Porto Alegre: EDIPUCRS. p.41 e 56.

TORNAGHI, Hélio. 1974. *Comentários ao Código de Processo Civil*. São Paulo: Revista dos Tribunais, v. 1. 365 p.

TUCCI, J. R. C. 1997. *Tempo e processo:* uma análise empírica das repercussões do tempo na fenomenologia processual (civil e penal). São Paulo: Revista dos Tribunais, 183 p.

VASCONCELLOS, Raymundo da Silva. 1989. *O tempo na Constituição da República Federativa do Brasil de 5 de outubro de 1988.* Porto Alegre: Sergio Antonio Fabris, 103 p.

WARAT, Luis Alberto. 1984. *O Direito e sua linguagem.* Porto Alegre: Sergio Antonio Fabris, 120 p.

WHITROW, G. J. 1993. *O tempo na história.* Concepções de tempo da pré-história aos nossos dias. Traduzido por Maria Luiza X. de A. Borges. Rio de Janeiro: Jorge Zahar, 242 p.

— 12 —

O panpenalismo e a realidade do cárcere: (im)possível pensar o abolicionismo?

MARÇAL LUIS RIBEIRO CARVALHO[1]

SUMÁRIO: 1. Considerações iniciais; 2. Panpenalismo na sociedade complexa: (re)discutindo os fins da pena de prisão?; 3. Pós-modernidade: da crise paradigmática às influências da nova racionalidade cientifica sobre o sistema penal autofágico aniquilador de diferenças; 4. Conclusão: proposta abolicionista como utopia orientadora; 5. Referências.

> *Quando isso acontece, é difícil para eles desviar*
> *os olhos – teriam de olhar, cheios de preocupação, medo e tremor*
> *para as montanhas, e se horrorizar com essa visão. Eles abominariam a feiúra*
> *delas e as detestariam por macularem a paisagem – por serem fétidas, insossas,*
> *ofensivas e revoltantes, por abrigarem perigos conhecidos e outros diferentes*
> *de tudo que conhecerem antes, por serem depósitos de obstáculos*
> *visíveis e de outros nem mesmo imagináveis.*
> (Bauman)

1. Considerações iniciais

O presente ensaio gira em torno do fenômeno denominado *panpenalismo*[2] e os efeitos desta lógica sobre a realidade do cárcere, inserida num contexto político-criminal pós-moderno.[3]

---

[1] Advogado criminalista. Professor de Direito Penal da Estácio do Rio Grande do Sul. Mestre e Especialista em Ciências Criminais pelas PUCRS.

[2] De acordo com Marcelo D'angelo Lara, Panpenalismo é A ideia de panpenalismo deriva da análise das tendências observadas na aplicação do direito penal, sobretudo no que tange a abrangência e o rigor de normas incriminadoras em determinado ordenamento jurídico. Atualmente, é apresentada pela doutrina como uma opinião crítica à proliferação de normas penais, não raramente conjugadas a interesses políticos que se traduzem na forma de políticas de segurança pública. (Revista da Faculdade de Direito –UFPR – nº 53, 2011. p. 83.

[3] David Garland com relação ao termo "pós-modernidade", sugere que "[...] as mudanças em larga escala na segunda metade do Século XX têm sido objeto de muito debate e reflexão sociológicos. Para alguns analistas, estas mudanças indicam a chegada da pós-modernidade e de uma forma de organização social e de consciência bem distintas daquelas da modernidade. Outros desejosos de marcar a singularidade do mundo que estas mudanças criaram, mas também de reconhecer sua continuidade com o anterior, fala de "modernidade tardia", "alta modernidade" ou "modernidade reflexiva", termos como "novos tempos", "pós-fordismo" "pós-previdencialismo" e "neoliberalismo" identificam igualmente as peculiaridades do presente, porém o primeiro é por demais vago, enquanto os demais são muito específicos. Diante disso, o termo preferido pelo

A crise da pena de prisão (se é que podemos falar na crise de um instituto nascido fadado ao definhamento), bem como o perecimento gradual do sistema penal, leva o encarceramento a atuar mais como fator criminógeno; eis que a prisão em vez de frear a delinquência parece estimulá-la, convertendo-se em um instrumento que oportuniza toda espécie de desumanidades,[4] fazendo com que seus *"clientes"* sejam incluídos no sistema através da exclusão onde uma vez cumprida a pena, solta-o, pior do que estava quando entrou. Solto mas estigmatizado, volta às malhas do sistema para mantê-lo vivo, pois o sistema penal precisa deste alimento para existir.[5]

Evidencia-se desta forma que as praticas punitivas, patrocinadas pelo panpenalismo pautado por políticas criminais maximalistas de exceção, materializadas nas relações de poder a partir de uma premissa de docilização do sujeito através da disciplina trazidas por Foucault (Vigiar em Punir) são em muito, parecidas com as quais no contexto atual são adotadas no sistema prisional brasileiro, no qual os estabelecimentos prisionais, constituem-se em verdadeiras panelas de pressão em ponto altíssimo de ebulição prontas à explodir, que verifica-se o retorno sistemático aos suplícios do medievo.

Tal perspectiva, nos leva inevitavelmente a enfrentar, discutir ou ao menos propor a discussão acerca dos abolicionismos penais, enquanto "utopia orientadora", nas palavras de Amilton Bueno de Carvalho.

2. Panpenalismo na sociedade complexa: (Re)discutindo os fins da pena de prisão?

O panpenalismo, muito embora não se constitua uma corrente doutrinária in natura, está intimamente ligada á princípios de direito penal mínimo, onde a atuação estatal no que tange a aplicação do direito penal assume caráter de *ultima ratio* apresentando visão critica em contraposição à corrente maximalista. "Uma reação crítica ao desrespeito a corrente doutrinária dominante em nossa sistemática penal, representada pelo minimalismo penal".[6]

> Essa tendência que, em virtude de seu caráter opositor, se convenciona chamar de maximalismo penal, reflete modelos político-criminais que visam reprimir comportamentos atentatórios a moral social através da proliferação de normas heterotópicas que contém elementos penais. Essas políticas, em regra, têm como objetivo combater situações de caráter emergencial ou apaziguar sentimentos disseminados no seio social, muitas vezes derivados da falibilidade do próprio Estado em promover os direitos sociais, notadamente a segurança pública.

O fenômeno da hipertrofia dos abusos cometidos em nome da segurança pública e de uma justiça de ocasião, que violenta como nunca a dignidade hu-

---

autor e adotado no presente trabalho , é "pós-modernidade do século XX" – "que denota uma fase histórica do processo de modernização sem assumir que estejamos chegando ao fim, ou mesmo ao ápice , de uma dinâmica centenária, que não dá nenhum sinal de que irá acabar." (GARLAND, *Cultura do Controle: Crime e Ordem Social na Sociedade Contemporânea*. Tradução: André Nascimento. Rio de Janeiro: Revan, 2008. p.184.)

[4] BITENCOURT, Cesar. *A Falência da Pena de Prisão*: Causas e alternativas, São Paulo: Saraiva. 1993, p. 145.

[5] LOPES JR, Aury. *Introdução Crítica ao Processo Penal* (Fundamentos da Instrumentalidade Constitucional). 4ª ed. Rio de Janeiro: Lumen Juris, 2006.

[6] De acordo com LARA. Marcelo D'angelo, *Revista da Faculdade de Direito – UFPR*. nº 53. 2011. p. 83.

mana, "a ponto desta violência vir a se constituir não em um elemento a mais na composição grandiosa da contemporaneidade, mas na forma pela qual os fatos decisivos são abordáveis",[7] bem como a preponderância de um estado de exceção "velado", policialesco, propagador de misérias e aniquilador de diferenças, que age na constância do Estado Democrático de Direito, possui como pano de fundo a pós-modernidade.

É nesse contexto em que a sociedade plural se constitui em meio ao processo de expansão do capitalismo, que busca cada vez mais riquezas "sem deter-se diante de nenhum obstáculo, seja ético, seja físico".[8]

O sistema penal está em crise, o que atinge as diferentes facetas da realidade social. "A atividade do sistema penal não corresponde aos enunciados punitivos formais, e a estrutura de garantias, que sedimenta a racionalização do Estado de Direito (...) encontra-se fragilizada por um discurso crescentemente vindicativo",[9] ao passo que se verifica um crescimento vertiginoso na criminalidade nos grandes centros urbanos.

E, por consequência desses fatores, a tensão social autoriza violências abertamente aceitas pela sociedade, retroalimentando o imaginário social, com o espetáculo do medo e da insegurança, patrocinado pelos veículos midiáticos. O risco social parece estar disseminado por toda a parte, "transbordando os limites do controle racionalizado pela modernidade e acentuando os níveis de ansiedade da tensa rede de relações sociais"[10] sempre atormentada pela gama de novos riscos corolário das drásticas transformações que é acometida a humanidade no período pós-moderno, no seio da sociedade complexa.[11]

O impacto da pós-modernidade sobre a criminalidade também teve desdobramentos práticos e imediatos para as instituições de controle do crime bem como para a justiça criminal. "A ampliação dos veículos de informação de massa, a universalização de exigências democráticas e políticas de sociedade de massa sedimentaram novas leis e formas de escrutínio, relacionada às autoridades da justiça criminal".[12]

Jock Young, em "A sociedade excludente", livro em que desenvolve uma análise criminológica das mudanças advindas da pós-modernidade (ou modernidade recente como prefere chamar), acerta ao dizer que tais mudanças não são apenas um produto intelectual, talvez o contrário:

---

[7] SOUZA, Ricardo Timm de. *Responsabilidade Social*: uma introdução à ética política para o Brasil do século XXI. Porto Alegre: Evangraf, .2003, p. 30.

[8] ZAFFARONI, Eugenio Raúl; *O inimigo no direito penal*. tradução de Sergio Lamarão – Rio de Janeiro: Revan, 2ª ed., 2007. p.15.

[9] FAYET JÚNIOR, Ney; MARINHO JÚNIOR, Inezil Pena. Complexidade, Insegurança e Globalização: Repercussões no Sistema Penal Contemporâneo. In: FAYET JÚNIOR, Ney; MACHADO MAYA, André. (Orgs.) *Ciências Penais e Sociedade Complexa II*. Porto Alegre: Nuria Fabris, 2009, p. 294.

[10] Ibidem, p. 295

[11] Nas palavras de Ney FAYET JÚNIOR, a sociedade complexa encontra-se no presente que "é uma temporalidade confusa, complexa, conturbada pela sensação de aceleração que se imprime na dinâmica social, implicando o fim das certezas". Tem-se a ideia de sociedade do risco. Este nova realidade assim denominada por BECK "propicia o aparecimento de novas demandas sociais, em face do sentimento generalizado de insegurança que abarca a sociedade, decorrente do surgimento de „novos riscos" Ibidem, p. 295 -296.

[12] GARLAND. David, Op. cit., p. 206.

INQUIETAÇÕES SOBRE DIREITOS FUNDAMENTAIS

Mudanças reais ocorreram no mundo tanto na quantidade como na qualidade do crime, e isto deu forma ao discurso publico sobre a criminalidade, seja nos meios de comunicação de massa, na ficção ou na porta de casa. Esta transformação não se limita, tampouco, claro à criminalidade ou à criminologia; é parte de um movimento mais amplo de transição para a modernidade recente, que tem ressonâncias em todas as esferas da vida, seja cultural, arquitetônica, sexual, biográfica ou econômica. (...) O crime se deslocou do raro, do anormal, da infração do marginal, para uma parte recorrente da textura da vida cotidiana: ele ocupa a família, coração da sociedade liberal democrática, e estende o sentimento de ansiedade a todas as áreas da cidade. Ele se revela nos mais altos escalões da nossa economia e da nossa política, bem como nos impasses urbanos da subclasse. Às vezes parece tão frequente nas agências montadas para controlá-lo quanto na própria fraternidade criminosa.[13]

Assim, a tendência atual de criminalizar casos que não se adequam à norma, e o papel desempenhado pela criminalização para compensar os desconfortos da "vida em movimento" torna ainda mais odiosa e repulsiva a imagem da realidade da vida alternativa, a vida da imobilidade.

Desta forma, o estado, através da produção desenfreada de tipos penais inócuos, cuja finalidade não passa de uma tentativa desesperada de legitimação das técnicas punitivas vindicativas frente aos anseios de segurança da sociedade, lança mão da sua mais cruel faceta: a pena de prisão.

A finalidade precípua da pena de prisão bem como a preocupante realidade do cárcere tem ocupado lugar de destaque na pauta de discussões jurídicas da atualidade. Isso nada mais é do que o corolário do aumento indiscriminado da taxa de crimes. Isso sem falar nas condições subumanas dos presídios superlotados. Ou seja, se encarcera mais, em nome das teorias repressivistas de ocasião que, inócuas, tentam desesperadamente às custas de uma política do medo, barrar a subida vertiginosa da cifra desviante que não para de crescer em nossa sociedade, acumulando assim um contingente quase que incontável de indivíduos prontos para serem descartados, como se lixo fossem.

O crescente número de sangrentas rebeliões que ocorrem em todo o território nacional, incluindo casos emblemáticos como o caso Urso Branco, que ocorreu entre 2002 e 2006, Pedrinhas na Bahia, em 2013, dentre muitos, que ocorreram na busca desesperada de condições mínimas de sobrevivência, os presos que lá estavam, realizaram um verdadeiro espetáculo de morte, suplício e crueldade, arrancando cabeças, esquartejando corpos de integrantes de facções contrárias, fazendo com que o mundo inteiro fosse chamado a olhar para a realidade que ali estava escarrada: O sistema penal perece gradativamente, e a prisão é um instrumento inadequado para a obtenção de algum efeito positivo sobre o recluso e reforçam a tese de que o cárcere, como resposta penológica, encontra-se efetivamente em crise.[14]

Mas enganam-se aqueles que pensam que há algo de recente na discussão acerca do cárcere. Voltemos até Cesare BECCARIA na sua célebre obra *Dos Delitos e Das Penas* que datada de 1764, para dizer que a razão de ser da prisão

---

[13] YOUNG, Jock, *A Sociedade Excludente:* exclusão social, criminalidade e diferença na modernidade recente. Rio de Janeiro: Revan. 2002, p. 55-56

[14] BITENCOURT.Cesar, *A Falência da Pena de Prisã*o: Causas e alternativas, São Paulo: Saraiva. 1993, p. 145.

está em que o sistema atual da jurisprudência criminal apresenta aos nossos espíritos a ideia da força e do poder, em vez da justiça.

Relações estas consubstanciadas na força constituem o poder de punir do Estado desde os primórdios, ideia que se funde com o instituto da prisão, erigido com a *prima ratio* de modificar o estilo penal, do suplício[15] do corpo da época medieval para a utilização do tempo nas instituições totais do capitalismo moderno.

O poder sobre o corpo, por outro lado, tampouco deixou de existir totalmente até meados do século XIX. Sem dúvida, a pena não mais se centralizava no suplício como técnica de sofrimento; tomou como objeto a perda de um bem ou de um direito. Porém castigos como trabalhos forçados ou prisão – privação pura e simples da liberdade – nunca funcionaram sem certos complementos punitivos referentes ao corpo: redução alimentar, privação sexual, expiação física, masmorra. Consequências não tencionadas mas inevitáveis da própria prisão? Na realidade, a prisão, nos seus dispositivos mais explícitos, sempre aplicou certas medidas de sofrimento físico. A crítica ao sistema penitenciário, na primeira metade do século XIX (a prisão não é bastante punitiva: em suma, os detentos têm menos fome, menos frio e privações que muitos pobres ou operários), indica um postulado que jamais foi efetivamente levantado: é justo que o condenado sofra mais que os outros homens? A pena se dissocia totalmente de um complemento de dor física. Que seria então um castigo incorporai? Permanece, por conseguinte, um fundo "supliciante" nos modernos mecanismos da justiça criminal – fundo que não está inteiramente sob controle, mas envolvido, cada vez mais amplamente, por uma penalidade do incorporal.[16]

Nesta virada, a *disciplina* aparece como a própria *microfísica do poder*,[17] talhada e direcionada para o *controle e sujeição do corpo*, objetivando, numa ideia de ordem e normalidade tornar o indivíduo dócil e útil, o ensinado a operar de acordo com os ditames do Estado. A prisão constitui-se, pois, no aparelho disci-

---

[15] Esta relação de poder sobre o corpo que, muito bem enfrentada e explicitada por Michel Foucault em *Vigiar e Punir* ao trazer com riqueza de detalhes o Suplício de Damiens, que empresta seu termo ao título deste ensaio, denuncia o caráter político do poder de punir, que faz com que o suplício do corpo no estilo medieval constitua-se *em um ritual público de dominação pelo terror: o objeto da pena criminal é o corpo do condenado, mas o objetivo da pena criminal é a massa do povo, convocado para testemunhar a vitória do soberano sobre o criminoso, o rebelde que ousou desafiar o poder.* SANTOS, Cirino dos. *A criminologia radical.* Forense, 1981, p. 50-51) (grifo nosso), senão vejamos: "[Damiens fora condenado, a 2 de março de 1757], a pedir perdão publicamente diante da porta principal da Igreja de Paris [aonde devia ser] levado e acompanhado numa carroça, nu, de camisola, carregando uma tocha de cera acesa de duas libras; [em seguida], na dita carroça, na praça de Greve, e sobre um patíbulo que aí será erguido, atenazado nos mamilos, braços, coxas e barrigas das pernas, sua mão direita segurando a faca com que cometeu o dito parricídio, queimada com fogo de enxofre, e às partes em que será atenazado se aplicarão chumbo derretido, óleo fervente, piche em fogo, cera e enxofre derretidos conjuntamente, e a seguir seu corpo será puxado e desmembrado por quatro cavalos e seus membros e corpo consumidos ao fogo, reduzidos a cinzas, e suas cinzas lançadas ao vento.(1) Finalmente foi esquartejado [relata a Gazette d'Amsterdam].(2) Essa última operação foi muito longa, porque os cavalos utilizados não estavam afeitos à tração; de modo que, em vez de quatro, foi preciso colocar seis; e como isso não bastasse, foi necessário, para desmembraras coxas do infeliz, cortar-lhe os nervos e retalhar-lhe as juntas... Afirma-se que, embora ele sempre tivesse sido um grande praguejador, nenhuma blasfêmia lhe escapou dos lábios; apenas as dores excessivas faziam-no dar gritos horríveis, e muitas vezes repetia: "Meu Deus, tende piedade de mim; Jesus, socorrei-me". Os espectadores ficaram todos edificados com a solicitude do cura de Saint-Paul que, a despeito de sua idade avançada, não perdia nenhum momento para consolar o paciente". FOUCAULT, Michel. *Vigiar e Punir.* Petrópolis, Vozes, 2004, p.8)

[16] Ibidem. p.17.

[17] Microfísica do poder, na visão *foucaultiana é* a estratégia das classes dominantes para produzir a alma como prisão do corpo do condenado – a forma acabada da ideologia de submissão de todos os vigiados, corrigidos e utilizados na produção material das sociedades modernas.

plinar panóptico,[18] construído para o exercício do poder de punir mediante supressão do tempo livre – o bem jurídico mais geral das sociedades modernas:

> Sendo assim a prisão não só se torna a contrapartida ao crime praticado mensurada pelo tempo de liberdade suprimida, mas também se consubstancia em um aparelho técnico-disciplinar construído para produzir docilidade e utilidade mediante exercício de coação educativa total sobre o condenado.[19]

Quase 40 anos se passaram da análise positiva que Michel Foucault fez em *Vigiar e Punir*[20] acerca do instituto da prisão e o que se verifica, é que efetivamente seus postulados analíticos de relação de poder, disciplina e docilização do sujeito no que tange ao controle de criminalidade, tiveram valor decisivo na consolidação do conhecimento criminológico que se desenvolveu *a posteriori* acerca da lógica punitiva que hoje permeia a sociedade pós-moderna.

3. Pós-modernidade: da crise paradigmática às influências da nova racionalidade cientifica sobre o sistema penal autofágico aniquilador de diferenças

O período pós-moderno, desenhado anteriormente, que decretou mudanças drásticas, transformações técnicas e sociais sem precedentes, atravessa uma profunda crise de paradigmas. Experimenta-se, contudo, uma grave e obscura crise criminológica, onde a fragmentação do mundo aparentemente monolítico da modernidade, fez com que as regras básicas de certeza se tornassem obscuras, contestadas, ambíguas e permanentemente discutíveis.[21]

Boaventura de Souza Santos ressalta que:

> Estamos de novo perplexos, perdemos a confiança epistemológica; instalou-se em nós uma sensação de perda irreparável tanto mais estranha quanto não sabemos ao certo o que estamos em vias de perder; admitimos mesmo, noutros momentos, que essa sensação de perda seja apenas a cortina de medo atrás da qual se escondem as novas abundâncias da nossa vida individual e coletiva.[22]

Em termos criminológicos, o Iluminismo do século XVIII aliado à revolução científica do século XIX, permitiram o nascimento de dois dos paradigmas importantes da criminologia, o classicismo e o positivismo.[23] E é sobre este se-

---

[18] De acordo com o que temos em Foucault, o panóptico é o dispositivo do poder disciplinar, baseado no modelo arquitetônico constituído de torre central e anel periférico, no qual a visibilidade permite o funcionamento automático do poder: a consciência da vigilância gera a desnecessidade objetiva de vigilância. Este seria o princípio de nova anatomia política, como mecanismo de disciplina aplicado na construção de um novo tipo de sociedade, em penitenciárias, fábricas, escolas etc. (FOUCAULT, Michel. *Vigiar e Punir*. Petrópolis: Vozes, 2004., p.161.)

[19] CIRINO DOS SANTOS, Op. cit, p. 50-51.

[20] Salo de Carvalho assevera que a problematização realizada em Vigiar em Punir possibilitou visualizar dois níveis de intervenção crítica: ao saber emanado pela criminologia tradicional e às estruturas capilares de poder. (CARVALHO, Salo de. *Antimanual de criminologia*. 5ª ed. São Paulo: Saraiva 2013.p.126).

[21] YOUNG, Jock. *A Sociedade Excludente: exclusão social, criminalidade e diferença na modernidade recente*. Rio de Janeiro: Revan. 2002. p.55.

[22] SANTOS, Boaventura de Souza. *Um discurso sobre as ciências*. Edição nº 13. Porto: Afrontamento, 2002. p. 8.

[23] O Positivismo nas palavras de Carlos Alberto Elbert, foi uma postura filosófica agnóstica que teve uma enorme influência no campo científico, em virtude da consagração do método experimental. Essa corrente de pensamento generalizou exultante, a convicção, em um primeiro momento, industrialista e, logo a seguir,

gundo paradigma que se debruçam as principais discussões e debates criminológicos críticos no final do século XX. O espectro da duvida cobriu, uma após outra, as velhas certezas sobre a natureza obvia do crime, o papel central do sistema de justiça criminal em seu controle.[24]

Tal processo abrangeu, por óbvio, todas as searas político-sociais, ainda que seus reflexos tenham sido sentidas de maneira mais profunda no âmbito criminológico, campo onde se verifica o fenômeno da hipertrofia dos abusos cometidos em nome da segurança pública e de uma justiça de ocasião, que violenta como nunca a dignidade humana, a ponto desta violência vir a se constituir não em um elemento a mais na composição grandiosa da contemporaneidade, mas na forma pela qual os fatos decisivos são abordáveis,[25] bem como a preponderância de um estado de exceção "velado", policialesco, propagador de misérias e aniquilador de diferenças, que age na constância do Estado Democrático de Direito.

> O sistema penal está em crise, o que atinge as diferentes facetas da realidade social. A atividade do sistema penal não corresponde aos enunciados punitivos formais, e a estrutura de garantias, que sedimenta a racionalização do Estado de Direito (...) encontra-se fragilizada por um discurso crescentemente vindicativo.[26]

Ao passo e a despeito disso, o que se verifica é um crescimento vertiginoso na criminalidade nos grandes centros urbanos.

Por consequência desses fatores, a tensão social autoriza violências abertamente aceitas pela sociedade, retroalimentando o imaginário social, com o espetáculo do medo e da insegurança, patrocinado pelos veículos midiáticos.

> O risco social parece estar disseminado por toda a parte, transbordando os limites do controle racionalizado pela modernidade e acentuando os níveis de ansiedade da tensa rede de relações sociais sempre atormentadas pela gama de novos riscos corolário das drásticas transformações que é acometida a humanidade no período pós-moderno.[27]

O contexto atual retrata a lógica que permeia um sistema penal autofágico, que se alimenta de si mesmo, produzindo através da exclusão institucional, oriunda do projeto moderno de ordem,[28] um ciclo vicioso, que só aumenta a

---

capitalista, do progresso linear do saber humano, através de ciências que se estendiam quase como religiões laicas, capazes de explicar, prever e manipular todos os fenômenos da vida. O que não fosse demonstrável materialmente, por via da experimentação reproduzível, não podia ser cientifico. A avidez de saber positivista levou buscar para além das normas penais o porquê da conduta transgressora, e, dada a inexistência de uma psicologia, tentou-se aprofundar na exterioridade (fisionomia, frenologia) ou nos distúrbios de conduta de caráter psicológico (psiquiatria) ou em vários desses fatores simultaneamente, para dar a explicação científica suscetível de demonstração verificável, ou seja, válida (ELBERT, Carlos Alberto. *Manual Básico de Criminologia*. Porto Alegre: Ricardo Lenz,, 2003, p. 54-55).

[24] YOUNG. Jock, Op. cit. p. 58.

[25] SOUZA, Ricardo Timm de. *Responsabilidade Social*: uma introdução à ética política para o Brasil do século XXI. Porto Alegre: Evangraf, 2003. p.30.

[26] FAYET JÚNIOR, Ney; MARINHO JÚNIOR, Inezil Pena. In: Op. cit., p. 294.

[27] Ibidem, p. 295

[28] Ordem, segundo o dicionário é a "condição em que tudo se encontra em seu espaço adequado e executa suas funções apropriadas". Ordenar no sentido de criar a ordem onde predominava o caos, significa "colocar ou manter em ordem ou condição adequada; dispor segundo a norma; regular, governar, administrar".

exclusão social e mantém a impunidade dos não excluídos (mas não menos delinquentes).[29]

A ideia de projeto parte do pressuposto de que de que nada no mundo existente é como *deveria ser* e tem como objetivo principal a abertura de mais espaço para "o bem", e menos ou nenhum para "o mal". É o bem que faz do mal aquilo que ele é: mal. "O mal" é o refugo do progresso.[30]

Na referência de Bauman, onde há projeto há refugo. Nenhuma casa está totalmente concluída antes que os dejetos indesejados tenham sido varridos do local da construção.[31] Isto nos leva a concluir que quando estamos tratando de projetar as formas de convívio humano através de uma ordem normativa, o refugo são os seres humanos:

> Alguns não se ajustam à forma projetada nem podem ser ajustados a ela, ou sua pureza é adulterada, e sua transparência, turva: monstros e mutantes de Kafka, como o indefinível Odradek ou o cruzamento de gato com ovelha – singularidades, vilões, híbridos que desmascaram categorias supostamente inclusivas/exclusivas. Nódoas numa paisagem sob outros aspectos elegante e serena. Seres inválidos, cuja ausência ou obliteração só poderia *beneficiar a forma projetada*, tornando-a mais uniforme, mais harmoniosa, mais segura e ao mesmo tempo mais em paz consigo mesma.[32]

A "ordem" aqui representa a ideia de limites e finitude. O espaço ordenado é governado pela norma, e assim se constitui exatamente na medida em que proíbe e exclui, dando existência à anarquia,[33] ao traçar a linha que divide o dentro e o fora. Ao traçar o limite de sua aplicação, a lei cria uma categoria universal de marginalizados/excluídos, e o direito de estabelecer um "fora dos limites", fornecendo assim o lugar de despejo dos que foram excluídos, reciclados em refugo humano.[34]

Diante da materialização do Estado de Exceção que inclui pela exclusão, o "cliente ideal" para o sistema penal erigido dentro de uma lógica normativa de ordem, é oferecido pelo *homo sacer*,[35] uma vida nua e descartável que empresta a dupla dimensão semântica do conceito de "sagrado", que ganha sacralidade na ambivalente compreensão: algo é divino, ao mesmo tempo em que poder ser sacrificado, portanto: *sagrado é aquilo que é divino e matável ao mesmo tempo*.[36]

Tal abordagem fica mais latente nas palavras de Gustavo de Lima Pereira, quando diz:

---

[29] LOPES JR, Aury. *Introdução Crítica ao Processo Penal* (Fundamentos da Instrumentalidade Constitucional). 4ª ed. Rio de Janeiro: Lumen Juris, 2006. p. 19.

[30] BAUMAN, Zigmunt. *Vidas Desperdiçadas.* Rio de Janeiro: Jorge Zahar, 2005. p. 40.

[31] Ibidem, p. 41.

[32] Ibidem, p. 42.

[33] A anarquia nas palavras de Bauman não é meramente a ausência de lei; ela nasce da retirada, da suspensão, da recusa da lei. O convite da lei à universalidade soaria cínico não fosse a inclusão que ela faz do excluído por meio de sua própria retirada. (Ibidem, p.43)

[34] Ibidem.

[35] *Homo Sacer* constitui-se numa figura arcaica do direito romano que, julgado pelo povo, por algum delito, não poderia ser sacrificado por ele, mas quem por ventura o fizesse, não cometia homicídio. (AGAMBEM, Giorgio. Homo Sacer. *O poder soberano e a vida nua I.* Belo Horizonte: Editora UFMG, 2004.p. 196).

[36] PEREIRA, Gustavo de Lima. *A pátria dos sem pátria*: direitos humanos e alteridade. Porto Alegre: UniRitter, 2011. p. 65.

A vida nua do *homo sacer* é assim, a vida que é protegida pelo sistema jurídico e, simultaneamente, abandonada por ele. Aquela vida onde sua existência ou inexistência não importa ao sistema. O que mais impressiona na tese de Giorgio Agamben não está em dizer que existe uma circunstancia onde vidas são consideradas obsoletas, mas sim no fato de as pessoas em geral não se perceberem que é do Estado o poder de definir qual vida é digna de ser vivida e qual não é.[37]

No contexto atual, o *homo sacer* não é nem definido por um conjunto de leis positivas nem portador dos direitos dos direitos humanos que precedem as normas, constituindo desse modo na principal categoria de refugo humano.

Isso sem falarmos naqueles sujeitos que já nascem onde o Estado não consegue (por inúmeros fatores) estender sua *longa manus*; onde a ordem não é buscada através de um projeto, mas sim por meio de um poder legitimado pelo trafico com base em acordo tácito com os chefes do crime organizado local, o que sem sombra de dividas evidencia o nervo exposto do sistema penal pós-moderno. Estamos falando daqueles que se constituem em verdadeiros *apátridas*[38] na constância do Estado Democrático de Direito, a própria vida nua de Agambem.

Uma vez identificado, o outro,[39] diante da sua exclusão, é etiquetado,[40] e incluído no sistema penal, para cumprir pena no maior depósito de refugo humano da humanidade, a prisão.

A prisão e o encarceramento massivo, verificado na sociedade pós-moderna, aparecem como subterfúgios de compressão artificial do nível de desemprego, ao subtrair à força milhões de homens da população em busca de emprego. Mas há ainda outro efeito ainda mais cruel: o cárcere produz um contingente imenso de mão de obra submissa e disponível à exploração.[41]

O ex-apenado não pode pretender senão os "empregos degradados e degradantes em razão do seu status judicial infamante". Inequivocamente, contribui ainda para alimentar o trafico, prostitui-

---

[37] PEREIRA, Gustavo de Lima. Op. cit., p. 65

[38] A definição do termo Apátrida, designará toda pessoa que não seja considerada por qualquer Estado, segundo sua legislação como, como seu nacional – Art. 1º da Convenção sobre o Estatuto dos Apátridas (Idem, p. 64).

[39] O "outro" no presente contexto, atenta para a problemática da diferença: a alteridade se torna reconhecida, até elaborada; neste nível, a criação de outros desviantes como bodes expiatórios é consideravelmente obviada, mas essa relação está longe de ser estável, tamanhas são as ansiedades oriundas da pós-modernidade. Assume-se, de modo a combater tais excessos e corrigir os rumos do controle da criminalidade, uma política criminal de redução de danos, buscando promover o encontro com a diferença ("o outro"), de modo a se compreender que: Quienes ven como monstruo a su enemigo, está proyectando sobre él su própria monstruosidad. Las imágenes deformadas y armazenantes que reflejan los espejos no son las de los supuestos enemigos, sino la de quienes lo construyen y acaban creyéndose que lo son. Lo tienen dentro de si y lo adjudican a los demás. (SÁNCHEZ RUBIO, David. Acerca de la Democracia y los Derechos Humanos: de espejos, imágenes, cegueras y oscuridades. In: SÁNCHEZ RUBIO, David; HERRERA FLORES, Joaquín; CARVALHO, Salo de (orgs.). *Anuário Ibero-Americano de Direitos Humanos* (2001/2002). Rio de Janeiro: Lumen Juris, 2002. p. 97.)

[40] A ideia de etiquetamento, vem da teoria do Labeling Aproach, de Alessandro Baratta e desta ideologia, evidencio-se que a criminalidade, segundo a sua definição legal, não é o comportamento de uma minoria, mas da maioria dos cidadãos e que, além disso, segundo a sua definição sociológica, é um status atribuído a determinados indivíduos por parte daqueles que detêm o poder de criar e de aplicar a lei penal, mediante mecanismos seletivos, sobre cuja estrutura e funcionamento a estratificação e o antagonismo dos grupos sociais têm uma influência funcional.

[41] LOPES JR. Aury, Op. cit., p. 21.

ção e todo o "capitalismo de rapina de rua", [...] na medida em que o ex-apenado, rotulado, não tendo outra saída senão a volta ao crime.[42]

Esta é a autofagia do sistema penal, um círculo vicioso que se constitui numa fabrica de miséria e criminalidade, onde uma vez cumprida a pena, o sistema solta sua vítima, pior do que estava quando entrou.[43]

O que se evidencia, diante do alarmante quadro, é que a crise de efetividade dos direitos humanos, refletida pela visão apropriativa do olhar objetificante que se tem em relação ao outro, deságua na intolerância humana para com as diferenças.[44]

Essa vontade totalizante moderna e violenta aqui retratada em poucas linhas pode ser definido, por assim dizer, como a instauração, por meio do estado de exceção, de uma guerra civil legal que permite não só a eliminação dos adversários políticos, mas também de categorias inteiras de cidadãos.[45] A partir dessa premissa, a criação voluntaria de um estado de emergência permanente, ainda que, eventualmente, não declarado no sentido técnico, tornou-se uma das praticas essenciais dos Estados contemporâneos, inclusive dos chamados democráticos.[46]

De acordo com essa realidade, pode-se constatar que a política criminal se afastou, sem melindre algum, dos princípios garantistas do Direito Penal, deixando que políticas de "lei e ordem" triunfem em nosso cenário jurídico e social e a legislação brasileira vem seguindo as tendências mundiais de emergência.

É neste panorama político e social que se encontra enraizada a lógica punitiva do Estado e a reação do ordenamento jurídico diante do problema da criminalidade contemporânea se caracterizando pela intenção de eliminação de um perigo, em que "a punibilidade avança um grande trecho para o âmbito da preparação, e a pena se dirige à segurança frente a fatos futuros, não à sanção de fatos cometidos".[47] Nesse âmbito, a perspectiva do ordenamento jurídico-penal é prospectiva (tem como referência o fato futuro).

O direito penal constitui-se, pois, num direito de "terceira velocidade"[48] do ordenamento jurídico-penal, em que prepondera a flexibilização dos prin-

---

[42] LOPES JR. Aury, Op. cit., p. 21.

[43] Bitencourt em *Falência da Pena de Prisão*, cita Hubber, para trazer um exemplo muito ilustrativo: "Fui enviado a uma instituição para jovens com a idade de 15 anos e saí dali com 16 anos convertido em um bom ladrão de bolsos – confessou um criminoso comum – Aos 16, fui enviado a um reformatório como batedor de carteiras e saí como ladrão... Como, fui enviado a uma instituição total onde adquiri todas as características de um delinqüente profissional , praticando desde então todo o tipo de delitos que praticam os criminosos e fico esperando que a minha vida acabe como a de um criminoso". (BITENCOURT. Cesar Roberto, Op. cit., p. 146)

[44] PEREIRA, Gustavo de Lima. *A pátria dos sem pátria*: direitos humanos e alteridade. Porto Alegre: UniRitter, 2011.p. 60.

[45] AGAMBEN. Giorgio. *Estado de Exceção*. São Paulo: Boitempo, 2004. p. 13.

[46] Ibidem.

[47] Idem, p. 35-36.

[48] Conforme Günther Jackobs: "Silva Sanchez tem incorporado o fenômeno do Direito penal do Inimigo a sua concepção político-criminal. De acordo com sua posição, no momento atual, a primeira velocidade seria aquele setor do ordenamento em que se impõem penas privativas de liberdade, e no qual, segundo Silva Sánchez, devem manter-se de modo estrito os princípios processuais clássicos. A segunda seria constituída

cípios político-criminais e das regras de imputação, ou seja, há o aumento na imposição da pena de prisão na medida em que as garantias penais e processuais perdem espaço. Não se segue o processo democrático, mas, sim, um "processo de guerra", que não se coaduna com a lógica do Estado Democrático de Direito.

4. Conclusão: proposta abolicionista como utopia orientadora

Dentro desta lógica punitiva exacerbada de direito penal do autor e flexibilização de garantias fundamentais, estabelecida pelo Estado de Exceção na constância do Estado Democrático de Direito, a prisão aparece não mais como um instrumento de contrapartida ao delito praticado, vindo para substituir a pena corporal do suplício, mas sim aparece como o *próprio suplício*, agora a serviço de um sistema penal revitalizado dentro das matrizes inquisitoriais que insistem em persistir vivas.

A realidade que presenciamos hoje nos presídios do País, em nada desvirtua o que foi tratado até agora, pois, presídios superlotados, deficiência de alojamentos, instalações sem a mínima infra-estrutura, bem como condições de higiene subumanas originadas na falta de ar, umidade e odores nauseabundos, fazendo jus à pecha de depósitos de lixo humano, não são privilégio dos grandes centros do país.

Os presos, ao se voltarem com tamanha violência e barbárie contra toda a sorte de maus tratos ali ocorridos evidenciam o que poucos acreditam pudesse ser verdade: eles ainda estão vivos e mais do que isso, pedem quase que desesperadamente por socorro.

Os gritos, pedidos de clemência e perdão de Damiens (Foucault) em seu suplício final se confundem com os gritos de pavor das vitimas de um sistema penal que não reeduca, não reintegra e nem tampouco recupera seus clientes, mas sim transforma-os em verdadeiros soldados à disposição do crime e da miséria, fazendo com que esta realidade se constitua num círculo vicioso que possui apenas uma porta de entrada, mas nenhuma de saída.

A percepção da realidade do cárcere e gradual perecimento do sistema penal, nos remete inadiávelmente à discussão sobre os fins da pena e crise de legitimidade do discurso penal panpenalizante. Impossível não pensar o abolicionismo penal.

Amilton Bueno de Carvalho, adverte sobre a (im)possibilidade de pensar conforme as teorias abolicionistas:

> Sou abolicionistas – aqui entendido e de logo quero fazer acordo semântico com o leitor: abolicionista no sentido de que não deve existir pena a ser cumprida em presídio, ou seja, doravante ao se ler "abolicionismo, abolicionista, se entenda: não à cadeia. Evidente que tenho consciência da difi-

---

por aquelas infrações em que, ao imporem-se só penas pecuniárias ou restritivas de direito – tratando-se de figuras delitivas de cunho novo, caberia flexibilizar de modo proporcional esses princípios e regras clássicos a menor gravidade das sanções." Sendo a terceira velocidade o próprio direito penal do inimigo. (JAKOBS, Günter; MELIÁ, Manuel Cancio *Direito Penal do Inimigo: Noções e Críticas.* Trad. André Callegari e Nereu Giacomolli. Porto Alegre: Livraria do Advogado, 2005. p. 68).

culdade de defender esta posição neste momento da história. A defesa, neste tempo sombrio, em que o grande meio dia se faz presente a consolidar a morte de um modelo e apontar para a vinda de um novo, se dá no plano teórico – toda a interpretação tem como limite a suportabilidade social em determinado momento de sua caminhada. Na verdade, não há possibilidade de uma atuação que isente qualquer agente que pratique algum ato tipificado penalmente do resultado prisão.[49]

Assim, a utopia tem sido na direção abolicionista: "o olhar do presente, o atuar no presente com um pé no futuro – a não punição carcerária",[50] pois este é o nosso mote: atuar no penal enquanto imposição de punição – cárcere não buscando legitimá-lo, mas sonhando em destruí-lo, dinamitá-lo, um direito penal crítico que ambiciona seu desaparecimento.

O presente ensaio não teve a pretensão exaurir o tema nem tampouco criar verdades absolutas sobre o tema. Buscou-se tão somente estabelecermos um olhar crítico sobre o problema quase que perene do sistema penal brasileiro e o cárcere, numa tentativa de estabelecermos um local de fala, para podermos discutir seriamente alternativas para uma triste realidade.

5. Referências

AGAMBEM, Giorgio. *Homo Sacer. O poder soberano e a vida nua I.* Belo Horizonte: Editora UFMG, 2004.

——. *Estado de Exceção.* São Paulo: Boitempo, 2004.

BARATTA. Alessandro. *Criminologia Crítica do Direito Penal: introdução à sociologia do direito penal.* 3ª ed. Rio de Janeiro: Revan: Instituto Carioca de Criminologia, 2002.

BAUMAN, Zigmunt. *Vidas Desperdiçadas.* Rio de Janeiro: Jorge Zahar Ed.2005.

BITENCOURT, Cesar. *A Falência da Pena de Prisão: Causas e alternativas,* São Paulo: Saraiva. 1993, p. 145.

CARVALHO, Amilton Bueno de, *Direito Penal à Marteladas: Algo sobre Nietzsche e o Direito.* Rio de Janeiro: Lumen Juris, 2013.

CARVALHO, Salo de. *Antimanual de criminologia.* 5ª ed. São Paulo: Saraiva 2013.

CIRINO DOS SANTOS. *A criminologia radical.* Forense, 1981, p. 50-51.

ELBERT, Carlos Alberto. *Manual Básico de Criminologia.* Porto Alegre: Ricardo Lenz, 2003.

FAYET JÚNIOR, Ney; MARINHO JÚNIOR, Inezil Pena. Complexidade, Insegurança e Globalização: Repercussões no Sistema Penal Contemporâneo. In: FAYET JÚNIOR, Ney; MACHADO MAYA, André. (Orgs.) *Ciências Penais e Sociedade Complexa II.* Porto Alegre: Nuria Fabris, 2009.

FOUCAULT, Michel. *Vigiar e Punir.* Petrópolis, Vozes, 2004.

GARLAND, David. *A Cultura do Controle: Crime e Ordem Social na Sociedade Contemporânea.* Tradução: André Nascimento. Rio de Janeiro: Revan, 2008.

JAKOBS, Günter; MELIÁ, Manuel Cancio. *Direito Penal do Inimigo*: Noções e Críticas. Tradução: André Callegari e Nereu Giacomolli. Porto Alegre: Livraria do Advogado, 2005.

LOPES JR, Aury. *Introdução Crítica ao Processo Penal* (Fundamentos da Instrumentalidade Constitucional). 4ª ed. Rio de Janeiro: Lumen Juris, 2006.

PEREIRA, Gustavo de Lima. *A pátria dos sem pátria: direitos humanos e alteridade.* Porto Alegre: UniRitter, 2011.

SÁNCHEZ RUBIO, David. Acerca de la Democracia y los Derechos Humanos: de espejos, imágenes, cegueras y oscuridades. In: SÁNCHEZ RUBIO, David; HERRERA FLORES, Joaquín; CARVALHO, Salo de (orgs.). *Anuário Ibero-Americano de Direitos Humanos* (2001/2002). Rio de Janeiro: Lumen Juris, 2002.

SANTOS, Boaventura de Sousa. *Um Discurso sobre as ciências.* Edição nº 13, Porto: Afrontamento, 2002.

SOUZA, Ricardo Timm de. *Responsabilidade Social:* uma introdução à ética política para o Brasil do século XXI. Porto Alegre: Evangraf, 2003.

---

[49] CARVALHO, Amilton Bueno de. *Direito Penal à Marteladas: Algo sobre Nietzsche e o Direito. –* 1ªed. – Rio de Janeiro: Lumen Juris, 2013.p. 39

[50] Idem, Ibidem.

YOUNG, Jock. *A Sociedade Excludente*: exclusão social, criminalidade e diferença na modernidade recente – Rio de Janeiro: Revan, 2002.

KOSTER, Julia Impéria. *Caso Presídio Urso Branco e a Corte Interamericana de ustiça– Direitos Humanos*. In: Âmbito Jurídico, Rio Grande, 68, 01/09/2009 [Internet].Disponível em http://www.ambito-juridico.com.br/site/index.php?n_link=revista_artigos_leitra&artigo_id=6784. Acesso em 01/04/2012.

ZAFFARONI, Eugenio Raúl; BATISTA, Nilo; ALAGIA, Alejandro; SLOKAR. *Direito Penal Brasileiro I*. Rio de Janeiro, 2003.

——. *Em Busca das Penas Perdidas*. Rio de Janeiro: Revan, 1991.

——. *O inimigo no direito penal*. tradução de Sergio Lamarão. 2ª ed. Rio de Janeiro: Revan, 2007.

INQUIETAÇÕES SOBRE DIREITOS FUNDAMENTAIS

— 13 —

Direito fundamental à moradia e a função social da propriedade pública

MARGERE ROSA DE OLIVEIRA[1]

SUMÁRIO: 1. Introdução; 2. Direito fundamental à moradia; 2.1. A previsão legal do direito fundamental à moradia; 3. Os bens públicos, a função social da propriedade pública e sua correlação com o direito fundamental à moradia; 4. Institutos jurídicos aplicáveis à alienação e ao uso de bens imóveis públicos para fins de moradia; 5. Conclusões; 6. Referências bibliográficas.

1. Introdução

No Brasil, o adensamento populacional nas áreas urbanas é crescente, como demonstra o Censo de 2010, realizado pelo Instituto Brasileiro de Geografia e Estatística – IBGE. Na última década, a população brasileira teve uma taxa de crescimento de 1,17% e, dos 185.712.713 de brasileiros, 88,35% vivem, atualmente, na zona urbana. Os dados do Censo devem se inserir nas preocupações do Poder Público, pois o estudo da realidade brasileira demonstra que boa parte das áreas urbanas vem sendo ocupada de forma desordenada e excludente, sem observância dos padrões de desenvolvimento urbanístico e ambiental. O crescimento populacional das áreas periféricas das cidades, as quais não possuem os equipamentos e os serviços urbanos adequados para garantir condições de vida digna, é resultante do processo migratório do campo para a cidade, intensificado a partir do início da industrialização, na metade do século XX. Na época, para impulsionar o crescimento industrial, as reformas urbanas e investimentos em obras de infraestrutura levaram a população, notadamente os trabalhadores com baixo poder aquisitivo, para as periferias das cidades, onde se instalaram sem as mínimas condições adequadas de moradia. Essas áreas foram e continuam sendo utilizadas em desacordo com a legislação urbanística e ambiental, mediante ocupações, na maioria das vezes inapropriadas e, portanto, de grande risco para a população que nelas reside.

A ocupação irregular de áreas públicas tem a mesma vertente da irregularidade na ocupação de bens particulares, ou seja, decorre do adensamento

---

[1] Advogada. Professora de Direito Administrativo da Estácio do Rio Grande do Sul. Mestre em Direito Público pela PUCRS. Especialista em Advocacia Municipal pela UFRGS. Consultora em Direito Administrativo da Delegações de Prefeituras Municipais – DPM.

INQUIETAÇÕES SOBRE DIREITOS FUNDAMENTAIS

populacional das áreas urbanas sem respeito às normas urbanísticas e ambientais. Relativamente aos bens públicos, percebe-se, ainda, que o uso inadequado se dá, também, pela ausência de uma atuação mais efetiva por parte da Administração Pública na regulação do uso de bens públicos e na fiscalização de suas normas e do próprio uso dos mesmos.

No Brasil, antes do advento da Constituição da República de 1988, as questões urbanísticas eram tratadas por meio de normas esparsas. Desde então, foram editadas diversas normas para regular, de forma sistêmica, a política de desenvolvimento urbano com o estabelecimento de competências claras aos diversos entes federados. O Estatuto da Cidade, ao regulamentar a Constituição, estabeleceu diretrizes para o desenvolvimento da política urbana de modo a que a propriedade e a cidade cumpram uma função social.

A função social da cidade e a função social da propriedade se concretizam por meio do exercício do direito de propriedade de forma sustentável e em prol do bem-estar coletivo. O direito social à moradia, a sua vez, se efetiva quando a propriedade e a cidade cumprem sua função social. Para isso, é imprescindível a atuação do Estado, seja por meio da regulação e aplicação dos institutos previstos no Estatuto da Cidade, seja por meio do estabelecimento de políticas voltadas à ampliação da infraestrutura e dos serviços urbanos, assim como de políticas relativas a projetos habitacionais e de regularização fundiária.

Em relação à regularização fundiária foram editadas normas importantes, como é o caso da MP nº 2.220/2001 e da Lei Federal nº 11.977/2009 e da Lei Federal nº 11.977/2009, que estabelecem regras relevantes para a regularização dos assentamentos informais em áreas públicas e privadas. Estas normas regularam importantes institutos que visam à concretização do princípio da função social da propriedade e a efetivação do direito fundamental social à moradia.

A Lei Federal nº 11.977/2009, ao tratar da legitimação na posse, fez surgir questionamentos referentes à forma adequada de regularização do uso irregular de bens públicos por particulares para fins de moradia. Essa lei acirrou, também, o debate sobre a aplicação do princípio da função social da propriedade. Esse princípio, de longa data, é analisado pela doutrina, a qual tem se posicionado de forma unânime sobre sua incidência no que respeita à propriedade particular. Contudo, no que respeita a sua aplicabilidade à propriedade pública, paira no ar uma interrogação sobre a sua incidência.

No que respeita à posse de bens públicos por particulares, a questão que se coloca diz respeito à garantia dessa para os particulares em face do regime jurídico aplicável aos bens públicos, pois os atributos desses bens orientam para a imprescritibilidade dos mesmos, sendo necessária a análise da questão de forma sistemática. Essa situação gera, ao Poder Público, a necessidade de regrar e agir para proteger e garantir o direito dos menos favorecidos à moradia e, ao mesmo tempo, para bem gerir a utilização dos bens públicos. É justamente sobre estes deveres que se pretende fazer uma análise jurídica, pois a problemática deste estudo envolve, especialmente, a relação entre o direito à moradia e a utilização de bens imóveis públicos no cumprimento de sua função social.

2. Direito fundamental à moradia

"O novo milênio aponta para um crescimento mundial da população vivendo nas cidades, considerando que metade da população mundial vive em aglomerados urbanos." e que os dados estatísticos da ONU estimam, para 2050, que "a taxa de urbanização no mundo chegará a 65%, sendo que 45% a 50% dos moradores das cidades viverão na pobreza", e "a população morando em favelas será de 1,36 bilhões de pessoas em 2015, e de 2 bilhões em 2030 ou 2040, com um número de pobres e miseráveis maior que a população restante nas áreas rurais".[2]

No entanto, no Brasil, o direito à moradia não surgiu em decorrência do atual e crescente problema ocasionado pela densidade populacional urbana, embora somente tenha sido reconhecido pela Constituição da República em 2000, no seu art. 6º, por meio da Emenda Constitucional nº 26. De longa data, esse direito é previsto em âmbito internacional, em diferentes tratados, convenções e declarações, desde a sua previsão na Declaração Universal dos Direitos Humanos – DUDH –, sendo inserido no sistema jurídico brasileiro desde a adesão do nosso país a esses tratados, declarações e convenções, por força do disposto nos §§ 2º e 3º do art. 5º da Constituição da República.

No que respeita à sua terminologia, a Constituição da República utiliza o termo "moradia" de modo genérico, devendo-se, contudo, interpretá-lo de modo mais específico para dedução de seu efetivo conteúdo e significado, ou seja, não se pode refletir sobre o direito à moradia sem pensar nesta como o lugar com condições mínimas e adequadas[3] para que o ser humano possa ali viver com dignidade, em face, inclusive, da previsão do direito à moradia adequada nos tratados internacionais.[4] Neste contexto, o direito à moradia traz em si estreita relação com os direitos da personalidade que são direitos inerentes essencialmente à pessoa, notadamente o direito à integridade física [e moral], à vida e à privacidade.

O direito à integridade está intimamente ligado ao direito à vida, e, por conseguinte, ao direito à saúde, pois as condições adequadas da moradia

---

[2] SAULE JÚNIOR, Nelson. O direito à cidade como resposta estratégica à exclusão social e à segregação especial. *Revista Magister de Direito Ambiental e Urbanístico*. Porto Alegre, v.20, p. 7-43, outubro-novembro, 2008. p. 9-10.

[3] Conforme o § 60 da Agenda Habitat, moradia adequada, tem o seguinte significado: "Alojamento adequado significa mais do que um telhado sobre sua cabeça. Isso também significa privacidade adequada; espaço adequado; acessibilidade física; nível adequado de segurança; segurança da posse; estabilidade estrutural e durabilidade; uma iluminação adequada, aquecimento e ventilação; adequada infraestrutura básica, como instalações de abastecimento de água, saneamento e gestão de resíduos; qualidade ambiental adequada e fatores relacionados com a saúde; e local adequado e acessível com respeito ao trabalho e instalações básicas: tudo o que deve estar disponível a um custo acessível. Adequação deve ser determinada juntamente com as pessoas em causa, tendo em conta a perspectiva de desenvolvimento gradual. Adequação geralmente varia de país para país, uma vez que depende de fatores culturais, sociais, ambientais e econômicos específicos. Fatores específicos de idade e gênero, tais como a exposição de crianças e mulheres a substâncias tóxicas, devem ser consideradas neste contexto". ORGANIZAÇÃO DAS NAÇÕES UNIDAS. *Agenda Habitat*. Disponível em: <http://www.unhabitat.org/downloads/docs/1176_6455_The_Habitat_Agenda.pdf> Acesso em 14 mar. 2015.

[4] SARLET, Ingo Wolfgang. O direito fundamental à moradia na Constituição: algumas anotações a respeito de seu contexto, conteúdo e possível eficácia. *In*: TORRES, Ricardo Lobo. *Arquivo de direitos humanos*. São Paulo: Renovar, 2002. p. 156.

permitem a satisfação das necessidades básicas, como a proteção da vida do indivíduo e de sua família das intempéries e o recebimento de serviços de saneamento básico, que garantam a prevenção e promoção da saúde. Por conseguinte, o direito à moradia é fundamental para garantia do direito à vida, o mais essencial entre os direitos da personalidade, conforme leciona Adriano de Cupis,[5] pois nenhum outro bem existe sem a existência dele. Deste modo, a Constituição o garante como um direito fundamental no art. 5º. No âmbito internacional, este direito é previsto em tratados e convenções, a exemplo da Declaração dos Direitos do Homem e do Pacto Internacional dos Direitos Políticos. A íntima relação do direto à moradia com o direito à vida, portanto, impede que se admita como justo a continuidade de pessoas vivendo sem condições mínimas para o exercício desses direitos com dignidade.[6]

O direito à privacidade, na análise de Paulo José da Costa Júnior,[7] se consubstancia na necessidade de o indivíduo "encontrar na solidão aquela paz e aquele equilíbrio, continuamente comprometido pelo ritmo da vida moderna". É no lar, na sua morada, que o sujeito encontra essa paz, pelo que não pode o domicílio ser invadido ou nele se colocar qualquer tipo de escuta que viole o direito de intimidade. Assim, o direito à moradia encontra-se interligado aos direitos de intimidade e de inviolabilidade ao direito de domicílio.[8]

É de notar-se, portanto, que ao lesar o direito fundamental à moradia, outros direitos fundamentais também podem ser lesados. Assim, não basta, simplesmente, garantir o direito a uma morada, mas deve ser afiançada uma morada em condições adequadas de modo a garantir a dignidade da pessoa.

Assim, a avaliação da relação do direito fundamental à moradia com o princípio da dignidade da pessoa humana é fundamental, por ser este o fio condutor da apreciação do direito à moradia.

A Constituição elege, no inciso III de seu art. 1º, a dignidade da pessoa humana como um dos fundamentos da República Federativa do Brasil. O ordenamento jurídico brasileiro, portanto, tem por pedra angular a tutela da dignidade da pessoa humana, que deve ser o fio condutor da análise do direito à moradia. Dignidade da pessoa humana é uma qualidade que distingue cada ser humano e o faz merecedor de respeito,[9] pois todo ser humano "tem inerente dignidade e é inviolável".[10]

A efetivação do principio da dignidade da pessoa humana pode dar-se por meio da garantia do mínimo existencial, cuja preservação é uma necessi-

---

[5] DE CUPIS, Adriano. *Os direitos da personalidade.* Lisboa: Livraria Morais, 1961. p. 94.

[6] Sobre a existência digna e o conjunto de bens mínimos, veja: CASTILHO, Ricardo. *Justiça social e distributiva: desafios para concretizar direitos sociais.* São Paulo: Saraiva, 2009. p. 95-105.

[7] COSTA JÚNIOR, Paulo José da. *O direito de estar só.* São Paulo: Revista dos Tribunais, 1995. p. 14.

[8] Neste sentido, veja: TELLES JUNIOR, Godofredo. *O direito quântico.* 5. ed. São Paulo: Max Limonad, 1980. p. 407. Veja, também: SOUZA, 2004, p. 204-209.

[9] SARLET, Ingo Wolfgang. *Dignidade da pessoa humana e direitos fundamentais na Constituição Federal de 1988.* 6.ed. rev. e atual. Porto Alegre: Livraria do Advogado, 2008. p. 63.

[10] PERRY, Michel. Protegendo direitos humanos constitucionalmente entrincheirados: que papel deve a Suprema Corte desempenhar? *In:* TAVARES, André Ramos (org.) *Justiça constitucional: pressupostos teóricos e análises concretas.* Belo Horizonte: Editora Fórum, 2007. p. 85-151. p. 86.

dade em favor dos indivíduos. O mínimo existencial compreende o conjunto de bens mínimos a que todo indivíduo tem direito como condição para uma existência digna, nestes incluso o direito à moradia.

Ao longo da história[11] se constata a existência de direitos conferidos aos indivíduos sobre bens que não lhe poderiam ser negados, a exemplo da "própria vida, o corpo, a consciência de si próprio e os *bens materiais mínimos de subsistência*: alimentação, roupas e ferramentas indispensáveis ao trabalho" (grifo do autor)[12] com a conformação dada pelos romanos e gregos na Antiguidade. Esse conjunto de bens foi sendo ampliado aos poucos e, com a intenção de limitar o poder do Estado absolutista, a partir da evolução do pensamento ocidental, eram considerados *universais, imprescritíveis e invioláveis*, sendo "identificados como direitos naturais do homem e originados diretamente de sua razão, incluíam, principalmente, aquelas prerrogativas hoje classificadas como *liberdades individuais e coletivas* de primeira geração" (grifo do autor). O Jusnaturalismo [séculos XVII e XVIII] constituiu a primeira forma de concepção verdadeira de bens mínimos universais, entendidos como direitos fundamentais do indivíduo apenas em virtude de sua condição de ser humano racional.[13]

No início do século XX, a crise do capitalismo liberal contribuiu para que conflitos sociais se agravassem por todo o mundo, resultando na elaboração de algumas constituições sociais [México – 1917; e Alemanha – 1918-1919] que incluíram neste conjunto mínimo bens de caráter social, econômico e cultural, alguns de mera subsistência, outros voltados ao desenvolvimento do homem e, ainda, os mais elevados [direito à educação e preservação do meio ambiente]. "Chegou-se enfim à ideia de *bens essenciais* humanos" (grifo do autor) com a finalidade e necessidade de "promover a todos uma existência conforme a *dignidade da pessoa humana*" (grifo do autor), os quais são previstos na Declaração Universal dos Direitos do Homem da Organização das Nações Unidas e podem ser ampliados nos ordenamentos jurídicos de cada país.[14] Tais direitos estão previstos na Constituição da República Brasileira, destacando-se os relativos à saúde, educação, assistência social, moradia, entre tantos outros nela expressos, pois a mesma é bastante abrangente.

Para garantir o mínimo existencial aos que mais necessitam, deve o Estado, portanto, fazer uma justa distribuição de recursos públicos. Neste sentido é importante trazer a lume, ainda que resumidamente e apenas na sua concepção atual, a questão da justiça distributiva, que tem origem em Aristóteles.[15] A concepção atual de justiça distributiva está voltada para a questão da distribuição de recursos na sociedade que satisfaça às necessidades de todos, "noção que tem pouco mais de dois séculos de existência" na afirmação de Fleischa-

---

[11] Este breve relato da proteção aos bens mínimos toma por base os registros de CASTILHO, Ricardo. *Justiça social e distributiva: desafios para concretizar direitos sociais*. São Paulo: Saraiva, 2009, p. 102-103.

[12] CASTILHO, 2009, p. 102.

[13] Ibidem.

[14] Idem, p. 103.

[15] ARISTÓTELES. *Ética à Nicômaco*. Trad. Pietro Nassetti. 4. ed. São Paulo: Martin Claret, 2008.

cker,[16] e encontra seu marco mais significativo em John Rawls.[17] Castilho,[18] analisando a Teoria da Justiça de Rawls, afirma que "a fundamentação última dos direitos e deveres de justiça social e de justiça distributiva deve prescindir do apelo a esta ou àquela ideologia". O autor,[19] com muita propriedade, destaca que a realização da vida boa de todos, ou seja, da felicidade coletiva, encontra respaldo no neocontratualismo de Rawls.

Na noção moderna de justiça distributiva o Estado tem a obrigação de garantir a distribuição da propriedade de forma justa, de modo a que todos tenham certo volume de recursos materiais. A distribuição de alguma coisa para todas as pessoas, a exemplo da moradia digna, não depende do fato delas merecerem por qualquer circunstância relacionada ao seu caráter ou em razão de algum ato que tenham praticado, mas em razão, pura e simplesmente, de sua condição humana, segundo enfatiza Fleischacker.[20]

A doutrina referenciada deixa claro que ao Estado competem prestações positivas e negativas que visem a garantir aos indivíduos o mínimo existencial[21] e a efetividade dos seus direitos fundamentais, tendo por fio condutor o princípio da dignidade da pessoa humana, o qual tem indissociável relação com o direito fundamental à moradia, pois esta é uma necessidade de toda pessoa humana, que "é um parâmetro para identificar quando as pessoas vivem com dignidade e têm um padrão de vida adequado", pois o padrão de vida adequado é satisfeito quando se tem uma moradia adequada, conforme enfatizado por Nelson Saule Júnior.[22]

2.1. A previsão legal do direito fundamental à moradia

O direito à moradia é reconhecido em diversos instrumentos internacionais, sendo assentado, pela primeira vez, na condição de direito humano fundamental, em âmbito internacional, no art. XXV da Declaração Universal dos Direitos Humanos da ONU (1948), entre os direitos econômicos, sociais e culturais. O dispositivo reconhece, além do direito à habitação, diversas outras necessidades essenciais que são condicionantes para uma vida digna, vale dizer, que são indispensáveis para a obtenção de um padrão de qualidade adequado para uma existência digna. São os direitos a saúde, alimentação, vestuário, re-

---

[16] FLEISCHACKER, Samuel. *Uma breve história da justiça distributiva*. Traduzido por Álvaro de Vita. São Paulo: Martins Fontes, 2006. p. 4.

[17] Idem, p. 163. Sobre a Teoria de Rawls, necessário buscar seus importantes ensinamentos em RAWLS, John. *Uma teoria da justiça*. Traduzido por Jussara Simões. 3.ed. São Paulo: Martins Fontes, 2008. p. 322 a 404.

[18] CASTILHO, 2009, p. 92.

[19] "A realização da vida boa de todos pode ser identificada, assim, como espécie de felicidade objetivo-coletiva. Esta representa apenas a garantia de condições materiais e imateriais mínimas que possibilitem ao indivíduo desenvolver potencialidades, tendo em vista a realização plena de seu plano específico de vida e, em conseqüência, de sua felicidade subjetivo-individual". Idem, p. 116.

[20] FLEISCHACKER, 2006, p. 14.

[21] Sobre a existência digna e o conjunto de bens mínimos, ver CASTILHO, 2009, p. 95-105.

[22] SAULE JÚNIOR, Nelson. Instrumentos de monitoramento do direito humano à mordia adequada. *In*: ALFONSIN, Betânia de Moraes; FERNANDES, Edésio (org.). *Direito urbanístico: estudos brasileiros e internacionais*. Belo Horizonte: Del Rey, 2006. p. 215-250. p. 217.

cebimento de serviços sociais indispensáveis e o direito à segurança em caso de desemprego, doença, invalidez, viuvez, velhice que, interligados com o direito à moradia, possibilitam o atingimento de um padrão de vida adequado. Não basta, portanto, que seja garantido um desses direitos apenas, pois a existência digna, com um padrão de vida adequado, tem como pressuposto a efetividade desse conjunto de direitos humanos fundamentais.[23]

A nascente inspiradora do direito à moradia na condição de direito fundamental é a Declaração Universal de Direitos Humanos, mas diversos tratados e convenções internacionais passaram a reconhecê-lo.[24]

O direito à moradia adequada, portanto, em âmbito internacional, está previsto nos vários tratados e convenções referidos, podendo-se, assim, afirmar que se trata de um direito fundamental social reconhecido pela Comunidade Internacional. Esses tratados e convenções geram responsabilidades e obrigações para os Estados Partes ratificantes, os quais respondem no caso de faltarem com a obrigação assumida.

O Brasil ratificou todos os tratados e convenções destacados, assumindo, portanto, a obrigação de dar efetividade ao direito fundamental à moradia em seu âmbito interno, pois o § 2º do art. 5º da Constituição estabelece que "Os direitos e garantias expressos nesta Constituição não excluem outros decorrentes do regime e dos princípios por ela adotados, ou dos tratados internacionais em que a República Federativa do Brasil seja parte".

Com a ratificação dos tratados, o Brasil reconhece o direito à moradia como um direito humano e assume responsabilidades frente à comunidade internacional para proteger e concretizar esse direito. As declarações ratificadas originam compromissos éticos e políticos e as convenções, tratados e pactos originam deveres e obrigações legais ao Estado Brasileiro, tanto no âmbito prestacional, por meio da instituição e execução de políticas públicas, quanto no âmbito legislativo, mediante a edição de normas protetivas desse direito.

O direito à moradia, no âmbito interno brasileiro, está regrado na Constituição da República e em diversas normas infraconstitucionais.

---

[23] "A partir da afirmação desse direito, em razão dos demais direitos humanos serem universais, indivisíveis, interdependentes e inter-relacionados, a alimentação, vestuário, habitação, saúde e seguridade não são meramente componentes do direito a um padrão de vida adequado. Reconhecidos na Declaração Universal, estes são inerentes ao direito pelo qual a pessoa humana somente terá um padrão de vida adequado se assegurados os direitos à alimentação, ao vestuário, à moradia, à saúde e à seguridade". SAULE JÚNIOR, Nelson. *A proteção jurídica da moradia nos assentamentos irregulares*. Porto Alegre: Sérgio Antônio Fabris Editor, 2004. p. 90.

[24] Pacto Internacional dos Direitos Sociais, Econômicos e Culturais, aprovado pela Assembleia Geral das Nações Unidas em 1966; Convenção Internacional sobre a Eliminação de Todas as Formas de Discriminação Racial, de 1968, adotada pela Assembleia Geral das Nações Unidas em 21 de dezembro de 1965 e vigente em 4 de janeiro de 1969; Agenda Habitat I, decorrente da Primeira Conferência das Nações Unidas sobre assentamentos humanos, realizada em 1976, em Vancouver no Canadá; a Agenda 21, resultante da Conferência das Nações Unidas para o Meio Ambiente e o Desenvolvimento, de 1992; a Agenda Habitat II, decorrente da segunda Conferência das Nações Unidas sobre assentamentos humanos, no ano de 1996, em Istambul, na Turquia; a Declaração sobre Cidades e outros Assentamentos Humanos no Novo Milênio, de corrente da Sessão Especial da Assembleia Geral da ONU, com o objetivo de rever a implementação da Agenda Habitat; a Declaração sobre o Direito ao Desenvolvimento, adotada pela Resolução nº 41/128 da Assembleia Geral das Nações Unidas, de 1986; A Convenção Americana de Direitos Humanos, dentre outros.

A Constituição estabelece que a República Federativa do Brasil seja fundada na dignidade[25] da pessoa humana e tem por objetivos fundamentais construir uma sociedade justa, livre e solidária, erradicar a pobreza e a marginalização e reduzir as desigualdades sociais, bem assim promover o bem de todos (art. 1º, inciso III; art. 3º, incisos I, III e IV).

Nos artigos seguintes, a Constituição elenca diversos direitos e garantias fundamentais, dando-lhes maior amparo, pois, foram incluídos no rol das "cláusulas pétreas" do art. 60, § 4º, IV.

O direito à moradia é assegurado no inciso IX do art. 23, que estabelece o dever do Estado, nas suas três esferas, promover programas de construção de moradias e melhoria das condições habitacionais e de saneamento básico. Da mesma forma, a moradia faz parte das necessidades básicas dos direitos dos trabalhadores urbanos e rurais, que devem ser atendidas pelo salário mínimo[26] (artigo 7º, inciso IV).

No art. 231, a Constituição estabelece que para os índios a moradia é garantida pelo direito à terra como propriedade pública estatal do governo federal, mas de posse privada e coletiva, não identificável individualmente. O art. 68 do Ato das Disposições Constitucionais Transitórias – ADCT –, reconhece o direito das comunidades remanescentes de quilombos à propriedade definitiva das terras por elas ocupadas.

Embora já constasse dentre as obrigações dos entes federados, tanto no que respeita à efetivação da política habitacional, quanto na definição de um salário mínimo que atenda necessidades básicas do trabalhador, incluindo-se nestas a moradia,[27] o direito à moradia foi inserido, expressamente, no texto constitucional brasileiro, na condição de direito fundamental, há cerca de uma década, por meio da Emenda Constitucional nº 26, editada em 2000, nos termos seguintes: "Art. 6º São direitos sociais a educação, a saúde, o trabalho, *a moradia*, o lazer, a segurança, a previdência social, a proteção à maternidade e à infância, a assistência aos desamparados, na forma desta Constituição". (Grifou-se).

A inclusão do direito à moradia na Constituição da República obriga o Estado a um papel socialmente ativo para conferir efetividade a esse direito.

Ao disciplinar a ordem urbanística, o art. 182 da Constituição regra que a política de desenvolvimento urbano deve garantir o bem-estar social de seus habitantes e observar o pleno desenvolvimento das funções sociais da cidade, a qual deve ter por instrumento básico o plano diretor que terá exigências fundamentais para a sua ordenação, de modo que a propriedade cumpra sua função social, como corolário da Constituição Cidadã, pois "Cidade e cidada-

---

[25] Dignidade está acima de todo o preço, segundo Kant: "No reino dos fins tudo tem ou um preço ou uma dignidade. Quando uma coisa tem um preço, pode-se por em vez dela qualquer outra como equivalente; mas quando uma coisa está acima de todo o preço, e portanto não permite equivalente, então tem ela dignidade". KANT, Immanuel. *Fundamentação da metafísica dos costumes.* Traduzido por Paulo Quintela. Lisboa: Edições 70, 1986. p. 77.

[26] Neste sentido, afirma SARLET, 2009, p. 329.

[27] Neste sentido, ver voto da Deputada Federal Almerinda Carvalho, relatora do PEC nº 60/98, que deu origem à Emenda Constitucional nº 26.

nia são o mesmo tema, e não há cidadania sem a democratização das formas de acesso ao solo urbano e à moradia nas cidades".[28] Uma das funções sociais da propriedade urbana e das cidades, sem dúvida, é a acessibilidade ao direito fundamental à moradia.

O direito à moradia no Brasil é, regulado, também, em diversos diplomas legais infraconstitucionais. Em 2001, foi editada a Lei Federal nº 10.257, denominada de Estatuto da Cidade, que regulamenta os artigos 182 e 183 da Constituição, disciplinando a política urbana, mediante o estabelecimento de princípios e diretrizes para o ordenamento territorial e urbanístico, fundado no princípio da função social e ambiental da propriedade e na garantia do direito às cidades sustentáveis. Este direito é "entendido como o direito à terra urbana, à moradia, ao saneamento ambiental, à infra-estrutura urbana, ao transporte e aos serviços públicos, ao trabalho e ao lazer, para as presentes e futuras gerações" (artigo 2°). Igualmente, estabelece diversos instrumentos que tratam da segurança da posse [Usucapião Urbano, Concessão do Direito Real de Uso e Zonas Especiais de Interesse Social – ZEIS], da regularização fundiária, do ordenamento territorial [plano diretor participativo, parcelamento, edificação ou utilização compulsórios].

Em 2002, foi editado o novo Código Civil Brasileiro (Lei Federal nº 10.406/2002), o qual, nos §§ 3° e 4° do art. 1.228, considera a propriedade urbana como um direito amplo, mas não absoluto, que deve ser exercido em consonância com as finalidades econômicas, sociais e ambientais, possibilitando, dessa forma, a regularização dominial em áreas de interesse social.

Em 2003, foi sancionada a Lei Federal nº 10.741/2003, que dispõe sobre o Estatuto do Idoso, e, nos arts. 37 e 38 estabelece o direito à moradia e a prioridade da titularidade da moradia aos idosos nos programas habitacionais.

Por iniciativa popular, em 2005, foi aprovada a Lei Federal nº 11.124, de 16/07/2005, que cria o Sistema Nacional de Habitação de Interesse Social – SNHIS – e o Fundo Nacional de Habitação de Interesse Social – FNHIS –, com o objetivo de promover o acesso à terra urbanizada e à habitação digna para a população de menor renda (art. 2°, I e II), acolhendo o principio da moradia digna como um vetor de inclusão social (art. 4°, I, b).

Igualmente, ressalta-se a edição da Lei Federal nº 11.977/2009, que "Dispõe sobre o Programa Minha Casa, Minha Vida – PMCMV e a regularização fundiária de assentamentos localizados em áreas urbanas [...]". O programa instituído pela referida lei tem por finalidade criar mecanismos de incentivo à produção e à aquisição de novas unidades habitacionais pelas famílias com renda mensal de até 10 (dez) salários mínimos, que residam em qualquer dos municípios brasileiros e compreende o Programa Nacional de Habitação Rural – PNHR – e o Programa Nacional de Habitação Urbana – PNHU. A lei trata, também, do procedimento de regularização fundiária, o qual consiste no conjunto de medidas jurídicas, urbanísticas, ambientais e sociais que visam

---

[28] FERNANDES, Edésio. A nova ordem jurídico-urbanística no Brasil. *In*: ALFONSIN, Betânia de Moraes; FERNANDES, Edésio (org.). *Direito urbanístico: estudos brasileiros e internacionais*. Belo Horizonte: Del Rey, 2006. p. 3-23. p. 5.

INQUIETAÇÕES SOBRE DIREITOS FUNDAMENTAIS

à regularização de assentamentos irregulares e à titulação de seus ocupantes, de modo a garantir o direito social à moradia, o pleno desenvolvimento das funções sociais da propriedade urbana e o direito ao meio ambiente ecologicamente equilibrado (art. 46).

O contexto normativo, acima descrito, demonstra a preocupação legislativa brasileira com o direito à moradia, que é um direito de todos. Contudo, para uma expressiva camada da sociedade brasileira, que se encontra em situação econômica menos privilegiada, a propriedade não está ao seu alcance. Sem dúvida, a necessidade da efetiva ação estatal para concretizar o sonho de todo brasileiro de uma moradia adequada própria, se trata de um direito que tem matiz prestacional para o Estado.

A moradia em condições dignas para todos, especialmente aos menos favorecidos, é, sem dúvida, questão palpitante na realidade brasileira, precisando de grande atenção do Poder Público, por ser ele o garantidor deste direito fundamental.

A atuação do Estado deve voltar-se, também, para a correta gestão dos bens públicos, que, usualmente, são irregularmente utilizados pelos particulares para neles estabelecer sua morada. Relativamente ao uso de bens públicos, para dar concretude ao direito à moradia devem os agentes públicos editar as correspondentes normas, pois a Constituição da República impõe ao Estado o dever de sua proteção e, portanto, de observar o regime jurídico dos mesmos. Desta forma, imprescindível se torna o estudo dos bens públicos, mais especificamente dos imóveis, nos pontuais aspectos de seu regime que têm correlação com o direito fundamental à moradia.

3. Os bens públicos, a função social da propriedade pública e sua correlação com o direito fundamental à moradia

O patrimônio público está afetado ao cumprimento do interesse público, vale dizer, do alcance do bem comum. Portanto, ao Poder Público compete a correta gestão dos bens públicos, a qual se encontra vinculada ao atendimento dos preceitos constitucionais. A Administração deve, assim, disciplinar o adequado uso dos bens, móveis ou imóveis, e exercer o papel de fiscal dessa utilização, de tal sorte que, efetivamente, sirvam os bens de uso comum, os de uso especial ou os dominiais aos fins públicos aos quais se encontram vinculados.

Essa obrigação decorre, inclusive, do regime jurídico dos bens públicos, que lhes confere os atributos da inalienabilidade, imprescritibilidade e impenhorabilidade. Em decorrência desses atributos, os bens públicos de uso especial ou comum somente podem ser alienados se desafetados do fim a que se destinam.

No caso desses bens não serem adequadamente utilizados aos seus fins, não é justo que o Poder Público mantenha um patrimônio ocioso, com custos de manutenção pagos pela sociedade, em detrimento do atendimento de necessidades desta mesma coletividade, ou de parte dela, especialmente quando poderia destiná-los para o atendimento do direito fundamental à moradia. Tal ocorre pela função social inerente a esses bens.

No que respeita à aplicabilidade do princípio da função social aos bens privados, a doutrina é unânime quanto a sua incidência e que a propriedade somente pode ser exercida de modo a não causar dano e, também, de modo a trazer benefícios para a coletividade, visando a atingir sua função social. Relativamente à incidência do princípio e sua ligação com o direito à moradia, é inegável a íntima relação entre ambos, pois o princípio da função social da propriedade só se torna plenamente efetivo quando se pode dar a todas as pessoas, que na cidade habitam, um lugar, uma morada, para com sua família viver com dignidade. Deste modo, a propriedade deixa de ser o direito subjetivo do proprietário e passa a ser a função social o detentor da riqueza, pois está intimamente presa a sua função social, constituindo-se em um direito e um dever, devendo seu titular exercer seus direitos de modo a garantir o direito à moradia, em cujo processo o Poder Público tem imprescindível atuação para garantir que a propriedade privada cumpra sua função social e, por consequência, dar efetividade ao direito à moradia.

Contudo, relativamente à aplicabilidade deste princípio aos bens públicos, percebe-se que a matéria ainda não está consolidada, mas vem sendo tratada, com maior ênfase, na doutrinária mais recente, num debate que tem trazido posicionamentos doutrinários consistentes no sentido de amparar a argumentação de que há, sim, incidência do mesmo sobre a propriedade pública.

Os bens públicos devem atender ao princípio da função social da propriedade, porque o patrimônio público está afetado ao cumprimento do interesse público, do alcance do bem comum, cabendo, ao Poder Público, a correta gestão desse patrimônio, de modo a disciplinar seu correto uso e de exercer o seu papel de fiscal dessa utilização, de tal sorte que, efetivamente, sirvam os bens de uso comum, de uso especial ou dominiais aos fins públicos aos quais se encontram vinculados.

A administração desses bens está vinculada ao atendimento dos preceitos constitucionais, devendo, portanto, o Poder Público observar os princípios constitucionais informadores do direito de propriedade, notadamente o da função social da propriedade, pois, por uma questão de justiça e de dever de bem administrar o que é público, não se entende admissível que bens públicos possam estar ociosos ou serem irregularmente ocupados, desatendendo, assim, a finalidade social que lhes é inerente.

Devem tais bens, portanto, cumprir uma função social de modo a que também atendam à função social da cidade e, dentre as funções sociais da propriedade pública ressalta-se a de dar condições de vida digna aos seus habitantes por meio de moradia adequada, direito fundamental constitucionalizado que tem por fio condutor a dignidade da pessoa humana. Para tanto, pode o Estado alienar ou outorgar o uso de seus bens imóveis.

Os bens dominicais podem ser alienados por meio de institutos de direito privado e de direito público para qualquer finalidade, desde que justificado o interesse público da alienação. Desta forma, a Administração Pública, valendo-se dos institutos jurídicos apropriados, poderá alienar bens dominicais para particulares com o objetivo de dar efetividade ao direito fundamental à moradia. De modo idêntico, poderá proceder em relação aos bens de uso especial ou de uso comum, após regular desafetação dos mesmos. Em qualquer dessas hipóteses deverá justificar o interesse público na alienação, avaliar o bem e editar lei autorizativa da alienação, a qual poderá ser precedida ou não de licitação, conforme o caso, observando-se a Lei Federal nº 8.666/1993.

A utilização de bens públicos imóveis de uso comum ou especial por particulares é, também, possível e deve dar-se por meio dos institutos jurídicos adequados, inclusive para fins de moradia. Essa utilização, sem expressa desafetação do bem e sem qualquer instrumento emanado da Administração Pública que outorgue o direito ao uso destes pelo particular, é situação irregular bastante comum. Entende-se, entretanto, que nesta situação há necessidade urgente de ação do Poder Público para a regularização da situação, mediante edição de lei para desafetar o bem e proceder à legalização da posse, inclusive mediante transferência definitiva da propriedade, conforme o caso.

Deste modo, a obrigatoriedade de bem administrar os bens públicos impõe aos agentes públicos – no caso de uso irregular dos mesmos por particulares para qualquer fim, inclusive para moradia – a obrigação de não permitir a manutenção dessa situação de ilegalidade. Ao contrário, tem o dever de regularizar tais situações, seja pela utilização adequada dos institutos jurídicos de outorga de uso, seja pela alienação dos mesmos nas formas permitidas em lei, ou, até, por meio da retomada do bem. A decisão deve ser norteada pelos princípios constitucionais que informam o atuar administrativo, assim como pelo dever de, em relação à propriedade pública, observar, também, a sua função social.

Esta obrigação do Poder Público decorre, inclusive, da atribuição que lhe é conferida pela Constituição da República para dar efetividade aos direitos fundamentais, em especial o da moradia, bem como estabelecer políticas públicas, visando diminuir os problemas oriundos das ocupações irregulares, em especial os referentes à ausência ou precariedade das infraestruturas de serviços básicos de energia, saneamento, saúde, educação e transportes.

A escolha entre uma e outra forma de solucionar o problema, ou do instituto adequado não é tarefa simples. Contudo, a situação de irregularidade não pode permanecer em face da obrigatoriedade de uma boa gestão e, também, pelo respeito aos atributos que a Constituição e a legislação infraconstitucional conferem aos bens públicos.

4. Institutos jurídicos aplicáveis à alienação e ao uso de bens imóveis públicos para fins de moradia

Os institutos jurídicos passíveis de aplicação no caso de alienação de bens públicos para fins de moradia são a venda, a doação e a legitimação da posse. No que respeita ao uso de bens públicos, por particulares, para fins de moradia são passíveis de utilização a concessão de uso especial para fins de moradia, a concessão de direito real de uso, o aforamento ou enfiteuse e cessão de uso.

A escolha do instituto jurídico de alienação ou de outorga do uso mais adequado pressupõe a análise das diversas peculiaridades da situação de irregularidade encontrada, como condições da posse e da propriedade, em áreas rurais ou urbanas, bem como da infringência ou não da legislação aplicável às questões urbanísticas e ao uso de bens públicos.

A indefinição em relação ao direito de posse ou de propriedade desses imóveis determina que o Poder Público instaure o devido procedimento administrativo de regularização fundiária, de modo que altere a situação de irregularidade na utilização dos bens em situação de legitimidade da posse ou da propriedade.

A regularização fundiária de interesse social, desenvolvida por órgãos ou entidades da Administração Pública, portanto, constitui-se de um processo de averiguação da condição da posse e da propriedade em áreas rurais ou urbanas, seja qual for o seu proprietário [particulares ou pessoas jurídicas de direito público], nas quais foi constituído aglomerado urbano irregular por particulares, de modo individualizado, sem a observância da legislação aplicável, notadamente de natureza urbanística ou referente ao uso de bens públicos.

Ao dar início ao processo de regularização fundiária, o Poder Público deve ter ciência de que deve fazê-lo com observância do devido processo legal, constitucionalmente garantido no art. 5º, inciso LIV, assim como em diversos tratados, declarações e convenções internacionais, dentre as quais se destacam, a título de exemplo, o art. 11 da Declaração Universal dos Direitos Humanos, de 1948, e o art. 14 do Pacto Internacional dos Direitos Civis e Políticos. O princípio deve ser aplicado tanto na esfera administrativa quanto judicial, neste tanto como no âmbito de proteção material quanto processual.

A regularização, como referido, pode dar-se tanto pela alienação quanto pela outorga do uso.

A alienação é o modo pelo qual o Poder Público transfere a propriedade de seus bens, podendo ocorrer de várias formas, desde que protegido o interesse público e atendidos os requisitos da Lei Federal nº 8.666/1993 que, em se tratando de bens imóveis, são: interesse público, autorização legislativa, avaliação prévia e licitação, dispensada esta somente nas hipóteses do inciso I do art. 17 da referida lei.

Dentre os institutos jurídicos aplicáveis para a alienação de bens públicos podem ser utilizados, para garantir o direito fundamental à moradia: a venda, a doação e a legitimação da posse. E, destes, o que tem causado maior discussão atualmente é o da legitimação da posse.

O instituto da legitimação da posse nasceu como forma de transferência de domínio e, embora tenha sido assim denominado, se infere que o mesmo visa transformar uma relação de fato [a posse] em uma relação de direito [o domínio]. Reconhece-se, nas normas que o regulamentam, a evidência da relevância social dada à propriedade pública, porquanto as mesmas enfatizam a função social da propriedade pública como princípio concretizador da dignidade da pessoa humana, na medida em que asseguram ao possuidor o direito de permanecer na posse de bem público para nele manter sua moradia. Tais normas reforçam o entendimento no sentido de que a Administração Pública deve, no exercício de sua função de guardiã da Constituição da República, observar esses princípios constitucionais [da função social da propriedade e da dignidade da pessoa humana], assim como deve dar efetividade ao direito constitucional fundamental à moradia.

Contudo, para utilizar-se do instituto, a Administração deve regrá-lo adequadamente, pois a legitimação da posse é modo excepcional de transferência de domínio de terra devoluta ou área pública sem utilização, devendo ser feita na forma da legislação pertinente tanto no âmbito da União quanto do Distrito Federal, dos estados e dos municípios. Deste modo se conclui, porque não há usucapião de bens públicos como direito dos posseiros, havendo, contudo, o reconhecimento do Poder Público em legitimar determinadas ocupações.

No que respeita aos institutos relativos ao uso dos bens públicos imóveis, insta destacar que essa utilização é norteada pela natureza funcional do vínculo mantido entre o Poder Público e seus bens, ou seja, devem ser eles utilizados para a satisfação das necessidades coletivas acometidas ao Estado, em conformidade com suas peculiaridades. Entretanto, podem os bens ser utilizados por particulares, desde que este uso seja compatível com o interesse público, consentido pela administração, de forma precária ou não, podendo ser gratuito ou oneroso, com observância das condições estabelecidas na legislação, levando-se em conta o interesse público e a sua supremacia, inclusive no que respeita à escolha dos institutos adequados.

Relativamente aos bens públicos, a Constituição confirma a inteligência de que tais bens não são passíveis de serem usucapidos e, ao mesmo tempo, reconhece a proteção do direito à concessão de uso. A concessão de uso de bens públicos, para fins de moradia, pode ocorrer por meio da concessão de direito real de uso e da concessão de uso especial para fins de moradia. Igualmente, esses bens podem ter seu uso outorgado por meio do aforamento ou enfiteuse e da cessão de uso.

Dentre esses institutos, a concessão de uso especial para fins de moradia tem suscitado divergência de interpretação doutrinária no que diz respeito à existência, ou não, do reconhecimento jurídico do direito subjetivo do ocupante à regularização. Sobre a questão, se adota a posição que entende não ser da competência da União impor aos estados e aos municípios essa obrigatoriedade, pois cada ente federado tem competência para regrar o uso de seus bens e, se a Constituição possibilita a outorga tanto do título de domínio quanto da concessão de uso, é porque facultou a adoção de uma ou outra possibilidade à decisão do órgão titular do bem.

A Concessão de uso é "o contrato administrativo pelo qual o Poder Público atribui a utilização exclusiva de um bem de seu domínio a particular, para que o explore segundo sua destinação específica".[29] A concessão de uso, portanto, defere a utilização do bem, levando em conta o interesse público, de modo oneroso ou gratuito, por meio de contrato administrativo realizado *intuitu personae*, ou seja, personalíssimo, admitindo transferência a terceiros somente se

---

[29] MEIRELLES, Hely Lopes. *Direito administrativo brasileiro*. 34. ed. São Paulo: Malheiros, 2008, p. 535.

a Administração expressamente autorizar, devendo sua utilização ser exercida conforme sua destinação específica. Por tratar-se de contrato realizado entre a administração e o particular, em regra, há necessidade de licitação prévia para sua celebração, conforme art. 2º da Lei Federal nº 8.666/1993. Trata-se de um meio mais estável, em relação à autorização e permissão, de outorga de uso do bem público, diferenciando-se das mesmas pela sua formalização por meio de contrato por tempo certo, onde serão fixadas todas as suas condições.

A concessão de direito real de uso, igualmente, ocorre mediante contrato administrativo, que tem como finalidade a transferência do direito de uso de certo imóvel público ao particular, de forma remunerada ou gratuita, com direito real resolúvel, para fins específicos de regularização fundiária de interesse social, urbanização, industrialização, edificação, cultivo da terra, aproveitamento sustentável das várzeas, preservação das comunidades tradicionais e seus meios de subsistência ou outras modalidades de interesse social em áreas urbanas, a qual foi instituída pelo art. 7º do Decreto-Lei nº 271/1967, com as alterações que lhe foram introduzidas pela Lei Federal nº 11.481/2007.

A concessão de uso especial para fins de moradia é disciplinada pela MP nº 2.220, de 04 de setembro de 2001, ainda vigente em face da Emenda Constitucional nº 32/2001, no § 1º do art. 183 da Constituição. No art. 1º, a MP 2.220/2001, entretanto, estabelece como condições para a sua efetivação [posse ininterrupta, por cinco anos até 30 de junho de 2001, de área de até duzentos e cinquenta metros quadrados de imóvel público situado em área urbana para fins de moradia].

O aforamento é previsto, no âmbito da União, no Decreto-Lei no 9.760/1946, art. 99 a 124. O aforamento dar-se-á por meio de contrato enfitêutico, no qual constarão as condições estabelecidas e as características do terreno aforado e poderá ser transferido (art. 109). A outorga do aforamento depende de prévia autorização da Presidência da República, salvo se já permitido em expressa disposição legal e de prévia audiência de alguns órgãos, inclusive dos municípios, nas situações previstas no art. 100, podendo ser dispensada esta nos casos de aplicação do regime de aforamento gratuito visando à regularização fundiária de interesse social, exceto no caso dos bens imóveis sob administração do Ministério da Defesa e dos Comandos do Exército, da Marinha e da Aeronáutica (§ 6º do art. 100, incluído pela Lei Federal nº 11.481/2007).

A cessão de uso, em regra, "é a transferência gratuita da posse de um bem público de uma entidade ou órgão para outro, a fim de que o cessionário o utilize nas condições estabelecidas no respectivo termo, por tempo certo ou indeterminado", que não depende de licitação, pois se configura num "ato de colaboração entre repartições públicas, em que aquela que tem bens desnecessários aos seus serviços cede o uso à outra que deles está precisando".[30] Contudo, pelo art. 19 da Lei Federal nº 9.638/1998, pode ocorrer a cessão de uso no caso de "cessão gratuita de direitos enfitêuticos relativos a frações de terrenos cedidos quando se tratar de regularização fundiária ou provisão habitacional para famílias carentes ou de baixa renda".

---

[30] MEIRELLES, 2008, p. 534.

INQUIETAÇÕES SOBRE DIREITOS FUNDAMENTAIS

O Poder Público deve sempre buscar compatibilizar os princípios e normas que envolvem o assunto para encontrar uma solução conforme com a Constituição. Assim, defende-se a necessidade de o Poder Público, ao realizar a análise da situação local, mediante o necessário procedimento administrativo, adotar a decisão mais consentânea com a ordem jurídica e regular, por lei, as medidas que pretenda adotar, nestas incluída a desafetação de determinados bens, se for necessário, para concretizar o direito à moradia. Desta forma, evitará o ajuizamento de ações por parte dos órgãos de defesa do patrimônio público, como é o caso do Ministério Público, pois não dará margem a ocorrência de conflitos legais, ou, ao menos, os minimizará.

5. Conclusões

O direito fundamental à moradia, no Brasil, é protegido em âmbito constitucional e, embora tenha sido expressamente inserido na Constituição Federal, na condição de direito fundamental, somente em 2000, por meio da Emenda Constitucional nº 26, de longa data, esse direito goza de proteção em nosso sistema jurídico, seja pela previsão em dispositivos constitucionais esparsos, a exemplo do inciso IX do art. 23 e do inciso IV do artigo 7°, seja por sua previsão em âmbito internacional em diferentes tratados, convenções e declarações, desde a sua previsão na Declaração Universal dos Direitos Humanos – DUDH –, podendo se afirmar que se trata de um direito internacional e, por conseguinte, é um direito assegurado no direito brasileiro, por força do disposto nos §§ 2° e 3° do art. 5° da CF.

A Constituição elege, no inciso III de seu art. 1°, a dignidade da pessoa humana como um dos fundamentos da República Federativa do Brasil, tendo o ordenamento jurídico brasileiro, portanto, por pedra angular a tutela da dignidade da pessoa humana, que deve ser o fio condutor do direito fundamental à moradia.

O direito à moradia tem natureza prestacional e, como ao Estado competem prestações, positivas e negativas, que visem garantir aos indivíduos o mínimo existencial e a efetividade dos seus direitos fundamentais, tendo por fio condutor o princípio da dignidade da pessoa humana, com o qual se relaciona, indissociavelmente, o direito fundamental à moradia, a Administração Pública tem o dever de atuar para garantir efetividade a esse direito.

No âmbito das competências constitucionais do Estado, para dar efetividade ao direito fundamental à moradia, se encontram as competências relativas ao desenvolvimento e à urbanização das cidades, com um planejamento racional e dentro de padrões que observem as regras urbanísticas e ambientais, de modo a evitar o adensamento populacional inadequado e, por conseguinte, à segregação residencial.

A administração dos bens públicos está vinculada ao atendimento dos preceitos constitucionais, como antes assinalado, devendo, portanto o Poder Público, observar os princípios constitucionais informadores do direito de propriedade, notadamente o da função social da propriedade, pois, por uma questão de justiça e de dever de bem administrar o que é público, não se entende admissível que bens públicos possam estar ociosos ou serem irregularmente ocupados, desatendendo, assim, a finalidade social que lhes é inerente.

Assim, ao disciplinar o uso de bens públicos, deve a Administração fazê--lo de modo que a comunidade possa deles ter o maior benefício possível, por meio das modalidades de uso que sejam compatíveis com a destinação e a conservação do bem, como consequência da função social que os mesmos desempenham, pois quando amplia a possibilidade de utilização dos bens a Administração está atendendo ao princípio da função social da propriedade pública.

E, na medida em que ao Estado compete garantir a efetividade do direito fundamental à moradia, também pode fazê-lo por meio da destinação de bens públicos para programas habitacionais e de regularização fundiária, cumprindo, assim, tais bens, uma função social.

Assim, no que respeita à concretização do direito fundamental à moradia, seja por meio da alienação ou do uso de bens públicos, deve o Poder Executivo, de cada esfera de governo, estabelecer políticas públicas consentâneas com o sistema normativo brasileiro e com a sua respectiva realidade.

Assim agindo, estará respeitando os princípios norteadores da Administração Pública, previstos no art. 37 da Constituição, notadamente o da legalidade, pois o uso de bens públicos deve ser regrado por lei editada pelo titular do bem, assim como estará atendendo ao princípio da função social da propriedade pública ao dar efetividade ao direito à moradia.

Por certo, há que se ter presente a ponderação para tomar a decisão de forma mais consentânea com a ordem jurídica, seja no estabelecimento das regras e políticas públicas sobre a matéria, seja na escolha entre um e outro instituto jurídico a ser aplicado ao caso concreto, de modo a proteger o bem jurídico que deve ser preservado: a moradia como garantidora da dignidade da pessoa humana, bem mais elevado e fundamental.

6. Referências bibliográficas

ARISTÓTELES. *Ética à Nicômaco*. Trad. Pietro Nassetti. 4. ed. São Paulo: Martin Claret, 2008.

CASTILHO, Ricardo. *Justiça social e distributiva: desafios para concretizar direitos sociais*. São Paulo: Saraiva, 2009.

COSTA JÚNIOR, Paulo José da. *O direito de estar só*. São Paulo: Editora Revista dos Tribunais, 1995.

DE CUPIS, Adriano. *Os Direitos da personalidade*. Lisboa: Livraria Morais Editora, 1961.

FERNANDES, Edésio. A nova ordem jurídico-urbanística no Brasil. *In*: ALFONSIN, Betânia de Moraes; FERNANDES, Edésio (org.). *Direito urbanístico: estudos brasileiros e internacionais*. Belo Horizonte: Del Rey, 2006.

FLEISCHACKER, Samuel. *Uma breve história da justiça distributiva*. Traduzido por Álvaro de Vita. São Paulo: Martins Fontes, 2006.

KANT, Immanuel. *Fundamentação da metafísica dos costumes*. Traduzido por Paulo Quintela. Lisboa: Edições 70, 1986.

MEIRELLES, Hely Lopes. *Direito administrativo brasileiro*. 34. ed. atualiz. São Paulo: Malheiros, 2008.

PERRY, Michel. Protegendo direitos humanos constitucionalmente entrincheirados: que papel deve a Suprema Corte desempenhar? *In*: TAVARES, André Ramos (org.). *Justiça constitucional: pressupostos teóricos e análises concretas*. Belo Horizonte: Editora Fórum, 2007.

ORGANIZAÇÃO DAS NAÇÕES UNIDAS. *Agenda Habitat*. www.unhabitat.org. Disponível em: <http://www.unhabitat.org/downloads/docs/1176_6455_The_Habitat_Agenda.pdf> Acesso em 14 mar. 2015.

RAWLS, John. *Uma teoria da justiça*. Traduzido por Jussara Simões. 3.ed. São Paulo: Martins Fontes, 2008.

SARLET, Ingo Wolfgang. *Dignidade da pessoa humana e direitos fundamentais na Constituição Federal de 1988*. 6.ed. rev. e atualiz. Porto Alegre: Livraria do Advogado, 2008.

——. O direito fundamental à moradia na Constituição: algumas anotações a respeito de seu contexto, conteúdo e possível eficácia. *In*: TORRES, Ricardo Lobo. *Arquivo de direitos humanos*. São Paulo: Renovar, 2002.

SAULE JÚNIOR, Nelson. *A proteção jurídica da moradia nos assentamentos irregulares*. Porto Alegre: Sergio Antonio Fabris Editor, 2004.

——. Instrumentos de monitoramento do direito humano à mordia adequada. *In*: ALFONSIN, Betânia de Moraes; FERNANDES, Edésio (org.). *Direito urbanístico: estudos brasileiros e internacionais*. Belo Horizonte: Del Rey, 2006.

——. O direito à cidade como resposta estratégica à exclusão social e à segregação especial. *Revista Magister de Direito Ambiental e Urbanístico*. Porto Alegre, v.20, p. 7-43, outubro-novembro, 2008.

TELLES JUNIOR, Godofredo. *O direito quântico*. 5. ed. São Paulo: Max Limonad, 1980.

— 14 —

O direito fundamental do presidiário ao trabalho como forma de ressocialização

MARIA CLÁUDIA FELTEN[1]

SUMÁRIO: 1. Constituição Federal de 1988 e os direitos fundamentais; 1.1. Do direito fundamental social ao trabalho; 1.1.1. Do homem; 1.1.2. Da mulher; 1.1.3. Do menor aprendiz; 1.1.4. Do preso; 2. Do trabalho do presidiário na legislação trabalhista, penal e na Lei de Execução Penal; 2.1. Na legislação trabalhista; 2.2. Código Penal; 2.3. Lei de Execução Penal (LEP); 3. A ressocialização do preso através do trabalho; 3.1. Do problema carcerário no Brasil; 3.2. Projetos de ressocialização do preso através do trabalho; 3.3. O direito fundamental do presidiário ao trabalho e como forma de ressocialização; 4. Conclusões; 5. Referências.

1. Constituição Federal de 1988 e os direitos fundamentais

A Constituição Federal, no seu artigo 1°, assegura que o Brasil é um Estado Democrático de Direito, que tem dentre seus fundamentos a dignidade da pessoa humana e o valor social do trabalho.

Por sua vez, o artigo 3°, incisos III e IV, dispõe que é objetivo do Estado erradicar a marginalização e promover o bem de todos, sem qualquer forma de preconceito ou discriminação.

A par disso, é indubitável a obrigação do Estado de promover oportunidades de trabalho a todos, para assim assegurar um mínimo existencial, a fim de que toda a sociedade viva com dignidade e em harmonia. Do contrário, teremos poucos trabalhando e tendo alcance a uma vida digna, o que ocasiona uma desigualdade desenfreada e, ao invés de erradicar a marginalização, estar-se-á incentivando o seu surgimento e proliferação.

Ainda como forma de assegurar que o Brasil seja um país democrático, e que o bem-estar social esteja presente no seio da sociedade, o legislador constituinte de 1988 assegurou uma série de direitos fundamentais aos cidadãos, como forma de implementação e concretização do bem-estar social.

Os direitos fundamentais atuam no plano subjetivo e objetivo. No plano subjetivo, os direitos fundamentais atuam como garantias da liberdade indivi-

---

[1] Advogada. Professora de Direito e Processo do Trabalho da Estácio do Rio Grande do Sul. Mestre em Direito do Trabalho pela UCS. Especialista em Direito Civil pela UFRGS. Professora do curso de pós-graduação na Uniritter e Verbo Jurídico.

dual, são direitos do cidadão em face do Estado. Através deles, o ser humano pode exercer sua cidadania, impor aquilo que necessita e se opor a tudo aquilo que lhe prejudique ou que lhe seja subtraído.

Quanto ao plano objetivo, os direitos fundamentais assumem uma dimensão institucional, impondo seu cumprimento para que possa ocorrer a consecução dos fins e valores assegurados pela própria Constituição.

Assim, os direitos fundamentais são uma garantia do cidadão contra o Estado, inclusive do cidadão que esta, temporariamente, com sua liberdade cerceada por ter delinquido.

1.1. Do direito fundamental social ao trabalho

Dentre os vários direitos fundamentais que foram assegurados na Constituição Federal, dois chamam a atenção quando o assunto é o trabalho do presidiário. O artigo 6° garante o Direito Fundamental Social ao Trabalho, e o artigo 7°, em trinta e quatro incisos, dispõe sobre os Direitos dos Trabalhadores que trabalharem em uma relação de emprego.

Ou seja, a Constituição Federal, além de assegurar que todo brasileiro tem direito a um trabalho (possibilidade de trabalhar), assegura os direitos trabalhistas mínimos que deverão ser alcançados para quem trabalhar.

Nada mais justo, pois os direitos sociais são direitos fundamentais do homem, caracterizando-se como verdadeiras liberdades positivas, de observância obrigatória num Estado Democrático de Direito, que tem por finalidade a melhoria de condições de vida aos hipossuficientes, visando à concretização da igualdade social e a minimização da desigualdade material.

A história do Direito do Trabalho demonstra como o "trabalho" liberta e torna autônomo aquele que dele vive.

1.1.1. Do homem

O trabalho humano existe desde o início da humanidade, uma vez que o homem sempre precisou trabalhar para ter alcance, no mínimo, a moradia, alimentação e higiene. Anteriormente à Revolução Industrial, o trabalho era basicamente servil, escravo, realizado em ambiente patriarcal. O trabalho passava de uma geração para outra, sem ter como intuito o acúmulo. No trabalho servil ou escravo, não há liberdade, e o direito só atua em ambiente de igualdade.

O Direito do Trabalho surge como resposta às questões sociais trazidas pela Revolução Industrial, no tocante ao trabalho infantil, jornadas de trabalho exaustivas de 14 a 16 horas por dia e aos ambientes de trabalho que eram por demais insalubres. Foi o clamor do homem por mudanças e reconhecimento de direitos mínimos que fez o Direito do Trabalho surgir.[2]

---

[2] O homem somente teve coragem de reagir as barbáries da época a partir do Manifesto Comunista de Karl Marx e Engels, em 1848, cujo lema era: *"Trabalhadores de todos os países, uni-vos"*. Também foi de suma importância o papel da Igreja Católica, que publicou a *Encíclica Rerum Novarum*, em 1891, pelo Papa Leão XIII, que proclama a necessidade da união entre as classes do capital e do trabalho.

Com o Direito do Trabalho atual, o homem é livre para trabalhar, ele quem escolhe se irá trabalhar e qual trabalho irá fazer. O papel dos direitos fundamentais sociais nesse ínterim é de suma importância, pois não basta apenas liberdade de trabalhar se não houver garantia de direitos mínimos advindos com o trabalho do homem.

1.1.2. Da mulher

A mão de obra feminina somente surgiu com o advento da Revolução Industrial, pois antes a mulher não era aceita no mercado de trabalho e, portanto, era uma mão de obra desqualificada, o que para o capitalista da época interessava, uma vez que se podia pagar menos a ela e lucrar mais.

Com a inserção da mulher no mercado de trabalho, a mulher passou a ter os mesmos direitos que o homem e a exigir igualdade de tratamento. Antes disso, era tida como uma raça inferior ao homem, tanto é que nem na educação dos filhos podia intervir.

Com isso, fica claro que o trabalho enobrece o ser humano, permite participar ativamente em situação de igualdade com qualquer outro do processo de evolução da sociedade.

1.1.3. Do menor aprendiz

A Constituição Federal autoriza o trabalho somente a partir dos 16 anos, salvo na condição de aprendiz a partir dos 14 anos, consoante artigo 7°, inciso XXXIII. Portanto, a importância do trabalho para a vida humana é tanta que a partir dos 14 anos é permitido iniciar-se a vida laboral, só que na condição de quem está aprendendo uma profissão.

O menor aprendiz tem os mesmos direitos que um trabalhador maior, com a diferença que obrigatoriamente o objeto do seu contrato de trabalho deve ter relação intrínseca com sua formação educacional, alinhando-se a teoria com a prática (artigo 428 da CLT).

A profissionalização do jovem é uma etapa do seu processo educativo (artigo 62 do Estatuto da Criança e do Adolescente), a razão de ser do trabalho é a formação, não a produção. Assim, percebe-se a necessidade que o homem tem de ter uma profissão e se qualificar para essa.

1.1.4. Do preso

Como demonstrado acima, o trabalho é importante para todos, sem distinção de sexo ou idade. A mulher somente começou a ser tratada com igualdade em relação ao homem a partir do momento que demonstrou que pode laborar igual ao homem; o adolescente de 14 anos tem reconhecido o seu direito a trabalhar como aprendiz e o Estatuto da Criança e do Adolescente reconhece que a profissionalização do adolescente é uma etapa da sua educação.

Com o presidiário não pode ser diferente, não é porque a pessoa cometeu um delito que deve ser retirada do seio da sociedade e ficar por anos com sua liberdade cerceada e perder sua qualificação. Ou mesmo que seja um delinquente sem profissão, é obrigação de o Estado oportunizar que essa pessoa se qualifique enquanto cumpre a pena, para que após em liberdade possa trabalhar em situação de igualdade com qualquer profissional.

Com a violência que assola o Brasil e cresce de forma assustadora, a sociedade é a maior vítima e quer ver os delinquentes mortos ou trancados dentro de presídios, não importando as condições desse. Contudo, isso não é a solução dos problemas, ao contrário, isso é a garantia que a situação só tende a agravar, pois os presídios servem para aumentar a criminalidade e a violência.

Como leciona Simone Schroeder, não se pretende um exagerado endeusamento do réu, mas apenas o reconhecimento de que direitos e garantias fundamentais devem ser reconhecidos, protegidos e concretizados. E para isso é irrelevante a gravidade do fato imputado, porque o Estado somente conseguirá o respeito do cidadão se respeitar à dignidade deste.[3]

O direito ao trabalho pelo preso é uma questão de garantia de dignidade e tem previsão legal. O artigo 28 da Lei de Execução Penal dispõe que o trabalho do condenado, como dever social e condição de dignidade humana, terá finalidade educativa e produtiva. Ainda o artigo 41 dispõe sobre os direitos do preso, e seu inciso II prevê remuneração para o trabalho do preso, e o inciso V obriga o Estado a distribuir com proporcionalidade o tempo para o trabalho, o descanso e a recreação do preso.

Da forma que a maioria dos presídios se encontra hoje, o Estado está retirando o direito do preso ao trabalho. O alcance a uma vida digna por parte dos presos está sendo omitido, é como se fossem punidos em duplicidade, a prisão é a pena prevista na norma, mas além dessa há ainda a privação dos seus direitos de preso.

Como aponta Luigi Ferrajoli, para a sociedade pode até ser suficiente que a maioria dos culpados seja condenada, mas o maior interesse é de que todos os inocentes, sem exceção, estejam protegidos. Isso porque os direitos dos cidadãos estão ameaçados não somente pelos delitos, mas também pelas penas arbitrárias.[4]

2. Do trabalho do presidiário na legislação trabalhista, penal e na Lei de Execução Penal

O trabalho do presidiário está todo regulamentado na norma. Assim, importante ver quando esse pode ocorrer, requisitos para que ocorra e as características do trabalho do preso.

---

[3] SCHROEDER, Simone. Regressão de Regime: Uma Releitura Frente aos Princípios Constitucionais. Abordagem Crítica. In: Carvalho, Salo de (org.). *Crítica à Execução Penal*. Doutrina Jurisprudência e Projetos Legislativos. Rio de Janeiro: Lumen Júris. 2002, p.610.

[4] FERRAJOLI, Luigi. *Derecho Y Razón*: teoria del garantismo penal. Madri: Trotta, 2000, p. 549.

2.1. Na legislação trabalhista

A CLT não se aplica ao trabalho do preso, consoante artigo 28, § 2°, da Lei de Execução Penal. Por consequência, os processos judiciais envolvendo o trabalho do preso também não são de competência da Justiça do Trabalho e, assim, já decidiu o Tribunal Superior do Trabalho:

RECURSO DE REVISTA. TRABALHADOR PRESIDIÁRIO. DECISÃO REGIONAL QUE DECLARA A COMPETÊNCIA DA JUSTIÇA DO TRABALHO PARA APRECIAR A MATÉRIA. CONTROVÉRSIA ACERCA DA NATUREZA (PENAL OU TRABALHISTA) DO TRABALHO DA PESSOA PRESA, A FIM DE SE CONFERIR OS EFEITOS DA LIMINAR DEFERIDA NO PROCESSO STF-MC-ADI-3684/DF QUE, EM INTERPRETAÇÃO CONFORME DADA AO ART. 114, I, IV E IX, DA CONSTITUIÇÃO FEDERAL, NÃO ATRIBUIU À JUSTIÇA DO TRABALHO COMPETÊNCIA PARA PROCESSAR E JULGAR AÇÕES PENAIS. REGRA DE COMPETÊNCIA. JUIZ DA AÇÃO X JUIZ DA EXECUÇÃO. A Lei de Execução Penal determina que o trabalho do preso esteja imbuído do caráter finalista da execução – buscar a ressocialização do condenado – e dos poderes disciplinares que lhe são próprios – finalidade educativa – incidindo até mesmo nessa quando o trabalho é prestado para as empresas privadas, a caracterizar a prestação de serviços, não só e nem essencialmente, pelo seu aspecto econômico, mas, sim, reabilitador. Portanto, de natureza essencialmente penalista, principalmente em razão do controle sobre a conduta do preso e da relação disciplina-benefício a permitir o trabalho como forma até de prêmio pelo progresso pessoal na reabilitação. Constata-se também que o trabalho da pessoa presa pode se dar ao menos interna e externamente ao estabelecimento prisional. Na primeira hipótese, por disposição expressa contida na LEP, não se aplica o regime da CLT. Dessa forma, considerado o princípio da legalidade e o caráter inalista-sancionador-disciplinar-reabilitador do trabalho da pessoa presa, tratar-se-ia de relação essencialmente atrelada ao direito penal, quando muito afeita a viés administrativo ou civil e, por isso, não submetida à competência desta Justiça Especializada. Não obstante esse aspecto, o art. 36 da LEP admite o trabalho externo em empresas privadas até para os presos em regime fechado, hipótese em que somente se reconheceria a competência material dessa Justiça Especial na muito improvável incidência do art. 9º da CLT, o que não é o caso dos autos. Assim, em atenção ao julgamento proferido pelo STF na Medida Cautelar em Ação Direta de Inconstitucionalidade nº 3684/DF, que dando interpretação conforme ao art. 114, I, IV e IX, da Constituição Federal, reconheceu não haver atribuição à Justiça do Trabalho competência para processar e julgar ações penais e ao caráter não definitivo dessa decisão, é de se declarar a incompetência da Justiça do Trabalho para o julgamento da demanda, determinando o envio dos autos à MM Vara Criminal competente. [5]

2.2. Código Penal

O Código Penal pouco dispõe a respeito do trabalho do preso, podendo ser ressaltado o artigo 38 que prevê que todo preso conserva todos os direitos não atingidos pela perda da liberdade, impondo-se a todas as autoridades o respeito à sua integridade física e moral. Já o artigo 39 dispõe que o trabalho do preso será sempre remunerado, sendo-lhe garantidos os benefícios da Previdência Social. Portanto, o Código Penal reconhece o direito ao trabalho pelo preso.

Por fim, o artigo 40 remete a legislação especial, Lei de Execução Penal, o regulamento da matéria prevista nos artigos 38 e 39 do Código Penal.

---

[5] Recurso de Revista 107240-81.2007.5.06.0011. Data de Julgamento: 18/02/2009, Relator Ministro: Aloysio Corrêa da Veiga, 6ª Turma do TST, Data de Publicação: DEJT 13/03/2009.

2.3. Lei de Execução Penal (LEP)

Os artigos 28 a 37 da Lei de Execução Penal dispõem acerca do trabalho do preso, dentre eles importa salientar alguns.

Da remuneração do trabalho do preso (artigo 29)

O artigo 29 trata do trabalho do preso e preceitua que deva ser remunerado, mediante prévia tabela, não podendo ser inferior a 3/4 (três quartos) do salário mínimo. O § 1º do artigo 29 diz que o produto da remuneração pelo trabalho deverá atender:

a) à indenização dos danos causados pelo crime, desde que determinados judicialmente e não reparados por outros meios;

b) à assistência à família;

c) a pequenas despesas pessoais;

d) ao ressarcimento ao Estado das despesas realizadas com a manutenção do condenado, em proporção a ser fixada e sem prejuízo da destinação prevista nas letras anteriores.

O § 2º dispõe que será depositada a parte restante para constituição do pecúlio, em Caderneta de Poupança, que será entregue ao condenado quando posto em liberdade.

O artigo 29 é de suma importância para ampliar o debate sobre algo que a sociedade questiona muito: o custo de um presidiário. Ocorre que isso é muito fácil de contrapor, pois a alínea "d" prevê que através de seu trabalho pode ressarcir o Estado das despesas com sua manutenção. Assim, se o Estado quisesse o próprio presidiário poderia custear as suas despesas na prisão.

Para o preso, a remuneração é secundária, uma vez que o trabalho do preso serve para remissão de sua pena. A jurisprudência é nesse sentido, nas ações em que o presidiário pretende receber parte da remuneração:

APELAÇÃO CÍVEL. DIREITO PÚBLICO NÃO ESPECIFICADO. AÇÃO DE COBRANÇA DE ¾ DO SALÁRIO MÍNIMO MENSAL RELATIVO AO TRABALHO PRESTADO PELO APENADO EM ESTABELECIMENTO PRISIONAL. APLICAÇÃO DO ART. 29 DA LEP. CERCEAMENTO DE DEFESA. INOCORRÊNCIA. IMPROCEDÊNCIA MANTIDA.

A produção de prova judiciária se destina ao processo, sendo, porém, o juiz o destinatário principal das provas, pois estas têm por finalidade a formação da sua convicção. No caso, o Juízo *a quo* entendeu desnecessária a produção de provas, visto que em nada modificariam o deslinde do feito, razão pela qual não há cerceamento de defesa.

A finalidade precípua do trabalho do preso é remir parte da pena privativa de liberdade que lhe foi imposta, com base no propósito reeducativo e ressocializante da pena, sendo, portanto, a remuneração desse labor aspecto inegavelmente acessório.

A previsão de pagamento ao preso (pecúlio) é a última e excepcional medida, prevalecendo à ordem expressa no art. 29 da Lei de Execução Penal, a qual prevê a indenização dos danos causados pelos crimes, a assistência à família, as pequenas despesas pessoais e o ressarcimento ao Estado das despesas com a sua própria manutenção. Somente depois de satisfeitas as obrigações supracitadas, e se ainda restar algum saldo em seu favor, é que o pagamento ocorrerá, através de depósito em caderneta de poupança para ser sacado após o cumprimento integral da pena.

É de conhecimento notório o custo que um apenado tem para o Estado, o qual, sem qualquer dúvida, supera o valor equivalente a um salário mínimo mensal.
APELAÇÃO DESPROVIDA.[6]

Da jornada de trabalho do trabalho interno

O artigo 33 preconiza que a jornada normal de trabalho não será inferior a seis nem superior a oito horas, com descanso nos domingos e feriados. Contudo, o parágrafo único dispõe que poderá ser atribuído horário especial de trabalho aos presos designados para os serviços de conservação e manutenção do estabelecimento penal.

Da formação profissional do preso do trabalho interno

O artigo 34 e seus parágrafos prevê que o trabalho poderá ser gerenciado por fundação, ou empresa pública, com autonomia administrativa, e terá por objetivo a formação profissional do condenado. Nessa hipótese, incumbirá à entidade gerenciadora promover e supervisionar a produção, com critérios e métodos empresariais, encarregar-se de sua comercialização, bem como suportar despesas, inclusive pagamento de remuneração adequada.

Ainda os governos federal, estadual e municipal poderão celebrar convênio com a iniciativa privada, para implantação de oficinas de trabalho referentes a setores de apoio dos presídios.

Da venda dos bens ou produtos oriundos do trabalho prisional do trabalho interno

Os órgãos da Administração Direta ou Indireta da União, Estados, Territórios, Distrito Federal e dos Municípios são obrigados a adquirir, com dispensa de concorrência pública, os bens ou produtos do trabalho prisional, sempre que não for possível ou recomendável realizar-se a venda, consoante artigo 35.

Do trabalho externo

Compreende-se como trabalho externo aquele realizado fora do sistema prisional. Assim, o artigo 36 dispõe que será admissível para os presos em regime fechado somente em serviço ou obras públicas realizadas por órgãos da Administração Direta ou Indireta, ou entidades privadas, desde que tomadas as cautelas contra a fuga e em favor da disciplina.

Ainda o § 1º limita o número de presos a 10% do total de empregados na obra e o § 2º diz que caberá ao órgão da administração, à entidade ou à empresa empreiteira a remuneração desse trabalho. O § 3º condiciona a prestação de trabalho à entidade privada do consentimento expresso do preso.

---

[6] Apelação Cível nº 70060069069, 1ª Câmara Cível do Tribunal de Justiça do Rio Grande do Sul, Relator Desembargador Newton Luis Medeiros Fabrício, julgado em 26/11/2014. Nesse mesmo sentido: Apelação cível nº 70062376041, da 4ª Câmara Cível do Tribunal de Justiça do Rio Grande do Sul, Relator Desembargador Antônio Vinicius Amaro da Silveira, julgado em 28/01/2015.

Dos requisitos para a prestação de trabalho externo

Consoante artigo 37, a prestação de trabalho externo, a ser autorizada pela direção do estabelecimento, dependerá de aptidão, disciplina e responsabilidade, além do cumprimento mínimo de 1/6 da pena.

O parágrafo único do artigo 37 dispõe que será revogada a autorização de trabalho externo ao preso que vier a praticar fato definido como crime, for punido por falta grave, ou tiver comportamento contrário ao objetivo da Lei.

O trabalho externo do preso é o que mais contribui para sua ressocialização, pois retoma o convívio com a sociedade, de forma útil e comprometida. É a melhor forma daquele que delinquiu de se sentir acolhido novamente pela sociedade e conseguir retomar sua vida. Muitas vezes o preso é aquele que nunca teve oportunidade de trabalho, nasceu e cresceu no mundo do crime, a autorização para trabalho externo permite que receba até uma formação profissional.

O trabalho externo do preso é tão importante que a jurisprudência entende ser possível laborar mais de 08 horas por dia, já que a LEP apenas limita a jornada de trabalho de 08 horas para o trabalho interno.

AGRAVO EM EXECUÇÃO. TRABALHO EXTERNO. JORNADA DE 44 HORAS. CASO CONCRETO.

1. O Ministério Público mostra inconformidade com a decisão que deferiu o trabalho externo ao apenado com jornada superior a 44 horas. Alega, em apertada síntese, que deve ser respeitado o limite máximo de 44 horas semanais imposto ao trabalhador comum para o serviço externo prestado pelo apenado, sob pena, inclusive, de prejuízo ao cumprimento da reprimenda.

2. Não há previsão legal limitando a jornada de trabalho às 44 horas semanais, que, efetivamente, se trata de um direito do trabalhador (art. 7º, XIII, da CF). A Lei de Execuções Penais apenas dispõe, a respeito do trabalho interno, que a jornada de não será inferior a 6 horas e tampouco superior a 8 horas, com descanso aos domingos e feriados (art. 33). A propósito do serviço externo, o art. 37 da LEP refere que dependerá da aptidão, disciplina e responsabilidade. Não há nenhuma "garantia" limitadora da jornada total da semana (salvo, por analogia, aquela que limita a jornada diária a 8 horas e resguarda os domingos e feriados). Por outro lado, não bastasse a clara propensão à ressocialização, o trabalho é um direito do preso (art. 41), inexistindo, na linha contrária, qualquer dever que o contraindique (art. 39 da LEP).

AGRAVO NÃO PROVIDO.[7]

Da remição da pena através do trabalho

A remição da pena pelo trabalho pode ser conceituada como a possibilidade de o preso abater, do cômputo temporal da pena privativa de liberdade, os dias efetivamente trabalhados durante o seu encarceramento, na proporção, conforme o artigo 126, § 1º, da Lei de Execução Penal, de três dias de trabalho por um de pena.[8]

Os artigos 126 a 130 da Lei de Execução Penal permitem que o condenado que cumpre a pena em regime fechado ou semiaberto possa remir parte da sua pena através do trabalho e do estudo. O sentenciado tem a oportunidade de

---

[7] Agravo em Execução nº 70061033015, 1ª Câmara Criminal do Tribunal de Justiça do Rio Grande do Sul, Relator Desembargador Julio Cesar Finger, julgado em 01/10/2014.

[8] ALVIM, Rui Carlos Machado. O trabalho penitenciário e os direitos sociais. São Paulo: Atlas, 1991, p. 79.

atenuar a quantidade de pena a ele imposta na sentença penal condenatória, podendo cumpri-la mais rapidamente através do trabalho ou estudo. A remição está intimamente ligada ao princípio constitucional da individualização da pena e, como tal, deve levar em conta as aptidões pessoais do trabalhador ou estudante.

Quanto à contagem da remição pelo trabalho, para cada três dias trabalhados, conta-se como se tivesse cumprido um dia de pena. Caso o preso se acidente e fique impossibilitado de prosseguir no trabalho, continuará a se beneficiar com a remição.

O artigo 127 prevê que em caso de falta grave, o juiz poderá revogar até 1/3 do tempo remido, recomeçando a contagem a partir da data da infração disciplinar. Ainda o artigo define como crime, capitulado no artigo 299 do Código Penal, a apresentação de declaração ou atestado falso sobre prestação de serviços.

3. A ressocialização do preso através do trabalho

Considerando as previsões de trabalho e de remição de pena através do trabalho para o preso, o direito ao trabalho é um direito subjetivo do preso em face do Poder Público.

A ressocialização do preso devolve a esse o convívio social, permite que ele seja reeducado para se adaptar a viver em sociedade, cumprindo as normas. Através da ressocialização o preso recupera os vínculos familiares, afetivos e sociais, até mesmo religiosos e educacionais. Nesse ínterim, a figura do trabalho faz toda a diferença, pois muitos dos presos acabam delinquindo como forma de sobrevivência, como forma de obtenção de renda.

Caso o Estado conseguisse promover o direito ao trabalho para o preso enquanto cumpre pena, em locais adequados, seguros, sem contato com o crime. O retorno à sociedade ocorreria em condições de convivência normal sem trauma ou sequelas do sistema.

Contudo, a realidade é outra, como bem retrata Carnelutti: "Pode-se assemelhar a penitenciária a um cemitério; mas esquecem-se que o apenado é um sepultado vivo. (...) Ao invés do cemitério, deveria ser hospital (...) a penitenciária é verdadeiramente, um hospital, cheio de doentes de espírito em lugar de doentes do corpo".[9]

3.1. Do problema carcerário no Brasil

Os presídios no Brasil são uma vergonha para a sociedade; são locais sujos, lotados de presos que dividem celas sem condições de higiene e local adequado para dormir. A impressão que dá é que o delinquente é alguém que não deu certo e a melhor forma é excluí-lo da sociedade. Assim, depositam milhares deles em locais abandonados pelo Poder Público.

---

[9] CARNELUTTI, Francesco. As Misérias do Processo Penal. Campinas: Russell, 2008, p. 72.

Atualmente, o Brasil tem presídios interditados, sendo que os presos estão sendo levados para presídios longe de seus domicílios e, em outros casos, estão sendo acomodados em delegacias de polícia. Em um contexto caótico, não há como falar de ressocialização, pois como o preso terá contato com sua família de forma saudável, o que dizer de trabalhar.

O mínimo que um presídio deveria oferecer é segurança, mas nem isso, pois são locais em que são praticados crimes diariamente, e o preso se torna criminoso lá dentro para poder sobreviver.

Segundo Mario Ottoboni, o delinquente é condenado e preso por imposição da sociedade, ao passo que recuperá-lo é um imperativo de ordem moral, do qual ninguém deve se escusar. A sociedade somente se sentirá protegida quando o preso for recuperado. A prisão existe por castigo, e não para castigar, jamais devemos nos esquecer disso. O Estado não se julga responsável pela obrigação no que diz respeito ao condenado. A superlotação é inevitável, pois além da falta de novos estabelecimentos, muitos ali se encontram já com penas cumpridas e são esquecidos. A falta de capacitação dos agentes, a corrupção, a falta de higiene e assistência ao condenado também são fatores que contribuem para a falência. O Estado tenta realizar, na prisão, durante o cumprimento da pena, tudo quanto deveria ter proporcionado ao cidadão, em época oportuna e, criminosamente, deixou de fazê-lo. Entretanto, o Estado continua a praticar o crime, fazendo com que as prisões fabriquem delinquentes mais perigosos, e de dentro das cadeias os presos continuam praticando crimes e comandando quadrilhas.[10]

As prisões nem mesmo oferecem segurança, temos presos assassinados por outros presos, temos presos mortos pela falha do próprio sistema, nas falhas do sistema de segurança. Como na decisão abaixo, em que o preso morreu ao ligar o chuveiro para tomar banho e a família somente foi comunicada meses depois.

EMBARGOS INFRINGENTES. AÇÃO DE RESPONSABILIDADE CIVIL DO ESTADO. DETENTO QUE MORRE POR ELETROPLESSÃO EM SUA CELA. FALHA NA SEGURANÇA. FAMILIARES CADASTRADOS NÃO ALERTADOS, VINDO A SABER DO ÓBITO APÓS VÁRIOS MESES. DANOS MORAIS CONFIGURADOS. 1. Ainda que se admita ter havido culpa concorrente do detento que pega fios soltos existente em sua cela, para ligar o chuveiro, não há dúvidas de que igualmente houve a omissão específica do ente público, que não proporcionou ambiente seguro ao detento. 2. O fato de a administração carcerária não ter avisado os familiares do detento sobre seu falecimento, apesar de sua mãe e irmã estarem cadastradas nos sistema como visitantes, vindo estas a saber da sua morte somente após alguns meses, igualmente é fator suficiente para a caracterização de danos morais, que foram modicamente arbitrados. EMBARGOS INFRIGENTTES DESACOLHIDOS, POR MAIORIA.[11]

---

[10] OTTOBONI, Mário. *Ninguém é irrecuperável*. 2º ed. rev. e atual. São Paulo: Cidade Nova, 2001, p. 11.

[11] Embargos Infringentes n° 70056947526, 5° Grupo de Câmaras Cíveis, Tribunal de Justiça do Rio Grande do Sul, Relator Desembargador Eugênio Facchini Neto. Julgado em 22/11/2013.Embargos Infringentes n° 70056947526, 5° Grupo de Câmaras Cíveis, Tribunal de Justiça do Rio Grande do Sul, Relator Desembargador Eugênio Facchini Neto. Julgado em 22/11/2013.Embargos Infringentes n° 70056947526, 5° Grupo de Câmaras Cíveis, Tribunal de Justiça do Rio Grande do Sul, Relator Desembargador Eugênio Facchini Neto. Julgado em 22/11/2013.

3.2. Projetos de ressocialização do preso através do trabalho

O presídio não é um local onde o preso terá alcance a uma vida digna, por isso que o trabalho se torna instrumento tão importante, na medida em que o preso passará boa parte do dia fora do presídio, fazendo algo produtivo, que colabora para sua ressocialização.

O contato com pessoas que trabalham, devolverá a ele o convívio com a sociedade e servirá de demonstração que viver cumprindo as normas não é algo ruim, ao contrário, é algo que nos garante viver em bem-estar social e com dignidade.

Atualmente, temos vários projetos de ressocialização do preso através do trabalho, vejamos alguns:

Projeto: Convênio com o Supremo Tribunal Federal

O Supremo Tribunal Federal juntamente com o Conselho Nacional de Justiça assinaram convênio com o governo do Distrito Federal e a Fundação de Amparo ao Trabalhador Preso (Funap-DF), para um programa de inclusão social de condenados.

O acordo vem beneficiando cerca de 15 condenados, que trabalham nas dependências do STF e que cumprem pena em regimes aberto e semiaberto. Os participantes do projeto devem ter bom comportamento, ensino fundamental ou médio, e receber a orientação de psicólogos da Funap-DF antes de iniciarem suas novas atribuições. A remuneração é entre R$ 420 e 620, e o abatimento, de um dia de pena para cada três trabalhados.[12]

Projeto: O Papel da Liberdade (Distrito Federal)

O projeto O Papel da Liberdade surgiu através de um acordo de cooperação técnica assinado pelo Ministério da Justiça, Conselho Nacional de Justiça, o Centro de Assistência Judiciária do Distrito Federal e a Secretaria de Estado de Segurança Pública do Distrito Federal.

Segundo o presidente do Tribunal de Justiça do Distrito Federal, desembargador Otávio Augusto Barbosa, será uma honra para o Tribunal atender a uma clientela historicamente relegada ao isolamento das prisões, quase sempre afastada do convívio social e sem maiores expectativas de retornar à sociedade com plenas condições para não mais delinquir.

Para a funcionalidade do projeto, caberá ao Tribunal de Justiça do Distrito Federal e Territórios, por meio da Vara de Execuções Penais – VEP – e da Vara de Execuções de Penas e Medidas Alternativas e selecionar e indicar os presos em regime semiaberto e aberto para o Projeto, na medida de sua competência regimental; direcionar os presos beneficiados pelo Projeto para as vagas de trabalho compatíveis com suas aptidões e habilidades, na medida de sua competência; permitir ao Ministério da Justiça o acompanhamento da seleção dos presos que serão beneficiados pelo Projeto; acompanhar e registrar nos

---

[12] Disponível em <http://www.cnj.jus.br/index.php?option=com_content&view=article&id=6850:conselheiro-nega-liminar-ao-presidente-do-tre-do-amazonas&catid=1:notas&Itemid=675>. Acesso em 15.03.2015.

respectivos processos penais o aproveitamento dos presos beneficiados pelo Projeto; e acompanhar, em conjunto com os demais partícipes, a implantação do Projeto.[13]

Projeto: Imparcial (São Paulo)

O projeto Imparcial conta com cerca de 3.300 detentos, de 33 unidades prisionais do oeste paulista, que participam de um projeto de ressocialização, que envolve a formação integral do preso, incluindo os âmbitos sociais e profissionais, com o objetivo de preparar os encarcerados para o retorno à sociedade. Os detentos devem aproveitar o tempo para estudar, trabalhar e se distrair com atividades como leitura e artesanato.[14]

Projeto: Trabalho para a Vida (Rio Grande do Sul)

O projeto "Trabalho para a Vida" foi lançado em 2000 pelo Tribunal de Justiça do Rio Grande do Sul e funciona com a parceria do Sindicato e Organização das Cooperativas do Rio Grande do Sul (Ocergs), Federações das Associações Empresariais do Rio Grande do Sul (Federasul), da Susepe/RS, Federação do Comércio e da Federação das Indústrias (Fiergs), além de outras instituições.

Através do projeto, foram criadas cinco cooperativas com sede no Rio Grande do Sul para ofertarem emprego aos presos, elas são responsáveis pela contratação de 135 presos, atualmente.

Nessas cinco unidades, os presos produzem tijolos e louças, cultivam hortas e prestam serviços a empresas e órgãos públicos.[15]

3.3. O direito fundamental do presidiário ao trabalho e como forma de ressocialização

A dignidade da pessoa humana constitui princípio, fundamento e objetivo do Estado brasileiro. O trabalho é um direito fundamental social e proporciona ao trabalhador o mínimo existencial, um dos pilares para uma vida digna.

O artigo 28 da Lei de Execução Penal dispõe que o trabalho do condenado, como dever social e condição de dignidade humana, terá finalidade educativa e produtiva. Ou seja, a LEP atribui ao trabalho um dever social, portanto deve ser promovido pelo Estado com políticas públicas, porque é uma condição para uma vida digna. Através do trabalho, o preso estará se sentindo útil e sendo reeducado a viver em sociedade, devolvendo o seu convívio social.

Da forma que os presídios se encontram hoje, o certo que não há como ocorrer a ressocialização, pois como visto são locais inseguros, sujos, onde a

---

[13] Disponível em <http://www.cnj.jus.br/atos-administrativos/10374:tjdft-assina-acordo-de-cooperacao-para-ressocializar-presos-do-df>. Acesso em 15.03.2015.

[14] Disponível em <http://www.imparcial.com.br/site/projetos-de-ressocializacao-de-presos-evitam-reincidencia-na-criminalidade>. Acesso em 15.03.2015.

[15] Disponível em <http://www.cnj.jus.br/noticias-gerais/9090-cooperativas-do-rio-grande-do-sul-empregam-135-presos-e-internos>. Acesso em 15.03.2015.

criminalidade cresce, uma vez que o Estado perdeu o controle dos presídios e quadrilhas tomam conta.

Assim, o trabalho dos presidiários, sobretudo o trabalho externo, é a chance daquele que delinquiu ter uma nova história de vida. Com o trabalho externo, retoma o convívio social aos poucos, recupera a autoestima e recebe uma qualificação e experiência profissional que ajudará bastante quando for solto. Com isso, pensará melhor em praticar um crime, porque a sociedade terá recebido o delinquente como alguém que consegue viver dentro das normas e regras. É a melhor forma de ressocialização, pois com o trabalho terá uma vida mais digna.

4. Conclusões

No contexto atual do sistema penitenciário, a melhor forma de ressocialização do preso é com o trabalho. Ao Estado incumbe criar políticas públicas incentivando o trabalho do preso, principalmente nos órgãos públicos, uma vez que o Estado necessita de mão de obra permanente e porque não dar oportunidade aquele que precisa do Estado para construir uma nova história.

Salienta-se que a sociedade não estará sendo preterida em postos de emprego, ao contrário, a sociedade ganhará um bem precioso e que hoje é de clamor público, viver com menos criminalidade e mais segurança.

5. Referências

ALVIM, Rui Carlos Machado. *O trabalho penitenciário e os direitos sociais*. São Paulo: Atlas, 1991.

CARNELUTTI, Francesco. *As Misérias do Processo Penal*. Russell, 2008.

FERRAJOLI, Luigi. *Derecho Y Razón*: teoria del garantismo penal. Madri: Trotta, 2000.

OTTOBONI, Mário. *Ninguém é irrecuperável*. 2ª ed. ver. e atual. São Paulo: Cidade Nova, 2001.

SCHROEDER, Simone. *Regressão de Regime: uma Releitura Frente aos Princípios Constitucionais. Abordagem Crítica*. In: Carvalho, Salo de (org.). Crítica à Execução Penal. Doutrina Jurisprudência e Projetos Legislativos. Rio de Janeiro: Lumen Juris. 2002, p. 595-628.

— 15 —

A dignidade da pessoa humana como inserção da bioética no contexto das dimensões dos direitos fundamentais

MARILISE KOSTELNAKI BAÚ[1]

SUMÁRIO: 1. Introdução; 2. Direitos fundamentais e direitos de personalidade; 1.1. Compreensão dos direitos fundamentais; 2. A bioética inserida no contexto das dimensões dos direitos fundamentais; 2.1. A tutela da integridade psicofísica e a bioética; 3. Dignidade da pessoa humana como princípio fundamental norteador; 4. Conclusões; 5. Referências.

1. Introdução

O princípio da dignidade da pessoa humana abarcado pela nossa Constituição Federal dá fundamento aos princípios da bioética principiológica.

O presente estudo pretende contextualizar o tema, estabelecendo as relações da Bioética com os direitos humanos, os direitos fundamentais, com o princípio da dignidade da pessoa humana e com os direitos de personalidade.

A Bioética, em seu contexto multidisciplinar, possui muitas relações com outras ciências. Com a Medicina, em especial, quando abordada em seus aspectos éticos, muitos dos quais são resultantes do desenvolvimento das tecnociências.[2] Em sentido geral, ela pode ser conceituada "como um estudo teórico prático, interdisciplinar, cujo objetivo é responder aos desafios morais que a aplicação da tecnologia traz ao desenvolvimento da vida, à saúde e ao meio ambiente".[3] Já, no que tange ao agir correto, ela está estreitamente relacionada com o Direito, principalmente com o Constitucional e com o Civil. Tal aproximação tem como ponto comum os direitos humanos, assegurados na Constituição Federal sob o título de Direitos Fundamentais.

---

[1] Advogada. Professora de Direito Civil da Estácio do Rio Grande do Sul. Professora orientadora do Núcleo de Prática Jurídica da Estácio/FARGS. Mestre em Direito pela PUCRS. Especialista em Metodologia do Ensino Superior pela PUCRS.

[2] SILVEIRA, C. A. da; ALMEIDA, J. Tecnociência, democracia e os desafios éticos das biotecnologias no Brasil. In: *Sociologias*. Porto Alegre, n. 19, p. 106-129, jan./jun. 2008. Para as autoras, "tecnociência é um sistema no qual o conhecimento científico e tecnológico encontra-se fortemente associado, atuando mundialmente através de constante inovação na produção e disseminação de artefatos tecnológicos em novos mercados e do suporte financeiro intensivo". Disponível em: <http://www.lume.ufrgs.br/bitstream/handle/10183/20628/000646213.pdf?sequence=1>. Acesso em: 27 mar. 2014.

[3] LUCATO, M. C.; RAMOS, D. L. P. Bioética – histórico e modelos. In: *Bioética*: pessoa e vida. São Caetano do Sul: Difusão, 2009, p. 17.

Pretende-se refletir acerca da correlação entre direitos humanos como direitos fundamentais. Busca-se uma reflexão sobre os direitos de personalidade, principalmente o direito à integridade psicofísica e sua relação com o princípio da dignidade da pessoa humana.

2. Direitos fundamentais e direitos de personalidade

Com o processo de constitucionalização do direito civil alguns princípios básicos do Código Civil de 2002 guardam estreitas relações com a Bioética, a saber, o princípio da socialidade, da eticidade e da operabilidade. Sobre esse processo, cabe comparar que o Código Civil anterior era marcado pelo caráter individualista e patrimonialista, enquanto o atual, com reflexos da Lei Maior, possibilita uma interpretação, com maior preocupação voltada ao aspecto social,[4] em consonância aos enunciados constitucionais, no sentido de privilegiar valores existenciais, realizadores da justiça social.[5] O princípio da eticidade funda-se no valor da pessoa humana como fonte inspiradora de todos os outros valores. Confere maior poder ao juiz para solucionar o caso concreto e prioriza a equidade, a boa-fé e a justa causa dentre outros critérios éticos. O princípio da operabilidade, que tem como corolário o princípio da concretude, leva em consideração o objetivo do direito, que é o de ser efetivado e por isso o novo código procurou afastar a complexidade. Pelo princípio da operabilidade, o legislador não deve legislar *in abstrato*, ao contrário disso, a norma deve estar voltada para o indivíduo dentro do seu contexto.[6]

Devido ao crescimento da teoria da eficácia horizontal ou irradiante dos direitos fundamentais às relações privadas, especialmente no que envolve algum assunto de interesse também público, houve uma nova visão da matéria e o surgimento do direito civil-constitucional que pode ser entendido como um redimensionamento da norma privada, fixando ou reunificando os parâmetros fundamentais interpretativos. No momento em que a Constituição de 1988 estabelece como primazia o princípio da dignidade da pessoa humana, dentro do ordenamento jurídico brasileiro, como o primeiro dos direitos fundamentais, "reconheceu categoricamente que é o Estado que existe em função da pessoa humana, e não o contrário, já que o ser humano constitui a finalidade precípua, e não meio da atividade estatal".[7] Ocorreu, então, uma reorganização do Direito, não cabendo mais a clássica divisão entre Direito Público e Direito Privado. Dessa forma, as normas de Direito Privado não serão interpretadas em dessintonia com as normas de Direito Público e vice versa, conforme adiante será explicitado.

De início, faz-se necessária uma breve exposição sobre a compreensão dos direitos fundamentais.

---

[4] FACHIN, L. E. Novos paradigmas do direito civil contemporâneo. In: *Teoria crítica do Direito civil*. Rio de Janeiro: Renovar, 2000, p. 171- 283.

[5] MORAES, M. C. B. *Na medida da pessoa humana*. Rio de Janeiro: Renovar, 2010, p. 14.

[6] REALE, M. *O projeto do novo código civil*. São Paulo: Saraiva, 1999, p. 10.

[7] SARLET, I. W. *Dignidade da pessoa humana e direitos fundamentais na constituição federal de 1988*. Porto alegre: Livraria do advogado, 2001, p. 66.

1.1. Compreensão dos direitos fundamentais

Quanto à terminologia usada para os direitos fundamentais, os mais comumente adotados são: direitos humanos, direitos do homem, direitos humanos fundamentais e direitos individuais, dentre outros. Sendo ainda que a Constituição pátria, em momentos diversos, utilizam-se termos como direitos humanos, direitos e garantias fundamentais, direitos e liberdades constitucionais e direitos e garantias individuais. Na visão geral de Ingo Sarlet,[8] os direitos fundamentais teriam como conceito material do constituinte originário, o art. 5º, § 2º, da nossa Constituição, sendo como de aplicação imediata, devendo ser interpretados nas suas diversas dimensões, trazendo assim sua maior eficácia. Direitos fundamentais seriam os direitos humanos reconhecidos, positivados, por uma sociedade através de sua Carta. No caso brasileiro, o Supremo Tribunal Federal (STF) reconhece ainda a existência de direitos fundamentais fora do catálogo, pois podem ser reconhecidos através da interpretação de um sistema aberto e flexível que, pela noção hermenêutica contemporânea do entendimento da relação entre princípios e regras, possa preencher as lacunas nos casos concretos que surgem das possibilidades oferecidas pela ciência atual. Assim, não são somente os direitos enunciados no catálogo, os reconhecidos no nosso ordenamento, outros o são, através da interpretação constitucional. Enquanto os direitos humanos têm como fonte os tratados e convenções internacionais, os direitos fundamentais têm como fonte a Constituição de cada Estado. Ou seja, direitos fundamentais seriam os direitos humanos (esses reconhecidos universalmente) destacados como tais por cada sociedade organizada, pois a organização do que é fundamental compete a cada Estado.

Por outro lado, os direitos humanos são (direitos) universais, no sentido de serem reconhecidos internacionalmente. A organização (desses direitos) em um núcleo cultural estatal ocorre quando alguns dos direitos (reconhecidos como fazendo parte dos direitos humanos) passam a ser reconhecidos por critérios políticos de compatibilização com os membros de um determinado grupo social.[9] Os direitos fundamentais surgiram, inicialmente, como limitação ao poder do Estado em prol da liberdade do cidadão e evoluíram para o dever de prestação, podendo ser classificados como: *direitos de defesa, à prestação e de participação.*

Os primeiros são caracterizados por serem direitos de limitação do poder do Estado, de abstenção, de não interferência ou intromissão no espaço de autodeterminação do indivíduo.[10] Esses direitos estão previstos no art. 5º da CF/88 em grande escala. São, dentre outros: o direito de não ser submetido a tratamento degradante, à tortura e nem à pena perpétua, assim como a não intromissão na liberdade de pensamento, de crença religiosa, na liberdade de expressão artística, científica e cultural (incluídos aqui os direitos dos pesqui-

---

[8] SARLET, I. W. *A eficácia dos direitos fundamentais*: uma teoria geral dos direitos fundamentais na perspectiva constitucional. Porto Alegre: Livraria do Advogado, 2009, p. 27-35.

[9] PÉREZ LUÑO, A.E. *Derechos humanos, Estado de derecho y Constitución*. Madrid: Tecnos, 2003, p. 268 e 295.

[10] ANDRADE, V. de. *Os direitos fundamentais na constituição portuguesa de 1976*. Coimbra: Almedina, 1987, p. 193.

sadores em realizar pesquisas científicas também na área biomédica). E ainda, o direito à inviolabilidade da vida privada e da intimidade e ao sigilo de comunicação (nesse sentido, os dados sobre a saúde são considerados invioláveis).

A doutrina aponta alguns desdobramentos dos direitos de defesa, como a não interferência do Estado nas liberdades de escolha de uma conduta – escolha da profissão ou escolha de um tratamento médico. Embora o direito à vida tenha natureza defensiva contra o Estado, não confere total liberdade ao titular desse direito, já que a pessoa não pode escolher viver ou morrer, segundo Canotilho.[11] Mesmo que, nos dias atuais, respeite-se a vontade de um paciente terminal quanto às técnicas de não ressuscitação, isso não traz a esse direito a característica de direito disponível.

Enquanto os direitos de defesa consistem na abstenção do Estado, visando a assegurar o *status quo* da pessoa, o direito à prestação consiste no dever de o Estado agir para conseguir a igualdade, libertando as pessoas das suas desigualdades. São direitos de promoção e construção efetiva de mecanismos que objetivam oferecer condições materiais aos necessitados.

Em alguns direitos fundamentais, o dever do Estado se esgota na satisfação, pelo mesmo, de uma prestação de natureza jurídica que pode consistir na emissão de normas penais protetivas ou normas de organização e procedimento, diretamente na Constituição ou não. Por exemplo, quando condena práticas de racismo (CF art. 5º, XLI), de tortura e de terrorismo (CF art. 5º, XLIII), não se faz necessária outra norma proibitiva, sendo a CF suficiente. Assim, alguns direitos fundamentais precisam de uma lei reguladora, enquanto outros não necessitam de uma para assegurar que a pessoa tenha efetivamente seus direitos garantidos.

O Estado, ao destinar verba para determinada área, estará privilegiando uma em detrimento de outra, uma vez que os recursos são poucos. Estas escolhas dependem da conjuntura política vigente, ou seja, do partido político que está no Poder e de suas influências e objetivos, uma vez que dependem de decisões emanadas por órgãos públicos para sua distribuição. Conforme Canotilho,[12] "[...] os direitos sociais identificados como os de prestação material, só existem quando as leis e as políticas sociais os garantirem". Os quais ficam, portanto, dependentes de uma intervenção do Legislativo e do Executivo para sua configuração e sua plena eficácia e exequibilidade.

Alguns autores consideram, separadamente, o direito de participação do cidadão na vontade do país como mais uma categoria dentro dos direitos fundamentais. Trata-se da efetividade de participação nas decisões políticas. Outros, como Canotilho e Alexy, o inclui nos direitos de defesa e nos de proteção, entendendo que essas duas categorias seriam suficientes para englobarem esta terceira.[13]

---

[11] CANOTILHO, J. J. G. *Direito constitucional e teoria da constituição*. Coimbra: Almedina, 1986, p. 435.

[12] Idem, p. 438.

[13] BRANCO, P. G. G. Teoria Geral dos Direitos Fundamentais. In: MENDES, G.; COELHO. I. M.; BRANCO, P. G. S. *Curso de direito constitucional*. São Paulo: Saraiva, 2009, p. 291e 295.

Segundo Villela, há algumas décadas que se fala em gerações de direitos fundamentais para explicar o seu processo histórico, lembrando que eles não derivam uns dos outros. Essa ideia não pode ser excluída de modo absoluto, embora não ocorra sucessão hierárquica ao se tratar de pessoa, há a conotação de atemporalidade. E, em havendo colisões entre os direitos fundamentais, devem-se estabelecer concessões por prioridades circunstanciais.

Os direitos fundamentais possuem um núcleo interno – que são os direitos de personalidade – que, hoje, devido ao processo histórico, apresentam-se com maiores irradiações – vindas desse núcleo – formando múltiplas configurações constelativas. Isso ocorre pelo fato de terem sido formulados sobre extensa e elaborada herança cultural e porque, recentemente, tiveram franca admissão nos ordenamentos jurídicos democráticos. "Ao optar pelas formas democráticas de poder e governo, a Constituição afirma e promove a pessoa e, pois, seus direitos fundamentais, mais designadamente suas projeções, que são os direitos da personalidade".[14]

Ainda conforme o mesmo autor, a liberdade do titular de um direito de personalidade não é absoluta. Ao mesmo tempo em que esse titular de direitos pode abrir mão parcial e temporariamente de algum direito, como o direito à privacidade ou ao nome comercial, por exemplo, esclarece que o direito à vida refere-se a um direito de personalidade originário e que, por esse fato, o sujeito não poderá abrir mão do mesmo. Trata-se de uma restrição à liberdade individual constante no art. 15 do CC. "Ninguém pode ser constrangido a submeter-se, com risco de vida, a tratamento médico ou intervenção cirúrgica", caso em que está autorizada a intervenção médica contra a vontade do paciente.[15]

Sendo de abstenção ou de prestação, o respeito à liberdade individual é assunto de preocupação tanto do direito como da bioética.

Neste contexto, passa-se à relação da bioética com os direitos fundamentais.

2. A bioética inserida no contexto das dimensões dos direitos fundamentais

Os direitos fundamentais passaram por diversas transformações desde o seu reconhecimento nas primeiras declarações: Declaração de direitos do povo da Virgínia, em 1776, e Declaração francesa, em 1789. Essas transformações ocorreram quanto ao seu conteúdo, a sua eficácia e a sua efetivação. Fala-se de três gerações de direitos, sendo que alguns autores defendem a ideia de quatro, cinco e até seis gerações. O próprio termo *gerações* sofre críticas, pois, na verdade, não há substituição e sim reconhecimento progressivo de expansão, cumulação de novos direitos no sentido de complementaridade e fortalecimento e não de alternância e, por essa razão, o termo dimensões parece mais adequado.[16]

---

[14] VILLELA, J. B. O código civil brasileiro e o direito à recusa de tratamento médico. In: GOZZO, D.; LIGIERA, W. R. (orgs.). *Bioética e direitos fundamentais*. São Paulo: Saraiva, 2012, p. 115.

[15] VILLELA, J. B. Op. cit., p. 121.

[16] SARLET, I. W. *A eficácia dos direitos ...*, p. 43.

Os direitos fundamentais da primeira dimensão, de inspiração jusnaturalista, formam-se pelo cunho individualista das primeiras constituições escritas e firmam-se como direitos do indivíduo frente ao Estado. Surgem como fruto do pensamento liberal-burguês do século XVIII e são de cunho negativo, no sentido de não intromissão do Estado em algumas esferas. Inicialmente, referem-se ao *direito à vida, à liberdade, à propriedade e à igualdade perante a lei*, e, com sua evolução histórica, são complementados pelo direito à liberdade de expressão, de reunião e de associação e pelos direitos civis e políticos.[17]

Os direitos fundamentais da segunda dimensão surgiram com a industrialização e seus problemas sociais e econômicos[18] e com os movimentos reivindicatórios do século XIX, embora somente no século XX, passam a ser previstos em textos constitucionais, sendo as primeiras Cartas[19] a contemplarem, as constituições mexicana de 1917 e a alemã de Weimar, de 1918. São de cunho positivo, exigindo, do Estado, prestações (no direito à saúde, estaria o atendimento médico aos necessitados, medicamentos básicos gratuitos, dentre outras) quando a liberdade formal se torna insuficiente. O Estado deve garantir a *igualdade substancial*, que tem por objetivo corrigir os desníveis entre capital e trabalho. Os direitos sociais dirigidos à pessoa individual inspiram-se no valor primário da igualdade. Logo, é preciso que o Estado se organize para assegurar o direito ao trabalho, propiciando condições de emprego, garantindo direito de férias, um salário mínimo, jornada de trabalho adequada, repouso semanal e direito de greve, dentre outros. Sendo que o direito à vida também é visto de forma mais ampla, não bastando o comportamento negativo do Estado, mas sim permitir que se viva, com garantia do mínimo indispensável para se viver e de segurança para que se possa continuar vivendo.[20] Cabe ao Estado a garantia do mínimo existencial, correspondente ao núcleo material do princípio da dignidade da pessoa humana. Conforme Portella, o mínimo existencial corresponde à parcela mínima necessária, para que cada pessoa possa sobreviver, e que deve ser garantida pelo Estado através de prestações positivas. Trata-se de um direito implícito no art. 3° da CF, dentre os objetivos da República Federativa do Brasil,

> devendo-se procurá-lo na ideia de liberdade, nos princípios da igualdade, do devido processo legal, na livre iniciativa, nos direitos humanos, nas imunidades e privilégios do cidadão. Carece de conteúdo específico, podendo abranger qualquer direito, ainda que não seja fundamental, como o direito à saúde, à alimentação, etc., considerado em sua dimensão essencial e inalienável.[21]

O terceiro momento é marcado pelos direitos de *solidariedade e fraternidade*, os quais, devido à sua implicação universal, necessitam de cooperação

---

[17] BONAVIDES, P. *Curso de direito constitucional*. São Paulo: Malheiros, 1997, p. 517.

[18] HERRERA, Carlos Miguel. Estado, Constituição e Direitos Sociais. In: *Direitos Sociais: fundamentos, judicialização e direitos sociais em espécie*. SOUZA NETO, C. P e SARMENTO, D. (orgs.). Rio de Janeiro: Lumen Juris, 2008, p. 5-24.

[19] AFONSO DA SILVA, J. *Curso de direito constitucional positivo*. São Paulo: Malheiros, 2009, p. 285.

[20] ARAÚJO, A. L. V. G. Biodireito constitucional: uma introdução. In: GARCIA, M. (org.). *Biodireito constitucional*. Rio de Janeiro: Elsevier, 2010, p. 299.

[21] PORTELLA, S. de S. *Considerações sobre o conceito de mínimo existencial*. Disponível em: <http://www.webartigos.com/artigos/considera-ccedil-otilde-es-sobre-o-conceito-de-m-iacute-nimo-existencial/2400/>. Acesso em: 05 mar. 2015.

internacional para sua efetivação. A preocupação passa a ser mais com grupos humanos do que com o indivíduo, por isso, são direitos de titularidade coletiva ou difusa. São exemplos, o direito ao meio ambiente sadio, à qualidade de vida, à paz, à autodeterminação dos povos e o direito ao desenvolvimento. Graças às suas características, pode-se questionar se são direitos fundamentais autênticos. Para Ferreira Filho,[22] por exemplo, eles têm duas faces, a primeira, já aceita de modo geral, diz respeito ao âmbito interno dos Estados, embora possa sofrer repercussões de fora. Como dissemos, são os de interesse coletivo, com interferência direta na comunidade e não individualizáveis como o direito ao meio ambiente sadio, direito à comunicação social, direitos do menor e direitos do consumidor. A segunda face tem forte apelo no direito internacional: busca pela igualdade entre os povos, a autodeterminação dos povos, direito ao desenvolvimento, direito à paz, ao patrimônio comum da humanidade, etc. Esses direitos não têm como titularidade o ser humano, mas sim as coletividades, os povos, nações, e, para alguns, o gênero humano e sua fundamentalidade. Não decorre da dignidade da pessoa humana diretamente, senão de longe, por isso a reticência quanto a tais direitos estarem relacionados aos direitos fundamentais. Com algumas exceções, boa parte dos direitos de terceira dimensão ainda não encontrou reconhecimento no direito constitucional e encontra-se em fase de consagração na esfera internacional.

São de terceira dimensão, ainda, os direitos advindos de novas tecnologias, como o direito de liberdade de informática os decorrentes das preocupações com o futuro do planeta. Nessa seara, enquadrar-se-iam as garantias contra a manipulação genética, direito à morte digna, mudança de sexo, etc. Os conflitos suscitados na bioética e os direitos pleiteados pelos pacientes ou sujeitos às novas tecnologias estariam nessa dimensão, bem como o direito de decidir sobre intervenções no próprio corpo, o direito de submissão a novos experimentos médicos, a regras sobre manipulação genética, principalmente em animais humanos ou não, e a experimentos humanos que envolvam risco.

O risco e a incerteza, por sua vez, são indissociáveis da pesquisa científica. Por muito tempo, por exemplo, a nutrição considerou a ingestão de ovos na alimentação humana como um risco à saúde e ao controle do colesterol. Posteriormente, este conceito foi alterado, passando a afirmar o contrário, isto é, pesquisas apontavam para o benefício do consumo dos mesmos na alimentação humana,[23] o que deixou a própria comunidade científica tendo que se justificar. Assim posiciona-se Ricardo Timm[24] sobre este aspecto:

> [...] nunca como hoje, desde o ponto de vista da ética e ainda além – da subsistência e sustentabilidade presente e futura do planeta, os extremos desafios científicos e éticos da contemporaneidade colocam a tal ponto o intelectual, o pesquisador, produtor de textos, o cientista, enfim, na ingrata posição de ter de, continuamente, se autojustificar.

---

[22] FERREIRA FILHO, M. G. *Princípios fundamentais do direito constitucional*. São Paulo: Saraiva, 2009, p. 89.

[23] Disponível em: <http://revistavivasaude.uol.com.br/saude-nutricao/72/artigo129392-1.asp>. Acesso em: 2 mar. 2015.

[24] SOUZA, R. T. de. As bases éticas da responsabilidade intelectual. In: SOUZA, R. T. de (org.). *Ciência e Ética*: os grandes desafios. Porto Alegre: Edipucrs, 2006, p. 143-144.

Dando continuidade às nossas reflexões, caberia perguntar: Seriam de quarta dimensão os direitos acarretados pelo desenvolvimento das ciências? Alguns autores[25] não concordam com o reconhecimento de direitos fundamentais de quarta dimensão, como Ferreira Júnior e Schäfer, por pensarem que a inflação de tais direitos desconstituiria e ameaçaria a importância da própria ideia de direitos fundamentais, entendendo que a abundância desses direitos teria como consequência a vulgarização e desvalorização da noção dos mesmos.

Ao discorrer sobre a evolução dos direitos de quarta geração como consequência da irradiação dos demais, Bonavides[26] sintetiza as gerações anteriores, esclarecendo que são de primeira geração os direitos individuais, de proteção do indivíduo contra o Estado, de segunda, os direitos sociais (de prestações positivas por parte do Estado) e de terceira, o direito ao desenvolvimento, ao meio ambiente sadio, à paz e à fraternidade. Estas estruturas formam uma pirâmide e, acima dela, está a democracia coroada pela globalização política. Consequentemente, os direitos de quarta geração seriam os mesmos direitos das dimensões anteriores irradiados, mas absorvendo-as sem remoção da subjetividade dos direitos individuais de primeira geração, os quais permanecem vivos e ganham em eficácia.

Assim, os direitos das dimensões anteriores concretizam-se, abrindo caminho para o surgimento de uma concepção de universalidade dos direitos que protegem, ou seja, dos direitos abstratos, tornando-os também mais concretos e diferentes do sentido abstrato e metafísico constante na Declaração dos Direitos do Homem de 1789. Essa compreensão universal dos direitos fundamentais os impulsiona para um grau mais alto de juridicidade, concretude, positividade e eficácia. Então, a universalidade não exclui os direitos de liberdade, ao contrário, os fortalece mediante a adoção dos direitos de igualdade e fraternidade.[27]

Pode-se afirmar, dessa forma, que há uma tendência à admissão de direitos fundamentais de quarta dimensão em processo de desenvolvimento e de aceitação pela doutrina, como reivindicação de novas liberdades fundamentais, em parte, devido ao desenvolvimento da biotecnologia e da indústria como um todo.

Em contrapartida, os mesmos também poderiam se enquadrar nos direitos de primeira dimensão, desde que atualizados e reciclados para preencherem as exigências do mundo contemporâneo. Nesse sentido, Ingo Sarlet[28] lembra que as novas dimensões não excluem as anteriores, trata-se de mutação histórica: "[...] não há como negar que o reconhecimento progressivo de novos direitos fundamentais tem o caráter de um processo cumulativo, de complementaridade, e não de alternância", do que se extrai que o reconhecimento,

---

[25] SCHÄFER, J. *Classificação dos direitos fundamentais*: do sistema geracional ao sistema unitário-uma proposta de compreensão. Porto Alegre: Livraria do Advogado, 2005, p. 11.

[26] BONAVIDES, P. *Curso de direito constitucional*. São Paulo: Malheiros, 1997, p. 524.

[27] Idem, p. 526.

[28] SARLET, I. W. *A eficácia dos direitos ...*, p. 45.

na prática, dos referidos direitos faz-se mais importante do que sua nomenclatura. Dito de outro modo, o processo de reconhecimento de novas gerações é lento e depende da positivação dos direitos com o passar do tempo, o que também ocorre lentamente.

Schäfer[29] estuda a proposta da compreensão dos direitos fundamentais de modo unitário a partir da indivisibilidade de seus núcleos essenciais. Lembrando, o autor, que eles surgiram do consenso sobre a limitação do poder do Estado e evoluíram para o modelo atual do pluralismo democrático em que há uma interligação responsável entre Estado e cidadão.

É de fácil constatação que o avanço da tecnologia, a melhoria das condições de vida, a democratização do acesso às novas tecnologias e a diminuição dos custos de muitas coisas podem ter modificado e até facilitado nossas vidas. Entretanto, desses fatos novos, surgiram também novos problemas bioéticos. No que diz respeito à medicina privada, por exemplo, confunde-se a necessidade de prestações positivas e prestações negativas por parte do Estado. No que se refere ao direito fundamental à saúde, novos procedimentos na cirurgia estética estão mais acessíveis a pessoas de baixa renda ou de classe média. Vê-se no Brasil, inclusive, consórcios para pagamento de cirurgias plásticas,[30] situações essas que se afastam dos direitos fundamentais clássicos. Como fica, então, quando a mesma pessoa que pretende prestações negativas do Estado no sentido de uma não intromissão em sua esfera de privacidade ao desejar fazer o que bem entender com o próprio corpo, por outro lado, pode desejar prestações positivas como utilizar o recurso da assistência judiciária gratuita para requerer a indenização que julga devida no caso de insucesso de uma cirurgia contratada nesses moldes? A pessoa tem o direito de submeter-se ao tratamento estético que quiser, mas não poderá exigir do Estado, mais do que o direito de prestações básicas.

2.1. A tutela da integridade psicofísica e a bioética

Para alguns autores, todos os direitos e garantias fundamentais encontram seu fundamento no princípio da dignidade da pessoa humana, do qual seriam concretizações. Para K. Stern, esta constitui fundamento para todo o sistema de direitos fundamentais, que por sua vez, constituem exigências, concretizações e desdobramentos da dignidade da pessoa.[31] O grau de vinculação dos diversos direitos a esse princípio é que pode ser diferente. Muitos são corolários ou desdobramentos em primeiro grau e outros são decorrentes.[32]

---

[29] SCHÄFER, J. *Classificação dos direitos fundamentais...*, p. 14.

[30] Disponível em: <http://www.medibel.com.br/?gclid=CKOdwNDVsK4CFQyc7QodiQupQw>. Acesso em: 20 fev. 2015.

[31] STERN, K. Das staatsrecht der bundesrepublik deutschland, vol. III/1. München: C.H. Beck, 1988. In: SARLET, I. W. *Dignidade da pessos humana e direitos fundamentais na constituição de 1988*. Porto Alegre: Livraria do Advogado, 2001, p. 82.

[32] ANDRADE, José Carlos Vieira de. *Os Direitos Fundamentais na Constituição Portuguesa de 1976*. Coimbra: Almedina, 1987, p. 101.

Dessa forma, a tutela da integridade psicofísica é decorrência do princípio da dignidade e traz como corolários outros princípios constitucionais, como o direito de não ser torturado e o direito ao tratamento digno do preso (no Direito Penal). Daí, passa-se para a tutela civil a fim de garantir direitos de personalidade na proteção da vida, da existência digna, da honra, da imagem, da identidade pessoal, da integridade física, da privacidade, direito ao corpo e às partes do corpo, o que, por sua vez, evoluiu para, de forma mais ampla, o que é tratado no direito à saúde. E mesmo fora da esfera do direito, no que se refere ao corpo humano, adentra-se em outros campos, como o da sociologia e o da psicologia, já que cada pessoa tem uma relação diferente com seu próprio corpo e uma vez que cada indivíduo conhece a si mesmo através do seu corpo como reflexo concreto da própria imagem.[33]

Atualmente, este tema traz complexidades a serem desvendadas na esfera do direito, devido ao extraordinário desenvolvimento biotecnológico, matéria apreciada tanto na bioética quanto no biodireito, conforme preceitua Martins-Costa:[34]

> O termo Biodireito indica a disciplina, ainda nascente, que visa a determinar os limites de licitude do progresso científico, notadamente da biomedicina, não do ponto de vista das "exigências máximas" da fundação e da aplicação dos valores morais na práxis biomédica – isto é, a busca do que se "deve" fazer para atuar o "bem" – mas do ponto de vista da exigência ética "mínima" de estabelecer normas para a convivência social.

Diante da controvérsia de o biodireito ser ou não uma disciplina, consagrada está a bioética como ética aplicada, voltada a dirimir conflitos resultantes das aplicações de conhecimentos na área da medicina e suas consequências na esfera psicofísica da pessoa. É o caso de problemas decorrentes da fertilização *in vitro*, como a possibilidade de serem gerados filhos *post mortem*, a criopreservação de embriões e o uso dos mesmos em experimentos. Ou ainda, problemas com a privacidade de dados genéticos e as possíveis violações desse direito, experimentos envolvendo humanos e atos de disposição sobre o próprio corpo ou sobre partes dele dentre outros.

Gisele Mascarelli Salgado,[35] em relação a isso, pensa que a bioética nunca poderá resolver as questões que pretende discutir, já que não é da sua esfera estabelecer sanções, mas sim da esfera da biopolítica. Esta sim levaria a discussões públicas e traria a questão para o biodireito. Para a autora, é a técnica quem diz, por exemplo, se há vida ou não na célula, ou quando começa ou termina a vida.

Esses conceitos são históricos e vêm sofrendo alterações pelos estudiosos:

> [...] que a cada minuto ditam novos paradigmas científicos. Isto somente ressalta que as questões engendradas pela biotecnologia não podem ser resolvidas por uma normatização, mas sim por uma discussão no espaço público sobre as ações humanas frente à tecnologia. As questões tratadas hoje

---

[33] MARZANO-PARISOLI, M. M. *Pensar o corpo*. Petrópolis: Vozes, 2004, p. 12.

[34] MARTINS-COSTA, J. Bioética e dignidade da pessoa humana: rumo à construção do biodireito. *Revista Trimestral de Direito Civil*, v. 3, p. 62, jul./set. 2000; *Revista da Pós-Graduação da Faculdade de Direito da USP*, v. 3, p. 64, 2001.

[35] SALGADO, G. M. Bioética: entre a biopolítica e o biodireito. In: GARCIA, M.; GAMBA, J. C.; MONTAL, Z. C. (coord.). *Biodireito constitucional*. Rio de Janeiro: Elsevier, 2010, p. 365-377.

no campo da bioética são na verdade questões de política sobre a vida no seu microcosmo, levando as observações de Foucault sobre a domesticação do corpo humano para o nível das células.

Segundo a autora, a bioética surge no momento em que se encontravam enfraquecidas as éticas religiosas e filosóficas para pautar comportamentos. Quando a ética, conhecida como limitadora das ações humanas num sentido restritivo negativo, passou a ser usada num sentido positivo, para discutir as atitudes humanas frente às possibilidades das ciências em relação à vida humana. Concomitantemente a isso, a sociedade pós-moderna elege um novo deus: a ciência, que assume as características de onipresença, onipotência e onisciência. Alguns acontecimentos e fatos que antes eram desígnios da vontade de Deus, hoje são possíveis na ciência e pautados pela ética.

Sendo assim, o que era conhecido, antes, como um processo natural – nascimento, funcionamento do corpo humano, reprodução, saúde, doença e morte – hoje pode ser controlado graças à biotecnologia. Quase que uma forma mágica que deu ao homem o poder relativo de controlar a natureza, fazendo a vida em laboratórios e a prolongando artificialmente, por exemplo. Todavia, ocorre que toda a técnica é por si só uma especialidade, um método, uma mesma abordagem ao ser especializada e treinada. A técnica é um fragmento e o fragmento não define o homem que é um todo. A vida humana, apesar de hoje poder ter seu início em um laboratório, devido aos avanços na tecnologia, essa continua sendo só um instrumento que deve ser controlado pela Ética.

Tais problemas podem ser tratados como direitos de quarta dimensão, segundo o pensamento de Moraes.[36] Algumas situações polêmicas já podem ser antecipadas, como o uso de informações que seriam privadas acerca do mapeamento genético. Por exemplo, uma companhia seguradora poderia ou não exigi-las para obter informações sobre a possibilidade de doenças futuras e até sobre a expectativa de vida para determinar o valor do seguro ou o pagamento de prêmio? Outro caso controverso estaria na possibilidade de o empregador poder exigir testes genéticos de candidatos a vagas de emprego e sobre as consequências que poderiam sofrer os futuros empregados no caso de negarem-se a fazer tais exames. Certamente, não obteriam a vaga de emprego.

Como podemos perceber, o assunto mostra-se atual e com potencial para multiplicação de dilemas éticos advindos do progresso da biomedicina, sendo necessário ainda o estabelecimento de limites à própria investigação científica, tanto de natureza ética, quanto jurídica. Uma vez que a ciência é incapaz de se autolimitar, cabe, ao direito, a imposição desses limites.[37]

A dignidade da pessoa humana como princípio fundamental aproxima a bioética e o direito no que se refere à proteção dos direitos fundamentais no respeito à individualidade, mas também a fraternidade deve ser levada em consideração. Assim, as das duas ciências estarão lado a lado, em busca de soluções amparadas pela justiça, ora privilegiando a proteção da pessoa individual, ora a proteção do patrimônio cultural, sem esquecer das preocupações com o desenvolvimento das ciências biomédicas.

---

[36] MORAES, M. C. B. de. *Danos à pessoa humana*. São Paulo: Renovar, 2007, p. 96.
[37] Idem, p. 98.

Na seção seguinte, discorreremos sobre a dignidade da pessoa humana como princípio fundamental norteador dos demais princípios jurídicos e éticos.

3. Dignidade da pessoa humana como princípio fundamental norteador

A dignidade da pessoa humana norteia tanto o direito como a bioética. Para a compreensão do termo no sentido geral, faz-se necessário conhecer algumas de suas diversas acepções ao longo da história da filosofia moral ou ética.

Primeiramente, vejamos o que diz Clotet:

De Hipócrates (*eusjemosúne*), até Emmanuel Kant (*Würde*), através de Cícero (*decorum*), Santo Tomás de Aquino (*honestum, decorum*) e João Pico della Mirandola (*dignitas*). Trata-se de uma noção difícil de definir com precisão, mas apresenta-se como um dos poucos valores universais e comuns da sociedade pluralista contemporânea. O conceito de dignidade, todavia, é objeto de crítica pela ambiguidade ou questionamento daquilo que é considerado humano por determinados cientistas e/ou filósofos quando ele é referido a todos os processos de desenvolvimento da vida humana.[38]

O termo é antigo e nem por isso deixa de ser complexo ou está definido claramente. Como vimos acima, há uma certa dificuldade confessada por Clotet para conceituar dignidade. No entanto, é consenso que a dignidade da pessoa diz respeito à sua condição humana, sendo um valor universal que faz parte do conteúdo tanto da abordagem jurídico-constitucional como da bioética.

Habermas,[39] por sua vez, faz uma distinção entre dignidade da vida humana e dignidade da pessoa humana, sendo que, para ele, a última possui garantia jurídica: "Somente a partir do momento em que a simbiose com a mãe é rompida é que a criança entra num mundo de pessoas, que vão ao seu encontro, que lhe dirigem a palavra e podem conversar com ela". As pesquisas genéticas e a pesquisa com embriões humanos acentuam esta diferença, pois o embrião, não sendo ainda pessoa, gozaria da dignidade da vida humana.

Outrossim, a dignidade humana deve ser abraçada pelo sistema jurídico pátrio como um valor jurídico-constitucional fundamental,[40] para a qual deve ser outorgada, em todas as suas manifestações e aplicações, a máxima eficácia e efetividade.

Ingo Sarlet[41] define a dignidade da pessoa humana no âmbito jurídico como:

[...] a qualidade intrínseca e distintiva de cada ser humano que o faz merecedor do mesmo respeito e consideração por parte do Estado e da comunidade, implicando, neste sentido, um complexo

---

[38] CLOTET, J. Acerca de dignidade, direito e bioética. In: *Bioética*: uma aproximação. Porto Alegre: Edipucrs, 2003, p. 211.

[39] HABERMAS, J. *O futuro da natureza humana*. São Paulo: Martins Fontes, 2004, p. 49.

[40] AFONSO DA SILVA, José. *Poder constituinte e poder popular*. São Paulo: Malheiros, 2000, p. 146.

[41] SARLET, I. W. *Dignidade da pessoa humana e direitos fundamentais*. Porto Alegre: Livraria do Advogado, 2001, p. 145.

de direitos e deveres fundamentais que assegurem a pessoa tanto contra todo e qualquer ato de cunho degradante e desumano, como venham a lhe garantir as condições existenciais mínimas para uma vida saudável, além de propiciar e promover sua participação ativa e co-responsável nos destinos da própria existência e da vida em comunhão com os demais seres humanos.[42]

Há, se observarmos o que dissemos até agora, uma dificuldade pertinente na tentativa de definirmos a dignidade da pessoa humana.[43] Quais seriam, então, os critérios para determinar as condições mínimas para a existência de uma vida saudável, se o próprio conceito de saúde ou de vida saudável[44] da Organização Mundial da Saúde (OMS) parece uma utopia, especialmente, em países subdesenvolvidos ou em desenvolvimento?

Desse modo, entende-se que caberia, ao Estado, a responsabilidade de garantir uma vida digna a todos os cidadãos. Mas quais seriam os parâmetros utilizados para mensurar o que é vida digna? Qual é o mínimo que se espera do Estado para que se possa afirmar que ele está cumprindo com o seu dever? Muitos elementos devem ser levados em conta nessa análise. Não só a biologização do conceito de dignidade humana, como também os aspectos culturais de cada comunidade ou o entendimento do que seria um tratamento igualitário, uma vez que toda pessoa merece ser tratada dignamente.[45] Incluindo-se, aqui, também aquelas que não têm total discernimento de sua condição, pois, independentemente, de as mesmas terem ou não noção sobre sua própria dignidade, elas também merecem um tratamento igualitário e justo.[46]

O assunto é polêmico, sem dúvida, por isso, reiteramos que há uma grande dificuldade em estabelecer-se um núcleo básico do princípio da dignidade da pessoa humana, mesmo assim, vejamos o que Ana Paula de Barcellos afirma sobre a questão:

> Todavia, se a sociedade não for capaz de reconhecer a partir de que ponto as pessoas se encontram em uma situação indigna, isto é, se não houver consenso a respeito do conteúdo mínimo da dignidade, estar-se-á diante de uma crise ética e moral de tais proporções que o princípio da

---

[42] SARLET, I. W. *Dignidade da pessoa humana e direitos fundamentais...*, p. 60.

[43] ANTUNES ROCHA, C. L. *O princípio da dignidade da pessoa humana e a exclusão social.* Disponível em: <http://www.egov.ufsc.br/portal/sites/default/files/anexos/32229-38415-1-PB.pdf>. Acesso em: 13 jul 2014.

[44] A Organização Mundial de Saúde (OMS) define a saúde como "[...] um estado de completo bem-estar físico, mental e social e não somente ausência de afecções e enfermidades". Disponível em: <http://www.who.int/en/>. Acesso em: 22 fev. 2015.

[45] PEREIRA DE FARIAS, E. *Colisão de Direitos: A honra, a intimidade, a vida privada e a imagem versus a liberdade de expressão e comunicação.* Porto Alegre: Sergio Fabris, 2000, p. 50.

[46] SARLET, I. W. As dimensões da dignidade da pessoa humana: construindo uma compreensão jurídico--constitucional necessária e possível. *Revista Brasileira de Direito Constitucional – RBDC n. 09 – jan./jun. 2007.* Disponível em: <http://www.esdc.com.br/RBDC/RBDC-09/RBDC-09-361-Ingo_Wolfgang_Sarlet.pdf>. Acesso em: 14 jul. 2014. O autor em outra obra (Dignidade da pessoa humana e direitos fundamentais, p. 50) traz Dworkin quando se refere ao tratamento digno que merecem os presos, independentemente do crime cometido, não podendo ser torturados, humilhados e sendo-lhes garantido um mínimo de privacidade e direitos básicos. Dworkin, na mesma página, ainda exemplifica com o caso de pacientes demenciados que se encontram aos cuidados da comunidade, que, igualmente tem direito ao tratamento digno. Não devem ser amontoados de forma que fiquem sem privacidade e devem ser mantidos limpos quando não mais puderem, por si só, cuidar do asseio e higiene pessoal. (DWORKIN, Ronald. Domínio da vida. São Paulo: Martins Fontes, 2003, p. 334).

dignidade da pessoa humana terá se transformado em uma fórmula totalmente vazia, um signo sem significado correspondente.[47]

Mesmo sendo passíveis de valorações diversas, devido a pluralidade de interpretações[48] e de contextos socioculturais, as noções sobre dignidade sempre concordam em não rebaixar o ser humano ao *status* de coisa. E, além do mais, mesmo que não se chegue a um consenso sobre o conteúdo mínimo de dignidade, seu elemento nuclear deverá ser mantido,[49] sendo vedada toda e qualquer conduta que importe em coisificação e instrumentalização do ser humano,[50] o que justifica o fato de a pessoa humana não poder ser objeto de pesquisa em situações que ofendam a sua dignidade.

Nesse sentido, segundo Kant,[51] não é possível associar preço com dignidade:

> No reino dos fins tudo tem um *preço* ou uma *dignidade*. Quando uma coisa tem um preço, pode-se pôr em vez de qualquer outra como *equivalente*; mas quando uma coisa está acima de todo o preço, e, portanto não permite equivalente, então tem ela dignidade. O que se relaciona com as inclinações e necessidades gerais do homem tem um *preço venal*; aquilo que, mesmo sem pressupor uma necessidade, é conforme a um certo gosto, isto é uma satisfação no jogo livre e sem finalidade das nossas faculdades anímicas, tem um *preço de afeição ou de sentimento* (*Affektionspreis*); aquilo porém que constitui a condição só graças à qual qualquer coisa pode ser um fim em si mesma, não tem somente um valor relativo, isto é um preço, mas um valor íntimo, isto é *dignidade*. Ora a moralidade é a única condição que pode fazer de um ser racional um fim em si mesmo, pois só por ela lhe é possível ser membro legislador no reino dos fins.

Ou seja, entende-se que a pessoa tem dignidade porque não tem um preço, está acima dos preços, pois não pode ser comparada a alguma coisa à qual se atribua algum valor de troca. Dessa feita, é a dignidade que distingue a pessoa das demais coisas, tornando-as iguais nesse aspecto. Em outras palavras, a dignidade humana é imanente ao "ser em si" e ao "ser por si" e transcende, devido à sua superioridade essencial, à natureza, sendo causa necessária, suficiente, eficiente, determinante e finalística para instituir a solidariedade entre os seres humanos, podendo ser caracterizada como dogma, valor ou princípio, segundo as perspectivas teleológicas.[52]

Sarlet ressalta o aspecto dúplice da dignidade da pessoa humana. O primeiro corresponde àquele que diz respeito à expressão da autonomia do indivíduo, vinculado, portanto, à ideia de autodeterminação (liberdade nas escolhas, de acordo com o projeto espiritual de cada um) que tem a ver com o elemento imutável da dignidade. O segundo trata-se do elemento visto sob a perspectiva assistencial ou à necessidade de proteção. Trata-se do elemento mutável da

---

[47] BARCELLOS, A. P. de. *A eficácia jurídica dos princípios constitucionais*: o princípio da dignidade da pessoa humana. Rio de Janeiro: Renovar, 2002, p. 197.

[48] FERREIRA DOS SANTOS, F. *O Princípio da dignidade da pessoa humana como lócus hermenêutico da nova interpretação constitucional*. (Publicação em 2009) Disponível em: <http://www.jurisway.org.br/v2/dhall.asp?id_dh=1080>. Acesso em: 13 jul. 2014.

[49] GONZÁLEZ PÉREZ, J. *La dignidad de la persona*. Madrid: Editorial Civitas, 1996, p. 20.

[50] SARLET, I. W. *A eficácia dos ...*, p. 120.

[51] KANT, E. *Fundamentação da metafísica dos costumes*. Lisboa: Edições 70, 2007, p. 77.

[52] GONÇALVES, M. D. A. *Proteção integral*: paradigma multidisciplinar do direito pós-moderno. Porto Alegre: Alcance, 2002, p. 35.

dignidade. Diz respeito à promoção da dignidade por parte da comunidade e do Estado. Sabiamente reconhece o autor que algumas vezes, essa última perspectiva (assistencial e protetiva) prevalece em face da dimensão autonômica. Situação que ocorre no âmbito da biomedicina e da bioética nas situações em que o indivíduo encontra-se fragilizado ou não pode prestar o consentimento para uma intervenção.[53]

O princípio da dignidade da pessoa humana foi expresso,[54] pela primeira vez, no art. 1º da CF/88 e é, dentre os princípios fundamentais, o norteador dos demais e de todo o ordenamento jurídico pátrio, antes mesmo do catálogo dos direitos fundamentais.

Sendo assim, mesmo com os avanços da biotecnologia, acredita-se que o respeito à dignidade humana deva ser considerado um princípio basilar, cabendo, ao Poder Público, por conseguinte, administrar situações em que haja conflitos de interesses entre os avanços da ciência e as vidas que estiverem em jogo. Todavia, é preciso ressaltar que, na prática, qualquer tomada de decisão traz consigo escolhas e aspectos subjetivos, já que o fundamento jurídico da dignidade da pessoa humana, manifestado, num primeiro momento, pelo princípio da igualdade formal (direito de não sofrer qualquer discriminação) se tornou insuficiente, perante a constatação de que as pessoas podem ter diferentes culturas ou condições psicológicas e sociais.O que, por sua vez, gerou uma postura onde se adotou a forma de igualdade substancial, ou seja, tratar respeitando as desigualdades.[55]

Isso posto, faz com que possa-se considerar a dignidade da pessoa humana como um valor espiritual e moral inerente a todo e qualquer ser humano.[56] Manifestação da autodeterminação consciente e responsável da própria vida e da vida dos demais que se constitui no mínimo invulnerável de todo o estatuto jurídico, e "este fundamento afasta a ideia de predomínio das concepções transpessoalistas de Estado e Nação, em detrimento da liberdade individual".[57]

Nesse contexto, faz-se necessário acrescentar outro princípio a fim de complementar o princípio da dignidade da pessoa humana, o qual pode ser visto como uma espécie de evolução do mesmo, a saber, o princípio fundamental da solidariedade. O mesmo resulta da superação do individualismo jurídico e surgiu no direito brasileiro a partir da CF de 1988, já que, antes, era tido apenas como dever moral.

Segundo Lôbo, trata-se da superação do modo de "[...] pensar e de viver a sociedade a partir do predomínio dos interesses individuais, que marcou os primeiros séculos da modernidade, com reflexos até a atualidade".[58] Os direitos sociais estão, hoje, ao lado dos direitos individuais, que não podem ser

---

[53] SARLET, I. W. *Dignidade da pessoa humana e direitos fundamentais...*, p. 49.

[54] BRASIL. *Constituição Federal.* Art. 1º: A República Federativa do Brasil, formada pela união indissolúvel dos Estados e municípios e do Distrito Federal, constitui-se em Estado Democrático de Direito e tem como fundamentos: [...] III – a dignidade da pessoa humana.

[55] FACCHIN, L. E. *Teoria crítica do direito civil.* Rio de Janeiro: Renovar, 2006, p. 285.

[56] MIRANDA, Jorge. *Manual de direito constitucional.* Tomo IV. Coimbra: Coimbra, 1991, p. 169.

[57] MORAES, A. de. *Direitos humanos fundamentais.* São Paulo: Atlas, 2005, p. 48.

[58] LÔBO, P. *Direito civil:* famílias. São Paulo: Saraiva, 2010, p. 56.

tratados como absolutos. Dentro dos direitos sociais, enquadra-se o direito de família e os direitos econômicos de forma geral.

No mundo antigo, o indivíduo era tido apenas como parte integrante da sociedade e não como sujeito de direito subjetivo. No mundo moderno liberal, em contraposição, a pessoa é vista como o centro de destinação do direito e o direito subjetivo assume um papel central na relação jurídica. E, no mundo contemporâneo, almeja-se o equilíbrio entre os espaços público e privado, criando espaço para a solidariedade que surge como elemento conformador dos direitos subjetivos com matriz no art. 1º, I, da CF.

Em relação à bioética, é o princípio da solidariedade que deve ser considerado, tanto na alocação de recursos escassos, quanto na pesquisa com seres humanos. Se as verbas destinadas à saúde, por exemplo, não forem suficientes para atender a todos, haverá polêmica. Algum setor será privilegiado em detrimento de outro. No caso, a justiça far-se-á com a distribuição dos recursos, primeiro, ao setor mais necessitado. Nessa mesma linha de raciocínio, encontra-se a pesquisa com seres humanos e as possíveis decisões sobre privilegiar a coletividade ou o sujeito, desde que respeitados os princípios éticos.

De qualquer forma, finaliza-se reafirmando a impossibilidade de que tudo se resolva naturalmente, sem que haja conflitos de interesse e embate de ideias, pois é inevitável que haja, em muitas situações reais, colisão entre os princípios da liberdade de criação científica e o princípio da dignidade humana.

4. Conclusões

É conteúdo da bioética, a resolução de conflitos éticos, especialmente no campo da medicina, encontrando no mesmo, largas discussões acerca do uso de novas tecnologias, assim como experimentos com cobaias humanas encontra laços estreitos com os direitos humanos e os direitos fundamentais.

Uma vez que, em nosso país, o cidadão tem o direito fundamental, previsto na Constituição, de obter a prestação jurisdicional, sempre que solicitar, não cabendo ao Poder Judiciário negá-la no julgamento do caso concreto, o Judiciário poderá encontrar guarida na bioética. Soluções para os casos concretos poderão ser encontradas nos postulados da bioética, nos pareceres das comissões e dos estudiosos dessa ciência que tem como objetivo, dentre outros, procurar respostas práticas para a solução de conflitos éticos em casos novos, advindos justamente do avanço crescente das ciências médicas nas últimas décadas.

Por outro lado a própria bioética é uma manifestação dos deveres simultâneos do Estado de harmonizar, por um lado, o que corresponde à prestação negativa de não intromissão na vontade individual, por outro, tem o dever de tomar medidas positivas de proteção do sujeito na conservação de sua integridade psicofísica.

Então, como já exposto, são de terceira dimensão os direitos advindos de novas tecnologias, como o direito de liberdade de informática os decorrentes das preocupações com o futuro do planeta. Assim, enquadrar-se-iam as garantias contra a manipulação genética, direito à morte digna, mudança de sexo, etc. Os conflitos suscitados na bioética e os direitos pleiteados pelos pacientes ou sujeitos às novas tecnologias estariam nessa dimensão, bem como o direito de decidir sobre intervenções no próprio corpo, o direito de submissão a novos experimentos médicos, a regras sobre manipulação genética, principalmente em animais humanos ou não, e a experimentos humanos que envolvam risco.

Vale repetir que ao discorrer sobre a evolução dos direitos de quarta geração como consequência da irradiação dos demais, Bonavides, já citado no decorrer do texto sintetiza as gerações anteriores, esclarecendo que são de primeira geração os direitos individuais, de proteção do indivíduo contra o Estado, de segunda, os direitos sociais (de prestações positivas por parte do Estado) e de terceira, o direito ao desenvolvimento, ao meio ambiente sadio, à paz e à fraternidade. Estas estruturas formam uma pirâmide e, acima dela, está a democracia coroada pela globalização política. Consequentemente, os direitos de quarta geração, seriam os mesmos direitos das dimensões anteriores irradiados, mas absorvendo-as sem remoção da subjetividade dos direitos individuais de primeira geração, os quais permanecem vivos e ganham em eficácia.

Como visto, há uma tendência à admissão de direitos fundamentais de quarta dimensão em processo de desenvolvimento e de aceitação pela doutrina, como reivindicação de novas liberdades fundamentais, em parte, devido ao desenvolvimento da biotecnologia e da indústria como um todo. A bioética acompanhando a evolução das ciências também se encaixa nessa dimensão.

5. Referências

AFONSO DA SILVA, José. *Poder constituinte e poder popular*. São Paulo: Malheiros, 2000.

——. *Curso de direito constitucional positivo*. São Paulo: Malheiros, 2009.

ANDRADE, José Carlos Vieira de. *Os Direitos Fundamentais na Constituição Portuguesa de 1976*. Coimbra: Almedina, 1987.

ANTUNES ROCHA, C. L. *O princípio da dignidade da pessoa humana e a exclusão social*. Disponível em: <http://www.egov.ufsc.br/portal/sites/default/files/anexos/32229-38415-1-PB.pdf>. Acesso em: 13 jul 2014.

ARAÚJO, A. L. V. G. Biodireito constitucional: uma introdução. In: GARCIA, M. (org.). *Biodireito constitucional*. Rio de Janeiro: Elsevier, 2010.

BARCELLOS, A. P. de. *A eficácia jurídica dos princípios constitucionais*: o princípio da dignidade da pessoa humana. Rio de Janeiro: Renovar, 2002.

BRANCO, P. G. G. Teoria Geral dos Direitos Fundamentais. In: MENDES, G.; COELHO. I. M.; BRANCO, P. G. S. Curso de direito constitucional. São Paulo: Saraiva, 2009.

BONAVIDES, P. *Curso de direito constitucional*. São Paulo: Malheiros, 1997. BONAVIDES, P. *Curso de direito constitucional*. São Paulo: Malheiros, 2000.

BRASIL. *Constituição Federal*. Art. 1º: A República Federativa do Brasil, formada pela união indissolúvel dos Estados e municípios e do Distrito Federal, constitui-se em Estado Democrático de Direito e tem como fundamentos: [...] III – a dignidade da pessoa humana.

CANOTILHO, J. J. G. *Direito constitucional e teoria da constituição*. Coimbra: Almedina, 1986.

CLOTET, J. Acerca de dignidade, direito e bioética. In: *Bioética*: uma aproximação. Porto Alegre: Edipucrs, 2003.

COELHO, I. M.; BRANCO, P. G. G. *Curso de direito constitucional*. São Paulo: Saraiva, 2009.

FACHIN, L. E. Novos paradigmas do direito civil contemporâneo. In: *Teoria crítica do Direito civil*. Rio de Janeiro: Renovar, 2000. FACCHIN, L. E. *Teoria crítica do direito civil*. Rio de Janeiro: Renovar, 2006.

FERREIRA FILHO, M. G. *Princípios fundamentais do direito constitucional*. São Paulo: Saraiva, 2009, p. 89. Disponível em: <http://revistavivasaude.uol.com.br/saude-nutricao/72/artigo129392-1.asp>. Acesso em: 27 mar. 2014.

FERREIRA DOS SANTOS, F. *O Princípio da dignidade da pessoa humana como lócus hermenêutico da nova interpretação constitucional*. (Publicação em 2009) Disponível em: <http://www.jurisway.org.br/v2/dhall.asp?id_dh=1080>. Acesso em: 13 jul. 2014.

GONÇALVES, M. D. A. *Proteção integral*: paradigma multidisciplinar do direito pós-moderno. Porto Alegre: Alcance, 2002.

GONZÁLEZ PÉREZ, J. *La dignidad de la persona*. Madrid: Editorial Civitas, 1996.

HABERMAS, J. *O futuro da natureza humana*. São Paulo: Martins Fontes, 2004.

HERRERA, Carlos Miguel. Estado, Constituição e Direitos Sociais. In: *Direitos Sociais: fundamentos, judicialização e direitos sociais em espécie*. SOUZA NETO, C. P e SARMENTO, D. (Org) Rio de Janeiro: Lumen Juris, 2008.

KANT, E. Fundamentação da metafísica dos costumes. Lisboa: Edições 70, 2007.

LÔBO, P. *Direito civil*: famílias. São Paulo: Saraiva, 2010.

LUCATO, M. C.; RAMOS, D. L. P. Bioética – histórico e modelos. In: *Bioética*: pessoa e vida. São Caetano do Sul: Difusão, 2009.

MARTINS-COSTA, J. Bioética e dignidade da pessoa humana: rumo à construção do biodireito. *Revista Trimestral de Direito Civil*, v. 3, p. 62, jul./set. 2000; *Revista da Pós-Graduação da Faculdade de Direito da USP*, v. 3, p. 64, 2001.

MARZANO-PARISOLI, M. M. *Pensar o corpo*. Petrópolis: Vozes, 2004.

MIRANDA, Jorge. *Manual de direito constitucional*. Tomo IV. Coimbra: Coimbra, 1991.

MORAES, A. de. *Direitos humanos fundamentais*. São Paulo: Atlas, 2005.

MORAES, M. C. B. de. *Danos à pessoa humana*. São Paulo: Renovar, 2007.

——. *Na medida da pessoa humana*. Rio de Janeiro: Renovar, 2010.

OMS – Organização Mundial da Saúde. Disponível em: <http://www.who.int/en/>. Acesso em: 22 fev. 2015.

PEREIRA DE FARIAS, E. Colisão de Direitos: A honra, a intimidade, a vida privada e a imagem *versus* a liberdade de expressão e comunicação. Porto Alegre: Sergio Fabris, 2000.

PÉREZ LUÑO, A.E. Derechos humanos, Estado de derecho y Constitución. Madrid: Ed. Tecnos, 2003.

PORTELLA, S. de S. *Considerações sobre o conceito de mínimo existencial*. Disponível em: <http://www.webartigos.com/artigos/considera-ccedil-otilde-es-sobre-o-conceito-de-m-iacute-nimo-existencial/2400/>. Acesso em: 05 mar. 2015.

REALE, M. *O projeto do novo código civil*. São Paulo: Saraiva, 1999.

SALGADO, G. M. Bioética: entre a biopolítica e o biodireito. In: GARCIA, M.; GAMBA, J. C.; MONTAL, Z. C. (coord.). *Biodireito constitucional*. Rio de Janeiro: Elsevier, 2010, p. 365-377.

SARLET, I. W. As dimensões da dignidade da pessoa humana: construindo uma compreensão jurídico-constitucional necessária e possível. *Revista Brasileira de Direito Constitucional – RBDC n. 09 – jan./jun. 2007*. Disponível em: <http://www.esdc.com.br/RBDC/RBDC-09/RBDC-09-361-Ingo_Wolfgang_Sarlet.pdf>. Acesso em: 14 jul. 2014.

——. *Dignidade da pessoa humana e direitos fundamentais*. Porto Alegre: Livraria do Advogado, 2001.

——. Dignidade da pessoa humana e direitos fundamentais na constituição federal de 1988. Porto Alegre: Livraria do Advogado, 2001.

——. *A eficácia dos direitos fundamentais*: uma teoria geral dos direitos fundamentais na perspectiva constitucional. Porto Alegre: Livraria do Advogado, 2009.

SILVEIRA, C. A. da; ALMEIDA, J. Tecnociência, democracia e os desafios éticos das biotecnologias no Brasil. *Sociologias*, Porto Alegre, n. 19, p. 106-129, jan./jun. 2008. Disponível em: <http://www.lume.ufrgs.br/bitstream/handle/10183/20628/000646213.pdf?sequence=1>. Acesso em: 27 mar. 2014.

SCHÄFER, J. *Classificação dos direitos fundamentais*: do sistema geracional ao sistema unitário-uma proposta de compreensão. Porto Alegre: Livraria do Advogado, 2005.

SOUZA, R. T. de. As bases éticas da responsabilidade intelectual. In: SOUZA, R. T. de (org.). *Ciência e Ética*: os grandes desafios. Porto Alegre: Edipucrs, 2006.

STERN, K. Das staatsrecht der bundesrepublik deutschland, vol. III/1. München: C.H. Beck, 1988. In: SARLET, I. W. *Dignidade da pessos humana e direitos fundamentais na constituição de 1988*. Porto Alegre: Livraria do Advogado, 2001.

VILLELA, J. B. O código civil brasileiro e o direito à recusa de tratamento médico. In: GOZZO, D.; LIGIERA, W. R. (orgs.). *Bioética e direitos fundamentais*. São Paulo: Saraiva, 2012.

— 16 —

Aspectos relativos a uma (im)possível conexão entre a culpa e o livre-arbítrio em relação ao comportamento humano no âmbito das Neurociências e o Direito Penal

MATEUS MARQUES[1]

> *En este mundo traidor, nada es verdad o mentira.*
> *Todo es según el color del cristal con que se mira.*
> (Ramón De Campoamor)

SUMÁRIO: 1. Sobre as inovações relacionadas com as neurociências; 2. "Ser livre": aspectos relacionados ao livre-arbítrio e à autodeterminação; 3. A culpabilidade penal e uma (im)possível(?) relação com a neurociência; 4. É possível reconhecer uma conexão entre a culpa e o livre-arbítrio em relação ao comportamento humano?; 5. Conclusões; 6. Referências.

1. Sobre as inovações relacionadas com as neurociências

De acordo com estudos realizados nos últimos anos, boa parte de nossas decisões conscientes estão previamente determinadas nas partes subcorticais do sistema neuronal, cuja atividade não está acompanhada substancialmente da consciência. Isso não significa, porém, que o desenvolvimento dos atos conscientes estão completamente predeterminados por processos inconscientes, o que converteria aqueles em meros epifenômenos, senão que os processos de elaboração consciente da informação no cérebro representam acontecimentos neuronais totalmente diferentes dos inconscientes. Enfim, o conceito de decisão de vontade reflexiva e livre de motivos é insustentável desde um ponto de vista da psicologia do comportamento e da investigação sobre o cérebro, razão pela qual que só existem condutas determinadas por motivos ou causais, mas de modo algumas ações produzidas de um modo puramente mental.

Parece assim que o que a neurociência pretende demonstrar é que não decidimos sobre os aspectos essenciais do nosso modo de ser e agir, isto é, que não decidimos, por exemplo, sobre ser homo ou heterossexual, religioso

---

[1] Advogado. Professor de Direito Penal da Estácio do Rio Grande do Sul. Cordenador do Curso de Direito da Estácio Rio Grande do Sul. Mestre e Especialista em Ciências Criminais pela PUCRS. Professor pesquisador do Departamento de Direito Penal da Universidade Castilla-La Mancha (Toledo/Espanha). Bolsista Estácio.

INQUIETAÇÕES SOBRE DIREITOS FUNDAMENTAIS

ou ateu, honesto ou desonesto, triste ou alegre, solidário ou indiferente, violento ou pacífico, etc. No máximo, decidiríamos sobre aspectos superficiais ou secundários referidos à personalidade. Exatamente por isso, os critérios socialmente construídos de imputação de responsabilidade seriam grandemente arbitrários, uma vez que teriam por pressuposto uma liberdade humana de agir que de fato não existe. A culpabilidade (e não só ela) seria, por conseguinte, uma ficção reguladora.

2. "Ser livre": aspectos relacionados ao livre-arbítrio e à autodeterminação

Diante da amplitude de discussão que se estabelece quando o tema tratado relaciona o estudo das neurociências e direito penal, alguns pontos carecem de maior destaque, pois a expressão *"ser livre"* tem sido entendida tradicionalmente não como a falta de determinantes da própria ação, pois neste caso não se poderá falar de liberdade, mas de aleatoriedade, pois num sentido jurídico isso significa que a culpabilidade tem a ver com a capacidade de autodeterminação, ou seja, a liberdade de auto-organização.

Assim, um dos temas mais complexos e ainda não plenamente resolvidos na teoria do delito está relacionado à demonstração do conteúdo material da culpabilidade,[2] seja sob a ótica do "poder agir de outro modo",[3] seja pela pretensão de sua substituição[4] pelo "dever de motivar-se pela norma",[5] alcançando, por via de consequência, a própria premissa interpretativa legitimadora – ou não do poder punitivo estatal.

O problema que a teoria do poder de agir de outra maneira suscita é evidente: a reprovação que é feita ao sujeito que praticou o injusto se sustenta na consideração de que este sujeito dispunha de liberdade para tal. Seu pressuposto é indemonstrável empiricamente: a concepção de sujeito enquanto ser livre, na eterna tensão entre livre-arbítrio e determinismo, mesmo mitigado pelo garantismo de Luigi Ferrajoli.[6]

---

[2] A respeito da precisa análise do conteúdo material da culpabilidade vide: GUARAGNI, Fábio André. Fundamento material da culpabilidade jurídico-penal: breve percurso dogmático da liberdade humana no marco das teorias da culpabilidade e seus (possíveis) pilares de sustentação. BUSATO, Paulo César (Coord.). In: *Questões atuais do sistema penal: estudos em homenagem ao professor Roncaglio*. Rio de Janeiro: Lumen Iuris. 2013. p, 77-109.

[3] Na clássica versão de WELZEL, Hans. *El nuevo sistema del derecho penal. Una introducción a la doctrina de la acción finalista*. Buenos Aires: Editorial BdeF. 2004. p, 100 e ss.

[4] O autor alerta que a substituição de uma expressão por outra pode também se revelar como mera "fraude de etiquetas", considerando que o problema dualista de fundo persiste. BUSATO, Paulo César. *Direito Penal*. 2013. p, 78-79.

[5] Como preferem MUÑOZ CONDE, Francisco; GARCÍA ARÁN, Mercedes. *Derecho penal: parte general*. 8.ed. Valencia: Tirant lo Blanch. 2010. p. 396. *"la norma penal se dirige a indivíduos capaces de motivarse en su comportamento por los mandatos normativos. Lo importante no es que el individuo pueda elegir entre vários haceres posibles; ló importante es que la norma penal Le motiva con sus mandatos y prohibiciones para que se abstenga de realizar uno de esos vários haceres posibles que es precisamente el que la norma prohíbe con la amenaza de una pena".*

[6] FERRAJOLI, Luigi. *Direito e Razão: teoria do garantismo penal*. São Paulo: RT. 2002. p. 401.

O conceito material de culpabilidade de Hans Welzel, defensor da teoria finalista da ação, baseada no livre-arbítrio, embora tenha contribuído de maneira essencial para a Teoria do Delito, submete-se a críticas contundentes, propiciando no cenário doutrinário, novas buscas de fundamento substancial, cujo compromisso com os direitos constitucionais seja intransigível. Indubitavelmente, a neurociência produz influxos no âmbito da dogmática penal, principalmente na culpabilidade e, portanto, certamente acarretará novas propostas de mudança no seu arcabouço essencial, que podem ou não ser válidas.

Essa discussão envolve a dicotomia entre o "livre-arbítrio"[7] e o "determinismo"[8] e a eventual possibilidade de sua compatibilização. Há vários pensadores que se recusam a admitir a compatibilização entre o determinismo e o livre-arbítrio, com a premissa de que a demonstração de um excluiria o outro: ou o ser humano é livre e faz escolhas em seu cotidiano de forma igualmente livre; ou ele age apenas condicionado por fatores alheios à sua vontade, seja pelo meio ambiente onde vive, seja pela própria natureza humana.

Importante destacar que as discussões acerca do futuro do direito penal e da sua legitimação ainda vão percorrer um árduo e intrigante caminho, daí por que a pretensão do trabalho reside em incentivar reflexões, partindo-se, como premissa elementar, da resposta negativa à indagação realizada acima, ou seja, o "poder atuar de maneira diversa" não pode ser mais concebido como o conteúdo material da culpabilidade.

No plano de discussão do conteúdo material da culpabilidade penal,[9] a questão fica posta nesses termos: as pessoas são livres para fazerem escolhas e por isso podem ser punidas se fizerem as escolhas consideradas "erradas" à luz da lei, ou, levando em conta a ausência de domínio sobre seu agir, as pessoas não realizam escolhas livres e, assim, não podem ser punidas pelos atos selecionados pela lei como "errados"?

Nas palavras de Michael Pauen,[10] um dos filósofos que tem realizado estudos sobre este tema, leciona que "a questão fundamental não é se um ato é determinado, mas como ele é determinado, se determinado por mim, por minhas próprias crenças e desejos, ou é determinado por fatores externos". A

---

[7] A expressão *"livre-arbítrio"*, por remeter ao discurso católico-cristão e ao Direito penal canônico, permite a crítica de alguns autores que preferem adotar outro tipo de terminologia, a exemplo de "autodeterminação moral livre", "liberdade de atuação", "autonomia da vontade", "liberdade humana", ou algo similar. Aqui, no entanto, insistir-se-á na adoção da expressão "livre-arbítrio", apenas para facilitar a compreensão justificada pela uniformização decorrente de sua predominância nas searas neurocientíficas.

[8] Quando se fala em *"determinismo"* também é importante esclarecer que não obstante haja uma ampla variação da abordagem, em termos de importância para o Direito penal, duas delas são relevantes: o "determinismo socioambiental" e o "determinismo biológico". Ou seja: enquanto alguns consideram que as influências evolucionistas darwinianas, quanto das condicionantes neurológicas vistas como precedentes à consciência decisória. Em ambos os casos, se as pessoas não controlam suas opções, não teriam livre-arbítrio. Das duas vertentes, a que mais preocupa é a segunda, ou seja, o determinismo biológico, pois ela pode implicar em graves consequências de controle social preventivo.

[9] Essa não é uma questão exclusivamente "de" Direito penal, mas sim posta "no" Direito penal, em termos de demonstração da culpabilidade e, assim, da própria legitimidade punitiva do Direito Penal, apresentando implicações e variações de interpretação nos mais diversos setores do conhecimento humano.

[10] PAUEN, Michael. Autocomprensión humana, neurociencia y libre albedrío: ¿se anticipa una revolución?. In: RUBIA, Francisco. (Ed.), *El cerebro: avances en neurociencia*, Editorial Complutense, Madrid, 2009, p. 135.

questão jurídica é se podemos reconhecer essa competência para autodeterminar-se.

Como vimos, a autodeterminação é um pressuposto da liberdade como uma construção social, portanto, da culpabilidade. A liberdade e as estruturas correspondentes de responsabilidade tal como se encontram atualmente configuradas, desapareceriam completamente se não existisse esse reconhecimento.

3. A culpabilidade penal e uma (im)possível(?) relação com a neurociência

A palavra culpa encerra uma infinidade de significados possíveis e é empregada nos mais diversos âmbitos do saber (a exemplo da filosofia, da psicologia, da moral, da religião e do também do direito), sendo inclusive de usual emprego popular. De maneira ainda genérica e introdutória, pode-se afirmar que a ideia de culpa está associada à de responsabilidade, segundo leciona Davi Tangerino, de "caráter duplo", pois "trata-se de tornar o agente responsável por sua ação e, consequentemente, pelos resultados dela advindos".[11]

Com efeito, a base material da ideia de culpabilidade reside em que o reconhecimento da personalidade jurídica ou da dignidade surge enquanto a responsabilidade pessoal pelo respeito externo das normas. Não há alternativas a esta responsabilidade para construir um autêntico sistema de liberdades em uma sociedade pluralista e democraticamente constituída.

A questão decisiva para a concepção normativa pura da culpabilidade é o livre-arbítrio, expresso no critério positivo e um "pode e agir de outra maneira", o qual fundamenta o juízo de censura, ou seja, o juízo de reprovação pessoal diante da prática de um fato típico e antijurídico.[12] O reconhecimento da personalidade e o uso da liberdade envolve uma atribuição social e jurídica de responsabilidade (o que podemos dizer que são os dois lados da mesma moeda).

Por isso alguns autores falam de um sinalagma básico entre liberdade (autodeterminação) e responsabilidade. A atribuição de responsabilidade é necessária para a estabilidade de espaços individuais de liberdade e autonomia e a autonomia implica responsabilidade. Se os membros da sociedade são delegados a decisão sobre a criação de seus contatos sociais, ou seja, as suas comunicações estão organizadas de forma descentralizada, sem escolha, mas para exigir o respeito externo para as regras. A atribuição de responsabilidade é a forma como são organizadas as sociedades modernas complexas e funcionalmente diferenciadas. Quem não está disposto a aceitar o início do tratamento como uma natureza puramente instrumental tem que assumir que os seus comportamentos têm uma dimensão comunicativa que pode atrair a responsabilidade.

---

[11] TANGERINO, Davi de Paiva Costa. *Culpabilidade*. 2. ed. São Paulo. Saraiva. 2014. p. 19.

[12] BITENCOURT, Cezar Roberto. *Tratado de Direito Penal,* volume 1: parte geral. São Paulo: Saraiva. 2009. p. 370.

A alternativa para isso seria que a estratégia social que não é reconhece a capacidade de atender este fardo social nenhuma penalidade seria imposta, mas apenas medidas de segurança ou esforços preventivos-especial para alcançar ou recuperar a sua personalidade (de reconhecimento, bem como para comunicar e interagir), medidas que poderiam até mesmo ser a natureza pré--criminal se este ponto não é reconhecido. A única funcional à ideia de culpa permanece alternativa aqui seria administração puramente instrumental e centralizada, seria reduzir a complexidade de outra forma: os cidadãos seriam despojados de suas responsabilidades, mas também a sua liberdade.[13] Estratégia abrangente dessas características, na linha em que ocasião é sugerida por alguns neurocientistas só seria possível com a constituição alternativa da sociedade e do sistema político que acreditamos não ser possível neste momento. É claro que o direito vigente trata de uma estratégia específica, exclusivamente para os casos em que se observa uma ausência ou diminuição substancial na capacidade de auto-organização.

Uma vez que se reconhece competência comunicativa, ou normativa a alguém, entra em jogo a dinâmica de prevenção geral relacionada com o reconhecimento externo da vigência da norma que deixa prevenção especial em um papel de apoio secundário. Apesar de não concordar com esta última afirmação, acredita-se que, em geral, é aceitável afirmar que a responsabilidade individual surge quando o direito reconhece algo no indivíduo que a este pertence e que pertencendo somente a ele é definida.

As pessoas estão cobrando unidades na medida em que eles têm anexado ao sistema legal um conjunto de liberdades. As ideias de Immanuel Kant[14] sobre a pessoa como unidade de imputação baseada em sua filosofia moral pode ser traduzido nos termos de uma filosofia social. A culpabilidade tem nada a ver com a liberdade em sentido metafísico, transcendente ou naturalista, mas com o processo histórico de reconhecimento social e normativo da liberdade de ação, o que implica necessariamente em uma responsabilidade correspondente pelas consequências de tal liberdade.[15] A autonomia da pessoa que serve como base para um direito penal com base na culpabilidade pelo fato de que não é uma capacidade pré-social ou pré-jurídico de cada sujeito racional, mas um princípio de organizacional de um sistema de liberdades definido como Estado de Direito.

Como justamente salientou Kindhäuser[16] "da capacidade e disposição para atender e manter os compromissos correspondentes dentro comunicativo com a vontade de teorias metafísicas jurídicos gratuitos". No contexto de um mundo secularizado de grande complexidade é preciso explicar de outra

---

[13]A partir dessa perspectiva jurídica. GÜNTHER, Klaus. Der strafrechtliche Schuldbegriff als Gegenstand einer Politik der Erinnerung in der Demokratie. In: SMITH, Gary; MAGALIT, Avishai. (Cood.). *Amnestie oder de Politik der Erinnerung in der Demokratie. Fankfurt*, 1997.

[14] KANT, Immanuel. *A metafísica dos costumes*. São Paulo: EDIPRO. 2003, p. 202.

[15] FEIJOO SANCHEZ, Bernardo. *Retribuición y prevencíon general*. Buenos Aires: Editorial B de F. p, 663.

[16] *ZStW* 107, p. 716.

forma imanente na sociedade, que em um mundo transcendente metafísico[17] era um problema. As contribuições das ciências sociais têm facilitado a compreensão da culpabilidade como princípio organizador de uma determinada sociedade.

Efeito direto dessa percepção é o fato de o objeto de conhecimento próprio de cada ciência ser sempre o mesmo e não variar segundo o método de observá-lo. O que varia, então, segundo Davi Tangerino,[18] de ciência para ciência é o aspecto dessa realidade que lhe interessa: as ciências da natureza estão fundamentalmente preocupadas com os aspectos causais; o Direito, por sua vez, "se refere a ações humanas enquanto caracterizadas não pela causalidade, porém pela intencionalidade, ou, como diria mais adiante, pela finalidade", razão pela qual era mister cindir duas ordens do mundo real: a ordem do acontecer (*Ordnung des Geschehens*) daquela do pensar (*Ordnung des Meinen*).[19]

Desde o ponto de vista da prática forense, a posição que se mantém como consequência que todo indivíduo maior de 18 anos que não apresenta particularidades decorrentes de sua condição mental ou outras circunstâncias que possam afetar a sua capacidade de compreender a ilicitude de fato e agir conforme esta descrição tem que ser tratado normativamente como inimputável. O princípio organizador, que representa esta infraestrutura de culpabilidade, que aos cidadãos são reconhecidas como liberdade de organização e, portanto, a eles é atribuída a capacidade de culpabilidade que não está em questão no processo.

Não testar ou verificar a capacidade normal da culpabilidade, é geralmente reconhecido a qualquer cidadão adulto, pois o que pode passar a ser discutido é a relevância jurídica que podem apresentar certos fatores (alcoolismo, síndrome de abstinência, jogo compulsivo, epilepsia, surto paranoico, demência senil, etc.) e em que medida serão imputadas a responsabilidade do infrator da norma jurídica, a outros fatores ou ao acaso. No processo só é necessário observar a restrição ou o défice de liberdade devido a fatores aleatórios (não imputáveis ao autor), mas não a liberdade do autor definido em determinada situação. As sentenças se baseiam na ignorância, e não na constatação por encontrar explicações alternativas para a responsabilidade: quer dizer, daquilo que é responsabilidade exclusiva do indivíduo, sua disposição legal. De outra sorte, importante ressaltar que com os avanços da neurociência, esse tipo de situação vem diluindo a nossa ignorância, ao passo que tal circunstância pode afetar a prática forense oportuna.

---

[17] A partir de uma perspective da filosofia moral e da filosofia analítica, se busca nos últimos tempos, argumentos não transcendentes s sociedade relacionados com a ideia da "liberdade como realidade social": se trataria da liberdade ou da capacidade de autodeterminação que se reconhecem mutuamente as pessoas na interação social ou em diversas ordens da vida. Com esta perspectiva, é proporcionado, sem dúvida, somente uma descrição, porém não uma fundamentação da culpabilidade jurídico-penal. Nesse sentido, somente podemos encontrar uma fundamentação para estas questões a partir das perspectivas trazidas pela filosofia social e as ciências sociais. Um aspecto decisivo destas questões tem que ver com as estruturas básicas que trabalha o sistema jurídico (basicamente, como está definida a vinculação entre os cidadãos e o sistema jurídico).

[18] TANGERINO, Davi de Paiva Costa. *Culpabilidade*. 2. ed. São Paulo. Saraiva. 2014. p. 88.

[19] MIR PUIG, Santiago. *Introducción a las bases del derecho penal*. 2. ed. Montevidéu: B de f. 2002. p. 229. TANGERINO, Davi de Paiva Costa. *Culpabilidade*. 2. ed. São Paulo. Saraiva. 2014.

4. É possível reconhecer uma conexão entre a culpa e o livre-arbítrio em relação ao comportamento humano?

Do ponto de vista concebido aqui, geralmente é observado em termos mais dogmáticos que fazem referência à exigibilidade de um comportamento diferente para a possibilidade de agir de outra forma materialmente significa que o autor violou a norma por causa da ausência de uma disposição legal mínimo ou essencial que é exigido por um determinado sistema jurídico, pois sem tal exigência seria impossível para manter a ordem social.

Esta tese é perfeitamente compatível com o nosso entendimento científico sobre o atual funcionamento do cérebro humano.[20] Contudo, conforme estudo realizado pelo Instituto Max Planck para Cognição e Ciências Neurológicas, em Munique,[21] obteve-se resultado no sentido de que *"realmente"* os cidadãos não são livres, porém na prática são tratados como livre, mas que a liberdade pertence exclusivamente o mundo social e não o mundo da natureza. Seria um absurdo tão grande negar a liberdade, simplesmente porque a natureza não dotou o *"ser humano"* com *"equipamentos de série"*. Assiste razão **Prinz** quando observa que é uma instituição social que determina as ações humanas, da mesma forma que as realidades do ambiente natural em que vivem.[22]

O problema é que algumas perspectivas neurocientistas, que são reduzidas ao que acontece dentro do nosso pensamento, e que são cegos em razão a imprescindível dimensão social que é necessário estar presente quando se trata de discutir os conceitos básicos de Direito Penal.[23] Curiosamente, são os conceitos da biologia e da teoria da evolução que nos permitiram compreender melhor alguns fenômenos sociais,[24] isto é, a compreensão de como os indivíduos, os não há dúvidas em relação a sua determinação[25] podem – interagir e criar um mundo em comum. Como já referido anteriormente, a liberdade de que tratam os juristas é aquela na qual não se pode buscar somente nos bancos acadêmicos, mas adiante, baseados em estudos relacionados a cada caso pes-

---

[20] ROTH, Gerhard; MERKEL, Grischa. *Frankfurter Rundschau*. 2010, p. 2. Segundo os autores, "quem se atreveria afirmar que os seres humanos não poderiam ser considerados responsáveis em razão das contribuições das neurociências?".

[21] *ARSP* n° 111. p. 37.

[22] *ARSP* n° 111. p. 38.

[23] Por sorte, há neurocientistas de reconhecido prestígio internacional como GAZZANIGA O DAMASIO, que tem este aspecto muito claro e, portanto, tem em conta adequadamente todas as dimensões das questões da responsabilidade (ver nota 5).

[24] FEIJOO SÁNCHEZ, Bernardo. La normativizacción del Derecho Penal: ¿ Hacia una teoría intersubjetiva de la comunicacción. In: GÓMEZ-JARA DÍEZ, C. (ed.). *Teoría de sistemas y Derecho Penal. Fundamentos y posibilidades de aplicación*. Granada. 2005. p. 441.

[25] ROTH, Gerard. La relación entre la razón y la emoción y su impacto sobre el concepto de libre albedrío. In: RUBIA, Francisco. (ed.). *El cerebro: Avances recientes en neurociencia*. Madrid, 2009, p. 245. De acuerdo con o autor, um modelo neuronal guiado pelas ações voluntárias "é compatível, em grande parte, com o conceito fraco e compatibilista do livre-arbítrio. O homem é livre e no sentido de que pode atuar em função de sua vontade consciente e inconsciente. Portanto, esta vontade está completamente determinada por fatores neurobiológicos, genéticos e do meio, assim como em razão das experiências psicológicas e sociais positivas e negativas, em particular aquelas que se produzem em etapas iniciais da vida, que dão lugar a trocas estruturais e fisiológicas no cérebro. Isto significa que todas as influências psicológicas e sociais devem produzir trocas estruturais e funcionais; do contrário, não poderiam atuar sobre nosso sistema motor. Por fim, isto indica que não existe o livre-arbítrio em sentido firme, senão apenas no sentido fraco e compatibilista".

soal e em cada processo. Importante destacar a dificuldade enfrentada pelos neurocientistas quando não é possível observar com seus experimentos esta realidade social ou *"construção social dependente da cultura"* ou *"instituição social"* derivada de discursos de atribuição e que tem sua origem em aspectos relacionados à interação humana (também chamada de intersubjetividade).[26]

Ou seja, no fundo do debate entre juristas e neurocientistas se encontra um problema categórico, a liberdade, tema em que os juristas referem-se a uma espécie de *"liberdade de longo prazo"*, enquanto que os estudos realizados pelos neurocientistas buscam-se – necessariamente – processos neurológicos que ocorrem durante um período de tempo muito curto.[27] Portanto, não é possível extrapolar diretamente as conclusões de determinados experimentos, como refere Benjamin Libet,[28] em relação ao reconhecimento da liberdade como uma construção social. As pessoas são "seres livres" a partir da perspectiva do nosso ordenamento jurídico, independentemente daquilo que a ciência poderia chegar a explicar causalmente sobre cada um dos seus processos cerebrais. Se uma pessoa faz algo que gosta, normativamente é diferente se a ciência, conhecendo a biografia e os antecedentes dessa pessoa, poderá explicar os mais variados fatores que determinaram seu comportamento. Diante de uma perspectiva intersubjetiva, se tem agido livremente, ou seja, as vontades pessoais não se podem confundir com os fatores externos excludentes de responsabilidades, como uma enfermidade mental.

Um último questionamento seria em relação ao que aconteceria se a ciência desse um passo adiante e chegasse a um consenso de que os seres humanos não são apenas determinados no plano neurológico, mas que nossa conduta compulsiva e estamos programados, desde a nossa fecundação ou desde o nosso nascimento, ou seja, nada se pode fazer para ser ou deixar de ser um criminoso e que não existe um requisito mínimo para a autodeterminação, de tal maneira que há alternativas disponíveis para se livrar de sua responsabilidade, porque ela não tem qualquer controle sobre os processos causais, ou seja, eles são instrumentos de um plano de natureza.

Se, apesar de tudo, decidirmos continuar a manter, por pura utilidade, os princípios constitucionais de ordem pública e da paz social como estratégia evolutiva, haveria de manter também por estrita necessidade as estruturas de imputação, porém, baseadas em uma fundamentação complemente distinta. Talvez, neste caso, a alternativa ao tratamento instrumental generalizado seria fundamental em relação à má-sorte de estar programado no sentido inadequado, não podendo servir como desculpas. Lembre-se que em Homero, a tragédia grega, a programação divina não excluía completamente a responsabilidade, os protagonistas em Ilíada, a Odisseia e outras tragédias nem faziam um acordo com seus critérios normativos da cultura grega, que em vez de o

---

[26] PRINZ, *Neue Hirnforschung-Neues Strafrecht?*. p, 61.

[27] Com base nesta ideia, fala-se da "irrelevância dos conhecimentos neuropsicológicos para o Direito Penal", e entende-se que, embora o comportamento possa não ser livre, a maneira de ser é sempre livre. HERZBERG, *Willensunfreiheit*. Tubinga. p. 4.

[28] LIBET, Benjamin. Unconscious cerebral initiative and the role of conscious Hill in voluntary action. *The Behavorial and Brain Sciences*. n. 8. 1985.

capricho dos deuses, falarmos em capricho dos genes ou de outros elementos naturais, não mudaria muito as coisas. Neste novo contexto social a teoria jurídica do crime seria reduzida para a definição de fatos, que permitiria que o estado fizesse sofrer certos transtornos psicofísicos, na medida preventivamente necessária para evitar os delitos pré-programados. Por sorte, agora, com a percepção de que estamos neurologicamente determinados, não significa que estamos programados, esta terrível hipótese se move para o campo da ficção científica (em histórias e filmes como Minority Report),[29] ou seja, não é ciência. Usando uma expressão utilizada por alguns neurocientistas, hoje referimos tal situação a um chamado "determinismo real",[30] em que o comportamento humano vai determinando cada passo, cruzando vários fatores, muito embora, a hipótese mostra que, o importante, sob o ponto de vista dos processos sociais de comunicação, não é e nunca foi possível agirmos de outra forma, senão como gostaríamos de definir normativamente nossa sociedade. Mais uma vez deve-se ressaltar que as contribuições da neurociência só alteraram radicalmente o conceito jurisdicional de culpabilidade ou contribuíram para fazê-lo anteriormente, alterando radicalmente a configuração normativa da sociedade e os seus princípios.

5. Conclusões

Por fim, as questões abordadas no presente estudo, somente servem para mostrar que o determinismo dos processos neuronais não tem nada a ver com o fatalismo, nem que os seres humanos são programados pela natureza como se fossem marionetes do destino nem com capacidade de preverem um futuro próximo o comportamento humano em detalhe. Por isso, é possível, mantendo o contexto científico e social atual, um direito penal que sirva de orientação para sentenças, primando pela prevenção geral e que continua a manter a culpabilidade pelo fato como pressuposto de cada pena. As alternativas são insustentáveis atualmente, em razão de nossa sociedade.

Assim, cabe ressaltar que as discussões acerca do futuro do direito penal e a sua legitimação ainda vão percorrer um árduo e intrigante caminho, daí por que a pretensão do trabalho reside em incentivar reflexões, partindo-se, como premissa elementar, da resposta negativa à indagação realizada acima, ou seja, o *"poder de atuar de maneira diversa"* não pode ser mais concebido como conteúdo material da culpabilidade.

6. Referências

BRITO, Alexis Couto de. Neurociência e livre-arbítrio: entre a dogmática penal e a política criminal. In: BUSATO, Paulo César (org.). *Neurociência e Direito Penal.* São Paulo: Atlas. 2014.

BITENCOURT, Cezar Roberto. *Tratado de Direito Penal, volume 1: parte geral.* São Paulo: Saraiva. 2009.

---

[29] The Minority Report. 20th Century Fox Films. USA. 2002.

[30] DEMETRIO CRESPO, Eduardo. *"Compatibilismo humanista": uma proposta de conciliação entre Neurociências e Direito Penal.* In: BUSATO, Paulo César (org.). *Neurociência e Direito Penal.* São Paulo: Editora Atlas. 2014. p. 33.

BUSATO, Paulo César. *Direito Penal*. 2013.

——. (org.). *Neurociência e Direito Penal*. São Paulo: Editora Atlas. 2014.

——. (coord.). *Questões atuais do sistema penal: estudos em homenagem ao professor Roncaglio*. Rio de Janeiro: Lumen Juris. 2013.

CERQUEIRA, Marina. ALBAN, Rafaela. *Culpabilidade, livre-arbítrio e neurociências*. In: BUSATO, Paulo César (org.). *Neurociência e Direito Penal*. São Paulo: Editora Atlas. 2014.

DEMETRIO CRESPO, Eduardo. *Culpabilidad y Fines de la Pena*. Con especial referencia al pensamiento de Claus Roxin. Lima: Editorial Grijley. 2008.

——. (Dir.) *Neurociencias y Derecho Penal*: Nuevas perspectivas en el ámbito de la culpabilidad y tratamiento jurídico-penal de la peligrosidad. Buenos Aires: B de F. 2013.

——. "Compatibilismo humanista": uma proposta de conciliação entre Neurociências e Direito Penal. In: BUSATO, Paulo César (org.). *Neurociência e Direito Penal*. São Paulo: Editora Atlas. 2014.

FEIJOO SANCHEZ, Bernardo. *Retribuición y prevencíon general*. Buenos Aires: Editorial B de F. 2013.

——. (ed.). *Derecho Penal de la Culpabilidad y Neurociencias*. Madrid: Civitas. 2012.

——. La normativizacción del Derecho Penal: ¿Hacia una teoría intersubjetiva de la comunicacción. In: GÓMEZ-JARA DÍEZ, C. (ed.). *Teoría de sistemas y Derecho Penal*. Fundamentos y posibilidades de aplicación. Granada. 2005.

FERRAJOLI, Luigi. *Direito e Razão*: teoria do garantismo penal. São Paulo: RT. 2002.

GUARAGNI, Fábio André. Fundamento material da culpabilidade jurídico-penal: breve percurso dogmático da liberdade humana no marco das teorias da culpabilidade e seus (possíveis) pilares de sustentação. In: BUSATO, Paulo César (Coord.). *Questões atuais do sistema penal: estudos em homenagem ao professor Roncaglio*. Rio de Janeiro: Lumen Juris. 2013.

GÜNTHER, Klaus. Der strafrechtliche Schuldbegriff als Gegenstand einer Politik der Erinnerung in der Demokratie. In: SMITH, Gary; MAGALIT, Avishai. (Cood.). *Amnestie oder de Politik der Erinnerung in der Demokratie*. Fankfurt, 1997.

HERZBERG, Willensunfreiheit; KANT, Immanuel. *A metafísica dos costumes*. São Paulo: EDIPRO. 2003.

LIBET, Benjamin. Unconscious cerebral initiative and the role of conscious Hill in voluntary action. The *Behavorial and Brain Sciences*. n. 8. 1985.

MIR PUIG, Santiago. *Introducción a las bases del derecho penal*. 2. ed. Montevidéu: B de f. 2002.

MORAIS DA ROSA, Alexandre; KHALED JR., Salah H. *In dubio pro hell: profanando o sistema penal*. Rio de Janeiro: Lumen Juris. 2014.

MUÑOZ CONDE, Francisco; GARCÍA ARÁN, Mercedes. *Derecho penal: parte general*. 8.ed. Valencia: Tirant lo Blanch. 2010.

PAUEN, Michael. Autocomprensión humana, neurociencia y libre albedrío: ¿se anticipa uma revolución?. In: RUBIA, Francisco. (Ed.), *El cerebro: avances en neurociencia*, Editorial Complutense, Madrid, 2009.

PRINZ, *Neue Hirnforschung-Neues Strafrecht?*.

ROTH, Gerard. La relación entre la razón y la emoción y su impacto sobre el concepto de libre albedrío. In: RUBIA, Francisco. (ed.). *El cerebro: Avances recientes en neurociencia*. Madrid, 2009.

ROXIN, Claus. *Culpabilidad y Prevencion en Derecho Penal*. Trad. MUÑOZ CONDE, Francisco. Madrid: Instituto Editorial Reus S.A. 1981.

TANGERINO, Davi de Paiva Costa. *Culpabilidade*. 2. ed. São Paulo. Saraiva. 2014.

TARUFFO, Michel. NIEVA FERNOLL, Jordi (Dir.). Proceso y neurociencia – aspectos generales. In: *Neurociencia y proceso penal*. Madrid: Marcial Pons. 2013.

WELZEL, Hans. *El nuevo sistema del derecho penal*. Una introducción a la doctrina de la acción finalista. Buenos Aires: Editorial BdeF. 2004.

— 17 —

Poder familiar: as mudanças impostas pela sociedade para reformar o pátrio poder

MAX OURIQUES[1]

SUMÁRIO: 1. Considerações iniciais; 2. Aspectos importantes relacionados ao "pátrio poder"; 2.1. Titularidade do poder familiar; 3. O poder familiar no ordenamento jurídico brasileiro; 3.1. Conteúdo do poder familiar; 3.2. A extinção do poder familiar; 3.3. A suspensão do poder familiar; 4. Considerações finais; 5. Referências bibliográficas.

1. Considerações iniciais

A expressão "Poder Familiar" é relativamente nova em nosso ordenamento jurídico, sendo usada a partir do Código Civil de 2002 uma vez que, anteriormente, era usado o termo "pátrio poder".

Antes do advento do Código Civil de 2002, o diploma anterior (Código Civil de 1916) conferia o poder familiar exclusivamente ao marido, como chefe da sociedade conjugal. Somente na ausência deste o poder era concedido à mulher. Porém, este poder era cessado caso ela viesse a casar novamente, passando para o novo chefe da família.

O poder do pai, à época, e não o de ambos os genitores, sobre o filho era absoluto, a ponto de manter quase uma posição de senhor, com amplos direitos de decidir e impor o que melhor lhes conviessem.

Entendia-se como "características do pátrio poder, no antigo direito: a) só o pai exercia o pátrio poder, não competindo à mãe senão certos direitos relativos à obediência filial; b) a maioridade terminava aos 25 anos de idade, mas não cessava com ela o pátrio poder se o filho continuasse sob a dependência do pai; c) o pátrio poder só dizia respeito aos filhos legítimos e legitimados, não alcançando os naturais e espúrios; d) o pai podia nomear tutor aos filhos naturais, que eram chamados à sucessão se o pai fosse peão".[2]

Obviamente nenhum ser humano hoje se submeteria a tais imposições, o que pode-se entender como a origem do poder familiar está na razão natural

---

[1] Advogado. Bacharel em Direito pela Faculdade Estácio do Rio Grande do Sul.

[2] COMEL, Denise Damo – São Paulo: Revista dos Tribunais, 2003, p. 24; *apud* ROCHA, José Virgílio Castelo Branco. *O pátrio Poder*: estudo teórico-prático. Rio de Janeiro: Tupã, 1960. p. 38-39.

dos filhos necessitarem de proteção e dos cuidados dos seus pais, desde o seu nascimento e reduzindo essa intensidade na medida de seu crescimento, desligando-se da potestade dos pais quando atingem a capacidade civil, ou através da sua emancipação.[3]

Nos primórdios jurídicos o poder patriarcal era entendido de tal importância, que o *pater*[4] tinha o direito sobre a vida dos filhos, com tantos poderes, a ponto de ser comum decidir sobre a vida do filho, ou seja, era permitida a decisão da possível eliminação de um filho. E, mesmo que tal decisão passasse pelo *judicium domesticum*,[5] ao final, a decisão permanecia à vontade do chefe familiar.[6]

Ao longo do século XX, mudou-se substancialmente o instituto do pátrio poder, acompanhando a evolução das relações familiares, distanciando-se de sua função originária, que era voltada ao interesse do chefe da família e ao exercício de poder dos pais sobre os filhos – para construir um *múnus*,[7] em que ressaltam os deveres.[8]

Porém, com os eventos sociais e mudanças legislativas o "Pátrio Poder" passou a ser chamado de "Poder Familiar" e o poder de chefe de família não era mais uma exclusividade do marido e sim exercido por ambos, marido e mulher.

Desta feita, era necessária a troca da terminologia "Pátrio Poder", uma vez esta expressão indica que o poder de liderança familiar era apenas do homem e todos da casa deviam obediência quase que como se a ele pertencessem.

Essa mudança de terminologia se deu devido ao desenvolvimento sociocultural do país. O que nos permite dizer que é flagrante a inclinação histórica do referido poder, pois é nítido o timbre de machismo em tal nomenclatura.

Esse novo entendimento tomou apoio e força quando a Constituição Federal de 1988 concedeu ao homem e mulher a isonomia em seus direitos, fazendo assim, com que a esposa se tornasse parte igualitária da entidade familiar.

O primeiro dos direitos fundamentais da pessoa elencados no art. 5°, inc. I, da Constituição Federal, é a igualdade entre o homem e a mulher: "homens e mulheres são iguais em direitos e obrigações, nos termos desta Constituição". Assim, também na disciplina constitucional da família, se reconhece que "os direitos e deveres referentes à sociedade conjugal são exercidos igualmente pelo homem e pela mulher".[9] Erigida ao patamar da norma constitucional, a

---

[3] MADALENO, Rolf. *Curso de Direito de Família*. 2. ed. Rio de Janeiro: Forense, 2008, p. 507.

[4] Terminologia usada para determinar o chefe masculino da entidade familiar.

[5] "judicium domesticum" era considerado um conselho doméstico pela decisão patriarcal passava a fim de dar um parecer sobre a morte do filho.

[6] RIZZARDO, Arnaldo. *Direito de Família*, 3. ed. Rio de Janeiro: Forense, 2005, p. 600.

[7] De acordo com Maria Berenice Dias, Múnus: encargo legalmente atribuído a alguém, em virtude de certas circunstâncias, a que não se pode fugir.

[8] LÔBO, Paulo Luiz Neto. Do Poder Familiar. *Revista Síntese de Direito de Família*. São Paulo, n° 67, ago./set. 2011. p. 30.

[9] Conforme art. 226, § 5°, que além de princípio da Constituição Federal, é também enunciado amplamente adotado por muitos ordenamentos jurídicos, em decorrência da Declaração dos Direitos do Homem, da ONU e como reivindicação da Revolução Francesa.

igualdade de sexos se configura com uma eficácia transcendente de modo a abranger toda situação de desigualdade persistente no ordenamento jurídico, incompatível com os mais caros valores da Constituição".[10]

Não só esta efetiva mudança marcou o Poder Familiar, como também o artigo 227 da nossa Carta Magna e o Estatuto da Criança e do Adolescente fizeram com que fosse deixado de lado um aspecto de dominação sobre a criança ou adolescente e passou a se ter o intuito de proteção, passando os pais a terem mais deveres e obrigações do que direitos em relação aos filhos.

Desta forma, os pais deixam de exercer um real poder sobre os filhos e passam a assumir o dever de protegê-los e acompanhar, dando apoio à sua prole durante a fase de amadurecimento e formação de sua personalidade.

2. Aspectos importantes relacionados ao "pátrio poder"

Atualmente o poder familiar teve seu caráter mudado em sua totalidade, deixando de ter uma visão egoística. Devido à influência do cristianismo o conceito atual deste poder tem por base um intuito um pouco mais altruístico.[11]

Realmente a conceituação deste poder tem sido reformulada de forma explícita, de tal forma que hoje se pode dizer que o filho não é mais um objeto, mas sim um sujeito de direito que tem o direito a proteção Integral do Estado e da Família.

Essa evolução constante permitiu ser desenvolvido o Princípio da Proteção Integral que visa proteger a estrutura familiar e, acima disso, a integridade do menor que está sob a responsabilidade desta família.[12]

Neste norte, interessante dizer que o Poder Familiar pode ser dito como um conjunto de direitos e deveres, estes com o intuito de proteger o patrimônio do menor, que será exercido por ambos os genitores, para que seja protegido o bem-estar de seus filhos".[13]

Para Conrado Paulino da Rosa, esta terminologia:

Trata-se de um caminho de mão dupla, pois impõe deveres e reconhece direitos, não se podendo ignorar que seu exercício se concentra, exclusivamente no interesse do filho.[14]

---

[10] COMEL, Denise Damo. Op, cit., p.168 – 169.

[11] MONTEIRO, Washington de Barros. *Curso de direito civil*: direito de família, v.2, São Paulo: Saraiva, 2007, p. 347.

[12] Corroborando com o entendimento esposado, RAMIDOFF expõe que "A pretensão de integração sistemática da teoria e da pragmática pertinentes ao direito da criança e do adolescente certamente se constitui num dos objetivos primordiais a serem perseguidos pela teoria jurídica infanto-juvenil. Até porque uma das principais funções instrumentais oferecidas pela proposta da formatação daquela teoria jurídico-protetiva é precisamente oferecer procedimentos e medidas distintas por suas necessidades e especificidades no tratamento de novas emergências humanas e sociais, procurando-se, desta maneira, estabelecer outras estratégias e metodologias para proteção dos valores sociais democraticamente estabelecidos – como, por exemplo, direitos e garantias individuais fundamentais – pertinentes à infância e à juventude".

[13] Sobre o tema, Maria Helena Diniz entende que "O Poder Familiar é um conjunto de direitos e obrigações que dizem respeito aos bens do jovem menor, que são exercidas igualitariamente por ambos pais e mãe, com objetivo de desempenhar os encargos que a lei os impõe, tendo sempre como interesse o bem estar e a proteção de seus filhos".

[14] PAULINO DA ROSA, Conrado. *Nova Lei da Guarda Compartilhada*. São Paulo: Saraiva. 2015. p. 14.

Ainda, segundo o mencionado Autor:

O poder familiar, hoje, é visto como um dever dos pais em relação aos seus filhos. Ele não se limita à educação ou a cuidados físicos, mas se estende para proporcionar um desenvolvimento integral de todas as potencialidades das crianças e adolescentes, e os alimentos, por sua vez, são meios de obter melhores condições de crescimento físico, emocional e intelectual dos filhos.[15]

Cabe ressaltar que o mencionado poder também ingressa no Direito Público, no sentido em que é de interesse do Estado que seja assegurado aos jovens a proteção, pois estes serão a sociedade futura.[16]

Assim, é notável que o poder familiar tenha uma base forte no interesse público, ou *múnus* público imposto pelo Estado, tendo por objetivo o zelo por parte dos pais para com sua prole.

Pode-se dizer que o *múnus* público é uma espécie de função correspondente a um cargo privado, sendo o poder familiar um direito-função e um poder-dever, é irrenunciável, pois os pais não podem abrir mão dele; é inalienável ou indisponível, no sentido de que não pode ser transferido pelos pais a outrem, a título gratuito ou oneroso, salvo caso de delegação do poder familiar, desejadas pelos pais ou responsáveis para prevenir a ocorrência de situação irregular do menor, é imprescritível, já que dele não decaem os genitores pelo simples fato de deixarem de exercê-lo, sendo que somente poderão perdê-lo nos casos previstos em lei; é incompatível com a tutela, não podendo nomear tutor a menor cujo pai ou mãe não foi suspenso ou destituído do poder familiar; conserva, ainda, a natureza de uma relação de autoridade por haver vínculo de subordinação entre pais e filhos, pois os genitores têm poder de mando e a prole o dever de obediência.[17]

Desta forma, é possível dizer que se trata de uma conduta dos pais relativamente aos filhos, de um acompanhamento, que se processará progressivamente, à medida que evoluem na idade e no desenvolvimento físico e mental, de modo a dirigi-los a alcançarem sua própria capacidade para se dirigirem e administrarem seus bens.[18]

Assim, não haveria somente um *múnus*, mas também um encaminhamento, com poder para impor certa conduta, em especial entes de capacidade relativa. Com isso, praticamente não há mais que se falar em poder dos pais, mas em conduta de proteção, de orientação e acompanhamento.[19]

Ainda, ressalta-se que, o poder familiar tendo interesse público e privado é irrenunciável, inalienável, indisponível e imprescritível não podendo, em nenhuma hipótese, os pais abrirem mão dele facultativamente.

Assim como visto, a primeira característica do poder familiar é o *múnus*, que nada mais é que o interesse do Estado nas atividades familiares e a entidade que fixa as normas do seu exercício.

---

[15] PAULINO DA ROSA, Conrado. Op. cit., p. 14.

[16] RODRIGUES, Silvio. *Direito civil: direito de família*. 28. ed. São Paulo: Saraiva, 2004, p. 355.

[17] DINIZ, Maria Helena. *Curso de direito civil brasileiro*: direito de família. v.5, 23. ed. São Paulo: Saraiva, 2008, p. 539.

[18] RIZZARDO, Arnaldo. *Direito de Família*. 3. ed. Rio de Janeiro: Forense, 2005, p. 601.

[19] Idem, p. 601-602.

Logo após, temos a irrenunciabilidade do poder, ou seja, de maneira alguma qualquer dos pais tem a faculdade de desistir da responsabilidade adquirida como genitor, do contrário, seria a não aceitação de uma obrigação de interesse de ordem pública.[20]

Seguindo, temos a inalienabilidade ou indisponibilidade que diz respeito ao fato de que, intrínseco a este poder, existe a impossibilidade de sua transferência para outra pessoa, mesmo que com plena capacidade.

O poder familiar é considerado imprescritível, pois mesmo que os pais não atuem como deveriam e não tenham exercido a respectiva titularidade do poder, este não decai de sua competência.

Tendo em vista isso se pode dizer que o menor, salvo exceções, terá que ficar sob os cuidados do pai e da mãe, tendo estes que exercer seu efetivo poder familiar e zelar pelo bem-estar de seu filho.

2.1. Titularidade do poder familiar

Assim como visto anteriormente, a Constituição Federal de 1988 modificou alguns entendimentos a respeito do Poder Familiar para chegar no que atualmente é tido com tal poder.[21]

A titularidade deste poder não mais é exclusividade do marido. De acordo com o § 5º do artigo 226 da Constituição Federal,[22] a titularidade do exercício do Poder Familiar deve ter sua forma igualitária.

Neste mesmo seguimento o Código Civil entendeu em seu artigo 1.631,[23] que o Poder Familiar seria dado aos pais, estando estes juntos pelos laços do matrimônio ou em uma união estável. Somente teria o poder em exclusividade na ausência de um deles.

Cabe zelar que a inserção deste artigo, em seu parágrafo único, ainda aduz que se houver qualquer divergência de opinião entre os titulares do poder, a decisão final e absoluta não seria do marido, mas sim ambos, tanto o homem quanto a mulher, poderão ingressar judicialmente para a resolução de tal desacordo.

Ainda, deve ser ressaltado que além destas codificações em concordância com a modificação do referido poder, temos o artigo 21 do Estatuto da Criança e do Adolescente,[24] que segue a mesma linha do descrito no Código Civil de 2002 e entrega o poder familiar para ambos os pais de forma igualitária.

---

[20] RIZZARDO, Arnaldo. Op. cit., p. 602.

[21] Valdemar P. da LUZ traz que "à semelhança do que ocorre da sociedade conjugal, que deve ser exercida em colaboração, pelo marido e pela mulher, sempre no interesse do casal e dos filhos (art. 1.567), o poder familiar deve ser exercido conjuntamente pelos pais".

[22] Art. 226. A família, base da sociedade, tem especial proteção do Estado. (...) § 5º Os direitos e deveres referentes à sociedade conjugal são exercidos igualmente pelo homem e pela mulher.

[23] Art. 1.631. Durante o casamento e a união estável, compete o poder familiar aos pais; na falta ou impedimento de um deles, o outro o exercerá com exclusividade. Parágrafo único. Divergindo os pais quanto ao exercício do poder familiar, é assegurado a qualquer deles recorrer ao juiz para solução do desacordo.

[24] Art. 21. O poder familiar será exercido, em igualdade de condições, pelo pai e pela mãe, na forma do que dispuser a legislação civil, assegurado a qualquer deles o direito de, em caso de discordância, recorrer à autoridade judiciária competente para a solução da divergência.

Imperioso ressaltar, nessa linha de raciocínio, que o Poder Familiar não depende de um vínculo biológico para ser válido. O simples reconhecimento de paternidade, sem dar importância à origem do seu nascimento, é o laço necessário para a instauração deste poder.[25]

Para que haja a aplicação dos efeitos do referido poder, há a necessidade da real participação dos pais na vida do menor, seja pelo vínculo biológico ou afetivo. Uma vez que houver o reconhecimento legal do filho, por qualquer motivo que seja, e o convívio seja como de pai ou mãe, o menor deverá se sujeitar aos efeitos deste poder.

Assim, cabe dizer, que nos casos em que há a concepção de um ou mais filhos fora da sociedade conjugal, só poderá ser exercido o poder familiar se estes forem legalmente reconhecidos por seu parentesco.

3. O Poder Familiar no ordenamento jurídico brasileiro

Ao voltarmos o olhar para a Constituição Federal de 1988 encontramos o artigo 205[26] que ressalta o direito de todos à educação e o dever da família e do Estado em fornecê-la; o artigo 227,[27] que elenca em seu corpo, os deveres da família, da sociedade e do Estado para o menor; e o artigo 229,[28] que importa que os pais têm o dever de assistir, criar e educar os filhos menores legalmente.

Este texto constitucional encontra apoio no artigo 22 do Estatuto da Criança e do Adolescente,[29] que versa que aos pais cabe a obrigação de prover sustento, guarda e educação aos filhos menores.

Ainda, podemos trazer a baila o Código Civil de 2002 para verificar o artigo 1.634,[30] que elenca uma série de obrigações que vem a ser os encargos da paternidade em si; o artigo 1.689,[31] que dita quais os direitos e deveres dos

---

[25] GONÇALVES, Carlos Roberto. *Direito Civil Brasileiro*, vol. VI: direito de família. 4. ed. São Paulo: Saraiva, 2007, p. 371.

[26] Art. 205. A educação, direito de todos e dever do Estado e da família, será promovida e incentivada com a colaboração da sociedade, visando ao pleno desenvolvimento da pessoa, seu preparo para o exercício da cidadania e sua qualificação para o trabalho.

[27] Art. 227. É dever da família, da sociedade e do Estado assegurar à criança, ao adolescente e ao jovem, com absoluta prioridade, o direito à vida, à saúde, à alimentação, à educação, ao lazer, à profissionalização, à cultura, à dignidade, ao respeito, à liberdade e à convivência familiar e comunitária, além de colocá-los a salvo de toda forma de negligência, discriminação, exploração, violência, crueldade e opressão

[28] Art. 229. Os pais têm o dever de assistir, criar e educar os filhos menores, e os filhos maiores têm o dever de ajudar e amparar os pais na velhice, carência ou enfermidade.

[29] Art. 22. Aos pais incumbe o dever de sustento, guarda e educação dos filhos menores, cabendo-lhes ainda, no interesse destes, a obrigação de cumprir e fazer cumprir as determinações judiciais.

[30] Art. 1.634. Compete aos pais, quanto à pessoa dos filhos menores: I – dirigir-lhes a criação e educação; II – tê-los em sua companhia e guarda; III – conceder-lhes ou negar-lhes consentimento para casarem; IV – nomear-lhes tutor por testamento ou documento autêntico, se o outro dos pais não lhe sobreviver, ou o sobrevivo não puder exercer o poder familiar; V – representá-los, até aos dezesseis anos, nos atos da vida civil, e assisti-los, após essa idade, nos atos em que forem partes, suprindo-lhes o consentimento; VI – reclamá-los de quem ilegalmente os detenha; VII – exigir que lhes prestem obediência, respeito e os serviços próprios de sua idade e condição.

[31] Art. 1.689. O pai e a mãe, enquanto no exercício do poder familiar: I – são usufrutuários dos bens dos filhos; II – têm a administração dos bens dos filhos menores sob sua autoridade.

progenitores quanto aos bens do filho, e o artigo 1.693,[32] que lida com os bens excluídos do usufruto da administração dos pais.

Imperioso ressaltar que Maria Berenice Dias ensina que, no extenso rol do artigo 1.634 do CC de 2002, não consta o que talvez seja o mais importante dos deveres dos pais com relação aos filhos, o dever de lhes dar amor, afeto e carinho.[33]

3.1. Conteúdo do poder familiar

O conteúdo do poder familiar pode ser transcrito para os direitos e deveres dos pais no tocante às pessoas de seus filhos e aos bens que a eles cabem, os quais são encontrados no ordenamento jurídico brasileiro.[34]

Como prioritário e fundamental dever, os genitores devem assistir seus filhos, em seu mais amplo exercício da função de protegê-los. Estes deveres não são apenas alimentar, como também fazer com que eles estejam em segurança e em sua companhia, zelar pela integridade não só física como mental do menor e, principalmente, proporcionar o suporte necessário para que este menor atinja o seu completo desenvolvimento e independência.[35] [36]

Ao se verificar que a educação é um dever de tal importância incumbida aos pais, entende-se que o dever de educar importa em preparar o filho para o exercício futuro da sua independência pessoal, tornando-o qualificado para a vida profissional, dando suporte para que este tenha conhecimentos teóricos, práticos, formais e informais, todos imprescindíveis para a formação física, mental, moral e espiritual do menor.[37] [38]

3.2. A extinção do poder familiar

A extinção do poder familiar pode existir por fatos naturais, que podem ser de pleno direito ou por decisão judicial. Em nosso Código Civil, mais especificamente em seu art. 1.635,[39] temos as maneiras legais as quais se pode extinguir o referido poder.

---

[32] Art. 1.693. Excluem-se do usufruto e da administração dos pais: I – os bens adquiridos pelo filho havido fora do casamento, antes do reconhecimento; II – os valores auferidos pelo filho maior de dezesseis anos, no exercício de atividade profissional e os bens com tais recursos adquiridos; III – os bens deixados ou doados ao filho, sob a condição de não serem usufruídos, ou administrados, pelos pais; IV – os bens que aos filhos couberem na herança, quando os pais forem excluídos da sucessão.

[33] DIAS, Maria Berenice. *Manual de Direito das Famílias*, 4ª ed. rev., atual. e amp. 3ª tir. São Paulo: Revista dos Tribunais, 2007, p. 382.

[34] GONÇALVES, Carlos Roberto. *Direito de Família*. 11ª ed. São Paulo: Saraiva, 2006, p. 128.

[35] MADALENO, Rolf. *Curso de Direito de Família*. 2. ed. Rio de Janeiro: Forense, 2008, p. 509.

[36] A respeito do artigo do código Civil acima citado, Arnaldo Rizzardo cita que a criação e educação, revelam-se as incumbências de real significação, e que definirão o sucesso ou insucesso futuro do filho.

[37] MADALENO, Rolf. *Curso de Direito de Família*. 2. ed. Rio de Janeiro: Forense, 2008, p. 510.

[38] Francisco Cavalcanti Pontes de Miranda versa que é lícito aos pais, que exercem o poder familiar, designar pessoa que tome conta da educação de seus filhos, ou instituição, especialmente em suas ausências. O direito de educar é intransferível, mas o seu exercício não.

[39] Art. 1.635. Extingue-se o poder familiar: I – pela morte dos pais ou do filho; II – pela emancipação, nos termos do art. 5º, parágrafo único; III – pela maioridade; IV – pela adoção; V – por decisão judicial, na forma

Cabe salientar aqui que, no advento do falecimento de um dos pais, a totalidade do direito fica com o genitor sobrevivente. Porém, caso houver a morte de ambos, desaparecem os titulares do direito.

3.3. A suspensão do poder familiar

Além da extinção do poder familiar, ainda existe o fato punitivo que é a suspensão dos efeitos deste poder.

A suspensão do poder familiar constitui em sanção aplicada por decisão judicial, a qual visa principalmente o bem-estar do menor, além da punição dos pais, apesar de esta não ser o foco.

Em nosso ordenamento jurídico, em seu artigo 1.637,[40] e pode ocorrer quando: i) pelo abuso e autoridade; ii) falta dos deveres; iii) má administração dos bens os filhos; iv) ao pai ou à mãe condenados por sentença irrecorrível, em virtude de crime cuja pena exceda a dois anos de prisão.

De acordo com Conrado Paulino da Rosa:

> Não se pode estigmatizar a família diante de uma primeira denúncia, tampouco assumir uma postura de manter vínculo a qualquer custo, impondo à criança um ambiente de extrema vulnerabilidade.[41]

A medida estudada e sugerida não deve constituir forma de se punir os pais, já que a punição maior é sempre para a criança ou adolescente cujo vínculo jurídico com a família de sangue é suspenso ou destituído por sentença judicial.[42]

Importante destacar que o procedimento de suspensão é regulado pelo Estatuto da Criança e do Adolescente, forte nos artigos 24, 155 a 163. A sentença será averbada à margem do registro da criança ou adolescente, conforme dispõe o referido artigo 163 do ECA.

Ainda, e não menos importante é que, a suspensão da função parental não significa que os pais não possam visitar os filhos ou que fiquem isentados de alcançar-lhes (pagar) alimentos. A recente Lei 12.010/2009 esclareceu o Estatuto a respeito (art. 33, § 4°, do ECA). Os pais podem tentar ações judiciais ou recursos para evitar a suspensão do poder familiar e/ou com isso assegurar a visitação, mas podem ser obrigados a prestar alimentos aos filhos, seja na tramitação do processo, seja no curso da suspensão.[43]

---

do artigo 1.638; Art. 1.638. Perderá por ato judicial o poder familiar o pai ou a mãe que: I – castigar imoderadamente o filho; II – deixar o filho em abandono; III – praticar atos contrários à moral e aos bons costumes; IV – incidir, reiteradamente, nas faltas previstas no artigo antecedente.

[40] Art. 1.637. Se o pai, ou a mãe, abusar de sua autoridade, faltando aos deveres a eles inerentes ou arruinando os bens dos filhos, cabe ao juiz, requerendo algum parente, ou o Ministério Público, adotar a medida que lhe pareça reclamada pela segurança do menor e seus haveres, até suspendendo o poder familiar, quando convenha. Parágrafo único. Suspende-se igualmente o exercício do poder familiar ao pai ou à mãe condenados por sentença irrecorrível, em virtude de crime cuja pena exceda a dois anos de prisão.

[41] PAULINO DA ROSA, Conrado. Nova Lei da Guarda Compartilhada. São Paulo: Saraiva. 2015. p. 36.

[42] PIZZOL, Alcebir Dal. *Estudo social ou perícia social? Um estudo teórico-prático na justiça catarinense.* 2ª ed. Florianópolis: Insular. 2006, p. 109-110. PAULINO DA ROSA, Conrado. *Nova Lei da Guarda Compartilhada.* São Paulo: Saraiva. 2015.

[43] LÔBO, Paulo Luiz Neto. Do Poder Familiar. *Revista Síntese de Direito de Família.* São Paulo, n° 67, ago./set. 2011, p. 28.

4. Considerações finais

O estudo realizado aqui tem o cunho expositivo, no intuito de trazer abordagens como o desenvolvimento do Poder Familiar no plano da entidade familiar, demonstrando a importância das transformações ocorridas neste instituto para o ordenamento jurídico brasileiro e, especificamente, para o reconhecimento da evolução deste Poder perante a sociedade brasileira.

No decorrer desta evolução, fica explícita a readaptação da família perante o Código Civil de 1916, que designava o poder de decisões apenas para o Varão, considerado o chefe da sua família.

Esta mudança fez com que o poder fosse dividido entre os cônjuges, ou companheiros, igualitariamente, uma vez que não existe mais a figura de chefe soberano da entidade familiar, mas sim uma família como um todo.

Assim, pode-se sustentar o surgimento de um direito igualitário para todos, evoluído o suficiente para que atenda a realidade cultural brasileira, levando em conta as mudanças sociais havidas ao longo dos anos.

5. Referências bibliográficas

CARVALHO, Dimas Messias de. *Divórcio e Separação Jurídica*. Belo Horizonte: Del Rey. 2012.

DIAS, Maria Berenice. *Manual de Direito das Famílias*, São Paulo: Revista dos Tribunais, 2007.

DINIZ, Maria Helena. *Curso de Direito Civil Brasileiro*: Direito de Família. São Paulo: Saraiva, 2008.

GONÇALVES, Carlos Roberto. *Direito de Família*, São Paulo: Saraiva, 2006.

——. *Direito Civil Brasileiro*. vol. VI: direito de família. 4ª ed. São Paulo: Saraiva, 2007.

LÔBO, Paulo Luiz Neto. Do Poder Familiar. *Revista Síntese de Direito de Família*. São Paulo, n° 67, ago./set. 2011.

LUZ, Valdemar P. da. *Comentários ao Código Civil* – Direito de família, Florianópolis: OAB/SC, 2004.

MADALENO, Rolf. *Curso de Direito de Família*, Rio de Janeiro: Forense, 2008.

——. *A Desconsideração Judicial da Pessoa Jurídica e da Interposta Pessoa Física no Direito de Família e no Direito das Sucessões*. 2ª ed. rev. atual. Rio de Janeiro: Forense. 2013.

MELO, Nehemias Domingos de. *Lições de Direito Civil. Família e Sucessões*. São Paulo: Atlas. 2014.

MESSIAS DE CARVALHO. *Dimas.Divórcio e Separação Jurídica* – Judicial e Administrativo, de acordo com a EC 66/2010. Belo Horizonte: DelRey. 2012.

MIRANDA, Francisco Cavalcanti Pontes de. *Tratado de Direito Privado*. Rio de Janeiro: Borsoi, 1971.

MONTEIRO, Washington de Barros. *Curso de Direito Civil*: Direito de Família, São Paulo: Saraiva, 2007.

PAULINO DA ROSA, Conrado. *Nova Lei da Guarda Compartilhada*. São Paulo: Saraiva. 2015.

PIZZOL, Alcebir Dal. *Estudo social ou perícia social?* Um estudo teórico-prático na justiça catarinense. 2ª ed. Florianópolis: Insular. 2006.

RIZZARDO, Arnaldo. *Direito de Família*. Rio de Janeiro, Forense, 2005.

RODRIGUES, Silvio. *Direito Civil*: Direito de Família. São Paulo: Saraiva, 2004.

ROSA, Conrado Paulino. *Nova Lei da Guarda Compartilhada*: de acordo com a Lei n° 13.058 de 22-12-2014. São Paulo: Saraiva. 2014.

Impressão:
Evangraf
Rua Waldomiro Schapke, 77 - POA/RS
Fone: (51) 3336.2466 - (51) 3336.0422
E-mail: evangraf.adm@terra.com.br